LA
LÉGENDE DORÉE.

Imprimerie de Hennuyer et Turpin, rue Lemercier, 24. Batignolles.

LA
LÉGENDE DORÉE

PAR

JACQUES DE VORAGINE,

traduite du latin (Par P. Batchez)?

ET PRÉCÉDÉE D'UNE NOTICE HISTORIQUE ET BIBLIOGRAPHIQUE,

PAR M. G. B. (Gustave Brunet)

Première Série.

PARIS,
LIBRAIRIE DE CHARLES GOSSELIN,
RUE JACOB, 30.

1843

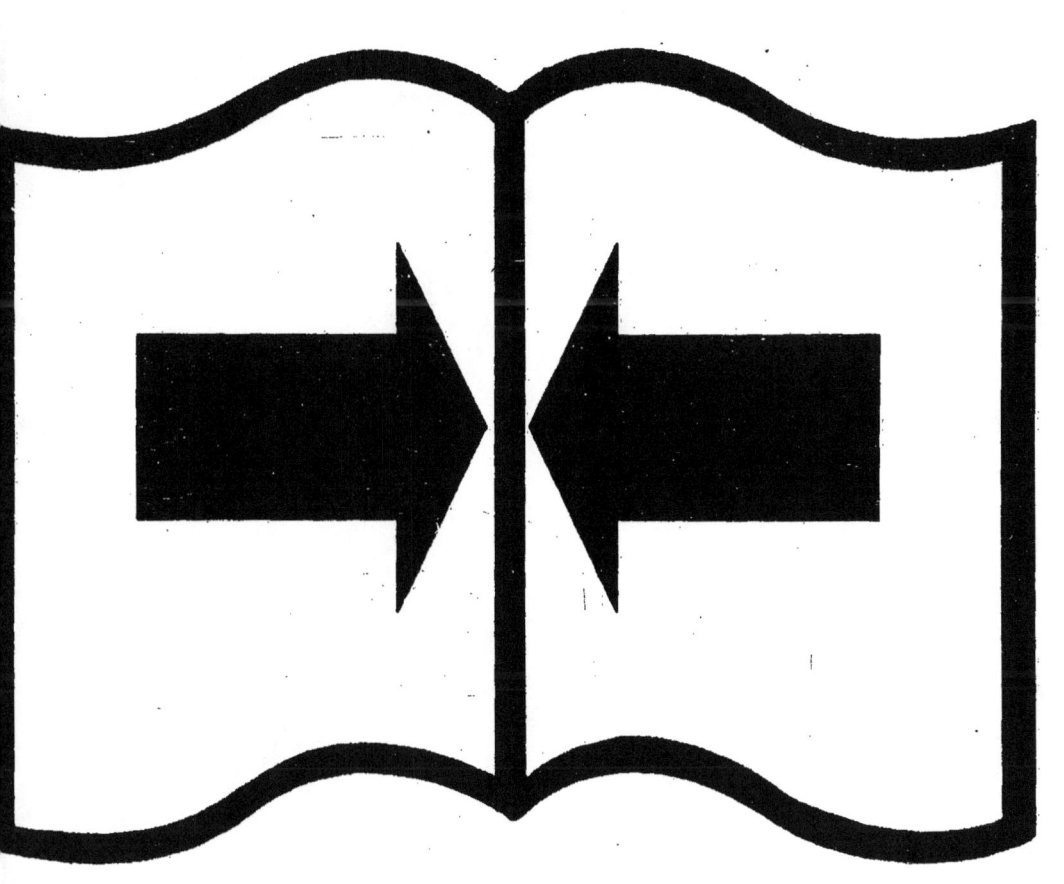

Reliure serrée

NOTICE PRÉLIMINAIRE.

La *Légende dorée*, l'une des productions les plus répandues et les plus goûtées au moyen âge, l'expression la plus naïve et la plus sincère des croyances de ces époques déjà si loin de nous, méritait bien de sortir de l'oubli qui pèse en ce moment sur elle. Depuis trois siècles à peu près, elle n'a pas reparu en langue vulgaire : aujourd'hui l'on étudie avec zèle les monuments littéraires du passé, l'on recherche les traditions presque effacées, l'on ouvre avec empressement ces écrits naïfs, où se montre une double qualité dont notre époque, vouée au doute et à la critique, est bien déshéritée, la foi de l'homme qui croit ce qu'il raconte, et la foi des auditeurs qui croient ce qu'ils entendent; la *Légende* reprendra dans les bibliothèques des hommes studieux la place à laquelle elle ne peut guère prétendre sous la forme d'in-folios gothiques, écrits du style le plus suranné et d'ailleurs peu faciles à se procurer.

Un ingénieux écrivain, François de Neufchâteau, a dit quelque part : « Il serait possible que Jacques de Voragine, en écrivant la *Légende dorée*, n'eût voulu composer que des contes moraux et des romans mystiques : en relisant sous ce point de vue quelques-uns de ses récits, on verra qu'ils ont parfois toute la finesse de l'allégorie, et parfois tout le sel de la satire. » Sans contester la justesse d'une partie de cette observation, nous ferons remarquer que nous ne croyons point que semblable intention ait guidé la plume du légendaire; il a réuni un grand nombre de *faits* qu'il trouvait épars dans une foule de chroniques ou de biographies pieuses, et dont les sources ne seraient pas difficiles à indiquer. Il n'a donné nulle carrière à son imagination; il n'a prétendu qu'à compiler un ouvrage qui dispensât de recourir à une multitude d'autres. Sa crédulité nous semble excessive; mais, au treizième siècle, un prélat italien pouvait-il se faire précurseur de cet acerbe docteur de Sorbonne, Jean de Launoi, qui obtint le surnom de *Dénicheur de saints*, et que saluait si bas le curé de Saint-Eustache, tremblant pour son patron? Jacques de Voragine a cru ce que l'on croyait de son temps; n'est-ce point ce que nous faisons encore? D'ailleurs il n'adopte pas sans examen tout ce qu'il trouve dans les auteurs qu'il consulte; il nous avertit, parfois, que telle narration des plus merveilleuses ne repose que sur l'autorité d'un livre apocryphe, et que telle ou telle circonstance doit être l'objet de quelques doutes assez fondés.

Dans les monastères, dans les châteaux, partout on lisait la *Légende dorée*, et nulle part on ne pouvait s'en rassasier. Ces miracles multipliés et qu'accueillait la conviction la plus profonde, ces martyrs si intrépides au milieu des supplices les plus cruels, tout ce merveilleux enflammait les esprits les plus grossiers. A tout l'attrait du roman le plus vivement conduit, le plus mêlé d'incidents, la *Légende dorée* joignait le caractère d'une incontestable authenticité. A chacune de ses pages, ne rencontrait-on pas le diable, déguisé sous quelque nouvelle forme, cherchant à jouer quelque tour aux serviteurs de Dieu, le diable, dont le moyen âge était si préoccupé, auquel il livrait une guerre si acharnée et si infructueuse, le diable qu'il haïssait de si bonne foi? Malgré toute la puissance surnaturelle dont il ne donnait que trop de preuves, Satan était toujours bafoué, déconcerté, souvent battu dans les récits de la *Légende*, et ce dénoûment ne manquait jamais d'être accueilli par les éclats de rire de ceux qui écoutaient de toutes leurs oreilles la lecture que leur faisait quelque clerc.

Ajoutons aussi que dans la *Légende dorée* il se trouve un grand nombre de récits dont le but est d'inculquer la charité à l'égard des pauvres, la résignation, la pureté de mœurs. Nous aimons à croire qu'ils ont déterminé plus d'une bonne action.

Maintenant, disons un mot de l'auteur de cet ouvrage, dont le titre fut d'abord celui de *Légende des Saints;* mais l'enthousiasme contemporain changea cette dénomination pour celle de *Légende d'or (Legenda aurea);* et c'est le titre de *Légende dorée* qui a prévalu.

Jacques de Voragine ou de Varagine naquit vers 1230, à Varaggio, bourg situé sur le golfe de Gênes, non loin de Savone. On ignore le nom et la position sociale de ses parents. Dans l'un de ses écrits, il parle d'une éclipse qui eut lieu en 1239, et il dit qu'il était encore dans l'enfance. Il n'avait point dépassé l'adolescence lorsqu'il prit, en 1244, l'habit de dominicain, et bientôt il se distingua par son zèle pour l'étude, non moins que par sa conduite édifiante; il professa avec éclat la théologie dans diverses maisons de son ordre, et son talent pour la prédication fixa sur lui l'attention générale. En 1267, il fut élu provincial de la Lombardie, emploi qu'il remplit durant dix-huit ans; on l'éleva pour lors à la dignité de définiteur; c'est à tort que Dupin a dit que Voragine avait été général des dominicains. En 1288, l'empereur Henri IV lui fit confier la commission honorable de faire absoudre les Génois des censures qu'ils s'étaient attirées par leur désobéissance au saint-siége, en prenant parti pour les Siciliens révoltés contre le roi de Naples. Charles Bernard, de Parme, archevêque de Gênes, étant mort sur ces entrefaites, le chapitre métropolitain désigna Jacques de Voragine comme devant le remplacer: sur son refus, le pape chargea de l'administration de cet important diocèse Obezzon de Fiesque, patriarche d'Antioche, que les Sarrasins avaient expulsé de son siége. Celui-ci étant mort en 1292, le chapitre élut Jacques d'une voix unanime; le sénat applaudit à ce choix, le peuple en manifesta une joie extrême, et le dominicain fut obligé de céder. En acceptant avec répugnance des fonctions qu'il suffit d'avoir ambitionnées pour en être presque indigne, Jacques de Voragine comprit toute l'étendue des obligations et de la responsabilité qui allaient peser sur lui. Dévoué tout entier à de pieux devoirs, il se fit une loi de ne plus quitter son diocèse. Son ministère fut couronné d'éclatants succès dans plusieurs circonstances importantes, et son éloquence persuasive remporta de beaux triomphes. Il fit, à force de zèle, cesser les divisions dont, ainsi que toutes les républiques italiennes du moyen âge, Gênes était alors déchirée; il réconcilia les Guelfes et les Gibelins. Cette paix, qui lui avait coûté trois ans d'efforts, fut conclue en 1295; malheureusement elle dura peu; les dissentiments recommencèrent bientôt de plus belle; pendant deux mois entiers, les rues de la capitale de la Ligurie furent de vrais champs de bataille, et pour apaiser de telles semences de discorde il fallut tout le dévouement du prélat, qui se précipita, au risque de sa vie, entre les combattants. L'archevêque de Gênes menait au milieu des grandeurs une vie mortifiée et pénitente; sa charité était inépuisable, le luxe des aumônes étant le seul qu'il ne se fût pas interdit. Exemple remarquable de détachement et de religion sincères pratiqué à une époque où certains princes de l'Église, oublieux de leur caractère, préféraient souvent aux soins de l'épiscopat des intrigues politiques, quelquefois même se trouvaient mêlés à d'étranges scandales.

Après avoir occupé, durant sept ans, le trône archiépiscopal, Jacques de Voragine mourut le 14 juillet 1298, à l'âge de 68 ou 69 ans; il fut inhumé, ainsi qu'il l'avait demandé, dans l'église Saint-Dominique, à Gênes, du côté gauche du maître-autel.

Quelques auteurs assez peu dignes de foi ont raconté que Jacques de Voragine s'étant, un mercredi des Cendres, présenté devant Boniface VIII pour participer à la cérémonie en usage à pareil jour, le pontife, soupçonnant l'archevêque d'être favorable à la faction impériale, lui jeta des cendres dans les yeux, en lui disant: *Memento* quia *Gibellinus es, et cum Gibellinis tuis in pulverem reverteris.* C'est un de ces petits contes dont on embellit la vie de tout homme remarquable, et les historiens les plus éclairés n'ajoutent aucune créance à ce trait de l'histoire de Jacques. S'il est réellement arrivé, ce qui est fort douteux, c'est tout au plus à l'égard de son successeur Spinola; celui-ci fut en effet en relations peu amicales avec la cour de Rome.

Jacques de Voragine écrivit beaucoup; il composa des sermons pour le carême, les dimanches et les principales fêtes de l'année, sermons qui, traduits en latin, furent imprimés dans les premières années du seizième, et même dans le dix-septième siècle. Il se livra à de longs travaux sur saint Augustin; il rédigea une chronique de la ville de Gênes, qui s'étend jusqu'à l'an 1277, et que le docte Muratori a insérée dans le tome IX (p. 1-56) de ses *Rerum italicarum Scriptores* (Mediolani, 1723-1751), en supprimant dans la première partie force récits fabuleux empruntés par Voragine à ses devanciers, mais en reproduisant fidèlement la seconde, où se trouvent surtout de précieux matériaux pour l'histoire ecclésiastique de Gênes, l'auteur ayant eu à sa disposition des titres, des documents aujourd'hui perdus, et dont il usa le mieux qu'il lui fut possible.

Quant à la légende à laquelle Jacques doit ce qui lui reste de célébrité, l'empressement avec lequel elle fut reçue donna bien de la besogne aux copistes; les manuscrits s'en reproduisirent à l'infini; le père Quétif en indique un grand nombre, subsistant dans les diverses bibliothèques parisiennes. Il y en a neuf d'énumérés dans le vaste et savant travail auquel M. Paulin Pâris a le courage de se consacrer, pour faire connaître au monde savant les richesses des manuscrits de la Bibliothèque royale. C'est d'abord (n° 6845 et 6845 4. 4.) deux exemplaires d'une traduction de Jean Beleth, écrivain souvent cité par les auteurs ascétiques du moyen âge, et fort peu connu des bibliographes. Dans son travail, il s'est donné carrière de paraphrases et de réflexions, ajoutant beaucoup à son texte, racontant les biographies de divers saints, au sujet desquels Jacques avait entièrement gardé le silence. Le second manuscrit que nous indiquons diffère beaucoup du premier; il donne très au long des vies qui sont fort succinctes dans l'autre copie. (Voir les *Manuscrits français de la Bibliothèque du roi*, par M. Paulin Pâris, t. II, pages 88 et 92.) Nous trouvons dans le même ouvrage (t. II, p. 88, 255, 256; IV, p. 31 et 33) l'indication de différents manuscrits (n° 6845. 3; 6888; 6888. 2; 6889; 6889. 2 et 3; 7020; 7020, 1 A et 1 B) contenant une traduction faite par Jean de Vignay, qui mit grandement à contribution la version de Beleth. Quelques-uns de ces manuscrits sont décorés de miniatures remarquables; dans celui qui porte le n° 6889. 2 et 3, outre de petites vignettes en nombre égal à celui des légendes, l'on trouve cinq grandes compositions de la hauteur d'une page entière; la troisième est consacrée à la purification de la Vierge; elle est partagée en quatre compartiments, et le troisième offre aux regards des personnages qu'on n'attendait pas là. C'est le couronnement de Proserpine par les mains de Pluton. Dans le lointain on voit plusieurs personnages bien vêtus; ils entrent aux régions infernales, ils en sortent une chandelle allumée à la main. Des rencontres aussi disparates ne sont pas fort rares dans les manuscrits du moyen âge.

L'imprimerie se hâta de reproduire un ouvrage qui était certain de trouver une foule de lecteurs; deux éditions sans date, et probablement antérieures à 1474, sont indiquées avec quelques détails dans le *Manuel du Libraire* de M. J.-Ch. Brunet (t. III, p. 579, édition de 1820). Le bibliographe Panzer en indique plus de soixante-quatorze éditions (dont six douteuses), jusques et y compris 1500, et plus de trente traductions en diverses langues. Nous ne croyons pas devoir insérer ici cette longue et sèche nomenclature; nous nous bornerons à faire remarquer qu'un bibliophile très-versé dans la connaissance des éditions du quinzième siècle, le docteur Kloss, de Francfort, assigne la priorité à une édition exécutée à Strasbourg en 1471-75. (Voir son catalogue imprimé à Londres en 1835, n° 5994.)

Disons aussi que l'édition originale de la traduction française vit le jour à Lyon; elle fut achevée d'imprimer par Barthélemy Buyer, *le dix et huitième iour d'apuril mil quatre cens septante et six;* elle est annoncée comme *diligement corrigée auprès du latin par maistre Jean Batallier*. Cette édition est fort rare; il s'en trouve un très-bel exemplaire dans la bibliothèque de lord Spenser, et Dibdin l'a décrit en détail (*Bibliotheca Spenseriana*, t. IV, p. 525).

Antoine Vérard donna en 1490, 1493 et 1496, trois éditions de la *Légende dorée*, en français; il en existe des exemplaires sur vélin qui sont précieux; la Bibliothèque du Roi en possède deux (dont un très-beau) de l'édition de 1493; M. Van Praët en a donné la description (*Catalogue des livres imprimés sur vélin*, t. V, p. 24). En consultant les catalogues de vente de l'Angleterre, ce pays si riche en raretés bibliographiques, nous avons remarqué diverses adjudications des impressions sur vélin des *Légendes*, sorties des presses de Vérard (24 liv. st., vente Towneley, en 1815; 42 liv. st., vente Hibbert, en 1839, n° 4784; 19 liv. 19 sh., exempl. incomplet du premier feuillet, vente Sykes, en 1854, pt. II, n° 114).

Diverses éditions de Lyon, Jehan de Vingle, 1512; Paris, Pierre Leber, 1525; Poitiers, Enguilbert de Marnef, 1522; Paris, Jehan Ruelle, 1554, et trois autres sans date, sont mentionnées dans les *Nouvelles Recherches bibliographiques* de M. Brunet (1852, t. III, p. 452).

Une édition de Lyon, Jehan de Vingle, 1497, in-folio, indiquée comme inconnue aux bibliographes, a été payée 75 fr. à la 4me vente de MM. Debure (n° 1761).

La *Légende*, traduite en anglais, fut un des premiers ouvrages sur lesquels se porta l'activité du père de la typographie britannique, William Caxton: en 1483 il publia la *Golden legend*, en l'ornant de gravures sur bois, de l'exécution la plus grossière; il la republia en 1493 avec quelques différences. Ces deux éditions introuvables se payeraient fort cher au delà de la Manche; en 1813 un exemplaire de la seconde ne s'adjugea pas à moins de 82 liv. st. 10 sh., encore avait-il un feuillet manuscrit.

La traduction italienne, faite par Nicolas Manerbi, fut imprimée pour la première fois *per maestro Nicolo Jenson*; cette édition n'est point datée, mais l'épître dédicatoire du traducteur *à tutte le catoliche devote* est datée de 1475. On connaît trois exemplaires sur vélin de cet in-folio; l'un d'eux, payé 500 fr. à la vente Mac-Carthy, en 1816, est entré à la Bibliothèque du Roi. Plusieurs fois réimprimée, cette *Legende di tutti i sancti e le sancte* a reparu enfin à Milan, en 1529; à Venise, en 1551, en 1578 avec des additions et corrections; elle a été remise en style moderne en 1630.

Les premières éditions hollandaises que nous connaissions sont celles de Delft, 1472 et de Gouda, 1478. Nous ne devons point omettre la traduction en langue bohémienne, dont la première édition vit le jour à Pilsen, entre 1475 et 1479; l'on n'en connaît qu'un seul exemplaire; la réimpression de Prague, 1495, in-folio, est aussi d'une rareté excessive.

Il est bon de remarquer en passant que presque toutes ces éditions et traductions diffèrent les unes des autres, surtout vers la fin; les éditeurs, ajoutant ou retranchant sans doute, suivant qu'il était à leur convenance d'avoir un volume plus ou moins gros. L'édition latine de Cologne, Ulric Zell, 1485 (*editore Antonio libero Susatensi*), se distingue en ce qu'elle renferme un certain nombre de légendes qui ne sont point de Jacques de Voragine, qui n'avaient point figuré dans les éditions précédentes, et qu'on n'a point admises dans celles des éditions suivantes que nous avons eu l'occasion de voir.

L'on pourrait relever, au milieu de tant d'éditions, quelques différences dans le nombre des Vies des Saints, ou dans leur arrangement, quelques variantes d'une assez faible importance ; mais ces détails, trop minutieux, paraîtraient sans doute dépourvus de tout intérêt.

On s'est attaché, dans la version qui suit, à reproduire fidèlement l'original, à ne jamais substituer d'autres idées aux siennes. Si parfois le récit du légendaire paraît abrupte, dépourvu de logique, chargé de répétitions, que l'on se souvienne que c'est un texte rédigé vers 1260 qu'il nous a fallu faire passer en français.

LA
LÉGENDE DORÉE

LÉGENDE DE SAINT ANDRÉ.

André et quelques autres disciples furent trois fois appelés de la voix du Seigneur. Il les appela la première fois à le connaître lorsque André, étant un certain jour avec un de ses condisciples auprès de Jean son maître, l'entendit dire : « Voici l'Agneau de Dieu, voici celui qui ôte les péchés. » Et il vint aussitôt avec un autre disciple, et il vit où demeurait Jésus, et ils restèrent auprès de lui tout ce jour. André, rencontrant son frère Simon, le conduisit à Jésus; et le lendemain ils retournèrent à leur métier de pêcheur. Ensuite une seconde fois il les appela à le connaître. Comme un certain jour la foule se portait vers Jésus du côté de l'étang de Génésareth, que l'on appelle la mer de Galilée, il entra dans la barque de Simon et d'André, et il prit une grande multitude de poissons ; et ayant appelé Jacques et Jean, qui étaient en une autre barque, ils le suivirent, et ils revinrent ensuite chez eux. Puis il les appela une troisième et dernière fois à être ses disciples ; car, comme Jésus allait le long de ce rivage, il les appela lorsqu'ils étaient à pêcher, en leur disant : « Venez, et je vous ferai pêcheurs d'hommes »; ils laissèrent tout et le suivirent, et ils s'attachèrent à lui, et ils ne retournèrent plus chez eux. Et toutefois il appela André et quelques autres disciples à être apôtres, ainsi que saint Matthieu le raconte dans son troisième chapitre. Il appela à lui ceux qu'il voulut, et il se fit qu'ils étaient douze avec lui. Après l'ascension de Notre-Seigneur, les apôtres se séparèrent, et saint André prêcha en Scythie, et saint Matthieu prêcha dans la Myrmidonie. Mais les habitants de ce pays rejetèrent cette prédication de saint Matthieu, et lui arrachèrent les yeux, et le mirent en prison, et ils se disposaient à lui ôter la vie dans peu de jours. Alors l'ange du Seigneur apparut à saint André, et lui ordonna d'aller en Myrmidonie trouver saint Matthieu. Et André répondant qu'il ne savait pas le chemin, l'ange lui ordonna d'aller au bord de la mer, et d'entrer dans le premier navire qu'il trouverait. Il accomplit tout de suite cet ordre, et il arriva, conduit par l'ange et secondé par un vent favorable, où il voulait aller, et ayant trouvé ouverte la prison de saint Matthieu, il y entra, et pleura beaucoup, et il pria. Alors le Seigneur rendit à saint Matthieu l'usage des deux yeux, dont l'avait privé la malice des pécheurs. Matthieu s'en alla et se rendit à Antioche; André resta dans la Myrmidonie, et les gens, irrités de l'évasion de saint Matthieu, saisirent André et le traînèrent par les places, les mains liées. Et comme son sang coulait, il pria pour eux, et sa prière les convertit à Jésus-Christ; il partit ensuite pour l'Achaïe. Et ce qu'on dit de la guérison de l'aveuglement de saint Matthieu, je ne crois pas que cela soit vrai, ni que cet apôtre ne pût obtenir pour lui-même ce qu'André obtint si facilement. Un jeune homme noble s'étant, malgré toute sa famille, attaché à saint André, ses parents mirent le feu à la maison où il demeurait avec l'apôtre; et comme déjà la flamme s'élevait fort haut, le jeune homme prit un vase plein d'eau, le jeta sur le feu et l'éteignit aussitôt. Et les parents disaient : « Notre fils est un grand enchanteur. » Et comme ils voulaient escalader la maison, ils furent aveuglés, si bien qu'ils ne voyaient pas les échelles; et un d'eux s'écria : « Pourquoi vous acharnez-vous à un travail insensé ? Dieu combat pour eux, et vous ne les verrez plus. Cessez donc, de peur que la colère de Dieu ne tombe sur vous. » Et beaucoup qui virent cela crurent au Seigneur. Et les parents du jeune homme moururent dans les cinquante jours, et ils furent ensevelis sous un monument. Une femme mariée à un homme coupable d'homicide ne pouvait enfanter; elle dit à sa sœur : « Va, et invoque pour moi notre déesse Diane. » Et le diable répondit à celle qui l'invoquait : « Pourquoi t'adresses-tu à moi ? je ne peux te secourir; va trouver André, il peut venir à ton aide. » Et lorsque l'apôtre fut mené près de la femme en danger, il lui dit : « Tu souffres avec justice, parce que tu es mal mariée; tu as conçu dans le péché, et tu as consulté les démons. Mais repens-toi, crois en Jésus-Christ, et mets ton enfant au monde. » Elle crut, et accoucha d'un enfant mort, et sa douleur cessa. Et un vieillard, nommé Nicolas, alla trouver l'apôtre et lui dit : « Maître, voici soixante-dix ans de ma vie pendant lesquels j'ai toujours été adonné à l'impureté; mais j'ai écouté la parole de l'Évangile, en priant Dieu pour qu'il m'accorde la grâce de la continence. Mais la pensée du mal était toujours au fond de mon cœur, et, cédant à ses tentations, je retournai à mes péchés habituels. Et comme un certain jour, enflammé de l'esprit de luxure, j'avais oublié l'Évangile que je portais sur moi, et comme j'allais dans une maison de débauche, une des courtisanes me dit aussitôt : « Sors d'ici, vieillard, sors d'ici; ne me touche pas, et ne t'avise pas de passer cette porte, car je vois sur toi des choses merveilleuses. » Tout étonné des paroles de cette courtisane, je me suis souvenu que je portais sur moi l'Évangile. Maintenant, vous qui êtes l'ami de Dieu, je vous prie d'intercéder pour mon salut. » Et quand il eut entendu cela, le bienheureux André se mit à prier, et il pria depuis l'heure de tierce jusqu'à l'heure de none. Et quand il se releva, il ne voulut pas manger, et il dit : « Je ne prendrai nul aliment jusqu'à ce que je sache si le Seigneur a pris compassion de ce vieillard. » Et après qu'André eut jeûné cinq jours, il entendit une voix qui disait : « Tu as obtenu, André, ce que tu demandais pour ce vieillard; mais comme tu t'es mortifié par le jeûne, ainsi faut-il qu'il se purifie par l'abstinence et la pénitence, s'il veut être sauvé. » Et le vieillard fut six mois réduit au pain et à l'eau, et ensuite, plein de bonnes œuvres, il reposa en paix. Et André entendit une voix qui disait : « J'ai, par tes prières, recouvré mon serviteur que j'avais perdu. »

Un jeune homme qui était chrétien dit secrètement à saint André : « Ma mère, frappée de ma beauté, a voulu m'induire à grand péché, et lorsqu'elle a vu mon horreur inébranlable, elle m'a, dans sa colère, accusé d'avoir tenté de lui faire violence. Priez donc pour moi, afin que je ne meure pas si injustement; car j'aime mieux perdre la vie que me disculper en jetant sur ma mère une si honteuse accusation. » Le jeune homme fut donc conduit devant le juge, et André y alla. Et la mère renouvela son accusation contre son fils, disant qu'il avait voulu lui faire violence. Et aux interrogatoires qu'on lui adressait, le jeune homme gardait un complet silence. Et alors André dit à la mère : « O la plus cruelle des femmes, toi qui veux que ta débauche monstrueuse amène la perte de ton fils unique ! » Et elle répondit : « Il s'est jeté sur moi, et il a voulu consommer son crime, mais il n'a pu. » Et le juge irrité ordonna que le jeune homme fût enfermé dans un sac enduit de poix et de bitume, et jeté dans la rivière ; et il ordonna que l'on gardât André en prison jusqu'à ce qu'il se fût avisé du supplice qu'il voulait lui infliger. Mais André se mit en prière, et il survint un grand tremblement de terre qui jeta l'épouvante parmi tous les assistants, et l'on entendit un horrible tonnerre, et la femme, frappée de la foudre, tomba réduite en cendres. Et le peuple supplia l'apôtre d'intercéder pour qu'ils ne périssent pas ; et il pria, et tout redevint tranquille. Et le juge crut à Jésus-Christ, ainsi que toute sa maison. Comme l'apôtre était dans la ville de Nicée, les habitants lui dirent que hors de la ville, sur la route, il y avait sept démons qui tuaient tous les passants. Et l'apôtre commanda à ces esprits des ténèbres de venir devant les habitants sous la forme de chiens, et il leur ordonna de se retirer dans des endroits où ils ne pussent nuire à personne. Et ils disparurent aussitôt. Quand les habitants de Nicée eurent vu cela, ils crurent à l'Évangile. Et comme l'apôtre vint à la porte d'une autre ville, il rencontra un jeune homme qui était mort, et dont on portait le cadavre à la sépulture. Et comme il demandait comment il était mort, on lui dit : « On assure que sept chiens sont venus et qu'ils l'ont tué dans son lit. » Et André pleura, et il dit : « Je sais que ce sont les démons que j'ai chassés de Nicée. » Et il dit au père du jeune homme : « Que me donneras-tu si je ressuscite ton fils ? » Et le père répondit : « Il était ce qu'au monde je possédais de plus précieux, je te le donnerai. » Et l'apôtre se mit en oraison, et le jeune homme se leva, et il suivit André. Quarante hommes venaient un jour, par eau, trouver l'apôtre, afin d'être instruits dans la foi, et voici que le diable suscita une grande tempête, et ils furent tous engloutis, et leurs cadavres furent jetés sur le rivage, et on les apporta à saint André, et il leur rendit la vie, et ils racontèrent ce qui leur était arrivé. Ces choses se lisent dans une hymne en l'honneur de ce saint. Maître Beleth dit de lui, au sujet de sa fête, qu'il fut de petite taille, et qu'il avait le teint brun et la barbe épaisse.

André se rendit en Achaïe, et il y fonda de nombreuses églises, et il convertit beaucoup de monde à la foi. Il fit une chrétienne de la femme du proconsul Égéas, et il la régénéra dans les eaux du saint baptême. Et Égéas apprit cela lorsqu'il entrait dans la ville de Patras, voulant forcer les chrétiens à sacrifier aux idoles. Et André alla au-devant de lui et lui dit : « Toi qui es le juge des hommes, tu dois reconnaître ton vrai juge, qui est dans le ciel, et renoncer sincèrement aux faux dieux. » Égéas lui répondit : « Tu es André, toi qui prêches la doctrine de cette secte superstitieuse que les empereurs romains ont résolu d'exterminer. » André répondit : « Les empereurs n'ont pas su que le Fils de Dieu, en venant sur la terre, a enseigné que les idoles sont des démons dont le culte offense le Seigneur, et celui qui les adore sera confondu, et il restera le captif du diable. » Égéas répondit : « Votre Jésus, qui disait ces choses vaines, est mort attaché sur la croix. » André répondit : « C'est pour nous racheter de la mort éternelle, et non à cause de ses démérites qu'il a voulu être mis en croix. » Égéas dit : « Comment peux-tu dire qu'il a voulu être mis en croix, puisqu'il a été livré par un de ses disciples, maltraité par les Juifs et mené au supplice par des soldats ? » Et André commença à montrer comment la passion de Jésus avait été volontaire, et comment il l'avait soufferte avec résignation, et qu'il en avait prédit à l'avance les circonstances. Et il ajouta que le mystère de la croix était grand et redoutable. Égéas répondit : « Ce n'est pas un mystère, mais un supplice. Mais si tu ne te conformes pas à mes ordres, je te ferai à toi aussi éprouver le même mystère. » André répondit : « Si je redoutais le supplice de la croix, je ne prêcherais pas la gloire de la croix de Jésus-Christ. Mais je veux d'abord t'exposer la doctrine de la croix, afin que tu puisses croire et être sauvé. Comme l'homme avait été corrompu par le bois en péchant, il fallait qu'il fût racheté par le bois en souffrant. Et comme le pécheur avait été fait de terre non souillée, le Rédempteur devait naître d'une vierge immaculée. L'homme avait étendu des mains coupables vers le fruit défendu ; il fallait que le Rédempteur étendit sur la croix ses mains innocentes. Et si Jésus-Christ n'était pas mort, nous n'aurions pu entrer en possession de l'immortalité. » Égéas dit : « Va porter aux tiens ces vaines paroles ; obéis à mes ordres, et sacrifie aux dieux tout-puissants. » André répondit : « J'offre tous les jours au seul Dieu tout-puissant un agneau sans tache, et après qu'il a été mangé de tout le peuple, il reste vivant et entier. » Égéas demandant comment cela se faisait, André lui dit de se mettre au rang de ses disciples. Égéas répliqua : « Je saurai bien te le faire dire dans les tourments. » Et il ordonna qu'on enfermât l'apôtre en prison. Le lendemain matin, Égéas s'assit sur son tribunal et il fit amener André, et il l'engagea de nouveau à sacrifier aux idoles, en disant : « Si tu n'obéis pas, je te ferai attacher sur cette même croix que tu as louée » ; et il le menaça de grands tourments. André répondit : « Invente tous les plus cruels supplices que tu pourras, car plus grande aura été ma constance, plus je serai agréable à mon Roi. » Et le proconsul ordonna à vingt hommes de saisir André, et qu'il fût lié sur la croix par les pieds et par les mains, de manière à souffrir aussi longtemps que possible. Et comme on menait l'apôtre au supplice, il y eut un grand concours de peuple, et l'on disait : « Cet homme est innocent et son sang est répandu sans cause. » Et l'apôtre les pria de ne pas empêcher son martyre. Et quand il vit de loin la croix, il la salua en disant : « Salut, croix, qui as été consacrée par le corps de Jésus-Christ, et que ses membres ont ornée de tant de perles. Avant que le Seigneur eût été lié sur toi, tu étais un objet de terreur ; maintenant, ceux qui sont enflammés de l'amour céleste t'appellent de tous leurs vœux. Je viens donc à toi, plein de sécurité et de joie, afin que tu reçoives le disciple de celui qui est mort sur toi ; je t'ai toujours chérie, et j'ai constamment désiré t'embrasser. O bonne croix ! longtemps désirée, et que les membres du Seigneur ont revêtue de tant de beauté et d'éclat, toi que j'ai recherchée sans cesse, reçois-moi du milieu des hommes, et rends-moi à mon maître, afin que celui qui m'a racheté par toi me voie arriver à lui par toi. » Et disant cela, il se dépouilla, et il livra ses vêtements aux bourreaux ; et ils l'attachèrent sur la croix, comme il leur avait été commandé. Et il y vécut deux jours, et il prêcha devant vingt mille hommes qui s'étaient réunis autour de lui. Et la foule menaça Égéas de mort, disant qu'un homme aussi saint et aussi pieux ne devait pas ainsi souffrir, et Égéas vint pour délivrer l'apôtre. Et celui-ci lui dit : « Pourquoi viens-tu vers nous? Si c'est pour me détacher, sache que je ne descendrai pas vivant de dessus la croix; car je vois déjà mon Roi qui m'attend. » Et comme on voulait le détacher, on ne le put, car les bras de ceux qui essayaient de le faire étaient aussitôt frappés de paralysie. Et André voyant que le peuple voulait le délivrer, fit cette prière que rapporte saint Augustin dans son livre *De la Pénitence* : « Seigneur, ne permettez pas que je sois descendu vivant; il est temps que mon corps soit remis à la terre, car il y a longtemps que je le porte ; j'ai vieilli et travaillé, afin d'être affranchi de sa servitude et d'être délivré de cette très-fâcheuse prison. Et j'ai beaucoup travaillé, afin de dompter l'orgueil, de détruire la concupiscence, de refréner la convoitise. Vous savez, Seigneur, combien de fois ce corps me forçait à quitter la pureté de la contemplation, combien de fois il me troublait dans la sainte méditation de votre loi, et combien de tracas il me causait. J'ai combattu de mon mieux, et, grâce à votre secours, j'ai surmonté tant d'embûches, et je vous supplie de m'accorder une juste récompense, mais de ne pas me commander une plus longue lutte. Que ce corps soit donc rendu à la terre, afin qu'il ne m'empêche plus de m'abreuver à la source de la joie éternelle. » Et comme il parlait ainsi, une clarté éclatante venant du ciel l'environna, et personne ne pouvait le contempler. Et lorsque cette lumière remonta au ciel, il rendit l'esprit. La femme d'Égéas, Maximilla, fit enlever le corps de l'apôtre et l'ensevelit honorablement. Égéas, avant qu'il fût rentré chez lui, fut saisi du démon, et il expira, dans la rue, devant tout le peuple. On dit qu'il coule parfois du sépulcre de saint André de la manne ayant aspect de farine, et de l'huile d'une odeur très-suave, et c'est un signe de fertilité pour le pays dans l'année qui va venir; car si la quantité qui coule du sépulcre est petite, la récolte est peu considérable, et c'est tout le contraire s'il en coule beaucoup. Et cela était vrai autrefois; mais cela a cessé depuis que le corps de l'apôtre a été transporté à Constantinople.

Un évêque qui menait pieuse vie avait pour saint André une vénération toute particulière, et il mettait en tête de toutes ses œuvres, en l'honneur de Dieu et de saint André. Et le démon, jaloux de la vertu de ce saint homme, voulut l'assaillir, et il se déguisa sous la forme d'une femme d'une merveilleuse beauté, et il vint au palais de l'évêque, en exprimant le désir de se confesser à lui. L'évêque ordonna de la conduire à son pénitencier, auquel il avait transmis toute sa puissance. Elle s'y refusa, disant qu'elle ne révélerait à personne, si ce n'est à l'évêque, les secrets de sa conscience; et il la fit venir à lui. Et elle lui dit : « Je vous prie, seigneur, d'avoir pitié de moi; car dans les années de ma jeunesse et avec la beauté que vous me voyez, élevée avec délicatesse depuis mon enfance, et issue de race royale, je suis venue seule sous un costume étranger ; car mon père, qui est un roi très-puissant, voulait me faire épouser un grand prince. Je lui ai répondu que j'avais en horreur toute union conjugale, parce que j'avais pour toujours voué ma virginité à Jésus-Christ, et que je ne consentirais jamais à ce qu'un homme s'approchât de moi. Il m'a fait renfermer très-étroitement, afin de me forcer à me conformer à ses volontés, me menaçant de me faire subir divers supplices ; j'ai pris la fuite en secret, aimant mieux me vouer à l'exil que manquer à la foi que j'ai promise à mon divin époux. Et comme le bruit de votre sainteté est venu jusqu'à moi, je suis accourue me réfugier sous vos ailes, dans l'espoir que je pourrai trouver près de vous un asile paisible où je puisse me livrer au calme de la contemplation, éviter les naufrages de la vie présente, et fuir les rumeurs d'un monde agité. » L'évêque, admirant dans une si belle personne tant de ferveur, tant de fermeté et tant d'éloquence, lui répondit d'une voix douce : « Rassure-toi, ma fille, ne crains rien; celui pour lequel tu as si courageusement surmonté la volonté de tes proches et tes penchants, et renoncé aux honneurs temporels, celui-là t'en récompensera en te comblant de la gloire céleste. Je t'offre donc tout ce qui dépend de moi. Choisis dans ma demeure où tu veux te loger, et je veux qu'aujourd'hui tu partages mon repas. » Elle lui répondit : « Ne m'engagez pas, mon père, à faire semblable chose, de crainte qu'il n'en résulte quelque mauvais soupçon, et que l'éclat de votre renommée n'ait à en souffrir. » L'évêque répondit : « Nous serons plusieurs et non pas seuls; il n'y aura donc pour personne moyen de former des soupçons désavantageux. » Ils se mirent donc à table, et elle s'assit en face de l'évêque, et les autres se mirent de droite et de gauche. Et l'évêque eut les yeux fixés sur elle, et il ne cessa de la regarder et de contempler sa beauté. Et comme il s'arrêtait ainsi dans cette contemplation, le vieil ennemi des hommes lui fit au cœur une grave blessure. Et le diable, qui avait pris la figure de cette femme, se mit à faire de plus en plus ressortir sa grande beauté. Et l'évêque avait formé dans son âme le dessein de l'amener à faire l'œuvre défendue, aussitôt que la possibilité s'en présenterait. Et soudainement l'on entendit un étranger qui frappait à la porte avec de grands coups, et qui demandait, en élevant beaucoup la voix, qu'on vînt lui ouvrir. Et comme on ne voulait pas lui ouvrir, il redoublait ses coups et ses cris et ses instances. Et l'évêque demanda à la femme si elle consentait à ce que l'on reçût cet étranger. Et elle répondit : « Il faut lui proposer quelque question un peu difficile, et s'il sait la résoudre, il faudra le recevoir; s'il ne le sait pas, il sera congédié comme un ignorant indigne de se trouver en présence d'un évêque. » Tout le monde applaudit à cette proposition, et l'on se mit à chercher quelle serait la question que l'on proposerait. Et comme l'on n'en trouvait aucune, l'évêque dit : « Qui de nous est mieux en état que vous, madame, d'en proposer une, vous qui nous surpassez tous en éloquence, et qui manifestez une si éclatante sagesse? proposez-lui donc une question. » Et elle dit : « Qu'on lui demande ce que Dieu a fait de plus admirable dans un petit espace? » Et l'étranger, auquel on fit porter cette demande par un envoyé, répondit : « C'est la variété et l'excellence des visages; car parmi tant d'hommes qui ont existé depuis la création du monde, ou qui existeront jusqu'à la fin des siècles, il ne s'en rencontrera pas deux dont les visages offrent une similitude parfaite; et, sur la plus petite figure, Dieu a placé tous les sens du corps. » Et chacun s'émerveilla en entendant cette réponse, et ils dirent : « Cette réponse est vraie et très-belle. » Et la femme dit : « Qu'on lui propose une seconde question plus difficile, et qui mettra sa sagesse à l'épreuve. Qu'on lui demande où est-ce que la terre est plus élevée que le ciel ? » Et l'étranger répondit à cette question : « C'est dans le ciel que réside le corps de Jésus-Christ. Ce corps divin, qui est au plus haut des cieux, a été formé de notre chair. Notre chair a été faite de la substance de la terre ; le corps de Jésus-Christ provient donc de la terre, et il est alors certain que là où réside ce corps adorable, la terre est plus élevée que le ciel. » Cette réponse fut rapportée, et tous admirèrent beaucoup la sagesse de l'étranger, et se mirent à lui donner de grandes louanges. Et la femme dit : « Qu'on lui adresse une troisième question très-difficile et obscure, et dont la solution est épineuse, afin que pour la troisième fois sa sagesse soit éprouvée, et que l'on voie s'il est digne de s'asseoir à la table de l'évêque. Qu'on lui demande quel espace il y a de la terre jusqu'au ciel. » L'étranger répondit à l'envoyé qui lui porta cette question : « Va trouver la personne qui a fait cette question, et dis-lui d'y répondre elle-même ; personne n'est mieux en état de le faire exactement, car elle a parcouru l'espace qui sépare le ciel de la terre lorsqu'elle a été précipitée du ciel dans l'abîme ; et moi je n'ai jamais parcouru cet espace ; car ce n'est pas une femme qui est là-bas, mais le diable qui a pris une apparence féminine. » En entendant cela, l'envoyé fut saisi d'une grande frayeur, et il vint dire devant tous ce qu'il avait entendu. Ils restèrent pleins d'étonnement et de stupeur, et aussitôt le diable disparut du milieu d'eux. Et l'évêque, rentrant en lui-même, se repentit de s'être laissé séduire, et il demanda à Dieu, en pleurant, le pardon de sa faute. Et il envoya promptement un messager pour faire entrer l'étranger ; mais celui-ci avait aussi disparu, et on ne put le retrouver. Alors l'évêque fit réunir tout le peuple, et il raconta de point en point ce qui s'était passé, et il demanda que tous se missent à jeûner et à prier, dans l'espoir que le Seigneur daignerait révéler à quelqu'un d'eux quel avait été cet étranger qui l'avait délivré d'un si grand danger. Et cette nuit même, il fut révélé à l'évêque que c'était le bienheureux André qui était venu pour le délivrer sous le déguisement d'un étranger. Et l'évêque redoubla de vénération envers l'apôtre, et il célébra son culte avec une nouvelle ferveur. Le gouverneur d'une certaine ville s'était emparé d'un champ appartenant à l'église de saint André, et il fut, en punition, attaqué de très-fortes fièvres, par suite des prières de l'évêque. Il demanda à l'évêque de prier pour sa guérison, promettant de rendre le champ; mais lorsqu'il eût été guéri, il retint ce dont il s'était emparé. Alors l'évêque se mit en prières, et il brisa toutes les lampes de l'église, en disant : « Que ces lumières ne soient plus allumées jusqu'à ce que le Seigneur soit vengé de ses ennemis, et jusqu'à ce que l'église ait recouvré ce qu'elle a perdu. » Le gouverneur fut alors de nouveau en proie à des fièvres terribles, et il envoya vers l'évêque, s'engageant à restituer le champ et à en donner un autre semblable; et l'évêque répondit : « J'ai déjà adressé pour lui mes prières à Dieu, qui m'a exaucé. » Et le gouverneur se fit porter chez l'évêque et le força à entrer dans l'église pour prier; et au moment où l'évêque entrait dans l'église, le gouverneur expira soudainement, et le champ fut restitué à l'église.

LÉGENDE DE SAINT NICOLAS.

Nicolas, citoyen de Patras, naquit de nobles et pieux et riches parents. Son père se nommait Épiphanus et sa mère Jeanne. Ses parents l'engendrèrent en la fleur de leur âge, et puis ils vécurent dans la continence, et ils menèrent une vie très-sainte. Le premier jour qu'il fut né, comme on le baignait, il se dressa dans son bain, et il ne prenait le sein de sa mère qu'une fois le mercredi et une fois le vendredi, et, dans son enfance, il ne se mêlait pas aux jeux des autres enfants. Il aimait beaucoup à fréquenter les églises, et ce qu'il y entendait de l'Écriture sainte, il le mettait en pratique. Quand ses parents furent morts, il commença à penser comment il distribuerait ses richesses, non pas pour être loué des hommes, mais pour contribuer à la gloire de Dieu. Un de ses voisins avait trois filles vierges; il était noble, mais fort pauvre, et la misère allait forcer ses filles à s'abandonner au péché, afin que, du profit de leur infamie, elles fussent soutenues et nourries. Ce qu'ayant appris le saint homme, il eut horreur de cette félonie, et il jeta secrètement, la nuit, dans la maison de ce malheureux père, une grosse somme en or pliée dans un linge. Lorsqu'il se leva le matin, il trouva cet or, il en rendit grâce à Dieu, et il maria sa fille aînée, et quelque temps après le serviteur de Dieu en fit autant une seconde fois. Et alors le père voulut savoir qui est-ce qui venait ainsi à son aide. Et peu de jours après, Nicolas doubla la somme et la jeta chez son voisin ; au bruit qu'elle fit en tombant, celui-ci s'éveilla, et il courut après Nicolas qui s'enfuyait, et il lui disait : « Maître, ne t'enfuis pas ainsi, que je te voie. » Et il courut encore plus vite, et il reconnut Nicolas. Et alors s'agenouillant en terre, il voulut lui baiser les pieds. Mais Nicolas nia et exigea de lui que de toute sa vie il ne parlerait de ceci. Et quand l'évêque de la ville de Myre fut mort, les évêques se rassemblèrent pour nommer au siége épiscopal de cette ville, et il y avait entre les autres un évêque d'une grande autorité, et le choix paraissait devoir se porter sur lui. Il les exhorta tous à passer leur temps en jeûnes et en prières, et, cette nuit même, il entendit une voix qui lui recommandait de se tenir à la porte de l'église à l'heure de matines, et de sacrer évêque le premier qui se présenterait. Il fit part de cette révélation aux autres évêques, et il les engagea à se mettre tous en oraison pendant qu'il garderait les portes. Ce fut chose merveilleuse, car à l'heure de matines, par un mouvement de Dieu, Nicolas se leva avant tous les autres. Et l'évêque l'arrêta au moment où il entrait dans le lieu saint, et il lui dit : « Comment te nommes-tu ? » Et lui, qui était simple comme une colombe, inclina la tête et répondit : « Je me nomme Nicolas, serviteur de votre sainteté. » Et ils le conduisirent dans l'église, quoiqu'il se défendit d'accepter cette grande dignité, et ils le firent asseoir sur le siége épiscopal. Et il continua de vivre en toute humilité et honnêteté ; il donnait ses veilles à l'oraison et il mortifiait son corps. Il évitait la compagnie des femmes, il était honorable et humble en recevant les petits et les grands ; il parlait avec sagesse profonde, il conseillait avec bonté, il reprenait les pécheurs avec fermeté.

On lit dans une chronique que saint Nicolas fut au concile de Nicée, et un jour quelques mariniers en danger de périr le prièrent ainsi en versant des larmes : « Nicolas, serviteur de Dieu, si les choses sont vraies que nous avons ouïes, donne-nous ton

ssistance. » Et alors il leur apparut un homme qui avait sa figure
et qui leur dit : « Me voici, ne m'appelez-vous pas? » Et il commença à les aider dans la manœuvre du bâtiment, et la tempête
cessa. Et quand ils furent venus à son église, eux qui ne l'avaient
jamais vu auparavant, reconnurent que c'était lui qui les avait
assistés sur mer. Et ils rendirent grâce de leur délivrance à Dieu
et à lui. Et il leur dit d'attribuer ce miracle à la miséricorde de
Dieu et à leur foi, et non pas à ses mérites. Il fut un temps où
la province où était saint Nicolas souffrit d'une extrême famine,
et tous manquaient de nourriture. Alors l'homme de Dieu apprit
que des navires chargés de froment étaient arrivés au port; il y
alla, et il demanda aux mariniers de soulager le peuple qui mourait de faim, en donnant de chaque nef au moins cent muids de
froment. Et ils lui répondirent : « Seigneur, nous n'oserions, car
le grain a été mesuré à Alexandrie, et il faut que nous rendions
aux greniers de l'empereur la quantité qui nous a été livrée. » Et
le saint leur dit : « Faites ce que je vous dis, et je vous promets
que, par la grâce de Dieu, il n'y aura aucune diminution lorsque
vous aurez à rendre vos cargaisons aux greniers de l'empereur. »
Ils lui donnèrent du blé, et quand ils déchargèrent leurs cargaisons, il se trouva exactement la même quantité qu'ils avaient
reçue à Alexandrie. Et alors ils racontèrent le miracle aux ministres de l'empereur, et ils louèrent Dieu et son serviteur. Et
l'homme de Dieu distribua ce froment à chacun selon ses besoins,
si bien qu'il y en eut pour deux ans, non pas seulement pour se
nourrir, mais encore pour semer. Ce pays était adonné à l'idolâtrie,
et le peuple adorait l'image de Diane, et, jusqu'à l'arrivée de
l'homme de Dieu, il se faisait, selon une coutume des païens, de
grands rassemblements sous un arbre consacré à cette prétendue
déesse; mais l'homme de Dieu détruisit cette coutume dans tout
le pays, et il ordonna de couper l'arbre. Et alors le diable se cour-
rouça contre lui, et il fit une huile qui brûle les pierres et que l'eau
ne peut éteindre; ensuite le diable prit la forme d'une pieuse
femme, et il entra dans une barque où étaient des pèlerins qui
allaient par eau trouver l'homme de Dieu, et il leur parla ainsi :
« Je voudrais bien aller avec vous trouver le saint évêque, mais
je ne puis : portez-lui, je vous prie, cette huile, et en souvenir

de moi, oignez-en les murailles de sa demeure », et il disparut. Et alors ils virent une autre embarcation où se trouvaient de pieuses personnes, une entre autres qui avait la figure de saint Nicolas, et qui leur dit : « Ah ! que vous a dit cette femme, et qu'est-ce qu'elle vous a donné ? » Et ils lui racontèrent ce qui s'était passé. Et il leur dit : « C'est la mauvaise Diane ; et, pour éprouver si je vous dis vrai, jetez de cette huile par terre. » Et quand ils l'eurent jetée, un grand feu prit à la mer, et ils la virent longtemps brûler contre nature. Et alors ils vinrent à l'homme de Dieu, et ils lui dirent : « Vraiment, tu es celui qui nous a apparu sur mer et qui nous a délivrés des piéges du diable. » En ce temps-là, il éclata des révoltes contre l'empereur de Rome, et l'empereur envoya contre les rebelles trois princes, Népotien, Orsin et Apolin, et ils vinrent au port d'Adrien, parce que le vent leur était contraire. Et saint Nicolas les convia à dîner avec lui, car il voulait préserver ses gens de leurs exactions. Et comme saint Nicolas était absent, le consul, qui s'était laissé corrompre, avait condamné trois chevaliers innocents à être décapités ; et quand le saint homme le sut, il pria ces princes de l'accompagner en toute hâte, et quand il vint à l'endroit où étaient ceux que l'on allait exécuter, il les trouva à genoux et les yeux bandés, et le bourreau brandissait l'épée sur leurs têtes. Et alors Nicolas, embrasé de l'amour de Dieu, se jeta hardiment sur le bourreau ; il lui arracha l'épée de la main et il la jeta bien loin. Et il délia les innocents, et il les amena avec lui sans qu'ils eussent de mal. Et il s'en alla où siégeait le consul ; il trouva les portes fermées, qu'il ouvrit par force. Le consul vint à lui et le salua. Le saint homme fut courroucé et lui dit : « Ennemi de Dieu, violateur de la loi, quelle folie t'a porté à te rendre coupable d'une si vilaine action ? Comment oses-tu nous regarder ? » Et quand il l'eut bien fort tancé et repris, il le reçut à pénitence, à la prière de ces princes. Et quand les envoyés de l'empereur eurent reçu sa bénédiction, ils se remirent en chemin, et ils réduisirent les ennemis de l'empereur sans nulle effusion de sang ; et ils retournèrent ensuite vers l'empereur, qui les reçut honorablement.

Quelques méchants eurent envie des biens de ces princes, et

ils agirent avec perfidie vis-à-vis du monarque ; et ils firent, tant par prières et par dons, que faussement et malignement ces princes furent accusés du crime de lèse-majesté. Et quand l'empereur apprit cela, il entra dans une violente colère, et il commanda qu'aussitôt ils fussent enfermés en prison ; et, sans autre information ni enquête, il donna l'ordre qu'on les mît à mort dans la nuit. Et quand ils apprirent leur sort en interrogeant le portier qui veillait sur eux avec grand soin, ils déchirèrent leurs vêtements et ils répandirent des larmes amères. Et alors Népotien se souvint comment le bon saint Nicolas avait délivré de péril de mort trois autres innocents, et il conseilla à ses compagnons d'invoquer avec lui le secours de l'homme de Dieu. Et comme ils étaient en oraison, saint Nicolas apparut cette nuit même à l'empereur Constantin, et lui parla ainsi : « Pourquoi t'es-tu mis en si grande colère contre ces princes, et pourquoi les as-tu condamnés à mort sans qu'ils aient commis aucun méfait contre toi ? Lève-toi bien vite et ordonne qu'ils soient épargnés, sinon je prie Dieu que dans une bataille contre tes ennemis tu viennes à succomber et que tu deviennes la pâture des bêtes. » Et l'empereur lui demanda : « Qui es-tu, qui oses entrer de nuit dans mon palais et me parler ainsi ? » Et le saint lui répondit : « Je suis Nicolas, évêque de Myre. » Et il éveilla ensuite le prévôt et lui dit : « Tu as donc perdu la raison, puisque tu as conseillé la mort de ces trois personnes innocentes ; va tout de suite, et occupe-toi de les délivrer, sinon ton corps sera pourri et mangé des vers, et ta race sera toute détruite. » Et le prévôt lui dit : « Qui es-tu, toi qui me menaces ? » Et le saint lui répondit : « Sache que je suis Nicolas, évêque de Myre. » Et alors ils s'éveillèrent et ils se dirent l'un à l'autre leurs songes ; et ils firent venir les prisonniers, et l'empereur leur dit : « Quels arts magiques employez-vous, vous qui nous avez cette nuit tant envoyé d'illusions en songe ? » Et ils répondirent qu'ils n'étaient pas enchanteurs et qu'ils n'avaient pas mérité sentence de mort. Et alors l'empereur leur dit : « Connaissez-vous un homme qui se nomme Nicolas ? » Et quand ils ouïrent ce nom, ils élevèrent les mains au ciel, et ils prièrent Notre-Seigneur que, par les mérites de saint Nicolas, il les délivrât du péril où ils étaient. Et quand l'empereur les eut entendus raconter la vie et les miracles de saint Nicolas, il leur dit : « Allez-vous-en, et rendez grâces à Dieu qui vous a délivrés par les prières de Nicolas, et portez-lui des présents de ma part, et priez-le qu'il ne me menace plus, mais qu'il intercède pour moi et pour mes États auprès de Notre-Seigneur. » Et peu de temps après, ces princes allèrent vers le serviteur de Dieu et s'agenouillèrent humblement à ses pieds, disant : « Vraiment, tu es le serviteur de Dieu et l'adorateur de Jésus-Christ. » Et lorsqu'ils lui eurent raconté tout ce qui s'était passé, il leva les mains au ciel et il rendit de grandes louanges à Dieu, et il renvoya les princes bien édifiés en leur pays. Et quand Notre-Seigneur le voulut prendre, il pria Dieu qu'il lui envoyât ses anges ; et il inclina la tête, et il vit les anges qui venaient à lui, et il se mit à réciter le psaume : « Seigneur, j'ai espéré en vous », jusqu'au verset « Seigneur, je remets mon esprit entre vos mains », et alors il expira, en l'an de Notre-Seigneur trois cent quarante-trois, aux accents des troupes célestes. Quand il fut enterré dans un tombeau de marbre blanc, une fontaine d'huile coula du sommet de sa tête et une autre de ses pieds ; et, encore aujourd'hui, il coule de cette huile sainte, et beaucoup se trouvent guéris de leurs maux. Un homme de bien fut son successeur, et il fut chassé de son siége par des envieux, et quand il eut été expulsé, la fontaine cessa de couler ; mais elle se montra de nouveau lorsqu'il fut rappelé.

Et longtemps après, les Turcs détruisirent cette cité de Myre ; et arrivèrent là quarante-sept chevaliers de la ville de Bar, et six moines leur montrèrent le sépulcre de saint Nicolas. Ils l'ouvrirent, et ils y trouvèrent ses os qui flottaient dans l'huile, et ils les emportèrent honorablement en la ville de Bar, l'an de Notre-Seigneur mil quatre-vingt-sept. Un homme avait emprunté à un juif une somme d'argent, et il jura sur l'autel du glorieux saint Nicolas qu'il la rendrait aussitôt qu'il pourrait ; et il la garda fort longtemps, et le juif la lui redemanda ; et l'homme dit qu'il l'avait rendue. Alors le juif le cita devant les juges, et le débiteur fut appelé à prêter serment. Il avait mis cette somme dans un bâton creux sur lequel il s'appuyait ; et quand il fut sommé de jurer, il demanda au juif de tenir son bâton, et il prêta serment qu'il avait rendu plus qu'il ne lui avait été prêté; et quand il eut fait le serment, il redemanda son bâton, et le juif, qui ne savait pas la ruse dont il s'était servi, le lui rendit; et alors celui qui avait fait cette fraude s'en alla, et le sommeil le prit, et il s'endormit dans un carrefour. Il passa un chariot qui le tua et qui brisa le bâton, et l'or se répandit par terre. Le juif apprit cela; il vint tout ému, et il vit la fraude. Et ceux qui étaient là lui disaient de reprendre l'or; mais il s'y refusa, disant qu'il ne le ferait point à moins que le mort ne revînt au monde par les mérites de saint Nicolas; mais que s'il ressuscitait, il se ferait, lui, baptiser. Et alors celui qui était mort ressuscita, et le juif fut baptisé au nom de Jésus-Christ. Un autre juif vit les grands miracles de saint Nicolas, et il fit faire une image du saint qu'il garda en sa maison; et quand il sortait de chez lui, il lui confiait la garde de ses biens, en disant : « Nicolas, voici tous mes biens, je vous recommande de les garder; et si vous ne les gardez bien, je me vengerai de vous en vous battant et en vous tourmentant. » Un jour que le juif était sorti, des voleurs vinrent; ils emportèrent tout et laissèrent seulement l'image; et quand le juif revint et qu'il se trouva entièrement dépouillé, il s'adressa ainsi à l'image : « Seigneur Nicolas, je vous avais mis dans ma maison pour préserver mes biens des voleurs; pourquoi n'y avez-vous pas veillé? Vous en recevrez cruels tourments, et vous en subirez la peine pour eux, et je me vengerai de mon dommage en vous tourmentant, et je réserverai toute ma fureur pour vous battre. » Et alors le juif prit l'image, et la tourmenta et la battit cruellement, ce dont il résulta grandes merveilles; car, lorsque les voleurs emportaient leur butin, le saint, comme s'il eût souffert toutes sortes de tourments, apparut à ces méchants voleurs et leur dit : « Pourquoi ai-je été si cruellement battu pour vous et ai-je souffert tant de tourments? Voyez comme mon corps est déchiré; voyez comme le sang y ruisselle; allez, et rendez tout, autrement la colère de Dieu tout-puissant se déchaînera sur vous si fortement que votre crime sera universellement connu, et vous serez tous pendus. » Et ils lui dirent : « Qui es-tu, qui nous tiens pareil langage? » Et il leur répondit : « Je suis Nicolas, serviteur de Notre-Seigneur, que le juif a si cruellement battu pour ces objets que vous emportâtes. » Et alors ils furent épouvantés; ils vinrent trouver le juif, ils virent ce qu'il avait fait à l'image, et ils lui racontèrent le miracle et ils lui rendirent tout. Et ainsi les voleurs rentrèrent dans la voie de droiture, et le juif vint à la foi de Jésus-Christ.

Un homme, pour l'amour de son fils, qui apprenait les lettres, célébrait tous les ans la fête de saint Nicolas très-solennellement. Une fois que le père avait fait préparer le festin et convié bien du monde, le diable vint à la porte en habit de pèlerin et demanda l'aumône; le père commanda à son fils de donner l'aumône au pèlerin. L'enfant voulut ensuite accompagner le faux pèlerin, et lorsqu'ils furent en un carrefour, le diable le prit et l'étrangla. Quand le père l'apprit, il se livra au désespoir; il porta le corps de l'enfant dans sa chambre, et il se mit à sangloter et à dire : « O mon malheureux fils, où es-tu? O saint Nicolas! est-ce donc là la récompense de tout l'honneur que j'ai toujours manifesté pour vous? » Et comme il disait ces paroles, l'enfant ouvrit les yeux, il fit comme s'il s'éveillait après un moment de sommeil, et il se leva. — Un homme pria saint Nicolas d'obtenir pour lui de Notre-Seigneur la grâce d'avoir un fils, et il promit au saint qu'il lui offrirait une coupe d'or et qu'il mènerait l'enfant à son église. Et quand l'enfant fut né et qu'il eut grandi, le père commanda la coupe d'or, et quand elle fut faite, il la trouva tellement de son goût qu'il la garda et qu'il en fit faire une autre. Et comme ils allaient par mer à l'église de saint Nicolas, le père commanda à son fils d'apporter de l'eau dans la première des deux coupes; l'enfant, en voulant puiser de l'eau, tomba dans la mer, et il disparut aussitôt, et le père se livra au désespoir. Et quand il fut arrivé à l'église de saint Nicolas, il offrit la seconde coupe, qui tomba comme si on l'eût poussée de dessus l'autel. Il la releva et la replaça sur l'autel, et elle fut jetée encore plus loin. Et il la releva de nouveau, et pour la troisième fois elle fut jetée encore plus loin. Et tous s'étonnèrent et vinrent voir pareille chose. Et alors l'enfant vint sain et sauf, et il apporta en ses mains la première coupe, et il raconta devant tous que lorsqu'il tomba dans la mer, le bon saint Nicolas le préserva de tout mal; et son père fut bien content, et il offrit à saint Nicolas l'une et l'autre coupe. — Un homme riche eut un fils par les mérites de saint Nicolas, et il l'appela Dieudonné, et il consacra en son château une chapelle à saint Nicolas, et il célébrait chaque année la fête de ce saint, et cela se passait en terre païenne. Et il arriva que Dieudonné tomba au pouvoir des païens, et il fut mis au service de leur roi. Et, l'année suivante, le jour que se célébrait la fête de saint Nicolas, l'enfant, qui tenait devant le monarque une coupe précieuse, se ressouvint de la joie qu'il y avait à pareil jour dans la maison de son père, et il commença à soupirer. Et le roi lui demanda la cause de son chagrin. Et l'enfant le lui dit; et le roi lui répondit: « Quoi que ton saint Nicolas puisse faire, tu demeureras ici avec nous. » Et soudain il s'éleva un grand vent qui ébranla toute la maison; l'enfant fut enlevé dans les airs avec la coupe, et il fut déposé devant la porte de la maison où ses parents célébraient la fête du saint, et ils eurent tous une extrême joie. Et il est dit dans d'autres auteurs que cet enfant était né en Normandie, et qu'il alla outre-mer, et qu'il tomba au pouvoir du soudan, qui le faisait cruellement battre devant lui. Ensuite on le mit en prison, et c'était le jour de saint Nicolas, et il s'endormit en priant ce saint, et lorsqu'il se réveilla, il se trouva dans la chapelle du château de son père.

LÉGENDE DE SAINTE LUCE.

Luce, vierge, d'une noble famille de Syracuse, entendit parler de la célébrité de sainte Agathe, dont toute la Sicile s'entretenait; elle alla au sépulcre de sainte Agathe avec sa mère Eutichie, laquelle souffrait depuis quatre ans d'un flux de sang sans pouvoir être guérie. Il arriva qu'à cette solennité l'on lisait à la messe cet évangile qui raconte comme quoi Notre-Seigneur guérit une femme de pareille maladie. Et Luce dit: « Ma mère, si tu crois à ce que tu entends réciter, tu dois croire qu'Agathe est toujours avec celui pour lequel elle a enduré tourments et mort; touche son tombeau, et tu recouvreras parfaite santé. » Et quand tous s'en furent allés, la mère et la fille demeurèrent en oraison auprès du sépulcre. Alors Luce s'endormit, et elle vit sainte Agathe au milieu des anges, ornée de pierres précieuses; et la sainte lui dit : « Ma sœur Luce, dévote à Dieu et à la sainte Vierge, pourquoi me demandes-tu ce que tu peux donner à ta mère ? car elle est guérie à cause de ta foi. » Alors Luce s'éveilla, et elle dit à sa mère : « Ma mère, tu es guérie, et je te prie, pour l'amour de celle qui t'a guérie par ses oraisons, que dorénavant tu ne me parles de rien, mais que ce que tu voulais me donner pour dot soit pour les pauvres. » Et la mère lui dit : « Ouvre-moi donc les yeux, et puis fais de nos biens ce que tu voudras. » Alors Luce lui dit : « Ce que tu donnes quand tu meurs, tu le donnes parce que tu ne peux l'emporter avec toi. Donne pendant que tu es en vie, et tu en auras récompense. » Et quand elles furent de retour chez elles, elles faisaient chaque jour vendre de ce qu'elles possédaient, et elles le donnaient aux pauvres. Et pendant qu'elles distribuaient leur héritage, cela vint à la connaissance de celui qui devait épouser Luce. Et il s'informa auprès de la nourrice de ce qui se passait. Et la nourrice lui répondit subtilement que Luce avait trouvé une meilleure propriété qu'elle voulait acheter en son nom, et que pour ce, elle vendait diverses choses. Et cet insensé crut qu'il s'agissait de quelque possession mondaine, et il commença à vendre de son côté. Et quand tout fut vendu, il porta plainte contre Luce devant le consul Pascasien, disant qu'elle était chrétienne et qu'elle violait les édits des empereurs. Alors Pascasien l'engagea à sacrifier aux idoles, et elle répondit : « Le sacrifice qui plaît à Dieu est de visiter les pauvres et de les aider en leur besoin; et comme je n'ai plus à offrir que moi-même, je me livre pour lui être offerte. » Pascasien lui répondit : « Tu peux bien parler ainsi à quelque chrétien, quelque insensé comme toi; mais c'est bien inutile pour moi, qui fais exécuter les édits des princes. » Luce lui répliqua : « Tu observes les édits des princes, et moi, je me conforme à la loi de Dieu; tu redoutes les édits des princes, et je redoute mon Dieu; tu veux plaire aux princes, et je veux plaire à mon Dieu : fais ce que tu crois t'être profitable, et je ferai ce que je sais devoir me profiter. » Et Pascasien lui dit : « Tu as dépensé ton héritage avec des mauvais sujets, et c'est pourquoi tu parles comme une femme abandonnée. » Luce lui répondit : « J'ai mis mon héritage en lieu sûr, mais jamais je n'ai connu de corrupteurs, ni de l'esprit, ni du corps. » Pascasien répondit : « Qui sont ces corrupteurs de l'esprit? » Et Luce répliqua : « Ces corrupteurs de l'esprit sont parmi vous, parce que vous conseillez aux hommes d'abandonner Dieu, leur créateur; et les corrupteurs du corps sont ceux qui mettent les plaisirs charnels au-dessus des vertus spirituelles. » Pascasien répondit : « Tu parleras différemment quand tu seras livrée aux bourreaux. » « Les paroles de Dieu, dit Luce, ne cesseront jamais. » Et Pascasien dit : « Tu es donc Dieu? » Et Luce répondit : « Je suis la servante de Dieu, qui a dit : Quand vous serez devant les rois et les princes, ne vous occupez pas de ce que vous aurez à dire; ce n'est pas vous qui parlerez; je parlerai en vous. » Et Pascasien dit : « Le Saint-Esprit est donc en toi? » Et Luce répondit : « Ceux qui vivent chastement sont remplis du Saint-Esprit. » Et Pascasien dit : « Je te ferai mener dans un lieu de débauche, et tu seras corrompue, et tu perdras ton Saint-Esprit. » Et Luce répondit : « Le corps ne peut être corrompu si la volonté n'y consent, et si tu me fais corrompre de force, je n'en perdrai pas la couronne de ma chasteté, car tu ne pourras jamais forcer mon consentement. Voici mon corps préparé à souffrir tous les tourments. Pourquoi attends-tu, fils du diable? Commence à assouvir ta colère. » Pascasien fit alors venir des mauvais sujets et leur dit : « J'abandonne cette femme à tout le peuple; qu'on en fasse ce qu'on voudra, jusqu'à ce qu'on puisse venir me dire qu'elle est morte. » Et alors quand on voulut mener Luce à une maison de prostitution, le Saint-Esprit la rendit si pesante que l'on ne pouvait la faire mouvoir. Alors Pascasien fit venir mille hommes, et il lui fit attacher et les pieds et les mains; mais ils ne purent la mouvoir. Alors il fit joindre aux mille hommes cinquante paires de bœufs, et la vierge restait toujours sans qu'on pût la faire avancer. On fit alors venir des magiciens pour que leurs enchantements en vinssent à bout, mais ce fut encore inutile. Alors Pascasien dit : « Quels maléfices y a-t-il donc là, que mille hommes ne peuvent venir à bout de traîner une pucelle? » Et Luce répondit : « Ce n'est pas maléfice, c'est effet de la puissance de Jésus-Christ ; tu en mettrais encore dix mille que tu n'y gagnerais rien. » Et Pascasien entra en fureur, et il ordonna d'allumer un très-grand feu autour d'elle, et de jeter sur elle poix, résine et huile bouillante. Alors Luce lui dit : « J'ai sollicité la fin de mon martyre, parce que, à ceux qui croient, j'ôte la peur de la mort, et à ceux qui ne croient pas, l'occasion de blasphémer. » Et les amis de Pascasien lui enfoncèrent une épée dans la gorge, et elle ne perdit point la parole, mais elle dit : « Je vous annonce que la paix est rendue à l'Eglise, car Maximien est mort aujourd'hui, et Dioclétien est chassé de son royaume. Et comme ma sœur Agathe est la patronne de la ville de Catane, je serai, moi, celle qui prie pour les habitants de Syracuse. » Et comme la vierge disait cela, les agents des Romains survinrent, qui prirent Pascasien et le menèrent à l'empereur, car il était dénoncé pour avoir exercé de grandes rapines dans la province. Et quand il fut venu à Rome, les sénateurs l'accusèrent, et il fut condamné à avoir la tête tranchée. Et la vierge ne put être ôtée du lieu où elle avait été frappée, et elle ne rendit point l'esprit avant que les prêtres fussent venus, qui lui donnèrent le corps de Notre-Seigneur, et qu'elle eût fait son oraison, et que ceux qui étaient là eussent dit : « *Amen.* » Et elle fut ensevelie en ce même lieu, et il y fut bâti une église. Et elle souffrit le martyre au temps de Maximien et de Constantin, l'an de Notre-Seigneur deux cent cinq.

LÉGENDE DE SAINT THOMAS.

Comme Thomas l'apôtre était à Césarée, Notre-Seigneur lui apparut, et lui dit : « Le roi de l'Inde Gondoforus a envoyé son prévôt Abanès afin de chercher des hommes instruits dans l'art de l'architecture : va, et je t'enverrai à lui. » Et Thomas dit : « Seigneur, envoyez-moi partout, hormis aux Indes. » Et Notre-Seigneur lui dit : « Va, car je veille sur toi ; et lorsque tu auras converti les Indiens, tu viendras à moi recevoir la récompense de la couronne du martyre. » Et Thomas dit : « Tu es mon Sei-

gneur, et moi je suis ton serviteur ; que ta volonté soit faite. »
Et comme le prévôt allait à travers le marché, Notre-Seigneur
lui dit : « Jeune homme, que veux-tu acheter ? » Et le prévôt lui
dit : « Mon maître m'envoie pour lui ramener ouvriers qui soient
habiles dans l'art de maçonnerie, et qui lui fassent un palais
comme ceux qu'il y a à Rome. » Et alors Notre-Seigneur lui
donna Thomas, et lui dit qu'il était très-habile en tel métier. Et
alors ils vinrent par mer en une cité où le roi célébrait les noces
de sa fille, et il avait fait crier que tous vinssent aux noces,
et qu'autrement ils encourraient le courroux du roi. Il advint
qu'Abanès et l'apôtre y allèrent. Et une pucelle juive tenait une
flûte dans sa main, et elle adressait un compliment à chacun.
Et quand elle vit l'apôtre, elle connut bien qu'il était Hébreu,
parce qu'il ne mangeait point, mais qu'il avait les yeux au ciel.
Et quand la pucelle chantait devant lui, elle dit : « Le Dieu des
Hébreux seul qui a créé toutes choses, et qui a creusé les mers. »
Et l'apôtre lui dit de se souvenir de ces paroles. Et le bouteillier
voyant qu'il ne buvait ni ne mangeait, mais qu'il avait toujours
les yeux au ciel, frappa l'apôtre de Dieu sur la joue, et l'apôtre
lui dit : « Plaise à Dieu que ce que tu me fais te soit pardonné
dans les temps à venir, et qu'un châtiment passager te soit infligé ; et je ne me lèverai pas d'ici que la main qui m'a frappé
ne soit rapportée par des chiens. » Et le bouteillier alla chercher
de l'eau à la fontaine, et un lion le tua et but tout son sang, et
les chiens mirent son corps en morceaux, et l'un d'eux apporta
le bras droit au milieu du festin. Et quand ils le virent, toute la
compagnie fut grandement étonnée. Et la pucelle se ressouvint
de ses paroles, et elle jeta sa flûte, et elle se mit aux pieds de
l'apôtre. Et saint Augustin blâme cette vengeance dans le livre
qu'il a écrit contre Fauste, et dit que cela a été inséré par quelque écrivain sans autorité, et que les Manichéens avaient des livres remplis de contes, et mis sous le nom des apôtres. Et Thomas,
à la demande du roi, bénit l'époux et l'épouse, et il dit : « Seigneur, donnez à ces enfants la bénédiction de votre droite, et
mettez en leurs pensées germes de vie. » Et quand l'apôtre s'en
alla, il fut trouvé en la main de l'époux une branche de palmier
pleine de dattes. Et quand l'époux et l'épouse eurent mangé de

ces fruits, ils s'endormirent, et ils firent tous deux un songe semblable, car il leur semblait qu'un roi, orné de pierres précieuses, les embrassait, et leur disait : « Mon apôtre vous a bénis afin que vous participiez à la joie éternelle. » Et alors ils s'éveillèrent et ils se racontèrent mutuellement leurs songes, et l'apôtre vint à eux et leur dit : « Mon roi vous est apparu, et il m'a amené ici quoique les portes fussent fermées, afin que ma bénédiction fructifie sur vous et que vous conserviez la pureté de la chair, car c'est la reine de toutes vertus, et le fruit de salut éternel. Virginité est sœur des anges, possession de tout bien, triomphe sur luxure, seigneurie de foi ; elle met en déroute les diables et elle assure la possession du bonheur qui n'a pas de fin. Luxure est engendrée de corruption, dont vient pollution, et ce péché engendre la confusion. » Et comme il disait cela, deux anges leur apparurent, et leur dirent : « Nous sommes les deux anges qui sommes envoyés pour vous garder, et si vous observez bien les avis de l'apôtre, nous offrirons à Dieu tous vos désirs. » Et alors l'apôtre les baptisa, et leur enseigna avec zèle les vérités de la foi, et, longtemps après, l'épouse, qui s'appelait Pélagienne, prit le saint voile, et elle souffrit le martyre, et l'époux, qui se nommait Denys, fut sacré évêque de cette ville.

Et ensuite l'apôtre et Abanès vinrent trouver le roi des Indes, et le roi donna à l'apôtre le plan d'un magnifique palais, et il lui remit de très-grands trésors. Le roi s'en alla dans une autre province, et l'apôtre donna tous ces trésors aux pauvres, et il fut constamment occupé de prédication pendant l'espace de deux ans que le roi demeura absent, et il convertit à la foi une foule innombrable. Et quand le roi revint, et qu'il sut ce qu'avait fait saint Thomas, il le fit enfermer avec Abanès au fond d'une horrible prison, et il voulait les faire écorcher et brûler. Et sur ces entrefaites Sud, le frère du roi, mourut, et le roi commanda pour lui un sépulcre qui était magnifique, et le quatrième jour le mort ressuscita, ce qui fut pour tous grand sujet d'étonnement, et ils prirent la fuite. Et le mort dit au roi : « Cet homme que tu veux écorcher et brûler, est ami de Dieu, et les anges de Dieu le servent et m'ont mené en paradis, et ils m'ont montré un palais d'or et d'argent et de pierres précieuses merveilleusement ordonné. Et lorsque j'étais en admiration de sa beauté, ils m'ont dit : « C'est le palais que Thomas fit faire pour ton frère. » Et quand je dis : « Plût à Dieu que j'en fusse le portier », ils me dirent : « Ton frère s'en est rendu indigne ; si tu veux y demeurer, nous prierons Dieu que tu ressuscites, afin que tu puisses le racheter de ton frère en lui rendant l'argent qu'il croit avoir perdu. » Et quand il eut dit cela, il courut à la prison de l'apôtre, et il le pria de pardonner à son frère ; et il délivra avec empressement l'apôtre de ses chaînes, et il le pria de prendre un vêtement honorable. Et l'apôtre lui dit : « Ne sais-tu pas que ceux qui veulent avoir puissance en choses célestes n'ont nul souci des choses charnelles et terrestres ? » Quand l'apôtre sortit de prison, le roi vint au-devant de lui ; il se mit à ses pieds et lui demanda pardon. Et alors l'apôtre dit : « Dieu vous a fait un grand don quand il vous a révélé ses secrets. Croyez en Jésus et soyez baptisé, afin que vous ayez part au royaume éternel. » Et le frère du roi lui dit : « J'ai vu le palais que tu as fait faire à mon frère, et je suis venu l'acheter. » Et l'apôtre lui dit : « Il est à la disposition de ton frère. » Et le roi lui dit : « Celui-ci sera à moi, et l'apôtre t'en fera faire un autre ; et si, par aventure, il ne le voulait pas, celui-ci sera commun à toi et à moi. » Et l'apôtre dit : « Il y a au ciel d'innombrables palais qui sont apprêtés depuis le commencement du monde, et on les achète au prix de la foi et de l'aumône. Vos richesses pourront bien aller devant vous à ce palais, mais elles ne pourront vous y suivre. »

Un mois après, l'apôtre fit assembler tous les princes de la province, et quand ils furent assemblés, il commanda que les faibles et les malades fussent séparés des autres, et puis il pria pour eux. Et quand ceux qui étaient instruits répondirent *amen*, une grande clarté descendit du ciel et renversa par terre l'apôtre et les autres, si bien qu'ils croyaient être frappés de la foudre. Et alors l'apôtre se leva et dit : « Levez-vous, car Notre-Seigneur est venu comme la foudre, et il vous a guéris. » Et alors ils se levèrent tous en parfaite santé, et ils glorifièrent Dieu et l'apôtre. Alors l'apôtre commença à les enseigner et à leur montrer les douze degrés de vertu. Le premier est qu'ils crussent en Dieu, qui est une essence, et qui est un en trois personnes. Et il leur montra par trois exemples sensibles comment trois personnes sont en une essence. Le premier exemple est qu'un homme est une sagesse, et de cette sagesse viennent entendement, mémoire et intelligence. Et l'intelligence est que tu trouves ce que tu n'as pas appris ; la mémoire est que tu n'oublies pas ce que tu as appris ; l'entendement est que tu entendes ce qui peut t'être montré et enseigné. Le second exemple est que trois choses sont en une vigne, le bois, la feuille et le fruit, et toutes ces trois choses sont une vigne. Le troisième exemple est qu'à la tête il y a trois choses, ouïr, voir et sentir, et ces choses sont diverses, et cependant dans la même tête. Le second degré, c'est qu'ils reçussent le baptême. Le troisième, c'est qu'ils s'abstinssent de fornication. Le quatrième, c'est qu'ils se préservassent d'avarice. Le cinquième, c'est qu'ils ne s'abandonnassent pas à la gloutonnerie. Le sixième, c'est qu'ils fissent pénitence. Le septième, c'est qu'ils persévérassent en ces choses. Le huitième, qu'ils aimassent l'hospitalité. Le neuvième, c'est que pour faire ces choses, ils implorassent le secours de Dieu, et qu'ils l'obtinssent par de bonnes œuvres. Le dixième, c'est qu'ils évitassent les choses qu'il ne faut pas faire. Le onzième, c'est qu'ils exerçassent la charité à l'égard de leurs amis et de leurs ennemis. Le douzième, c'est qu'ils missent vigilance et application à garder ces préceptes. Et après sa prédication, quarante mille hommes, non compris les enfants et les femmes, furent baptisés. Et après cela, il s'en alla dans l'Inde supérieure, et il y fit d'innombrables et très-éclatants miracles; il convertit une femme nommée Sintice, qui était amie de Migdomie, l'épouse de Carisius, un ami du roi. Et Migdomie dit à Sintice: « Penses-tu que je puisse le voir ? » Et Migdomie changea de vêtement d'après le conseil de Sintice, et elle se mit parmi les pauvres femmes, et elle vint là où prêchait l'apôtre. Et il commença à prêcher sur les malheurs de cette vie; il dit qu'elle est sujette à bien des traverses, et qu'elle est si fugitive, que lorsqu'on pense en être sûr, elle disparaît et s'enfuit. Et alors il commença à les exhorter, pour quatre raisons, à écouter la parole de Dieu, qu'il compara à quatre choses : à un collyre, parce qu'elle éclaire l'œil de notre entendement; à une médecine, parce qu'elle purge notre affection de tout amour charnel; à un emplâtre, parce qu'elle guérit les plaies de nos péchés; à de la viande, parce qu'elle nous nourrit et nous entretient dans l'amour des choses du ciel. Et comme ces différents objets ne servent en rien à un malade, à moins qu'il ne les prenne en lui, ainsi la parole de Dieu ne profite-t-elle pas à celui qui ne l'entend point dévotement. Et comme l'apôtre prêchait, Migdomie crut en Dieu, et après elle refusa d'avoir commerce avec son mari. Et alors Carisius obtint du roi que l'apôtre serait enfermé en prison; et Migdomie vint le trouver, et lui demanda pardon de ce qu'il était mis en prison pour elle. Et il la consola avec bonté, et il lui dit qu'il souffrirait avec résignation. Et alors Carisius pria le roi qu'il envoyât la reine, sœur de sa femme, pour la trouver et tâcher de la ramener. Et la reine fut convertie par celle qu'elle voulait pervertir. Car quand elle vit tous les miracles que l'apôtre faisait, elle dit : « Ceux qui ne croient pas en ces œuvres sont maudits de Dieu. » Et alors l'apôtre enseigna brièvement à ceux qui étaient là trois choses : qu'ils aimassent l'Église, honorassent les prêtres, et s'assemblassent souvent pour écouter la parole de Dieu. Et quand la reine s'en retourna, le roi lui dit : « Pourquoi avez-vous tant demeuré? » Et elle répondit : « Je pensais que Migdomie était folle, mais elle est très-sage, car elle m'a menée à l'apôtre, qui m'a fait connaître la voie de vérité; et ils sont insensés ceux qui ne croient pas en Notre-Seigneur Jésus-Christ. » Et depuis la reine se refusa à avoir aucun commerce avec le roi. Et alors le roi fut très-étonné, et il dit à son parent : « Quand je voulais recouvrer ta femme, j'ai perdu la mienne, et elle agit de pire façon à mon égard que ne fait la tienne pour toi. » Et alors le roi commanda que l'apôtre de Dieu fût amené devant lui les pieds et les mains liés, et il lui ordonna de réconcilier les femmes à leurs maris. Et alors l'apôtre parla au roi, et il lui démontra qu'il ne pouvait le faire par trois exemples : l'exemple du roi, l'exemple de la tour et l'exemple de la fontaine. Et il lui dit : « Toi qui es roi, tu ne veux avoir serviteurs vils et souillés, mais tu les veux exempts de taches; à plus forte raison dois-tu croire que Dieu aime la chasteté et les œuvres pures. En quoi suis-je donc coupable, si je recommande aux serviteurs de Dieu ce que tu exigerais de tes serviteurs? J'ai construit une tour élevée, et tu me dis, à moi

4.

qui l'ai bâtie, de la détruire ; j'ai creusé profondément la terre, et j'ai fait venir une fontaine, et tu veux que je comble ce que j'ai creusé. » Et alors le roi fut courroucé, et il ordonna que l'on apportât des morceaux de fer ardent, et il fit poser dessus les pieds nus de l'apôtre. Et alors, par la volonté de Dieu, il surgit une fontaine qui éteignit le feu. Et alors le roi, d'après l'avis de son conseil, fit jeter l'apôtre en une fournaise ardente, laquelle se refroidit si bien, que le lendemain il en sortit sain et sauf. Alors Carisius dit au roi : « Fais-lui offrir un sacrifice au dieu du soleil, afin qu'ainsi il encoure la colère de son Dieu, lequel le délivre. » Et comme on voulait forcer l'apôtre à sacrifier, il dit au roi : « N'es-tu pas plus noble et plus digne de respect qu'une image ? et pourtant tu négliges le vrai Dieu, et tu adores une image. Tu crois que mon Dieu sera courroucé contre moi si je le renie et si je sacrifie à l'idole ; crains plutôt qu'il ne s'irrite contre l'idole et contre toi. Si mon Dieu ne se montre pas plus puissant que le tien, je sacrifierai à ton idole, mais s'il manifeste son pouvoir, tu croiras au vrai Dieu. » Et alors l'apôtre commanda en hébreu au diable qui était dans l'idole, qu'aussitôt qu'il s'agenouillerait devant l'idole, il la mît en pièces. Et alors l'apôtre s'agenouilla, et il dit : « Voici ce que j'adore, et non pas le métal. Voici ce que j'adore, et non pas la fausse image ; mais j'adore mon Seigneur Jésus-Christ, au nom duquel je te commande, toi, qui es caché dans cette fausse image, de la rompre. » Et elle se brisa comme cire. Et alors tous les prêtres vinrent comme des bêtes furieuses, et l'évêque du temple leva le glaive, et il perça l'apôtre de part en part, en disant : « Je vengerai l'insulte faite à mon dieu. » Et le roi et Carisius s'enfuirent lorsqu'ils virent que le peuple voulait venger l'apôtre et qu'il brûlait l'évêque tout vif, et les chrétiens emportèrent le corps de l'apôtre, et l'ensevelirent honorablement.

Longtemps après, environ l'an de Notre-Seigneur deux cent trente, le corps de l'apôtre fut porté à Edesse, et ce fut l'empereur Alexandre qui l'y porta, à la demande des Syriens. Et dans cette ville, aucun hérétique, ni aucun juif, ni aucun païen ne peut vivre, et aucun tyran ne peut y venir, parce qu'autrefois, Abgare, roi de cette ville, mérita de recevoir une épître écrite de la main de Dieu; et quand des ennemis vont pour attaquer cette ville, un enfant baptisé monte sur la porte et lit l'épître, et alors le Saint-Esprit fait que les ennemis se retirent, ou qu'ils concluent la paix ; et cela est dû aussi aux miracles de saint Thomas. Isidore, au livre de la *Vie et de la Mort des Saints*, parle ainsi de cet apôtre : « Saint Thomas, apôtre de Jésus-Christ, devint fidèle, d'incrédule qu'il était, en voyant et en entendant le Seigneur. Il prêcha l'Évangile aux Parthes, aux Mèdes, aux Perses, aux Hircaniens et aux Bracliens. Et, débarquant sur les plages de l'Orient, et pénétrant chez les gentils, il prêcha jusqu'au moment où il subit le martyre, ayant été percé de coups de lance. » Saint Chrysostôme dit aussi que Thomas parvint jusque dans le pays des rois Mages qui étaient venus adorer Jésus-Christ lors de sa nativité, qu'il les baptisa, et qu'ils devinrent les soutiens de la foi de Jésus-Christ.

LÉGENDE DE SAINTE ANASTASIE.

Anastasie était d'une origine illustre chez les Romains, fille de Prétextat, noble païen, et sa mère fut chrétienne et convertie à la foi par le bienheureux Chrysogone, et elle fut donnée en mariage à Publius. Et sous prétexte qu'elle était malade, elle s'abstint toujours de sa compagnie. Alors Publius entendit dire qu'elle visitait les chrétiens dans leurs prisons, sous un déguisement misérable et accompagnée d'une seule servante, et qu'elle les aidait dans leurs besoins. Alors il la fit garder étroitement, et il voulait la tuer afin de jouir de ses grandes propriétés. Et elle pensa qu'elle allait mourir. Et alors elle adressa à Chrysogone une lettre pleine d'affliction, et il lui écrivit pour la consoler. Sur ces entrefaites son mari mourut, et elle fut délivrée de prison. Elle avait trois servantes qui étaient d'une grande beauté et qui étaient sœurs, et dont l'une s'appelait Agapite, l'autre Chionie et la troisième Irène, et elles étaient chrétiennes ; et elles ne voulaient point obéir au gouverneur de la ville, et il les enferma dans une chambre où les ustensiles de la cuisine étaient gardés. Et le gouverneur, qui brûlait de l'amour qu'il avait pour elles, alla à elles pour assouvir sa luxure, et il croyait avoir affaire aux vierges, et il trouva pots et chaudrons, poêles et autres outils semblables, et il les accolait et baisait. Et quand il fut rassasié, il sortit dehors, tout noirci, tout souillé et ses vêtements déchirés. Et quand ses serviteurs, qui l'attendaient dehors, le virent ainsi atourné, ils pensèrent qu'il avait été changé en diable. Alors ils le battirent de verges, et ils s'en furent et ils le laissèrent tout seul. Et alors il s'en alla à l'empereur pour porter plainte, et les uns le frappaient de verges, les autres lui crachaient au visage et le frappaient de coups de poing, et ils croyaient qu'il était enragé. Et ses yeux étaient frappés d'aveuglement, de sorte qu'il ne se voyait pas ainsi arrangé, et il s'étonnait fort de ce qu'on le méprisait et le battait, lui auquel on témoignait toujours tant de respect; et il s'imaginait qu'il était, lui et tous les autres, couvert de vêtements blancs. Et quand il sut par les autres combien il était laid, il pensa que les trois sœurs lui avaient fait cela par art magique, et il ordonna qu'on les dépouillât toutes nues. Et alors leurs vêtements se joignirent si fort à leur chair qu'elles ne pouvaient être dépouillées d'aucune manière. Alors le gouverneur s'endormit par miracle et il ronflait bien fort, et l'on ne put l'éveiller. Les trois vierges reçurent ensuite la couronne du martyre. Et Anastasie fut donnée par l'empereur à un certain gouverneur de province, en lui disant que s'il pouvait la décider à sacrifier, il l'aurait pour femme. Et quand il l'eut menée en sa chambre où il la voulut embrasser, il devint aussitôt aveugle. Et alors il alla à ses dieux et il demanda s'il pouvait guérir. Et ils répondirent : « Parce que tu as courroucé sainte Anastasie, tu nous es livré et tu seras tourmenté avec nous en enfer. » Et comme on le ramenait à son hôtel, il finit sa vie entre les mains de ses serviteurs. Et alors Anastasie fut livrée à un autre gouverneur, pour qu'il la gardât en prison. Et quand il sut qu'elle avait de si grands biens, il lui dit : « Anastasie, si tu veux être chrétienne, fais ce que commande ton Dieu. Il ordonne à celui qui veut être son disciple de renoncer à tout et de le suivre. Donne-moi tout ce que tu as, et va où tu voudras, et tu seras bonne chrétienne. » Et elle lui répondit : « Le précepte de mon Dieu a été : « Vends tout ce que tu as et donne-le aux pauvres », mais non pas aux riches; et tu es riche ; j'agirais donc contre le commandement de Jésus-Christ, si je te donnais quelque chose. » Alors Anastasie fut renfermée dans une horrible prison, afin qu'elle y souffrît les douleurs de la faim ; mais elle fut nourrie de viande céleste par sainte Théodore qui, deux mois auparavant, avait reçu la couronne du martyre. Et à la fin, elle fut conduite en exil, avec deux cents vierges, dans l'île des Palmiers, où il y avait déjà d'autres personnes bannies pour le nom de Jésus-Christ. Et trois jours après le gouverneur les fit toutes venir devant lui, et il fit lier Anastasie à un poteau et il la fit brûler, et il fit périr les autres dans divers tourments ; et parmi elles il y en avait une qui avait été plusieurs fois dépouillée de ses richesses pour l'amour de Jésus-Christ, et qui disait : « Vous ne pourrez jamais me priver de Jésus-Christ. » Et sainte Apolline fit faire une église en son jardin, et elle y ensevelit honorablement le corps de sainte Anastasie. Et elle souffrit la mort sous Dioclétien, qui commença à régner environ l'an de Notre Seigneur deux cent quarante-sept.

LÉGENDE DE SAINT ÉTIENNE.

Étienne fut l'un des sept diacres que les apôtres ordonnèrent, leur conférant le saint ministère ; car lorsque le nombre des disciples s'accrut, plusieurs des gentils convertis se mirent à murmurer contre les juifs convertis, à cause de la part faite à leurs veuves dans le ministère de chaque jour. Et l'on ne sait pas bien quelle était la cause de ces murmures ; si leurs veuves n'étaient pas admises au service de Dieu, ou bien si au contraire elles étaient surchargées de travail. Car les apôtres, pour vaquer plus convenablement à la prédication, avaient confié l'administration aux veuves ; et quand les apôtres virent s'élever des murmures au sujet de l'administration des veuves, ils voulurent les apaiser, et ils assemblèrent les fidèles et ils dirent : « Il n'est pas à propos que nous délaissions la parole de Dieu pour administrer aux tables ; car la nourriture des âmes est au-dessus de la nourriture des corps. Voyez donc, chers frères, à choisir parmi vous des hommes de bonne renommée, et nommez-en sept animés du Saint-Esprit et pleins de sagesse, et nous les établirons sur cette œuvre, afin qu'ils administrent ou qu'ils soient à la tête de ceux qui administreront, tandis que nous serons en oraison et prédication. » Et cette parole plut à tous, et ils en élurent sept, dont le bienheureux Étienne fut le premier et le maître, et ils les amenèrent aux apôtres, qui mirent les mains sur eux et les ordonnèrent. Et Étienne, plein de zèle et de courage, se distinguait par son zèle au milieu du peuple ; les Juifs en furent irrités, et ils l'attaquèrent de trois manières, en disputant avec lui, en produisant de faux témoins et en le tourmentant. Et quand il fut sorti vainqueur de ces disputes, il confondit les faux témoins et il triompha de ses tourments, et, dans chacun de ces trois combats, l'appui du Ciel lui fut donné. Dans le premier, le Saint-Esprit lui inspira ses paroles ; dans le second, son apparition comme celle d'un ange effraya les faux témoins ; dans le troisième, il vit Jésus-Christ prêt à lui venir en aide, qui l'encouragea dans son martyre. Et comme Étienne prêchait fort souvent au peuple, des Juifs vinrent disputer avec lui. Et il eut à tenir tête à ceux de la synagogue des affranchis, et aux Cyrénéens, et à ceux d'Alexandrie, et à ceux de Cilicie et d'Asie, et ils disputèrent tous avec Étienne. Et ils ne purent résister à sa sagesse, et ce fut son premier combat et sa première victoire. Et quand ils virent que de cette manière ils ne pouvaient le surmonter, ils s'en retournèrent pleins de dépit et de malice. Et voulant lui opposer faux témoignages, ils apostèrent deux témoins qui accusèrent Étienne d'avoir proféré blasphèmes de quatre façons différentes : blasphèmes contre Dieu, contre Moïse, contre la loi et contre le tabernacle ou le temple. Et alors tous ceux qui étaient pour le juger virent son visage resplendissant comme celui d'un ange. Et ce fut sa seconde victoire. Et quand ces faux témoins eurent fini de parler, le prince des prêtres demanda si ce qu'ils disaient était vrai. Et Étienne se justifia du blasphème contre Dieu en disant : « Le Dieu qui a parlé à nos pères et aux prophètes, ce fut le Dieu de gloire, celui qui a dit au huitième chapitre du livre des *Proverbes* : « Richesse et gloire sont avec moi », auquel toute gloire est due ; et, tout comme il est Dieu en trois personnes, ainsi est-il glorieux, glorifiant et glorifié. C'est lui qui a parlé à Abraham et qui l'a mené en la terre de Chanaan, et c'est lui qui a fait sortir nos ancêtres de la terre d'Égypte. » Et Étienne montra ensuite qu'il n'avait point blasphémé ni contre Moïse, ni contre la loi, ni contre le temple ; il loua le zèle de Moïse et il célébra les miracles qu'il fit dans le désert et sa familiarité avec Dieu ; il loua la loi en disant que c'était Dieu même qui l'avait donnée par le ministère de Moïse, et qu'elle procurait la vie éternelle ; et il se justifia du quatrième blasphème qu'on lui imputait, en montrant que Dieu avait commandé la construction du tabernacle tel que Moïse l'avait fait, et en établissant comment le temple avait succédé au tabernacle, puisqu'il renfermait l'arche d'alliance. Et quand les Juifs virent qu'Étienne les avait confondus et qu'ils ne pouvaient le vaincre de cette manière, ils se mirent à le tourmenter. Et Étienne leur dit : « Vous êtes toujours contraires à la parole de Dieu, cœurs endurcis et esprits rebelles ; vous faites comme vos pères qui persécutèrent les envoyés de Dieu et qui mirent à mort les prophètes. » Et ils grinçaient des dents en l'entendant parler ainsi. Et il ajouta en levant les yeux au ciel : « Je vois les cieux ouverts, et le Fils de l'homme assis à la droite de Dieu. » Et ils furent plus furieux que jamais ; ils se bouchèrent les oreilles, en criant à haute voix qu'il blasphémait ; ils se jetèrent sur lui, et l'emmenèrent hors de la ville, et ils le lapidèrent cruellement ; et ils prétendaient accomplir la loi qui prescrivait que le blasphémateur fût lapidé hors de l'enceinte de la cité. Et les deux faux témoins qui devaient jeter la première pierre ôtèrent leurs vêtements afin qu'ils ne fussent pas souillés de son contact et afin d'être plus disposés à le lapider, et ils les mirent aux pieds d'un enfant qui était là, et qui se nommait Saul, et qui depuis eut le nom de Paul. Et comme il gardait les vêtements de ceux qui lapidaient Étienne, afin de leur faciliter leur œuvre de destruction, il le lapida, pour ainsi dire, par les mains de tous. Et alors Étienne pria pour lui et pour ses bourreaux, leur manifestant ainsi une vive charité ; et il priait pour que sa mort ne leur fût pas imputée à péché, et il disait : « Seigneur Jésus, recevez mon esprit. » Et quand il se fut mis à genoux, il dit à haute voix : « Seigneur, pardonnez-leur. » Et il imita ainsi Jésus-Christ qui avait dit sur la croix : « Mon Père, pardonnez-leur. » Et il s'endormit dans l'espoir de la résurrection.

Étienne fut lapidé l'année que Notre-Seigneur Jésus-Christ monta au ciel, le troisième jour du mois d'août. Gamaliel et Nicodème, qui dans tous les conseils des Juifs étaient favorables aux chrétiens, l'ensevelirent au champ de Gamaliel, et ils le pleurèrent beaucoup. Et après la mort d'Étienne les Juifs commencèrent à persécuter très-cruellement les chrétiens, qui se retirèrent en divers endroits, suivant cette parole de Jésus-Christ : « Si l'on vous persécute en une ville, retirez-vous en une autre. » Et le bienheureux Augustin raconte qu'Étienne fit de nombreux miracles éclatants, qu'il ressuscita par ses mérites six morts, et qu'il guérit des malades atteints de grandes infirmités. Et il raconte aussi, que si l'on mettait des fleurs sur l'autel consacré à saint Étienne, les malades sur lesquels on posait ensuite ces fleurs étaient guéris, et que diverses personnes furent guéries pour avoir été touchées de linges déposés sur l'autel de saint Étienne. Et l'on voit au livre vingt et unième de la *Cité de Dieu* qu'une femme aveugle recouvra ainsi la vue. Il est aussi raconté au même livre une chose bonne à trouver place ici : le gouverneur d'une ville, qui se nommait Martial, était païen et il se refusait à croire en Dieu ; il tomba très-grièvement malade, et alors son gendre, homme pieux et vertueux, vint à l'église de saint Étienne, et il emporta des fleurs qui étaient sur l'autel et il les mit en secret au chevet du lit du malade. Et lorsque Martial eut dormi sur ces fleurs, il se réveilla et il cria de grand matin qu'on lui amenât l'évêque. L'évêque n'y était pas, mais il vint un prêtre auquel Martial dit qu'il croyait en Dieu tout-puissant, et il reçut le baptême. Et tant qu'il lui resta vie, il eut toujours à la bouche ces mots : « Jésus, recevez mon esprit », et il ne savait pas que c'avaient été les dernières paroles de saint Étienne. Saint Augustin raconte aussi un autre miracle dû à saint Étienne : il dit qu'une dame d'un rang distingué avait été très-gravement malade, et qu'elle avait fait beaucoup de remèdes sans en tirer nul soulagement; elle consulta un juif, qui lui donna un anneau auquel était enchâssée une pierre, et qui lui recommanda de porter cet anneau lié sur sa chair nue; elle le fit, et elle vit que cela ne lui profitait en rien. Elle alla alors à l'église du premier des martyrs et implora de lui sa guérison. Aussitôt, sans que la corde eût été rompue ni coupée, l'anneau tomba de soi-même à terre et elle se trouva immédiatement guérie. Et saint Augustin raconte au même endroit un autre miracle qui n'est pas moins digne d'admiration : En Césarée, ville de Cappadoce, il y avait une noble dame dont le mari était mort, et elle était mère de dix enfants, sept garçons et trois filles. Et une fois qu'ils avaient irrité leur mère, elle les maudit, et la vengeance divine tomba aussitôt sur eux, car ils furent tous frappés d'une même et horrible maladie, qui faisait qu'ils tremblaient sans cesse convulsivement et affreusement de tous leurs membres; et ils ne purent rester dans leur pays, à cause de la honte et de la douleur qu'ils éprouvaient. Ils se dispersèrent dans le monde, et partout où ils allaient chacun les regardait avec compassion et effroi. Et deux d'entre eux, un frère et une sœur, vinrent à Hippone; le frère se nommait Paul, et la sœur Pauline; ils trouvèrent dans cette ville Augustin, qui en était l'évêque, et ils lui dirent ce qui leur était arrivé. Et alors ils se rendirent dans l'église de saint Étienne le sixième jour avant la fête de Pâques, et ils prièrent avec ferveur le bienheureux martyr d'obtenir pour eux guérison. Et le jour de Pâques, le peuple était là présent. Paul entra soudainement au sanctuaire et se mit en oraison avec grande dévotion et grand recueillement devant l'autel, et, se levant, il ne tremblait plus et il était guéri; et on le mena à saint Augustin, qui avertit le peuple et qui dit que le lendemain il raconterait toute l'histoire. Et comme Pauline était là qui tremblait encore de tous ses membres, elle se leva et s'agenouilla devant l'autel de saint Étienne, et elle s'endormit; et quand elle se réveilla, elle était toute guérie. Et l'on rendit grâce à saint Étienne de ce que la santé avait été rendue au frère et à la sœur. Quand Orose revint de Jérusalem, il apporta à saint Augustin des reliques de saint

Étienne, et elles effectuèrent divers miracles. Et l'Église célèbre la fête de saint Étienne le lendemain de la fête de Noël, quoique ce ne soit pas le jour où il souffrit la mort pour la foi ; mais elle a voulu rendre hommage au premier de ceux qui endurèrent le martyre, en rapprochant ainsi de la Nativité celui qui, avant tout autre, versa son sang pour Jésus-Christ.

LÉGENDE DE SAINT JEAN L'ÉVANGÉLISTE.

Saint Jean l'Évangéliste, le bien-aimé de Jésus-Christ avait vécu dans l'état de virginité, lorsque après la Pentecôte, quand les apôtres se dispersèrent, il s'en alla en Asie et il y établit de belles églises. Et l'empereur Domitien entendit parler de lui, et il se le fit amener, et il le fit mettre, devant la Porte Latine, dans un tonneau d'huile bouillante, et il en sortit sans avoir éprouvé aucun mal. Et quand l'empereur vit que rien ne le ferait renoncer à prêcher, il l'envoya en exil dans l'île de Pathmos ; et Jean y habitait seul, et il y écrivit l'*Apocalypse*. Et cette même année, l'empereur fut tué en punition de sa grande cruauté, et le sénat rappela tous ceux qu'il avait bannis, et saint Jean fut honorablement conduit à Éphèse. Et tous les fidèles venaient au-devant de lui, et ils disaient : « Béni soit celui qui vient au nom de Notre-Seigneur Jésus-Christ. » Et quand il entra dans la ville, une femme, nommée Drusienne, qui avait beaucoup désiré sa venue, était morte, et on la portait au cimetière ; et ses parents, les veuves et les orphelins dirent à l'apôtre : « Jean, voici Drusienne qui est morte, elle qui se conformait à tous tes conseils, et qui nous nourrissait et qui désirait ardemment ton arrivée ; et elle ne demandait qu'à pouvoir voir l'apôtre de Dieu avant d'expirer. » Et alors Jean ordonna de poser le corps par terre et de le délier, et il dit : « Notre-Seigneur est ressuscité ; lève-toi, Drusienne, retourne chez toi et apprête-moi de la nourriture. » Elle se leva et s'en retourna dans sa maison, et il lui semblait qu'elle n'était pas morte, mais qu'elle revenait d'un profond sommeil. Le lendemain, un philosophe nommé Craton haranguait tout le peuple réuni sur la place du marché, et il exposait comment toutes les choses de ce monde étaient dignes de mépris; et il avait décidé deux jeunes gens, qui étaient frères, à vendre tous leurs biens et à en convertir la valeur en pierres précieuses, et il leur commanda de détruire ces pierreries devant tous les assistants. Et il arriva que l'apôtre passait par là, et il somma le philosophe d'embrasser la foi, et il montra que ce fastueux mépris du monde était condamnable pour trois raisons : il est loué des hommes, mais il n'est pas béni de Dieu; il est sans vertu, puisqu'il ne guérit pas du péché, et que vain est le remède qui ne surmonte par la maladie; et enfin, pour être récompensé de Dieu en renonçant aux biens du monde, il faut les donner aux pauvres, comme il a été écrit : « Si tu veux être parfait, va et vends tout ce que tu possèdes et donne-le aux pauvres. » Alors Craton dit : « Si ton maître est le vrai Dieu, fais que ces pierres qui viennent d'être brisées redeviennent entières, afin que le prix de l'or qu'elles ont coûté puisse être donné aux pauvres. » Alors saint Jean prit les pierres et il pria, et elles redevinrent entières comme auparavant. Et les deux jeunes gens et le philosophe crurent en Dieu; ils vendirent ces pierreries, et ils en distribuèrent le prix aux pauvres. Deux autres jeunes gens, touchés de cet exemple, vendirent tout ce qu'ils possédaient, et ils l'employèrent en aumônes et ils suivirent l'apôtre. Et ils virent un jour ceux qui avaient été leurs serviteurs couverts de riches habits, et ils n'avaient pour se vêtir qu'un méchant manteau, et ils commencèrent à être tristes; et comme ils étaient sur le rivage de la mer, saint Jean leur dit de ramasser quelques morceaux de bois et quelques menus cailloux, et il les changea en or et en pierres précieuses. Il dit ensuite à ces jeunes gens d'aller les montrer aux orfévres et aux lapidaires, et ceux-ci dirent qu'ils n'avaient jamais vu or si pur ni pierreries si brillantes; et alors l'apôtre leur dit : « Allez racheter vos terres, car vous avez perdu la grâce de Dieu. Soyez somptueusement vêtus, afin d'être mendiants pour toujours. » Et alors saint Jean commença à leur exposer comment six choses devaient nous détourner de la convoitise désordonnée des richesses. La première est l'Écriture sainte, où se voit l'histoire du riche que Dieu réprouve, et celle du pauvre lépreux que Dieu appelle à lui. La seconde est la nature ; car l'homme naît tout nu, n'apportant rien avec lui, et quand il meurt, il ne peut emporter ses trésors. La troisième est la création ; car le soleil, la lune, les étoiles, la pluie et l'air sont choses dont tout le monde a part également, et ainsi entre les hommes tout doit être commun. Le quatrième motif est la fortune ; car on lit que le riche est l'esclave de l'argent et du diable ; de l'argent, car il ne possède pas ses trésors, ce sont ses trésors qui le possèdent ; du diable, parce que, selon l'Évangile, celui qui livre son cœur à l'amour des richesses devient l'esclave de Mammon. La cinquième raison est le souci ; car les riches sont inquiets jour et nuit, en songeant aux moyens d'acquérir et de garder. Ils ont travail en acquérant et peur en gardant. La sixième raison est la conséquence fâcheuse ; car les richesses sont cause de beaucoup de mésaventures, et elles font souvent le malheur de l'homme dans ce monde et lui font perdre la vie éternelle. Et comme saint Jean disputait contre les richesses, voici que l'on portait en terre un homme mort qu'il n'y avait que trente jours qu'il avait pris femme, et alors vinrent la mère de sa femme et autres personnes qui le pleuraient, et elles se mirent aux pieds de l'apôtre, en le priant de le ressusciter au nom de Notre-Seigneur comme il avait ressuscité Drusienne. Et alors l'apôtre pleura beaucoup et il pria, et aussitôt le mort ressuscita. Et saint Jean lui dit de raconter à ces deux jeunes gens quelle peine ils avaient encourue et quelle joie ils avaient perdue ; et il raconta beaucoup de choses de la joie du paradis et des peines qu'il avait vues, et il dit : « O malheureux que vous êtes ! j'ai vu les anges commis à votre garde qui pleuraient, et les démons qui se réjouissaient. » Et il leur dit qu'ils avaient perdu les palais célestes, qui sont faits de pierres précieuses et resplendissants d'une merveilleuse clarté éternelle, et qu'ils s'étaient exposés aux peines de l'enfer, qui sont vers, ténèbres, feu, visions de diables, tourments, confusion de péché et pleurs. Et alors celui qui avait été ressuscité et les deux jeunes gens s'agenouillèrent devant l'apôtre et le conjurèrent d'avoir pitié d'eux, et l'apôtre leur dit : « Faites pénitence durant trente jours et priez, et les petits morceaux de bois et les cailloux redeviendront ce qu'ils étaient. » Et au bout des trente jours, l'apôtre dit : « Rapportez-les sur le rivage où vous les avez pris », et les morceaux de bois et les cailloux redevinrent ce qu'ils étaient avant d'être ramassés, et les jeunes gens recouvrèrent la grâce des vertus qu'ils avaient avant.

Quand le bienheureux saint Jean eut prêché dans toute l'Asie, les prêtres des idoles soulevèrent le peuple contre lui, et ils le traînèrent au temple de Diane, voulant le forcer à sacrifier. Et Jean leur fit cette proposition : « Priez Diane de détruire l'église de Jésus-Christ, et alors, si elle le fait, je lui offrirai sacrifices ; je prierai Jésus-Christ de détruire le temple de Diane, et s'il est détruit, vous croirez en Jésus-Christ. » Et comme l'on souscrivit à cet accord, tous sortirent du temple, et l'apôtre pria, et le temple s'écroula, et l'image de Diane fut mise en morceaux. Alors Aristodême, évêque des idoles, suscita une grande émeute, et une partie du peuple se mit à se battre avec l'autre. Et alors l'apôtre lui dit : « Que veux-tu que je fasse pour l'apaiser ? » Et Aristodême lui répondit : « Si tu veux que je croie en ton Dieu, je te donnerai du poison à boire, et s'il ne te fait point de mal, tu auras montré que ton Dieu est véritable. » Et l'apôtre lui dit : « Fais ce que tu voudras. » Et Aristodême dit : « Je veux que tu voies mourir d'autres avant toi. » Et il alla trouver le gouverneur, et il lui demanda deux hommes condamnés à mort, qui lui furent accordés. Il leur donna le poison en présence de tout le peuple, et aussitôt qu'ils l'eurent bu, ils tombèrent morts. Et alors l'apôtre prit la coupe ; il fit le signe de la croix, il but tout le venin, et il n'eut aucun mal. Et le peuple se mit à louer Dieu. Et Aristodême dit : « J'ai encore quelques doutes, mais je croirai si tu ressuscites les morts. » Et alors l'apôtre lui donna son manteau, et Aristodême lui demandant pourquoi, Jean lui dit : « C'est afin de te confondre et que tu te repentes de ton endurcissement. Va et pose mon manteau sur le corps des morts, en disant : L'apôtre de Jésus-Christ m'a envoyé vers vous, afin que vous ressuscitiez au nom de Jésus-Christ. » Et Aristodême le fit, et les morts ressuscitèrent aussitôt. Et l'apôtre baptisa Aristodême ainsi que le gouverneur de la ville et toute sa famille, et ils fondèrent une église. Saint Clément raconte, au troisième livre de l'*Histoire ecclésiastique*, que le bienheureux apôtre avait converti un jeune homme et l'avait confié à un évêque pour l'instruire. Et ce jeune homme abandonna l'évêque, et il devint le chef d'une troupe de voleurs. Et plus tard l'apôtre revint, et il demanda à l'évêque ce qu'il avait fait de celui qu'il lui avait donné à garder. Et l'évêque répondit : « Il est mort à la grâce, car il habite dans ces montagnes avec une troupe de bandits dont il est le chef. » Et quand saint Jean entendit cela, il déchira ses vêtements et il se frappa la tête, et il dit à l'évêque : « Tu n'es pas vigilant gardien, car tu as laissé perdre l'âme de ton frère. » Et aussitôt il prit un cheval et il s'en alla vers la montagne. Et quand le jeune homme le vit, il eut grand' honte, et il monta à cheval et il s'empressa de s'enfuir. Et alors l'apôtre oublia son âge et il piqua son cheval de ses éperons, et il se mit à crier : « Mon cher fils, pourquoi fuis-tu devant ton père ? ne crains rien, car j'adresserai pour toi prières à Jésus-Christ, et je mourrai volontiers pour toi, comme Jésus-Christ est mort pour nous. Reviens donc, mon fils, reviens, car Jésus m'a envoyé vers toi. » Et quand le jeune homme entendit cela, il se repentit, et il revint, et il versa des larmes très-amères ; et l'apôtre tomba à ses pieds, et il lui baisa la main comme si elle avait déjà été blanchie par la pénitence, et l'apôtre jeûna pour lui et il obtint son pardon, et ensuite il l'ordonna évêque.

On lit dans l'*Histoire ecclésiastique*, que comme saint Jean était à Éphèse, et qu'il se baignait en un bain public, il vit entrer un hérétique, et il sortit aussitôt du bain en disant : « Fuyons d'ici, de peur que l'édifice ne s'écroule sur nous, puisque Cyrinthe, l'ennemi de la vérité, s'y baigne. » Et aussitôt qu'il fut sorti, les bains s'écroulèrent. Cassien dit dans son livre des *Collations* qu'un homme avait donné à saint Jean une perdrix en vie et le saint se plaisait à l'apprivoiser ; et un enfant le vit, et il dit à ses camarades : « Voyez comme ce vieillard joue avec cet oiseau. » Et Jean connut par révélation ce que l'enfant disait ; il l'appela à lui et lui demanda ce qu'il tenait à la main. Et l'enfant répondit que c'était un arc. L'apôtre lui demanda : « Qu'en faites-vous ? » Et l'enfant dit : « Nous nous en servons pour tirer aux oiseaux et aux bêtes. » Et l'apôtre lui demandant comment, il tendit son arc, et il le tint en sa main tendu ; et quand il vit que Jean ne lui disait plus rien, il détendit son arc. Et Jean lui dit : « Pourquoi as-tu détendu ton arc ? » Et il répondit que si l'arc était toujours tendu, il serait, lui, sans forces pour le bander. Et l'apôtre dit : « C'est ainsi que la fragilité humaine serait moins en état de se livrer à la contemplation si elle ne se donnait pas quelques instants de relâche. L'aigle est celui de tous les oiseaux qui vole le plus haut et qui contemple le plus fixement le soleil ; et cependant, par infirmité de la nature, il faut qu'il redescende. Ainsi le courage humain, quand il s'est accordé quelque délassement, peut revenir avec un renouvellement de force et avec plus d'ardeur à la méditation des choses célestes. » Saint Jérôme raconte que comme saint Jean était à Éphèse, parvenu à une extrême vieillesse, et comme on le portait à l'église, il ne pouvait plus dire de paroles, sinon celles-ci qu'il répétait à ses disciples : « Mes enfants, aimez-vous les uns les autres. » Et enfin les frères qui étaient avec lui s'étonnèrent qu'il répétât toujours les mêmes expressions, et ils lui demandèrent : « Maître, pourquoi dites-vous toujours ces paroles ? » Et il répondit : « Parce que c'est le commandement de Notre-Seigneur ; et si celui-là seul est accompli, il suffit. » Hélinand rapporte que lorsque saint Jean voulut écrire son Évangile, il ordonna d'abord un jeûne afin que les fidèles priassent pour qu'il écrivît dignes choses, et qu'il se retira pour écrire dans un lieu très-écarté, où, tant qu'il fut occupé à cette œuvre, il ne tomba point de pluie, il ne souffla point de vent et il ne survint rien qui pût le troubler, et que les éléments marquent encore semblable respect pour cet endroit ; et Jean avait alors quatre-vingt-dix-neuf ans. Et, à ce que dit Isidore, l'an cinquante-sixième après la Passion, sous le règne de Trajan, Notre-Seigneur apparut à Jean et lui dit : « Viens à moi, mon bien-aimé, car il est temps que tu t'assoies à ma table avec tes frères. » Et alors saint Jean se leva et Notre-Seigneur lui dit : « Tu viendras dimanche me rejoindre. » Et quand le dimanche vint, l'apôtre assembla tout le peuple dans l'église à laquelle l'on avait donné son nom, et il prêcha, et il exhorta les fidèles à demeurer fermes dans la foi et à observer les commandements de Dieu. Et après cela il fit faire une fosse toute carrée au pied de l'autel et il fit jeter la terre hors de l'église. Il se plaça ensuite dans la fosse, les mains jointes, et il dit : « Seigneur, invité à votre festin, je vous rends grâce de ce que je suis tel qu'il faut être pour partager semblable nourriture, et vous savez que je le désirais de tout mon cœur. » Et quand il eut fini sa prière, une si grande clarté l'environna que nul ne pouvait en soutenir la vue, et quand cette splendeur disparut, la fosse fut trouvée toute pleine de manne, et encore aujourd'hui y trouve-t-on de la manne qui sort du fond de cette fosse. Saint Edmond, roi d'Angleterre, ne refusait jamais l'aumône à tout pauvre qui la lui demandait au nom de saint Jean. Il arriva qu'un pèlerin implora la charité de ce prince au nom de saint Jean, et son chambellan n'y était pas, de sorte qu'il ne se trouvait rien avoir à donner, hormis son anneau, qu'il donna à ce pèlerin. Et longtemps après un chevalier anglais qui était outre-mer y reçut l'anneau des mains de ce pèlerin, qui le chargea de le porter au roi Edmond et de lui dire : « Celui auquel et pour l'amour duquel tu as donné cet anneau te le renvoie. » Et il fut ainsi reconnu que saint Jean était apparu au roi sous la figure d'un pèlerin. Et Isidore, dans son livre de la *Nativité, de la vie et de la mort des Saints*, rapporte aussi les divers miracles que nous avons relatés des morceaux de bois et des cailloux que saint Jean changea en or et en pierres précieuses, des poisons qu'il but sans en éprouver aucun mal, et de différents morts qu'il ressuscita.

LÉGENDE DES INNOCENTS.

Les Innocents furent mis à mort d'après l'ordre d'Hérode d'Ascalon, car la sainte Écriture dit qu'il y eut trois Hérode que leur abominable cruauté a rendus fort célèbres. Le premier fut Hérode d'Ascalon, sous lequel Notre-Seigneur naquit. Le second fut Hérode Antipas, qui fit couper la tête à saint Jean-Baptiste. Le troisième fut Hérode Agrippa, qui fit tuer saint Jacques et qui mit saint Pierre en prison. Nous raconterons brièvement l'histoire du premier. Ainsi que le raconte l'*Histoire scolastique*, Antipater eut pour femme la fille du roi d'Arabie, de laquelle il eut un fils qu'il appela Hérode, et qui après fut surnommé d'Ascalon ; et il reçut le royaume de Judée de César-Auguste, et ce fut alors que le sceptre fut enlevé à la maison de Juda. Et il eut six fils : Antipater, Alexandre, Aristobule, Archéloüs, Hérode Antipas et Philippe. Alexandre et Aristobule naquirent en Judée, et leur mère les envoya à Rome pour qu'ils s'instruisissent dans les arts libéraux. Et quelque temps après ils revinrent de l'étude, et Alexandre était très-grand orateur, instruit dans les sciences grammaticales, et Aristobule était un orateur très-disert. Et ils se disputaient déjà avec leur père au sujet de la succession du royaume ; et le père en fut irrité, et il voulait donner la préférence à Antipater sur les autres. Et comme ils complotaient la mort de leur père, le père les chassa. Et ils s'en allèrent se plaindre à César de la manière dont leur père les traitait. Et sur ces entrefaites les trois rois mages vinrent à Jérusalem, et ils s'enquirent de la nativité du nouveau roi. Et quand Hérode entendit cela, il fut troublé, et il craignit qu'un enfant ne fût né de la race des anciens rois, qu'il ne l'attaquât et ne le chassât hors de son royaume. Il pria donc les rois mages, quand ils l'auraient trouvé, de le lui annoncer ; et il feignait qu'il voulait l'adorer, mais il voulait le tuer. Les rois retournèrent par un autre chemin en leur pays ; et quand Hérode vit qu'ils ne venaient pas, il pensa qu'ils avaient été trompés par la vision de l'étoile et qu'ils avaient eu honte de retourner vers lui, et pour cela il cessa de s'informer de l'enfant. Mais quand il apprit ce que les pasteurs avaient dit et ce que Siméon et Anne avaient prophétisé, il éprouva une grande crainte, et il se regarda comme traîtreusement déçu par les trois rois. Et alors il commença à songer à la mort des enfants qui étaient à Bethléem, afin de tuer avec eux celui qu'il ne connaissait pas. Et alors, suivant le conseil de l'ange, Joseph avec l'enfant et la mère s'enfuirent en Égypte, dans la ville d'Hermopolis, où ils restèrent sept ans jusqu'à la mort d'Hérode. Et selon la prophétie d'Isaïe, quand Notre-Seigneur entra en Égypte, les idoles trébuchèrent, et l'on dit que, tout comme lorsque les enfants d'Israël étaient sortis d'Égypte, il n'y avait maison où le premier né ne fût mort ; ainsi il n'y eut alors aucun temple dont l'idôle ne trébuchât. Cassiodore raconte dans son histoire tripartite qu'en Hermopolis, dans la Thébaïde, il y a un arbre qui est appelé persidis, qui guérit de beaucoup de maladies, car si les feuilles ou l'écorce est liée au cou du malade, il guérit. Et comme la Vierge Marie s'enfuyait en Égypte avec son fils, l'arbre s'inclina jusqu'à terre et il adora Jésus-Christ. Et comme Hérode ordonnait la mort des enfants, il fut cité par une lettre devant César pour répondre à l'accusation de ses fils. Et comme il passait à Tharse, il apprit que les trois rois s'étaient embarqués sur les bâtiments de Tharse, et dans sa grande colère il y fit mettre le feu, selon ce que David avait dit : « Il brûlera les nefs de Tharse dans son courroux. » Et comme le père plaidait devant César contre ses fils, il fut décidé que les fils obéiraient au père en toutes choses et qu'il donnerait le royaume à qui il voudrait. Et alors Hérode retourna, et il fut plus hardi en voyant son autorité confirmée, et il envoya tuer tous les enfants qui étaient à Bethléem, âgés de deux ans et au-dessous, suivant ce qu'il avait appris des rois.

Quelques-uns croient que l'on tua tous les enfants de deux ans jusqu'à cinq ans, parce que l'étoile avait apparu un an avant la nativité de Jésus-Christ, et lorsque Hérode eut appris des rois pourquoi ils étaient venus, il alla à Rome et il y demeura un an ; et pour cela certains pensent que Notre-Seigneur devait alors avoir plus de deux ans. Et c'est ce qui est confirmé en ce que quelques-uns des os des Innocents sont si grands, qu'ils ne peuvent appartenir à des enfants de deux ans ; mais l'on peut dire qu'alors les hommes étaient plus grands qu'ils ne le sont à présent. Et cet Hérode fut bientôt puni, car comme Macrobe le dit, et comme on lit en une chronique, un petit-fils d'Hérode était en nourrice, qui fut massacré avec les autres. Et alors fut accompli ce qu'a dit le prophète : « La voix du deuil et de la désolation a été ouïe à Rama et dans les lieux élevés. » Et, ainsi qu'on peut le lire dans l'*Histoire scolastique*, Dieu, juge très-équitable, ne souffrit pas que la grande cruauté d'Hérode restât impunie ; car par un effet de la Providence divine, celui qui avait privé plusieurs mères de leurs enfants fut privé des siens, car Alexandre et Aristobule inspirèrent des soupçons à leur père. Un homme qui était de leur compagnie habituelle confessa qu'Alexandre lui avait promis de grands dons s'il donnait du venin à son père, et un barbier confessa qu'il lui avait fait de grandes promesses s'il voulait couper la gorge à son père lorsqu'il lui ferait la barbe, et Alexandre avait dit que l'on ne pouvait mettre espérance sur ce vieillard qui blanchissait ses cheveux pour paraître jeune. Et alors le père fut courroucé et il les fit mettre à mort, et il établit qu'Antipater serait roi après lui, et il ordonna qu'Hérode Antipas serait roi après Antipater, et surtout il manifesta de l'attachement pour Hérode Agrippa et pour Hérodienne, la femme de Philippe, qu'il avait eue d'Aristobule et qu'il aimait comme un père, et pour cette double cause Antipater conçut une mortelle haine contre son père, telle qu'il essaya de le faire tuer ; et Hérode le sut, et il le fit mettre en prison. Et alors l'empereur apprit qu'Hérode avait fait mourir ses fils, et il dit : « J'aimerais mieux être le pourceau d'Hérode que son fils, car il épargne les pourceaux et il fait mourir ses enfants. » Et cet Hérode avait déjà soixante-quinze ans, et il tomba dans une très-grande maladie ; fièvres fortes et pourriture de corps et enflure des pieds, tourments continuels, grosse toux, et des vers qui le mangeaient avec grande puanteur, et il était fort tourmenté ; et alors, d'après avis de médecins, il fut mis dans une huile d'où on le tira à moitié mort. Et quand il apprit que les Juifs attendaient sa mort avec beaucoup de joie, il fit prendre les plus nobles enfants de la Judée et il les fit mettre en prison, et il dit à Salomé sa sœur : « Puisque les Juifs ont pensé se réjouir à ma mort, si tu veux suivre mes ordres, il y en aura qui pleureront, et j'aurai de nobles funérailles ; sitôt que j'aurai expiré, fais mettre à mort tous ceux que je tiens dans mes prisons, afin que tous ceux de la Judée pleurent après ma mort comme ils ont pleuré pendant ma vie. » Il avait l'habitude, après son repas, de prendre une pomme, et il la pelait et il la mangeait, et comme il tenait le couteau en sa main, il regarda autour de lui pour voir que personne ne vînt le troubler dans ce qu'il voulait ; et alors il leva le bras pour se frapper, mais un cousin à lui l'en empêcha. Et bientôt le roi fut porté dans la salle comme s'il était mort. Et alors Antipater eut une grande joie, et il promit beaucoup de dons aux gardes pourvu qu'on le délivrât. Et quand Hérode le sut, il eut plus violent chagrin de la joie de son fils que de sa propre mort. Et il envoya les bourreaux pour le mettre à mort, et il ordonna qu'Archélaüs serait roi après lui. Et il mourut cinq jours après. Il fut très-heureux à la guerre et très-malheureux dans ses affaires domestiques. Et alors Salomé, sa sœur, délivra tous ceux que le roi avait commandé de mettre à mort. Remi, dans son *Original sur saint Matthieu*, dit qu'Hérode se tua avec un couteau dont il se servait pour peler une pomme, et que Salomé sa sœur fit périr les Juifs qu'il retenait en prison, ainsi qu'il l'avait commandé.

LÉGENDE DE SAINT THOMAS DE CANTORBÉRY.

Thomas, archevêque de Cantorbéry, lorsqu'il était à la cour du roi d'Angleterre, vit faire diverses choses contre la religion, et il quitta la cour, et il se retira chez l'archevêque de Cantorbéry qui le prit pour archidiacre; et toutefois, d'après les prières de l'archevêque, il accepta l'emploi de chancelier du roi, et il manifesta une extrême sagesse, et il défendit l'Église des attaques des mauvais chrétiens. Et le roi l'aima tant, qu'après le décès de l'archevêque il voulut le faire archevêque; et Thomas refusa, mais par soumission et obéissance il se résigna à porter ce fardeau. Et alors soudainement il devint un autre homme : il portait la haire, il se maigrissait à force de jeûnes, et il portait un cilice qui le couvrait jusqu'aux genoux, et il cachait sa sainteté si subtilement, que rien dans son costume n'annonçait une austérité extraordinaire, et dans ses vêtements il se conformait aux mœurs de chacun. Il lavait chaque jour les pieds à treize pauvres, et il les nourrissait et il leur donnait à chacun quatre deniers. Et le roi s'efforçait de revenir à sa mauvaise volonté contre l'Église, et il voulait que les coutumes que ses prédécesseurs avaient établies contre la franchise de l'Église fussent semblablement confirmées de lui; et Thomas n'y voulut consentir, et ainsi il s'attira la colère du roi et des princes. Il advint une fois qu'il fut contraint du roi avec les autres évêques, et il fut menacé de sentence de mort, et il fut déçu par le conseil des gens éminents, et il se conforma par paroles à la volonté du roi. Et quand il vit que cette affaire mettait les âmes en péril, il se tourmenta ensuite grièvement par pénitence, et il se démit de sa charge, jusqu'à ce qu'il fut rétabli par le pape. Et après, le roi lui demanda que ce qu'il avait dit par parole, il le confirmât par écrit; et il s'y refusa formellement, et il leva sa croix et il quitta la cour; et les méchants criaient contre lui : « Prenez le larron, prenez le traître. » Et alors deux grands barons, hommes de bien, vinrent à lui et lui dirent, sous serment, que plusieurs grands barons avaient juré sa mort. Et alors l'homme de Dieu craignit plus pour l'Église que pour lui; il s'enfuit, et il s'en alla vers le pape Alexandre qui le reçut et le recommanda au monastère de Pontigny, et puis il s'en vint en France. Et alors le roi envoya à Rome pour faire venir des légats qui défendissent cette chose, et il fut condamné en tout. Et cela le mit dans une grande colère contre l'archevêque; il se saisit de tout ce qui était à l'archevêque et à ses gens, et il envoya tous ses partisans en exil; mais Thomas n'en continua pas moins de prier chaque jour pour le royaume d'Angleterre et pour le roi. Et alors il fut révélé à l'archevêque qu'il reviendrait à son Église, et qu'il s'en irait à Jésus-Christ avec la couronne du martyre. Et alors, la septième année de son exil il lui fut permis de s'en retourner, et il fut reçu de tous avec beaucoup d'honneur. Et quelques jours avant son martyre un jeune homme mourut, et il fut ressuscité par miracle, et il raconta qu'il avait été mené jusqu'à l'ordre le plus élevé des saints. Et il vit un siége vide parmi les apôtres, et il demanda à qui il était destiné. Et on lui dit : « A un bien saint prêtre des Anglais, et Notre-Seigneur le lui réserve. » Un prêtre célébrait chaque jour une messe en l'honneur de la glorieuse Vierge Marie, et il fut accusé près de l'archevêque, lequel, en l'interrogeant, le tint pour idiot, et le suspendit de sa charge. Et comme saint Thomas avait caché sa haire sous son lit pour la recoudre quand il pourrait, la bienheureuse Vierge Marie apparut au prêtre et lui dit : « Va trouver l'archevêque, et dis-lui que celle en l'honneur de laquelle tu célébrais la messe a cousu de soie rouge la haire qu'il avait laissée en tel endroit, et qu'elle l'envoie à lui pour qu'il lève l'interdit dont il t'a frappé. » Et quand l'archevêque entendit cela, il fut grandement étonné, et il trouva que ce que le prêtre lui disait était vrai, et il leva l'interdit du prêtre, et il lui recommanda de tenir tout cela caché. Ensuite Thomas continua de défendre les droits de l'Église comme précédemment, et il ne fléchit ni devant la violence, ni devant les menaces que le roi lui fit. Et quand on vit que ni force ni prières ne pouvaient le fléchir, les chevaliers du roi vinrent armés, et ils demandaient en criant où était l'archevêque. Et il vint à leur rencontre, et il dit : « Me voici, que voulez-vous ? » Et ils lui dirent qu'ils venaient pour le tuer. Et il répondit : « Je suis prêt à mourir pour la cause de Dieu et pour la défense de l'Église ; si vous venez pour me chercher, je vous recommande, au nom de Notre-Seigneur et sous peine de malédiction éternelle, que vous ne fassiez aucun mal à aucun de ceux qui sont ici ; je recommande l'Église à Dieu, à la bienheureuse Vierge Marie et au bienheureux saint Denis. » Et quand il eut dit cela, sa tête vénérable fut frappée du glaive qui doit ne punir que les félons et les meurtriers, et sa cervelle fut répandue sur le pavé de l'église, et ainsi il fut sacré martyr de Notre-Seigneur, l'an de l'Incarnation mil cent soixante et quatorze. Et comme les prêtres voulaient célébrer pour lui la messe des morts, lorsqu'ils commencèrent à entonner le *Requiem*, les anges étaient là qui interrompirent les voix des prêtres qui chantaient, et ils commencèrent : *Lætabitur justus*, la messe des martyrs. Et alors les prêtres les suivirent, et ce fut ainsi par l'intervention de Dieu que le chant de pleurs fut changé en louange, et que celui pour lequel ils avaient commencé l'office des morts reçut les louanges du martyre. Et la noble sainteté de celui qui avait été martyr de Dieu fut ainsi reconnue par les anges qui le mirent en si grand honneur au catalogue des martyrs. Et ce saint souffrit la mort pour l'Église dans une église, en temps saint et entre les mains des prêtres et religieux ; et ainsi fut démontrée sa sainteté comme la cruauté des persécuteurs.

Et Jésus-Christ permit qu'il fît beaucoup de miracles ; car, par ses mérites, beaucoup d'aveugles recouvrèrent la vue, des sourds l'ouïe, des boiteux devinrent droits et des morts ressuscitèrent. L'eau où les vêtements arrosés de son sang furent lavés guérit beaucoup de malades. Une dame d'Angleterre désirait avoir les yeux vairs, afin de passer pour plus belle, et, pour obtenir cela, elle fit un vœu au sépulcre de saint Thomas, et elle le visita pieds nus; et quand elle se fut agenouillée en oraison, lorsqu'elle voulut se lever, elle se trouva aveugle. Alors elle se repentit, et elle demanda à saint Thomas qu'elle n'eût pas les yeux vairs, mais qu'elle conservât les siens; et cela elle l'obtint à grande difficulté. Un homme apporta à son maître un pot rempli d'eau ordinaire au lieu d'eau de la fontaine de saint Thomas qu'on lui avait demandée. Et le maître lui dit : « Si tu n'es pas fidèle, puisse saint Thomas t'avoir permis de prendre de son eau; mais si tu m'as fait tort en quelque chose, que cette eau disparaisse aussitôt. » Et le serviteur y consentit, et dit qu'il savait bien avoir rempli son pot d'eau. Et quand le pot fut ouvert, il se trouva vide, et ainsi le serviteur fut reconnu pour trompeur, et il fut accusé de larcin. Un oiseau qui parlait et qu'un épervier poursuivait se mit à dire, ainsi qu'on lui avait appris à prononcer : « Saint Thomas, venez à mon secours. » Et aussitôt l'épervier tomba mort et l'oiseau se sauva. Un autre homme, qui avait été très-malade, pria saint Thomas et alla à sa tombe, et il le conjura de lui rendre la santé; et comme il s'en retournait guéri, il se prit à penser que peut-être cette guérison n'était pas bonne pour son âme. Alors il revint au sépulcre, et il demanda, si elle n'était pas profitable à son âme, que la maladie revînt aussitôt; et elle se déclara derechef tout comme auparavant. La vengeance divine se déchaîna si fort contre ceux qui avaient tué saint Thomas, que les uns mirent en pièces leurs doigts avec leurs dents, d'autres devinrent tout pourris, d'autres tombèrent en paralysie, d'autres devinrent fous furieux, et ils périrent tous misérablement.

LÉGENDE DE SAINT SILVESTRE.

Silvestre fut fils d'une femme qui se nommait Juste, et qui l'était en effet; et il fut instruit par un prêtre nommé Cyrin, et il pratiquait avec grand zèle l'hospitalité. Timothée, un très-sage chrétien, trouva un asile dans sa demeure, lorsqu'à cause de la persécution qui le poursuivait, il était évité des autres. Un an après, il reçut la couronne du martyre pour avoir prêché avec fermeté la foi de Jésus-Christ. Et le gouverneur Tarquinien pensait que Timothée possédait de grandes richesses ; il les demanda à Silvestre, et il le menaça de mort ; et quand il sut que Timothée n'avait laissé aucun trésor, il commanda à Silvestre de sacrifier aux idoles, le menaçant de lui faire, le lendemain, souffrir cruels tourments ; et Silvestre lui dit : « Insensé que tu es, tu mourras cette nuit et tu souffriras des tourments éternels, et, que tu le veuilles ou non, tu seras bien forcé de reconnaître que le Dieu que nous adorons est le véritable. » Et comme Tarquinien dînait, une arête de poisson s'arrêta à sa gorge, et il ne put l'avaler ni la rejeter, de sorte qu'il mourut à minuit, et qu'il fut enterré, au grand regret des païens. Et Silvestre fut délivré, ce dont tous eurent grand' joie, car il n'était pas seulement aimé des chrétiens, mais encore des païens, à cause de sa charité. Il avait l'aspect d'un ange, la parole éloquente ; il était saint dans ses œuvres, grand en sagesse, catholique dans sa foi, très-patient et plein d'espérance, animé de miséricorde. Et quand Melciadus, évêque de la cité de Rome, fut mort, Silvestre, qui s'y refusait fermement, fut élu évêque du consentement de tous. Et il prit par écrit les noms des orphelins, des veuves et des pauvres, et il pourvoyait à tous leurs besoins. Il jeûnait rigoureusement le mercredi, le vendredi et le samedi, et il établit que le jeudi serait célébré comme le dimanche. Et les Grecs disaient aux chrétiens que le samedi devait être plutôt observé que le jeudi. Il répondit que cela ne se devait pas, et que c'était du commandement de l'apôtre, parce que l'on devait marquer vénération pour la sépulture de Jésus-Christ. Et ils lui dirent : « Il y a un samedi pour sa sépulture, auquel l'on doit faire jeûne une fois l'an. » Et Silvestre leur répondit : « Tout comme chaque dimanche est honoré pour la résurrection de Jésus-Christ, aussi chaque samedi l'est-il pour l'amour de sa sépulture. » Et pour cela, ils convinrent du samedi ; mais ils se récrièrent avec force contre le jeudi, et ils disaient qu'il ne devait pas être parmi les solennités des chrétiens. Et Silvestre prouva la dignité de ce jour en trois choses,

LÉGENDE DE SAINT SILVESTRE. 65

parce que ce jour-là Notre-Seigneur monta au ciel, et qu'il établit le sacrement de son précieux corps et de son sang, et que l'Église fait ce jour-là le saint-chrême. Et alors tous obéirent à ses raisons. Et quand Constantin persécutait les chrétiens, Silvestre sortit de la ville et se retira sur une montagne avec ses clercs. Et alors Constantin, pour châtiment de sa persécution et de sa tyrannie, tomba en maladie incurable et il devint lépreux, et à la fin, par le conseil des prêtres des idoles, trois mille enfants furent amenés, afin qu'ils fussent mis à mort et qu'il se baignât dans leur sang frais et chaud. Et quand il sortit pour se rendre au lieu où le bain devait être préparé, les mères des enfants coururent sur son passage, tout échevelées, pleurant et poussant de grands cris. Et alors Constantin pleura, et il fit arrêter son char et il dit : « Écoutez-moi, vous tous seigneurs et chevaliers et toutes gens qui êtes ici. La dignité de l'empire de Rome a sa source dans la fontaine de pitié, laquelle donna cette ordonnance : que quiconque tuerait un enfant à la guerre aurait la tête tranchée. Et ce serait certes une grande cruauté de faire à nos enfants ce que nous défendons de faire à ceux des étrangers : à quoi nous sert de vaincre les étrangers, si nous sommes vaincus en fait de cruauté? Car vaincre les nations étrangères, c'est dû à la force des peuples combattants; vaincre les vices et les péchés, vient de vertu et bonnes mœurs; et en l'une de ces batailles nous avons été plus forts que les étrangers, en l'autre nous serons plus forts que nous-mêmes. Nous pourrons bien être vainqueurs de tous si nous sommes vaincus de pitié, car il se montre le seigneur de tous celui qui est serviteur de pitié, et il vaut donc mieux que je meure en épargnant la vie de ces innocents, que si je venais à recouvrer la santé par leur trépas; mais il n'est pas sûr que je revienne à la santé, et il est certain que ce serait grande cruauté d'ordonner la mort de ces enfants. » Et alors il commanda que les enfants fussent rendus à leurs mères, et il leur fit des largesses. Et les mères, qui étaient venues en pleurant, s'en allèrent pleines de joie. Et l'empereur s'en alla en son palais. Et la nuit suivante, Pierre et Paul lui apparurent et lui dirent : « Comme tu as eu crainte de répandre le sang innocent, Jésus-Christ nous envoie vers toi pour te donner conseil. Appelle l'évêque Silvestre qui est caché dans les montagnes, et il indiquera la piscine dans laquelle tu devras te laver trois fois, et tu seras guéri de la lèpre. Et tu marqueras ta reconnaissance à Dieu en détruisant les temples des idoles, et en rétablissant les églises et en adorant Dieu dorénavant. » Et quand Constantin s'éveilla, il envoya des soldats chercher Silvestre, et quand l'évêque les vit, il pensa qu'ils venaient pour le mener au martyre. Et alors il se recommanda à Dieu et il consola ses compagnons, et il alla seul vers Constantin. Et alors Constantin se leva à son approche et lui dit : « Nous nous réjouissons de ta venue » ; et Silvestre le salua. Et alors l'empereur lui raconta son songe en détail, et il lui demanda quels étaient ces deux dieux qui lui étaient apparus. Et Silvestre répondit qu'ils étaient des apôtres de Jésus-Christ et non pas des dieux. Et alors l'empereur pria l'évêque de lui faire apporter l'image des apôtres. Et aussitôt qu'il la vit, il reconnut que c'étaient eux qui lui avaient apparu. Et alors Silvestre le fit jeûner une semaine, et il l'amena à la foi, et il fit mettre en liberté les chrétiens prisonniers. Et quand l'empereur entra dans l'eau du baptême, une très-grande clarté se répandit sur lui, et il sortit de là tout sain et guéri, et il dit qu'il avait vu Jésus-Christ. Et le premier jour de son baptême, il ordonna que Jésus-Christ fût adoré en la cité de Rome comme vrai Dieu. Le second jour, que celui qui blasphémerait contre Jésus-Christ serait puni. Le troisième jour, que quiconque ferait injure à quelque chrétien aurait la moitié de ses biens confisquée. Le quatrième jour, que l'évêque de Rome serait le chef de tous les évêques, comme l'empereur était le maître de toute la terre. Le cinquième jour, que quiconque chercherait asile dans une église serait à l'abri de toute poursuite. Le sixième jour, que personne ne pourrait bâtir églises sans l'autorisation de son prélat, et surtout dans la ville de Rome. Le septième jour, que les dîmes des domaines royaux seraient employées à construire des églises. Le huitième jour, l'empereur vint à l'église de Saint-Pierre, et il se confessa, en pleurant, de ses péchés. Et après, il prit une bêche et il creusa la terre pour faire les fondements d'une basilique, et il emporta successivement sur ses épaules douze hottes pleines de terre.

Quand Hélène, mère de l'empereur Constantin, qui demeurait en Béthanie, apprit cela, elle loua son fils de ce qu'il avait renoncé aux images des fausses idoles; mais elle le blâma très-fortement de ce qu'il avait laissé le dieu des Juifs, et de ce qu'il adorait un homme crucifié. Et alors l'empereur lui écrivit d'amener avec elle les docteurs d'entre les juifs, et qu'il amènerait les docteurs des chrétiens, afin qu'ils disputassent ensemble, et que de leur dispute il ressortît laquelle des croyances était la véritable. Alors Hélène amena cent quarante-un des plus sages juifs, entre lesquels il y en avait douze qui brillaient, parmi tous les autres, par leur sagesse et leur éloquence; et alors, quand Silvestre et ses clercs et les juifs furent assemblés devant l'empereur pour disputer, ils établirent, de commun accord, deux païens très-sages et d'une loyauté éprouvée pour être juges et pour rendre sentence sur les choses que l'on dirait, et l'un s'appelait Craton et l'autre Zénophile; et il fut entre eux décidé, d'un commun accord, que tant que l'une des parties parlerait, l'autre se tairait et ne dirait rien. Et alors le premier de ces douze, lequel avait nom Abiathar, commença et dit : « Ces chrétiens prétendent qu'il y a trois dieux, le Père, le Fils et le bienheureux Saint-Esprit. Il est certain qu'ils vont contre la loi qui dit : « Voici que « je suis seul et qu'il n'y a nul autre dieu que moi. » Et après cela, ils disent que Jésus-Christ est Dieu parce qu'il a fait beaucoup de miracles sur la terre, et il y a eu beaucoup d'hommes de notre loi qui ont fait de grands miracles, et cependant ils n'ont pas pris le nom de Dieu, comme a fait Jésus-Christ, que ceux qui sont ici adorent.» A cela, Silvestre répondit : « Nous adorons un Dieu, mais nous ne disons pas qu'il fût en une telle solitude qu'il ne voulût pas avoir la consolation d'un fils. Et pour cela nous voulons démontrer, d'après nos livres, la trinité des personnes, car nous disons qu'il est le père celui dont le prophète dit : « Il m'appel-« lera et me dira, tu es mon père. » Nous appelons le fils celui dont le prophète a dit : « Tu es mon fils, je t'ai engendré aujourd'hui. » Nous appelons le Saint-Esprit celui dont le même prophète a dit : « L'Esprit de sa bouche est toute leur vertu »; et en ce qu'il dit : « Faisons l'homme à notre image et à notre ressemblance », il résulte clairement la pluralité des personnes et l'unité de la Divinité; car, quoique ce soient trois personnes, toutefois c'est un seul et unique Dieu, comme nous pouvons le montrer par exemples visibles. » Alors il prit la pourpre de l'empereur et il en fit trois plis, et il dit : « Voyez-vous, voici trois plis », et puis il les déploya et il dit : « Vous voyez que ces trois plis ne font qu'une seule pièce d'étoffe, ainsi les trois personnes ne font qu'un Dieu. Et quant à ce que tu dis que Jésus-Christ ne doit pas convaincre à cause de ses miracles, et que plusieurs saints ont fait miracles et qu'ils n'ont pas prétendu être dieux, comme Notre-Seigneur Jésus-Christ a enseigné qu'il l'était, je te dis assurément que Dieu ne laissa jamais sans de grands châtiments ceux qui s'enorgueillirent contre lui, comme il est arrivé à Dathan, à Abiron et à d'autres. Et comment donc, s'il n'était pas Dieu, aurait-il pu mentir et n'éprouver aucun châtiment, tandis qu'au contraire il était accompagné de force et de vertu? » Alors les juges dirent qu'Abiathar était vaincu par Silvestre, car la raison veut que si Jésus n'avait pas été Dieu, et s'il avait prétendu faussement qu'il l'était, il n'aurait pas pu ressusciter les morts. Le second docteur juif, qui se nommait Zomas, vint à son tour et dit : « Abraham, en se soumettant à la circoncision par ordre de Dieu, fut sanctifié, et tous les fils d'Abraham étaient justifiés par la circoncision; et comment celui qui ne voudra pas être circoncis sera-t-il sanctifié? » Et Silvestre répondit : « Il est certain qu'Abraham plut à Dieu avant la circoncision et qu'il fut appelé ami de Dieu; et ce ne fut pas la circoncision qui le sanctifia, mais sa foi et sa droiture qui le rendirent agréable à Dieu, car il ne se soumit pas à la circoncision pour sa sanctification, mais pour se distinguer des autres nations. » Et ce docteur fut réduit au silence. Le troisième vint, qui avait nom Godolias, et il dit : « Comment votre Jésus-Christ peut-il être Dieu, lorsque vous affirmez qu'il fut trahi, dépouillé, abreuvé de fiel, qu'il mourut sur une croix et qu'il fut enseveli? toutes ces choses ne pourraient être d'un Dieu. » A cela, Silvestre répondit : « Nous vous prouverons, d'après vos livres, que toutes ces choses ont été prophétisées au sujet de Jésus-Christ, car Isaïe dit quant à sa nativité : « Voici qu'une vierge concevra et enfantera. » Zacharie dit quant à sa tentation : « Je vis le Christ, le grand-prêtre qui était devant l'ange, et Satan était à sa droite »; le Psalmiste dit quant à la trahison : « Celui qui mangeait mon pain loua la trahison faite contre moi. » Et il dit aussi, au sujet de ses dépouilles : « Ils ont divisé mes vêtements. » Et il a prédit aussi qu'il serait abreuvé de fiel, puisqu'il a dit : « Ils mettront du fiel dans mes aliments, et ils m'abreuveront de fiel. » Esdras a prédit qu'il devait être lié lorsqu'il a dit : « Vous m'avez lié non comme le père qui vous a délivrés de la terre d'Égypte, et vous me livrâtes pour être attaché à la croix. » Et Jérémie a dit, quant à sa sépulture : « Les morts revivront, parce qu'il a été enseveli. » Et comme Godolias n'avait rien à répondre, les juges ordonnèrent qu'il se retirât; et le quatrième docteur vint, qui se nommait Annas, et il dit : « Silvestre prétend que c'est à son Christ que se rapportent des prédictions qui ont été faites pour d'autres. Qu'il prouve que c'est Jésus que désignent les prophéties. » Et Sivestre répondit : « Pourrais-tu m'en montrer un autre qui ait été conçu d'une vierge et qui ait été abreuvé de fiel, couronné d'épines, crucifié, mis à mort et enseveli, qui est ressuscité, qui est monté aux cieux ? » Et alors l'empereur dit : « Si Annas ne peut montrer qu'il s'agisse d'un autre, qu'il soit renvoyé. » Et comme il ne put répondre, il fut forcé de s'en aller. Le cinquième vint, qui avait nom Doeth et qui dit : « Si le Christ est né de la race de David comme vous dites et qu'il ait été sanctifié, il ne peut être baptisé. » Et Silvestre dit : « Tout comme la circoncision prit fin en la circoncision de Notre-Seigneur, pareillement notre baptême prit commencement de sanctification au baptême de Notre-Seigneur; Jésus ne fut donc pas baptisé pour être sanctifié, mais pour sanctifier. » Et Doeth se tut, et Constantin dit : « Puisqu'il ne peut rien répondre, qu'il soit mis de côté. » Et alors fut amené le sixième, qui se nommait Chusi, et il dit : « Nous voulons que Silvestre expose les causes de cette naissance d'une vierge. » Et Silvestre répondit : « La terre d'où naquit Adam fut vierge et sans corruption, car elle ne s'était jamais ouverte pour boire le sang humain, elle n'avait pas été maudite et couverte d'épines, elle n'avait point recouvert de cadavres, elle n'avait pas servi de nourriture aux serpents; et pour cela convenait-il que le nouvel Adam vînt de la Vierge Marie, afin que le serpent qui avait vaincu Adam dans le paradis vînt tenter Notre-Seigneur dans le désert; et, comme il avait séduit Adam par la gourmandise, il devait être vaincu de Notre-Seigneur par le jeûne. » Et quand ce docteur fut confondu, un autre vint, qui s'appelait Benjamin, et qui dit : « Comment votre Christ peut-il être fils de Dieu, puisqu'il fut tenté du diable et qu'il fut contraint, par la faim, de faire du pain avec des pierres, et qu'il fut emporté sur le haut du temple pour adorer ce même diable? » Et Silvestre répondit : « Si le diable vainquit Adam, qui fut trop crédule et qui mangea, il fut vaincu et méprisé de Jésus-Christ qui jeûna. Et il est vrai qu'il ne fut pas tenté comme étant Dieu, mais comme homme, et il fut tenté de trois manières, afin qu'il nous préservât de toutes tentations et qu'il nous donnât la force de les surmonter. » Et Benjamin étant réduit à se taire, un autre, qui avait nom Aroel se leva et dit : « Il est sûr que Dieu est parfait et qu'il n'a besoin de rien : pourquoi donc fallut-il qu'il s'incarnât en Jésus-Christ? Et comment appelles-tu Jésus-Christ le fils de Dieu? car il est vrai qu'avant qu'il eût ce fils il ne pouvait être appelé père, et si depuis il a dû être appelé père, l'immutabilité, qui est le caractère de Dieu, a été détruite. » A cela Silvestre répondit : « Le Fils fut engendré du Père avant tous les temps pour faire ce qui n'était pas, et il naquit sur la terre pour refaire ce qui avait péri; et s'il ne le pouvait faire par sa seule parole, il ne pouvait racheter l'homme qu'en se faisant homme et qu'en souffrant la mort, car il ne pouvait souffrir comme Dieu, et ce n'était pas par imperfection, mais par perfection divine et impassible. Et c'est pour cela que le prophète a dit du Fils : « Mon cœur a proféré une bonne parole. » Il a été dit aussi dans la sainte Écriture : « J'étais enfanté avant toutes les terres et avant que ne fussent les fontaines des eaux. » Et ce docteur s'en alla, et il en vint un autre qui se nommait Jubal, et il dit : « Il est certain que Dieu n'a point condamné ni maudit l'union conjugale; pourquoi alors niez-vous que celui que vous adorez ait été procréé en mariage, si ce n'est que vous voulez jeter de l'odieux sur le mariage? De plus, comment celui qui est puissant peut-il être tenté? Comment celui qui est la force peut-il souffrir? Comment celui qui est la vie peut-il mourir? Et à la fin, tu seras contraint de dire qu'il y eut deux fils, l'un que le

Père engendra, et l'autre que la Vierge Marie enfanta. Et encore comment peut-il arriver que l'homme qui a été procréé puisse souffrir mort sans lésion de celui de qui il est procréé? » Silvestre lui répondit: « Nous ne disons pas que Jésus-Christ fût né d'une vierge, afin de condamner le mariage; mais nous acceptons raisonnablement les causes de l'enfantement virginal, et cela ne jette nul blâme sur le mariage, tout au contraire le met en honneur, puisque la Vierge qui enfanta Jésus-Christ était née de mariage. Jésus-Christ fut tenté, afin qu'il vainquît toutes les tentations du diable; il souffrit la mort, afin qu'il surmontât toutes les passions; il mourut pour détruire l'empire de la mort. Le Fils de Dieu est un seul en Jésus-Christ. Et tout comme il est vrai fils de Dieu invisible, aussi est-il visible en tant qu'homme; car comme homme procédant de Dieu, il put souffrir mort sans que l'essence divine en souffrît, et cela peut se montrer par divers exemples, et nous userons de l'exemple de la pourpre du roi. Elle fut de la laine avant que la teinture ne lui donnât couleur de pourpre. Et quand elle fut teinte et qu'on la filait, qu'est-ce que l'on tordait, était-ce la couleur qui est signe de la dignité impériale, ou la laine qui subsistait avant d'être teinte en pourpre? Et chez Jésus-Christ, l'homme est comme la laine, et le Dieu comme la couleur de pourpre; la nature divine fut avec lui quand il souffrit sur la croix; mais elle ne participa nullement à sa passion. » Et alors celui-ci fut vaincu, et le dixième vint, qui avait nom Thara et qui dit: « Cet exemple ne me plaît point, car la couleur est tordue avec la laine. » Et comme tous élevaient la voix, Silvestre dit: « Écoute donc un autre exemple. Un arbre sur lequel tombent les rayons du soleil, si on lui porte un coup, la clarté du soleil n'en reste pas moins entière sur lui. Ainsi, quand l'homme souffrit, la Divinité ne souffrit pas. » Et alors le onzième, qui se nommait Siléon, vint et dit: « Si les prophètes ont dit cela de ton Christ, nous voulons savoir la cause de sa passion et de sa mort. » Et Silvestre dit: « Jésus-Christ souffrit la faim pour nous rassasier, et il endura la soif pour nous abreuver. Il fut tenté, afin de nous délivrer de tentation. Il fut lié, afin de nous préserver des chaînes du diable. Il fut outragé, afin de nous exempter de la dérision du diable. Il fut garrotté, afin de nous délier du nœud de malédiction. Il fut humilié, afin de nous élever. Il fut dépouillé, afin de revêtir la nudité que causait chez nous la première désobéissance. Il porta une couronne d'épines, afin de nous rendre les fleurs du paradis qui étaient perdues. Il fut attaché sur une croix pour qu'il détruisît la convoitise, qui était venue de l'arbre de la science du bien et du mal. Il fut abreuvé de fiel et de vinaigre, afin qu'il mît l'homme en possession de la terre d'où découlent le lait et le miel. Il reçut la mort, afin de nous donner l'immortalité. Il fut enseveli, afin qu'il bénît les sépulcres des saints. Il ressuscita, afin qu'il rendît la vie aux morts. Il monta aux cieux pour nous en ouvrir la porte. Il est assis à la droite de son Père pour exaucer les prières des fidèles. » Et comme Silvestre disait ces choses, l'empereur et tous les autres commencèrent à le louer. Et alors le douzième docteur, qui se nommait Zambri, dit avec dédain : « Je m'étonne comment vous, en qui est la sagesse, vous croyez à des paroles trompeuses, et que vous vous imaginiez que la puissance de Dieu soit enclose sous l'humaine raison ; mais que les paroles cessent, et venons au fait : ceux qui adorent le crucifié sont privés de raison, car je sais bien le nom du Tout-Puissant, nom que les montagnes n'apprirent point et que nulle créature ne peut entendre ; et, afin que vous reconnaissiez si je dis vrai, que l'on m'amène un taureau des plus farouches, et aussitôt que ce nom aura été prononcé à son oreille, il tombera mort. » Et Silvestre lui répondit : « Comment as-tu appris ce nom, que tu n'as jamais entendu, ou comment, lorsque tu l'as entendu, n'es-tu pas tombé mort ? » Et Zambri répliqua : « Il ne t'appartient pas, à toi qui es ennemi des juifs, de savoir ce mystère. » Alors on amena un taureau furieux, qu'à grand' peine cent hommes des plus robustes parvenaient à contenir. Et aussitôt que Zambri lui eut parlé à l'oreille, le taureau tomba, il roula les yeux et il expira. Et alors tous les Juifs crièrent hautement et se jetèrent sur Silvestre. Et Silvestre leur dit : « Il n'a pas prononcé le nom de Dieu, mais celui du démon ; car Jésus-Christ, mon Sauveur, ne frappe pas ceux qui vivent ; au contraire, il donne la vie aux morts ; le pouvoir de tuer sans avoir les moyens de rendre la vie appartient aux lions, aux serpents et aux bêtes sauvages. Si

LÉGENDE DE SAINT SILVESTRE.

vous voulez que je croie que ce n'a pas été le nom du diable, qu'il le dise encore et qu'il fasse revivre ce qu'il a tué, car il y a dans la divine Écriture : « Je tuerai et je ferai revivre » ; et si Zambri ne peut pas le faire, il est sûr qu'il a prononcé le nom du diable, qui peut tuer les vivants, mais qui ne peut rendre l'existence aux trépassés. » Et comme les juges pressaient le docteur juif de ressusciter le taureau, il dit : « Ressuscite-le, Silvestre, au nom de Jésus le Galiléen, et alors nous croirons en lui. » Et alors tous les juifs promirent de croire si ce miracle se faisait. Et alors Silvestre se mit en oraison, et il se pencha à l'oreille du taureau, et il dit : « Au nom de Jésus-Christ Notre-Seigneur, je te commande, taureau, de te lever et de t'en aller en paix. » Et le taureau se leva et il marcha, et il s'en alla calme et tranquille. Et les juifs, les juges et tous les autres se convertirent à la foi.

Et quelque temps après, les prêtres des idoles vinrent trouver l'empereur et ils dirent : « Très-saint empereur, depuis que vous avez embrassé la foi de Jésus-Christ, ce dragon qui est en la fosse a, chaque jour, fait périr plus de trois cents hommes de son souffle empoisonné. » Et alors l'empereur consulta là-dessus Silvestre, et Silvestre lui dit : « Par la vertu de Jésus-Christ, je ferai cesser le mal que fait cette bête. » Et alors les prêtres des idoles promirent de croire s'il le faisait. Et alors saint Pierre apparut à Silvestre qui était en prière, et il lui dit : « Descends avec deux prêtres dans la fosse où est le dragon, et quand tu seras près de lui, tu diras : « Satan, reste en ce lieu jusqu'à « ce que vienne Notre-Seigneur Jésus-Christ, qui est né d'une « vierge, qui a été crucifié, enseveli, qui est ressuscité des morts, « qui est assis à la droite de son Père, et qui viendra juger les vi- « vants et les morts » ; et puis, attache-lui la gueule avec un fil, dont tu feras deux tours, et scelle-la d'un sceau qui porte le signe de la croix, et puis après tu reviendras à moi sain et sauf, et tu mangeras le pain que je t'aurai préparé. » Et alors Silvestre descendit dans la fosse avec les deux prêtres, et l'escalier qui y menait avait cent quarante-deux degrés ; et il portait avec lui de grandes lanternes : et il dit au dragon les paroles que lui avait révélées l'apôtre, et il lui lia et scella la gueule ; et quand il remonta, il trouva deux enchanteurs qui l'avaient suivi pour voir le résultat de l'entreprise, et ils étaient comme étouffés de l'haleine empestée du dragon. Et Silvestre les amena avec lui, et ils se convertirent, ainsi qu'une quantité innombrable d'infidèles, et le peuple fut délivré d'une double mort, de celle que causait le culte des idoles, et de celle que donnait le dragon. À la fin, quand Silvestre approcha du terme de sa vie, il recommanda à son clergé d'être plein de charité, et de gouverner avec zèle l'Église, et de préserver le troupeau de la morsure des loups. Et il s'endormit paisiblement en Notre-Seigneur vers l'an trois cent vingt.

LÉGENDE DE SAINT PAUL ERMITE.

Pierre fut le premier ermite, et, ainsi que le raconte sa Vie écrite par saint Jérôme, quand l'ardeur de la persécution de Décius s'échauffa, il s'en alla en un très-grand désert, et il demeura là en une caverne soixante ans sans être connu de personne. Et l'on dit que ce Décius se nommait aussi Galien, et qu'il eut deux noms, et il commença de régner l'an de Notre-Seigneur deux cent cinquante-six. Et quand saint Paul vit que l'on infligeait aux chrétiens tant de tourments divers, il s'en fut au désert. Et en ce même temps, l'on saisit deux jeunes gens, et l'un surtout fut frotté de miel et exposé au soleil, afin qu'il souffrît piqûres cruelles des guêpes, des mouches et des abeilles; et l'autre fut mis sur un lit très-mou dans un jardin délicieux où il y avait air frais, chant des oiseaux, murmure des ruisseaux, odeur suave de fleurs, et il avait les mains et les pieds attachés, de sorte qu'il ne pouvait se remuer; et l'on amena une jouvencelle très-belle, mais de vie dissolue, et elle voulut amener le chrétien à manquer au devoir de chasteté; mais lui, comme il sentait en sa chair mouvements contraires à la raison, et comme il n'avait nulle armure dont il pût se défendre, il coupa sa propre langue avec ses dents et il la cracha au visage de cette malheureuse, et ainsi, par la douleur qu'il éprouva, il chassa la tentation et il mérita la couronne. Saint Paul, effrayé de ces tourments et de bien d'autres, s'en alla au désert. A cette époque, Antoine croyait qu'il était le premier qui se fût retiré en ermitage, et il lui fut révélé en vision qu'il y avait au désert un autre ermite de beaucoup plus de vertu que lui. Et comme il le cherchait à travers les forêts, il rencontra une créature moitié homme, moitié cheval, qui lui montra le chemin à main droite. Après, il rencontra un animal qui portait des fruits de palmier; il était homme jusqu'au milieu du corps, et le reste de son corps était celui d'une chèvre. Et Antoine lui ordonna, au nom de Notre-Seigneur, de lui dire qui il était. Et il répondit : « Je suis un de ces satyres que les païens croient les dieux des bois. » Et enfin, Antoine rencontra un loup qui le mena à la cellule de saint Paul. Et quand Paul vit qu'Antoine venait à lui, il ferma sa porte. Et Antoine le pria d'ouvrir, en protestant qu'il ne s'en irait point, mais qu'il mourrait plutôt devant la porte. Alors Paul fut touché; il ouvrit, et ils s'embrassèrent. Et quand vint l'heure de manger, un corbeau apporta une ration double de celle qu'il apportait d'ordinaire. Et comme Antoine s'étonnait, Paul lui répondit que chaque jour Notre-Seigneur pourvoyait ainsi à ses besoins. Et alors s'émut entre eux une discorde touchante à qui diviserait le pain. Paul voulait que ce fût Antoine, comme étant son hôte, et Antoine le renvoyait à Paul comme étant le plus âgé. Et enfin l'un et l'autre y mirent les mains et en firent égales parties. Et comme Antoine s'en retournait et qu'il approchait de sa cellule, il vit les anges qui emportaient l'âme de Paul; et alors il retourna en hâte sur ses pas, et il trouva le corps de Paul à genoux, dans la position qu'il avait d'habitude en faisant sa prière, de sorte que l'on aurait dit qu'il était en vie. Et quand il le vit mort, il dit : « Ah! sainte âme, tu as montré, à la mort, ce que tu étais durant ta vie. » Et comme il manquait de ce qu'il fallait pour creuser la fosse, voici que deux lions vinrent et la creusèrent. Et lorsqu'il eut été enseveli, ils se retirèrent dans les bois. Et Antoine prit la robe de saint Paul, qui était faite de feuilles de palmier, et il s'en revêtait les jours de solennité. Et il mourut vers l'an de l'incarnation de Notre-Seigneur deux cent quatre-vingt-sept.

LÉGENDE DE SAINT REMY.

Remy, noble docteur et glorieux confesseur de Notre-Seigneur, eut, avant qu'il ne vînt monde, sa naissance annoncée de cette manière, telle qu'un ermite la vit. La persécution des Vandales avait fait de grands ravages dans notre France, et un reclus de grande sainteté, qui était aveugle, priait souvent Notre-Seigneur pour la paix de l'Église de France. Et l'ange de Notre-Seigneur lui apparut en vision, et lui dit : « Sache qu'une femme qui a nom Ciline aura un fils qui s'appellera Remy, et qui délivrera sa nation des assauts des méchants. » Et quand l'ermite s'éveilla, il alla à la maison de Ciline, et il lui dit ce qu'il avait entendu. Et elle ne voulait pas le croire, parce qu'elle était vieille. Il répondit : « Sache que quand tu allaiteras l'enfant, tu oindras mes yeux de ton lait, et tu me feras recouvrer la vue. » Et quand toutes ces choses furent arrivées, Remy quitta le monde et s'en fut dans la retraite. Et sa renommée augmenta ; et comme il avait l'âge de vingt-un ans, tout le peuple le choisit pour archevêque de Reims. Et il était si débonnaire, que les petits oiseaux venaient à sa table, et qu'il leur donnait de ses mains à manger. Et une fois qu'il était l'hôte d'une dame et qu'elle n'avait presque plus de vin, Remy entra au cellier et il fit le signe de la croix dessus le tonneau, et aussitôt le vin coula en si grande abondance, qu'il se répandait dans tout le cellier. Et en ce temps-là Clovis, roi de France, était païen, et sa femme, qui était chrétienne, ne pouvait le convertir. Et il arriva qu'une foule innombrable d'étrangers vint attaquer le roi, et il fit vœu que si celui que sa femme adorait lui donnait la victoire sur les étrangers, il recevrait la loi de Jésus-Christ. Et quand il eut remporté la victoire, il alla trouver saint Remy et il demanda le baptême. Et quand ils vinrent aux fonts baptismaux, ils ne trouvèrent point de saint chrême. Et alors il vint une colombe qui apporta en son bec une ampoule pleine de chrême, et alors l'évêque oignit le roi de chrême. Et cette ampoule est encore conservée en l'église de Reims, et les rois de France en ont été oints jusqu'aujourd'hui. Et longtemps après, comme Guenebault eut pris pour femme la nièce de saint Remy, et qu'ils eurent renoncé l'un à l'autre pour cause de dévotion, le bienheureux Remy ordonna Guenebault évêque de Laon. Et Guenebault fit venir plusieurs fois sa femme pour l'encourager et l'instruire; et il fut tenté de luxure, si qu'ils s'abandonnèrent au péché. Et elle conçut, et quand elle eut enfanté un fils, elle le fit savoir à l'évêque; et alors celui-ci la réprimandant, lui dit : « Parce que l'enfant a été acquis en larcin, je veux qu'il soit surnommé le Larron. » Et afin qu'aucun soupçon ne tombât sur lui, Guenebault continua de recevoir sa femme comme auparavant. Et véritablement après le premier péché, ils succombèrent une seconde fois. Et quand elle eut une fille, elle le manda à l'évêque, et il répondit qu'il voulait qu'elle fût appelée Renarde. Et à la fin Guenebault se repentit, et il alla trouver saint Remy, et il tomba à ses pieds et il voulut ôter l'étole de son cou; et quand il eut raconté à saint Remy ce qui lui était advenu, le saint le consola avec beaucoup de bonté, et il l'enferma sept ans en une petite cellule, et pendant ce temps il gouverna son Église. A la septième année, le jour de la cène de Notre-Seigneur, comme il était en oraison, un ange vint à lui, qui lui dit que son péché lui était pardonné et qui lui commanda de sortir; et il répondit : « Je ne le puis, car Remy, mon maître, a fermé la porte et l'a close de son sceau. » Et l'ange lui dit : « Afin que tu saches que le ciel t'est ouvert, cette porte te sera ouverte sans que le sceau soit brisé. » Et la porte fut ouverte comme l'ange l'avait dit. Et Guenebault se mit comme en croix sur la porte et il dit : « Je ne sortirai pas d'ici que Remy ne soit venu. » Et alors, sur l'avis que l'ange alla lui donner, Remy vint, et il fit rentrer Guenebault dans la cellule, et jusqu'à sa mort il y persévéra en bonnes œuvres. Et Larron, son fils, lui succéda en l'évêché, et il fut saint; et à la fin, le bienheureux Remy reposa en paix, plein de vertus, vers l'an de Notre-Seigneur cinq cent.

LÉGENDE DE SAINT HILAIRE.

Hilaire, évêque de Poitiers, naquit dans la région d'Aquitaine, et il brilla en mérite comme l'étoile dite Lucifer brille au milieu des autres étoiles. Il eut d'abord une femme et des filles et un habit séculier, et il menait vie de moine. Et il fit de grands progrès en vertu et en science, si qu'il fut nommé évêque. Et alors le bienheureux Hilaire défendit, non pas seulement sa ville, mais encore la France entière contre les hérétiques. A la requête de deux évêques hérétiques, il fut envoyé en exil avec le bienheureux Eusèbe, évêque de Verceil, sur l'ordre de l'empereur, lequel était protecteur des hérétiques. Et alors, comme l'erreur d'Arius se répandait en tous lieux, il fut ordonné par l'empereur que tous les évêques s'assembleraient, et qu'ils disputeraient de la vérité de la foi. Saint Hilaire vint à la requête des évêques devant eux, et ils ne pouvaient souffrir son éloquence, et il fut envoyé de force dans le Poitou. Et comme il vint dans l'île de Gallinarie, qui était toute pleine de serpents, il y débarqua, et il chassa les serpents, qui s'enfuirent à son aspect, et il planta un poteau au milieu de l'île, et il leur ordonna de se contenter de la part de terrain qu'il leur laissait. Et comme il vint à Poitiers, un enfant de cinq ans, qui était mort sans baptême, fut ressuscité par ses prières et rendu à la vie. Car il se prosterna, et quand il se releva, l'enfant se leva aussi. Et comme ensuite sa fille Apia voulait prendre mari, il la prêcha fort pour la confirmer dans la résolution de sainte virginité. Et quand il vit qu'elle était en bonne résolution, comme il craignit qu'elle ne persistât pas, il pria Notre-Seigneur de la rappeler à lui. Et elle mourut en effet peu de temps après, et il l'ensevelit. Et quand la mère de la bienheureuse Apia eut considéré ces choses, elle pria Hilaire d'obtenir pour elle la même grâce que pour sa fille. Et il le fit, et par oraison il l'envoya devant lui, au royaume des cieux. Vers ce temps-là, le pape Léon, corrompu par la méchanceté des hérétiques, appela tous les évêques en concile, et Hilaire, qui n'était point appelé, y vint. Et quand le pape l'entendit, il commanda que nul ne se levât contre lui. Et quand ils furent seuls, le pape lui dit : « Tu es Hilaire, Français. » Et Hilaire répondit : « Je ne suis pas Français, mais je suis évêque en France. » Et alors le pape lui dit : « Je suis Léon, juge du siége apostolique de Rome. » Hilaire répondit : « Si tu es Léon, tu n'es pas le lion de la vraie race de Juda, et si tu siéges comme juge, ce n'est pas sur le siége de majesté. » Et alors le pape se leva plein de colère, et il dit à tous : « Qu'il m'attende jusqu'à ce que je revienne, et je le ferai traiter comme il le mérite. » Et Hilaire répondit : « Si tu ne reviens, qui est-ce qui répondra pour toi ? » Et le pape répondit : « Je reviendrai bientôt, et je saurai abattre ton orgueil. » Et comme le pape alla où l'appelaient besoins de nature, il périt misérablement en répandant dehors toutes ses entrailles. Et comme Hilaire vit que personne ne lui faisait place, il le souffrit paisiblement, et il s'assit par terre en disant : « La terre est à Notre-Seigneur. » Et alors la terre sur laquelle il était assis s'exhaussa jusqu'à la hauteur des autres évêques. Et quand il fut annoncé que le pape était mort si misérablement, Hilaire se leva et il confirma les évêques dans la foi catholique, et il les renvoya pleins de fermeté dans leurs diocèses. Mais l'on a douté de la mort miraculeuse de ce pape, car l'Histoire ecclésiastique et la Tripartite n'en parlent point, et la chronique ne mentionne pas, à cette époque, un pape de ce nom. Et comme saint Jérôme dit que la sainte Église de Rome fut toujours sans souillure d'hérésie, et qu'elle le sera constamment, on peut cependant dire qu'un tel pape pouvait être nommé, mais non élu légitimement ; au contraire, porté comme tyran au siége pontifical. Ou peut-être ce fut Libère, qui obéissait à Constantin, hérétique, et qui avait nom Léon. Et après qu'Hilaire eut fait beaucoup de miracles, il tomba grandement malade ; et quand il sentit que sa fin approchait, il appela Léonce, un prêtre qu'il aimait beaucoup, et il lui dit d'aller dehors, et, s'il entendait quelque chose, de le lui annoncer. Et le prêtre fit ce qui lui était commandé, et il dit qu'il avait entendu un grand tumulte dans la ville. Et comme Léonce veillait Hilaire et qu'il attendait son dernier moment, l'évêque lui ordonna d'aller écouter s'il n'entendait pas de bruit ; et comme le prêtre répondit qu'il n'entendait rien, il éclata dans la chambre une très-grande lumière, telle que les yeux du prêtre ne pouvaient la supporter. Et la lumière alla en s'affaiblissant peu à peu, et au moment qu'elle disparut, Hilaire trépassa en Notre-Seigneur. Et il fleurit vers l'an de Notre-Seigneur trois cent quarante, sous l'empereur Constantin.

LÉGENDE DE SAINT MACAIRE.

Saint Macaire, abbé, sortit d'un lieu désert, et il entra pour dormir dans un monument où était mis le sépulcre des corps des païens, et il mit l'un des cadavres sur son lit en guise d'oreiller. Et les diables voulurent l'effrayer, et ils appelaient le cadavre comme étant celui d'une femme, et ils lui disaient : « Lève-toi, viens te baigner avec nous. » Et l'autre diable qui était sous Macaire disait, comme si c'était lui qui était le mort : « J'ai un étranger sur moi, ainsi je ne puis m'en aller. » Et Macaire ne s'épouvanta point, mais il battit ce corps, et il disait : « Lève-toi, et va-t'en si tu peux. » Et quand les diables l'entendirent, ils s'en furent criant à haute voix : « Tu nous a vaincus. » Une fois que Macaire allait d'une palus à sa cellule, le diable courut sur lui avec une faux à faucher le blé, et il le voulait frapper de cette faux ; mais il ne put, et il lui dit : « Je souffre très-violemment à cause de toi, Macaire, parce que je ne puis rien contre toi ; et pourtant je fais ce que tu fais : tu jeûnes, je ne mange point ; tu veilles, je ne dors point ; il n'est qu'une seule chose en laquelle tu me surpasses. » Et l'abbé lui dit : « Quelle est-elle ? » Et le diable lui répondit : « L'humilité, qui fait que je ne peux rien contre toi. » Quand les tentations tourmentaient le saint, il se levait, et il mettait un grand sac plein de gravier sur ses épaules, et il s'en allait pour plusieurs jours dans le désert. Et Théosèbe le trouva une fois et il lui dit : « Père, pourquoi portes-tu un si grand fardeau ? » Et il lui dit : « Je tue celui qui veut me donner la mort. » L'abbé Macaire vit le diable qui passait sous forme d'homme, et il avait un vêtement de linge déchiré, et de chacun de ses trous pendaient des flacons, et Macaire dit au diable : « Où vas-tu ? » Et il lui répondit : « Abreuver les frères. »

Et Macaire dit : « Pourquoi portes-tu tant de flacons? » Et le diable dit : « Je les porte au goût des frères, et si l'un ne leur plaît, je leur offrirai d'un autre ou d'un troisième, et ainsi de suite par ordre. » Et quand il retourna, Macaire lui dit: « Qu'as-tu fait? » Et le diable lui répondit: « Tous sont sanctifiés, et nul ne m'a donné son consentement, excepté l'un d'eux, qui se nomme Théostique. » Et alors Macaire se leva et il alla, et il trouva le frère tenté, et il le convertit par ses exhortations. Et après, Macaire trouva le diable et il lui demanda : « Où vas-tu? » Et il dit : « Aux frères. » Et quand il retourna, le vieillard lui dit : « Que font les frères? » Et le diable lui répondit : « Ils me font bien de la peine. » Et Macaire demanda : « Pourquoi? » Et le diable répondit : « Parce que tous sont saints; et, ce qui me cause une douleur extrême, c'est que j'ai perdu un d'eux que j'avais, et qui est devenu le plus saint de tous. » Et quand Macaire l'entendit, il rendit grâce à Dieu. Saint Macaire trouva un jour la tête d'un homme mort, et quand il eut fait oraison, il demanda à la tête à qui elle appartenait. Et elle répondit : « A un païen. » Et Macaire lui dit : « Où est ton âme? » Et la tête répondit : « En enfer. » Et quand il lui demanda si elle était à une grande profondeur, elle répondit qu'elle était dans un endroit dont la profondeur était égale à celle de la distance qu'il y a entre le ciel et la terre. Et Macaire lui demanda : « Y en a-t-il d'autres qui sont plus profondément enfoncés dans l'enfer que toi? — Oui, répondit le mort, les juifs sont en lieux encore plus profonds. » Et Macaire demanda : « Outre les juifs, y en a-t-il plus profondément dans l'enfer? » Et le mort répondit : « Ceux qui sont au plus profond de l'abîme, ce sont les mauvais chrétiens qui ont été rachetés du sang de Jésus-Christ, et qui ont méprisé un si grand bienfait. » Et comme saint Macaire s'en allait dans un très-grand désert, il plantait en terre un roseau à chaque demi-lieue pour retrouver son chemin. Et quand il eut marché neuf jours entiers, comme il se reposait, le diable sortit tous les roseaux, et Macaire eut beaucoup de peine pour s'en retourner. Un frère était très-inquiet et très-tracassé de ce qu'il était dans sa cellule sans pouvoir profiter, et il pensait que s'il était resté parmi les hommes, il aurait pu être utile; et quand il eut dit à Macaire ses pensées, il lui répondit : « Mon fils, tu répondras ainsi à tes tentations : je fais cela pour Jésus-Christ; car je me retiens pour Jésus-Christ dans les parois de cette cellule. » Comme Macaire tua une puce qui le piquait, il en sortit beaucoup de sang. Et l'abbé se repentit d'avoir vengé sa propre injure, et il demeura six mois tout nu au désert, et il en sortit tout couvert de plaies. Et après cela, il reposa en paix, justement célèbre à cause de ses grandes vertus.

LÉGENDE DE SAINT FÉLIX.

Félix souffrit le martyre, étant tué à coups de poinçons. Certains auteurs disent, qu'étant maître d'école, il traitait les enfants avec sévérité, et il fut saisi par les païens, et comme il confessait franchement Jésus-Christ, il fut livré aux mains des enfants qu'il avait enseignés, lesquels le tuèrent avec leurs poinçons et alênes. Et toutefois d'autres disent qu'il ne fut pas martyr, mais confesseur. Et les païens lui disaient de sacrifier à quelques idoles; et il soufflait contre, et aussitôt elles se brisaient en tombant. Et une autre légende porte que quand Maxime, évêque de Nole, fuyait la persécution des païens, il souffrit tant de la faim et de la soif, qu'il tomba par terre; et Félix fut amené à lui par un ange, et il ne portait rien avec lui qu'il pût lui donner; et il vit auprès de lui un raisin qui pendait à une haie, et il le lui pressa sur la bouche, et il mit le vieillard sur ses épaules et il l'emporta avec lui; et par la suite, quand l'évêque fut mort, Félix fut nommé à sa place. Et, comme il prêchait, les persécuteurs le cherchèrent, et il se cacha par une petite ouverture entre des murailles à demi détruites. Et la volonté de Dieu fut que cette ouverture fût aussitôt remplie de toiles d'araignée. Et quand ceux qui cherchaient Félix les virent, ils pensèrent qu'il n'y avait personne dans cette cachette, et ils s'en allèrent; et Félix se retira en un autre lieu, et pendant trois mois une veuve pourvut à ses besoins, et il ne vit jamais la figure de cette femme; et finalement, quand la paix fut rendue, il retourna en son église et il s'y endormit en Notre-Seigneur. Et il avait un autre frère qui se nommait aussi Félix; et quand on voulut forcer ce Félix à adorer les idoles, il dit: « Vous êtes les ennemis de vos dieux; car si vous me menez à eux, je soufflerai contre eux et ils trébucheront devant moi comme ils ont fait devant mon frère. » Félix cultivait un jardin, et quelques méchants voulurent lui voler ses légumes; et comme ils croyaient accomplir leur larcin, ils cultivèrent toute la nuit le jardin avec grand zèle; et le matin Félix les salua, et ils confessèrent leur péché, et ils s'en retournèrent chez eux. Les païens vinrent pour saisir Félix, et aussitôt une si grande douleur les prit, qu'ils commencèrent à hurler; et Félix leur dit: « Dites que Jésus-Christ est Dieu, et votre douleur cessera. » Et ils le dirent, et ils furent guéris. Le grand-prêtre des idoles vint à lui et lui dit: « Aussitôt que mon Dieu t'a vu, il s'est mis à fuir »; et quand je lui dis: « Pourquoi t'enfuis-tu? » il m'a dit: « C'est que je ne puis souffrir la vertu de ce Félix. » Et si mon Dieu te redoute, je dois encore plus te redouter. » Et quand Félix l'eut confirmé en la foi, il le fit baptiser. Félix disait à ceux qui adoraient Apollon: « Si Apollon est vrai Dieu, qu'il me dise ce que je tiens en ma main. » Et il avait en la main une cédule sur laquelle était écrite l'oraison de Notre-Seigneur. Et l'idole ne put rien répondre, et pour cette cause, les païens se convertirent. Et finalement, quand il eut célébré la messe et qu'il eut donné la paix au peuple, il se mit en oraison sur le pavé de l'église, et il trépassa en Notre-Seigneur.

LÉGENDE DE SAINT MARCEL.

Comme Marcel, souverain pontife, était à Rome et qu'il blâmait les grandes cruautés de l'empereur Maximien à l'égard des chrétiens, et comme il disait la messe en la maison d'une dame où il avait fait une église, l'empereur en fut courroucé, et il fit de cette église une étable à mulets, et il obligea Marcel à y rester, sous bonne garde, pour servir ces bêtes; et Marcel mourut, après avoir passé plusieurs années occupé à ce service, vers l'an de Notre-Seigneur deux cent quatre-vingt-sept.

LÉGENDE DE SAINT ANTOINE.

Comme Antoine avait vingt ans, il entendit lire à l'église : « Si tu veux être parfait, va et vends tout ce que tu as et donne-le aux pauvres. » Et alors il vendit tout et il le donna aux pauvres, et il mena la vie d'ermite, et il soutint innombrables tentations du diable. Et une fois qu'il eut surmonté l'esprit de fornication par vertu de foi, le diable vint devant lui sous la forme d'un enfant noir, et il confessa qu'il était vaincu. Et alors il obtint par ses prières qu'il vît l'esprit de fornication épiant les jeunes moines ; et quand il le vit sous la forme qui vient d'être dite, il dit au diable : « Tu m'es apparu sous très-vilaine forme. Je ne te redouterai plus. » Une autre fois qu'Antoine se réfugiait en un tombeau, une grande multitude de diables le tourmenta tant, qu'un frère qui le servait fut obligé de l'emporter sur ses épaules. Et comme ceux qui étaient là le pleuraient comme étant mort, ils s'endormirent tous. Et Antoine reprit soudainement ses sens et il se fit reporter à ce même tombeau. Et comme il était étendu par terre à cause de la douleur de ses plaies, sa vertu irritait les diables, qui vinrent encore l'attaquer. Et alors ils lui apparurent sous la forme de diverses bêtes sauvages et ils le déchirèrent cruellement à coups de dents, et de griffes, et de cornes ; et alors il apparut une merveilleuse splendeur qui chassa tous les diables. Et Antoine fut aussitôt guéri, et il comprit que Dieu était là, et il dit : « Où étiez-vous, Jésus-Christ ? Pourquoi ne vîntes-vous au commencement pour m'aider et pour guérir mes plaies ? » Et Notre-Seigneur lui dit : « J'étais là, mais j'attendais pour voir ta résistance ; et comme tu as bien combattu, je te donnerai grande renommée dans tout le monde. » Le bienheureux Antoine était si animé de zèle, que lorsque l'empereur Maximien faisait périr les chrétiens, il suivait les martyrs pour être martyrisé avec eux, et il était très-courroucé de ce qu'il n'obtenait la couronne du martyre. Et comme il alla une autre fois en un autre désert, il trouva une écuelle d'argent, et il se dit : « D'où vient cette écuelle d'argent dans cet endroit où personne ne passe ? Si quelque voyageur l'avait laissée tomber, il en eût été averti par le son qu'elle aurait fait. O démon, je reconnais là ton ouvrage ; ta volonté ne pourra rien sur la mienne. » Et comme il disait cela, l'écuelle s'évanouit comme une fumée. Et après il trouva une très-grande masse de vrai or; mais il s'enfuit comme si c'eût été feu ardent, et il se sauva dans les montagnes et il y resta vingt et un ans, faisant miracles très-éclatants. Une fois qu'Antoine était ravi en esprit, il vit toute la terre remplie de piéges et il s'écria : « Hélas ! qui échappera à ces piéges et à ces lacs? » Et il entendit une voix qui disait: « L'homme humble de cœur. » Une autre fois les anges l'emportèrent en l'air et les diables vinrent empêcher qu'il ne passât, et ils lui opposaient les péchés qu'il avait commis depuis sa naissance ; et les anges dirent: « Ne comptez pas ceux qui sont effacés par la pitié de Jésus-Christ ; et si vous en savez qu'il ait commis depuis qu'il est moine, dites ceux-là. » Et les diables n'eurent rien à répondre, et ils laissèrent Antoine, qui fut élevé en l'air, et déposé libre sur la terre. Et le saint disait : « Je vis une fois le diable qui était comme un géant, et il osait dire qu'il était la vertu et la puissance de Dieu, et il me dit : « Antoine, que veux-tu que je te donne? » Et je lui crachai au visage, et je m'armai de la foi de Jésus-Christ et je combattis avec lui, et il s'évanouit. Et après cela le diable m'apparut, et il était si grand que sa tête touchait au ciel; et quand je lui demandai qui il était, il me dit qu'il était Satan. Et il dit après: « Pourquoi donc m'attaquent ainsi ces moines et ces maudits chrétiens? » Et Antoine répondit : « Ils ont bien raison de le faire, car ils sont souvent tourmentés par les embûches. » Et le diable répondit : « Je ne les tourmente point, mais ils s'inquiètent mutuellement. Mon pouvoir est mis à néant, car Jésus-Christ règne déjà partout. »

Un archer vit une fois Antoine qui s'égayait avec les frères, et il en fut choqué ; alors Antoine lui dit: « Mets ta flèche sur ton arc et tire »; et il le fit. Et quand il l'eut fait une seconde fois et une troisième, l'archer dit : « Si je continuais de toujours tendre la corde de mon arc, elle se romprait. » Et Antoine dit : « Il en est ainsi des œuvres de Dieu ; car si nous voulions entendre la parole divine outre mesure, nous en serions plutôt froissés ; et il convient donc quelquefois de se donner délassement. » Et quand l'archer l'eut entendu, il s'en alla confus. Un homme demanda une fois à Antoine : « Qu'est-ce que je ferai pour plaire à Dieu ? » Et le saint lui répondit : « En quelque lieu que tu sois, aie toujours Dieu devant toi et devant tes yeux ; en tout ce que tu feras, conforme-toi à ce qu'indique la sainte Écriture ; et en quelque lieu que tu sois, ne te presse pas d'en sortir pour aller ailleurs : observe ces trois choses, et tu seras sauvé. » Un certain abbé demanda à Antoine : « Que dois-je faire ? » et Antoine dit : « Ne te fie pas à ta justice, veille sur ton ventre et ta langue, et ne te repens pas de chose passée. » Et il lui répondit : « Antoine, tout comme les poissons qui restent en un lieu sec y trouvent la mort, pareillement il advient que les moines qui restent hors de leurs cellules et qui se mêlent aux gens du siècle s'écartent de leur bon propos. » Et Antoine dit : « Celui qui reste seul en sa cellule, il se repose et il est exempt de trois ennemis : l'ouïe, le parler et la vue. Il combat seulement avec son cœur. » Quelques frères allèrent avec un vieillard visiter Antoine, et Antoine leur dit : « Vous avez un bon compagnon en ce vieux frère. » Et puis il dit à ce vieillard : « Père, tu as trouvé de bons frères avec toi. » Et celui-ci dit : « Je les ai trouvés bons, mais leur habitation n'a point de portes, car celui qui veut entrer en l'étable, il y entre et il délie l'âne. » Et il le disait parce que ce qu'ils avaient au cœur était aussitôt sur leur bouche. Et l'abbé Antoine dit qu'il y a trois mouvements corporels : l'un vient de nature, l'autre de plénitude de viande, le troisième est œuvre du diable. Un frère avait renoncé au siècle, mais non pas entièrement, car il y avait retenu quelques objets qui lui appartenaient ; et Antoine lui dit : « Va et achète de la viande. » Et il y alla. Et comme il venait apportant la viande, les chiens se jetèrent sur lui et le mordirent cruellement. Et Antoine lui dit : « Ceux qui renoncent au monde et qui veulent conserver les biens temporels, c'est ainsi que les diables les déchirent. » Et comme Antoine était au désert, tourmenté du malin esprit, il dit : « Seigneur, je voudrais faire mon salut, et mes pensées ne me laissent pas en repos. » Et alors il se leva et il sortit, et il vit un homme qui s'agenouillait et qui priait. Et puis il s'agenouillait, et se levait et priait. Et il vit un ange de Notre-Seigneur qui lui dit : « Antoine, fais ainsi, et tu seras sauvé. » Les frères demandaient à Antoine quel était l'état des âmes. La nuit suivante, il entendit une voix

qui l'appela et lui dit : « Lève-toi et vois. » Et il se leva, et il vit un homme très-grand et effroyable qui avait la tête élevée jusqu'au ciel, et des hommes qui avaient des ailes volaient autour de lui et ils voulaient aller au ciel, et le géant les en empêchait de ses mains étendues; mais il ne pouvait en empêcher d'autres qui le voulaient fermement, et il y avait de grands accents de joie et de douleur. Et alors Antoine entendit que c'était le diable qui retenait en ses lacs les âmes, mais qui ne pouvait empêcher celles des saints d'aller au ciel. Une autre fois qu'Antoine priait avec les frères, il regarda au ciel et il vit une affligeante vision ; lors il se prosterna devant Dieu, et il le pria de détourner cette chose et qu'elle ne fût pas. Et il dit avec grands pleurs et grands sanglots aux frères qui lui demandaient le motif de son affliction : « J'ai vu l'autel de Jésus-Christ environné d'une grande multitude de chevaux qui le foulaient aux pieds. C'est ainsi que la foi catholique sera attaquée, et que des hommes semblables à des animaux outrageront les choses saintes. » Et alors il entendit une voix qui disait : « L'on aura mon autel en abomination. » Et, deux ans après, les ariens vinrent, et ils rompirent l'unité de l'Église, et ils brisèrent les baptistères et ils souillèrent les églises, et ils sacrifiaient les chrétiens aux autels comme brebis. Et comme un prince d'Égypte, qui se nommait Ballachius, tourmentait ainsi les vierges et les moines, les faisant dépouiller de tous leurs vêtements devant le peuple, Antoine lui écrivit : « Je vois la colère de Dieu sur toi ; cesse de persécuter les chrétiens, car la colère de Dieu te menace de mort. » Et alors le misérable lut la lettre, et il rit, et il cracha dessus et il la jeta par terre, et il fit battre rudement ceux qui la lui avaient apportée, et il répondit à Antoine : « Puisque tu as tant de souci des moines, nous saurons te faire aussi éprouver notre sévérité. » Et cinq jours après il monta sur son cheval, qui était d'ordinaire très-doux, mais qui s'emporta tellement, que Ballachius en fut jeté par terre, et il eut les cuisses brisées, et il mourut le troisième jour. Et comme quelques frères voulaient qu'Antoine leur fît entendre la parole de salut, il dit : « N'avez-vous pas ouï que Notre-Seigneur disait : « Si quelqu'un vous frappe sur une joue, tendez-lui l'au-
« tre ? » Et ils lui dirent : « Nous ne pouvons accomplir cela. » Et An-

toine leur dit : « Au moins, souffrez paisiblement qu'on vous frappe sur une joue. » Et ils dirent : « Certes, nous ne le pouvons. » Et alors Antoine dit à son disciple : « Apprête des liqueurs douces pour ces frères, car ils sont trop adonnés aux plaisirs des sens. Oraison seule vous est nécessaire. » Et ces choses sont en la Vie des Pères. Quand le bienheureux Antoine fut arrivé à l'âge de cent cinq ans, il baisa tous ses frères, et il reposa en paix, sous Constantin, qui régna l'an de Notre-Seigneur trois cent quarante.

LÉGENDE DE SAINT FABIEN.

Fabien fut citoyen de Rome, et lorsque le pape fut mort et que le peuple fut assemblé pour en élire un autre, il vint où l'on inscrivait les votes, et il voulait savoir qui serait nommé. Et une colombe blanche descendit sur lui, et tous s'émerveillèrent, et il fut élu pape. Et, ainsi que le dit le pape Damase, il envoya par toutes les contrées sept diacres, et il leur donna sept sous-diacres, qui recueillirent toutes les reliques des martyrs et les lui apportèrent. Et comme dit Haymon, il résista à l'empereur Philippe, qui voulait assister aux vigiles de Pâques et communier, et il l'empêcha de paraître au service divin jusqu'à ce qu'il eût confessé ses péchés, et il l'obligea à se ranger parmi les pénitents. Et à la fin, en la septième année de son pontificat, Fabien reçut la couronne du martyre par l'ordre de Décius, et il eut la tête coupée. Il souffrit la mort vers l'an de Notre-Seigneur deux cent cinquante-trois.

LÉGENDE DE SAINT SÉBASTIEN.

Sébastien fut un homme très-chrétien de la cité de Narbonne, et il fut en si grande faveur auprès de Dioclétien et Maximien, empereurs, qu'ils lui donnèrent le commandement de la première compagnie, et qu'ils lui ordonnèrent d'être toujours auprès d'eux, et il ne portait le costume des gens de guerre qu'afin de pouvoir réconforter le courage des chrétiens qu'il voyait défaillir en grands tourments. Et comme deux bienheureux et très-nobles frères, Marcellin et Marcel, étaient condamnés à être décapités pour Jésus-Christ, leurs parents vinrent à eux pour les faire départir de leur sainte résolution, et leur mère vint aussi, les cheveux épars et les vêtements déchirés, et elle leur montrait son sein et elle leur disait : « Ah! mes chers fils, jamais malheur semblable n'est advenu à aucune femme comme celui qui m'arrive, ni l'on n'a eu tel sujet de pleurs. Voici que je perds mes fils, qui tendent à la mort de leur gré. Si les ennemis voulaient me les ravir de force, je les suivrais au milieu des combats. S'ils étaient enfermés en prison, je les délivrerais. Mais ils veulent mourir, et ils appellent les bourreaux et les supplices, et c'est une manière nouvelle de mourir qui fait que les fils trouvent le trépas, et que la vieillesse des parents est condamnée à vivre. » Et comme leur mère disait cela, leur père, qui était très-âgé, fut amené par ses serviteurs, et il couvrait sa tête de cendres, et il s'écriait : « Je suis venu trouver mes fils qui vont à la mort de leur gré, pour leur dire beaucoup de choses. Car ce que j'avais préparé pour ma sépulture, convient-il, malheureux que je suis, que je le fasse servir à la sépulture de mes enfants? O mes fils! bâton de ma vieillesse, et la double lumière de mes entrailles, pourquoi aimez-vous tant la mort? Ah! jeunes gens, venez et pleurez sur ces enfants qui périssent de leur plein gré; venez, vieillards, et pleurez sur mes fils; venez, vous qui êtes pères, et défendez-leur de faire semblable chose; que les pleurs éteignent mes yeux, afin que je ne puisse voir mes fils périr dans les supplices. » Et comme le père disait semblables choses, les femmes de ces jeunes gens vinrent et leur montrèrent leurs petits enfants qui pleuraient et qui criaient, et elles dirent : « Seigneurs, à qui nous laissez-vous et à qui seront ces enfants? Qui aura soin de nos grands domaines? Vous avez donc des cœurs de fer, puisque vous ne tenez compte de vos parents et amis, et que vous chassez vos femmes et reniez vos enfants, et que vous vous livrez aux bourreaux de votre gré? » Et toutes ces choses commencèrent à amollir le cœur de ces deux chrétiens. Et alors

Sébastien s'avança et il se plaça au milieu d'eux, et il dit : « O vaillants chevaliers de Jésus-Christ, ne consentez pas à perdre la couronne éternelle qui vous est promise, en prêtant l'oreille à des paroles séductrices. » Et il dit aux parents : « Ne craignez pas qu'ils soient séparés de vous ; ils vont au ciel pour vous préparer les demeures célestes ; car, dès le commencement du monde, cette vie trompe ceux qui espèrent en elle, et jette dans l'abîme ceux qui ont présomption, et elle n'est ni si sûre ni si certaine qu'elle ne mente à tous. Cette vie conseille d'être larron, d'être adonné à la colère et au mensonge ; elle mène à choses blâmables et à félonies, elle recommande d'agir déraisonnablement ; mais cette passion et cette persécution que nous souffrons ici s'échappe aujourd'hui et s'évanouira demain ; elle brûle aujourd'hui, et elle se refroidira demain ; elle vient en une heure et elle s'en va en une heure ; tandis que la douleur éternelle se renouvelle toujours ; elle est multipliée pour brûler davantage ; elle est enflammée pour punir de plus en plus. Renforçons donc nos courages pour l'amour du martyre, car ici le diable compte bien avoir la victoire ; mais quand il croit prendre, il est pris ; quand il compte triompher, il est vaincu ; quand il tourmente et quand il étrangle, il est tué ; et quand il est chassé, il est méprisé. » Et comme le bienheureux Sébastien disait choses semblables, voici que Zoé, femme de Nicostrate, en la maison duquel les saints étaient gardés, s'agenouilla devant lui, car elle avait perdu l'usage de la parole, et par signes elle implorait sa guérison. Et alors Sébastien dit : « Si je suis serviteur de Jésus-Christ, et si les paroles que j'ai dites sont vraies, et si cette femme les croit, que celui qui ouvrit la bouche à Zacharie, prophète de Notre-Seigneur, lui ouvre la bouche. » Et alors la femme parla, et elle s'écria : « Bénie soit la parole de ta bouche, et bienheureux sont ceux qui croient ce que tu as dit ; car j'ai vu un ange qui tenait devant toi un livre où était écrit tout ce que tu as dit. » Et quand son mari entendit cela, il se mit aux pieds de saint Sébastien, en demandant son pardon. Et aussitôt il délia les martyrs, en leur disant de s'en aller. Et ils répondirent que d'aucune façon ils ne renonceraient à la victoire qu'ils avaient entreprise. Et alors Notre-Seigneur donna si grande grâce et si grande vertu aux paroles de saint Sébastien, qu'il ne confirma pas seulement Marcel et Marcellin dans la sainte volonté de souffrir le martyre, mais encore Tarquilin leur père, et leur mère, et plusieurs autres femmes qu'il convertit à la foi. Et Polycarpe, prêtre, les baptisa tous. Et Tarquilin, qui éprouvait une grave maladie, aussitôt qu'il fut baptisé, il fut guéri.

Et alors le gouverneur de la ville de Rome pria Tarquilin de lui amener celui qui lui avait rendu la santé, car lui-même était en proie à une maladie grave. Et quand Polycarpe, prêtre, et Sébastien furent venus à lui, il les pria de le guérir. Sébastien lui dit de renier d'abord les idoles, et de lui accorder autorisation de les briser, et qu'alors il recouvrerait la santé. Et alors Cromatius, ainsi se nommait le gouverneur, répondit que ses serviteurs le fissent, et non pas lui. Sébastien dit : « Ils sont craintifs, et ils redouteront de renier leurs dieux. Et si le diable en blessait un par cette occasion, les mécréants diraient qu'ils sont blessés parce qu'ils ont détruit leurs dieux. » Et alors Polycarpe et Sébastien détruisirent plus de deux cents idoles. Et après cela, ils dirent à Cromatius : « Pourquoi n'as-tu pas recouvré la santé, lorsque nous avons mis en pièces les idoles ? C'est une chose certaine, ou que tu n'as pas encore renoncé à ta foi, ou que tu gardes des idoles. » Et alors il leur dit qu'il avait une chambre où tout l'arrangement des étoiles était représenté, et que son père y avait dépensé plus de deux cents livres pesant d'or, et qu'il savait ainsi d'avance tout ce qui devait lui arriver. Et Sébastien lui dit qu'il ne serait point guéri tant que pareille chose subsisterait. Et comme il consentait à ce qu'elle fût détruite, Tiburcien, son fils et très-noble jeune homme, dit : « Je ne souffrirai pas qu'un si bel ouvrage soit détruit; mais afin que je ne m'oppose pas à la guérison de mon père, que l'on chauffe deux fours, et si, lorsque cet ouvrage aura été détruit, mon père n'a pas recouvré la santé, vous serez tous deux brûlés tout vifs. » Et Sébastien dit : « Qu'il soit fait ainsi que tu le proposes. » Et comme l'on brisait cette chambre, un ange apparut au gouverneur, et lui annonça que Notre-Seigneur Jésus-Christ lui rendait la santé. Et alors le gouverneur se trouva guéri, et il courut après saint Sébastien pour lui baiser les pieds; et Sébastien l'écarta, parce qu'il n'avait pas encore reçu le baptême. Alors il fut baptisé ainsi que son fils Tiburcien et quatorze cents autres personnes de leur famille ou de leur suite. Et Zoé fut saisie et cruellement tourmentée par les païens, tant qu'elle en perdit la vie. Et quand Tarquilin l'apprit, il dit : « Les femmes vont devant nous cueillir la palme du martyre ; pourquoi restons-nous en vie ? » Et peu de jours après, il fut lapidé. Et l'on ordonna à Tiburcien de marcher pieds nus sur des charbons ardents s'il ne voulait offrir de l'encens aux idoles, et il fit le signe de la croix sur les charbons, et il marcha dessus tranquillement en disant : « Il me semble que je marche sur des roses au nom de Notre-Seigneur Jésus-Christ. » Et le gouverneur Fabien lui dit : « Nous savons bien que votre Jésus-Christ vous a enseigné art de sortilége. » Et Tiburcien lui répondit : « Tais-toi, malheureux, tu n'es pas digne de prononcer un nom si saint et si doux. » Et alors le gouverneur se mit en colère, et il ordonna qu'il fût décapité. Et alors Marcellin et Marcel furent tourmentés et liés à un poteau ; et comme ils y étaient garrottés, ils disaient en chantant : « Voyez comme c'est chose bonne et agréable pour des frères d'être réunis ensemble. » Et le gouverneur dit : « Revenez, malheureux que vous êtes, du transport qui vous aveugle, et sauvez-vous vous-mêmes. » Ils lui répondirent : « Nous ne nous sommes jamais trouvés mieux ; nous voudrions rester ici jusqu'à ce que nos âmes sortissent de leur corps. » Et alors le gouverneur ordonna qu'on leur enfonçât des lances dans le côté, et ainsi s'accomplit leur martyre.

Et ensuite, le gouverneur dénonça la conduite de Sébastien à Dioclétien ; l'empereur fit venir à lui le saint et lui dit : « Je t'ai toujours chéri et distingué parmi les principaux personnages de ma cour, et tu désobéis à mes ordres, et tu insultes les dieux. » Et Sébastien lui dit : « J'ai toujours invoqué Jésus-Christ pour ton salut et pour la conservation de l'empire de Rome, et j'ai toujours adoré Dieu qui est aux cieux. » Alors Dioclétien ordonna qu'il fût conduit au milieu d'un champ, et qu'il fût percé de flèches. Et alors on lui lança tant de flèches, qu'il en fut tout empli comme un hérisson ; et ils pensèrent qu'il était mort et ils s'en allèrent. Et peu de jours après il fut délivré, et il était sur les degrés du palais ; et comme l'empereur venait de persécuter les chrétiens, il l'en reprit avec énergie. Et alors l'empereur dit : « N'es-tu pas Sébastien que je condamnai, il y a peu de temps, à être percé de flèches ? » Et Sébastien dit : « Notre-Seigneur m'a rendu à la vie, afin que je te blâme des maux que tu fais aux chrétiens, serviteurs de Jésus-Christ. » Et alors l'empereur ordonna qu'il fût battu jusqu'à ce qu'il fût mort, et il fit jeter le corps dans un égout, afin qu'il ne fût pas révéré des chrétiens comme martyr. Et la nuit suivante, Sébastien apparut à sainte Lucie et lui révéla où était son corps, et il lui recommanda de l'ensevelir aux pieds des apôtres ; elle le fit. Et il souffrit le martyre sous Dioclétien et Maximien, empereurs, qui commencèrent à régner l'an de Notre-Seigneur deux cent quatre-vingt-sept. Saint Grégoire raconte, au premier livre de ses *Dialogues*, qu'une femme en Toscane, nouvellement mariée, fut invitée, avec quelques autres femmes, à aller à la dédicace de l'église de Saint-Sébastien, et la nuit qui précédait le jour où elle devait y aller, elle sentit les aiguillons de la chair, et elle ne put se priver de la compagnie de son mari ; et le matin, elle eut plus honte des hommes que crainte de Dieu, et elle alla à l'église du bienheureux martyr. Et aussitôt qu'elle fut entrée dans l'oratoire où étaient les reliques de saint Sébastien, le diable la prit et commença à la tourmenter devant tous. Alors le prêtre de l'église prit la couverture de l'autel et la mit sur cette femme, et le diable assaillit ce prêtre. Et alors les amis de cette femme dirent aux enchanteurs d'enchaîner le diable par leurs sortiléges ; mais comme ils se livraient à leurs opérations magiques, une légion de malins esprits, au nombre de six mille six cent soixante-six, entra dans le corps de cette femme, et elle en fut extrêmement tourmentée. Mais un homme, nommé Fortunat, éminent en sainteté, la guérit par ses prières. On lit dans l'histoire des Lombards, qu'au temps du roi Humbert l'Italie fut ravagée d'une peste si violente, qu'à peine les vivants suffisaient-ils à ensevelir les morts, et cette peste sévissait surtout à Rome et à Pavie. Et alors un bon ange apparut visiblement, et il donnait des ordres au mauvais ange, qui portait une arme de chasse, c'est-à-dire un épieu, et il lui ordonnait de frapper les maisons ; et autant de fois qu'une maison recevait de coups, autant y avait-il de morts qui en sortaient. Et il fut divinement révélé à un homme de bien que cette peste ne cesserait pas que l'on n'eût été consacrer et dédier un autel à Pavie en l'honneur de saint Sébastien. Et alors la peste cessa, et les reliques de saint Sébastien furent rapportées de Rome.

LÉGENDE DE SAINTE AGNÈS.

Agnès, vierge de grande sagesse, ainsi que le raconte saint Ambroise qui écrivit sa passion, souffrit la mort dans sa treizième année, et elle trouva ainsi la vie : si l'on ne comptait que ses années, elle était encore une enfant ; mais elle était d'un âge mûr sous le rapport de la prudence et des pensées judicieuses, jeune de corps et de courage, belle de visage, mais plus belle de foi ; et comme elle retournait des écoles, le fils du proconsul l'aima et lui promit des pierres précieuses et des richesses sans nombre si elle voulait consentir à devenir sa femme. Agnès lui répondit : « Éloigne-toi de moi, pasteur de mort, commencement de péché et aliment de félonie, car il en est un autre que j'aime. » Et alors elle commença à louer son amant et divin époux de cinq choses qui sont convenables entre époux et épouse. Premièrement de la noblesse du lignage, de la manière de beauté, de l'abondance de richesses, de la vigueur de force et puissance, et de l'excellence d'amour ; et elle dit : « J'aime celui qui est incomparablement plus noble qu'un roi, par son lignage et par sa dignité, celui dont la mère est vierge et le père ne connut jamais de femme, celui que les anges servent, de la beauté duquel le soleil et la lune s'émerveillent, auquel les richesses ne manquent point et ne décroissent jamais ; celui dont la vertu ressuscite les morts, et qui guérit les malades par son attouchement ; celui dont l'amour est chaste et l'attouchement est chasteté, et celui dont l'union est la virginité même. » Et ces cinq choses, elle en développa la preuve, disant : « Celui dont la noblesse est plus haute, la puissance est plus forte, le regard plus beau, l'amour plus doux, et la grâce plus grande que tout ce qu'on voudrait lui comparer. » Elle exposa ensuite cinq bienfaits que son époux lui donna et qu'il donne aux autres épouses; car il les anoblit en leur accordant l'anneau de la foi, il les revêt et les orne de diverses vertus, il les lie et les marque par la passion de son sang, il les unit à lui par un lien d'amour, et les enrichit des trésors de gloire céleste. Et Agnès s'exprima ainsi : « Celui qui orne de son anneau ma main droite et qui décore mon cou de pierres précieuses, il m'a revêtue d'un manteau de tissu d'or, et il m'a donné pour atours de magnifiques bijoux; il a mis son signe sur mon visage, afin que je ne prenne nul autre ami que lui, et il m'a orné les joues de son sang, et il m'a déjà étreinte de ses chastes accolements; son corps est déjà compagnon du mien, et il m'a montré ses trésors que nul ne peut compter; il m'en a promis la possession, si je persévère et si je me garde pour lui. » Et alors, quand le jeune homme insensé ouït ces choses, il se mit au lit, et les médecins dirent qu'il était malade d'amour; et le père du jeune homme le dit à Agnès, et il lui raconta tout ce qui s'était passé. Et elle dit qu'elle ne pouvait violer l'alliance qu'elle avait contractée avec son premier époux. Alors le gouverneur commença à s'enquérir quel était ce premier époux dont Agnès vantait la puissance. Et certaines personnes lui répondirent qu'elle disait que Jésus-Christ était son époux. Le gouverneur l'admonesta premièrement, lui adressant flatteuses paroles, et puis il la menaça, voulant l'intimider. Agnès lui dit : « Que veux-tu faire? car tu ne peux avoir ce que tu demandes. Je ne fais pas plus de cas de tes paroles engageantes que de tes menaces. » Le gouverneur lui dit : « Choisis une chose des deux que je vais te proposer : sacrifier avec les vierges à notre déesse Vesta, si virginité te plaît, ou tu seras menée dans un lieu de prostitution comme les autres femmes folles de leur corps. » Car comme elle était noble, il ne pouvait lui faire nulle violence, à moins qu'elle n'avouât qu'elle était chrétienne. Agnès lui répondit : « Je ne sacrifierai point à tes dieux, je n'aurai à subir aucune souillure infâme, car j'ai avec moi le gardien de mon corps, c'est l'ange de Notre-Seigneur. » Alors le gouverneur commanda qu'elle fût dépouillée et menée toute nue aux lieux de prostitution. Et aussitôt Notre-Seigneur fit que ses cheveux devinssent si épais qu'elle était mieux couverte de cheveux qu'elle ne l'aurait été de ses vêtements. Et quand elle fut entrée en ce lieu horrible, elle trouva l'ange de Notre-Seigneur qui éclaira toute la maison d'une grande clarté et qui lui apporta des vêtements d'une blancheur éclatante; et ainsi cette maison d'infamie devint un lieu d'oraison, et par la grande lumière l'on en sortit plus net que l'on n'y était entré. Alors le fils du gouverneur vint aux lieux de prostitution avec d'autres jeunes gens, et il leur conseilla d'aller vers elle. Ils entrèrent dedans et furent effrayés du miracle qu'ils virent, et ils s'en retournèrent; et il les appela des misérables. Et il alla vers Agnès tout plein de fureur, et lorsqu'il voulut la toucher, une grande lumière l'enveloppa ; et comme il n'avait pas voulu rendre honneur à Dieu, il fut aussitôt étranglé par le diable et il mourut. Et quand le gouverneur apprit ces choses, il vint vers Agnès en versant beaucoup de larmes, et s'informa avec inquiétude de la cause de la mort de son fils. Agnès lui dit : « Celui dont il voulait violer le commandement a manifesté son pouvoir sur lui et l'a tué. » Quand ses compagnons virent le miracle de Dieu, ils s'en retournèrent tout remplis d'épouvante et sans aucun mal. Alors le gouverneur dit : « Il sera prouvé que tu n'as pas causé tout cela avec tes sortiléges, si tu peux obtenir que mon fils ressuscite. » Alors Agnès se mit en oraison, et le jeune homme ressuscita, et il professa hautement la foi de Jésus-Christ. Alors les prêtres des idoles suscitèrent grande commotion parmi le peuple, et ils dirent : « Otez cette enchanteresse, détruisez cette magicienne qui corrompt les esprits et qui jette le trouble parmi nous. » Et quand le gouverneur eut vu si grand miracle, il voulut la délivrer ; mais il redouta la colère du peuple, et il remit son autorité à un fondé de pouvoirs, qui avait nom Aspasien, et il s'en alla plein de tristesse. Et Aspasien commanda qu'Agnès fût jetée dans un très-grand feu; mais la flamme se sépara en deux parties, et commença à brûler la troupe des mécréants. Et lors Aspasien commanda qu'on lui enfonçât une épée dans la poitrine, et c'est ainsi que l'époux céleste donna à son épouse la couronne du martyre. Et elle souffrit la mort, à ce que l'on croit, du temps de Constantin le Grand, qui commença à régner l'an de Notre-Seigneur trois cent neuf. Et comme les chrétiens et les parents d'Agnès enterraient son corps en se réjouissant du bonheur qu'elle avait eu de mourir pour la foi, ils échappèrent avec peine à la rage des païens qui jetaient des pierres contre eux.

Une vierge de grande vertu, nommée Émérantienne, qui avait été une des compagnes d'Agnès, et qui était encore catéchumène, était près du tombeau de la martyre, et comme elle reprenait les païens de leur méchanceté, ils la lapidèrent, et aussitôt la terre trembla, les éclairs et la foudre furent si forts que plusieurs de ces païens moururent ; et depuis ils n'assaillirent jamais aucun de ceux que la dévotion attirait au sépulcre de sainte Agnès ; et comme ses parents veillaient auprès de son tombeau le huitième jour qui suivit sa mort, ils virent une réunion de vierges vêtues de vêtements dorés, entre lesquelles ils reconnurent la bienheureuse Agnès vêtue de semblables vêtements ; et un agneau plus blanc que la neige était à sa droite, et elle dit : « Regardez, ne me pleurez pas comme si j'étais morte ; mais réjouissez-vous avec moi, car j'ai obtenu une place éclatante avec ces vierges du Seigneur. » Et, à cause de cette vision, on célèbre une seconde fête de sainte Agnès.

Constance, fille de Constantin, était malade d'une très-forte lèpre, et quand elle apprit cette vision, elle s'en alla au tombeau de sainte Agnès, et tandis qu'elle était en oraison elle s'endormit, et sainte Agnès lui apparut et lui dit : « Constance, si tu agis sagement, tu croiras en Notre-Seigneur, et tu seras aussitôt guérie. » Et sur cette parole elle s'éveilla, et alors elle se sentit parfaitement guérie ; et elle reçut le baptême, et elle fit fonder une église à l'endroit où reposait le corps de la vierge martyre, et elle s'y consacra à la virginité, et elle réunit auprès d'elle beaucoup de vierges par son exemple.

Un homme qui se nommait Paulin, et qui remplissait l'office de prêtre en l'église Sainte-Agnès, fut grandement tourmenté de tentation de la chair ; mais ne voulant pas offenser Dieu, il demanda permission au pape de se marier. Et alors le pape, considérant la bonne foi et la simplicité de Paulin, lui donna son anneau orné d'émeraude, et lui commanda de demander à une image de sainte Agnès, qui était peinte en son église, si elle consentait à ce qu'il l'épousât ; et lorsque le prêtre fit cette question à l'image, elle tendit le doigt vers l'anneau, il le mit à son doigt, et elle le retira vers elle, et le prêtre fut délivré de toutes ses tentations. Et l'on assure que l'on voit encore l'anneau au doigt de l'image. Et l'on raconte aussi que lorsque le pape regardait l'église de Sainte-Agnès, il dit à un prêtre qu'il lui donnerait une épouse à nourrir et à garder; c'était l'église de Sainte-Agnès qu'il lui confiait : il lui donna donc un anneau, et il lui commanda d'épouser l'image de la sainte ; et l'image tendit son doigt, et elle prit le prêtre pour époux. Au sujet de cette vierge, saint Ambroise s'exprime ainsi dans le livre *Des Vierges* : « Celle-ci reçoit les louanges des vieux et des jeunes et des enfants. Nul n'est plus à louer que ceux qui peuvent être loués des hommes. Et vous tous qui entendez prêcher ces choses-là et son martyre, émerveillez-vous de ce que vous êtes témoins de choses où paraît si bien la grâce de Dieu. La sainte marcha au supplice avec la joie d'une épousée qui va vers son époux ; et quoiqu'elle n'eût pas l'âge de subir le supplice, elle reçut la couronne du martyre, qui lui donna place parmi les anges, le courage dont elle était animée pour le Sauveur suppléant à la faiblesse de l'âge. » Et Ambroise dit en sa Préface : « La bienheureuse Agnès, méprisant les avantages de la noblesse, mérita les dignités célestes ; en renonçant aux avantages de la société humaine, elle acquit la faveur du Roi éternel; en subissant une mort heureuse pour avoir confessé le nom de Jésus-Christ, elle acquit une part dans la gloire du Sauveur. »

LÉGENDE DE SAINT VINCENT.

Vincent fut d'une noble famille, mais il fut noble surtout pour sa foi et pour sa piété, et fut diacre de saint Valère, évêque; et comme Vincent s'exprimait avec plus de facilité, l'évêque lui confia la direction de son diocèse, et se consacra entièrement à l'oraison et à la contemplation. D'après le commandement du gouverneur Dacien, Vincent et Valère furent traînés et jetés dans une affreuse prison. Et quand le gouverneur pensa qu'ils étaient abattus par la faim et par la souffrance, il commanda qu'ils fussent amenés devant lui. Et quand il les vit sains et joyeux, il fut courroucé, et il commença à s'emporter et dit : « Valère, quels propos tiens-tu sous le prétexte de ta religion, et comment oses-tu violer les décrets des princes? » Et comme le bienheureux Valère avait peine à parler, Vincent lui dit : « Respectable père, ne parlez pas ainsi à voix basse, comme si la crainte vous glaçait la langue; mais exprimez-vous bien haut. Si vous le permettez, j'irai répondre au juge. » Valère lui répliqua : « Déjà, très-cher fils, je t'avais commis le soin de parler, et maintenant je te charge de répondre pour la foi, pour laquelle nous sommes ici. » Alors Vincent se tourna vers le juge, et il dit à Dacien : « Tu t'es jusqu'à présent élevé contre la foi; mais apprends que c'est grand crime que de renier la sagesse des chrétiens, et de blasphémer contre le Seigneur en lui refusant l'honneur qui lui est dû. » Et alors Dacien commanda que l'évêque fût mis en exil, et que Vincent, comme un présomptueux et insolent jeune homme, fût livré aux bourreaux, afin d'être étendu sur un chevalet, et que tous ses membres fussent brisés, afin d'épouvanter les autres chrétiens; et quand il fut tout brisé, Dacien lui dit : « Réponds-moi, Vincent; vois-tu maintenant ce qu'est devenu ton misérable corps? » Vincent, souriant, dit : « C'est ce que j'ai toujours désiré. » Et alors le gouverneur commença à le menacer de tourments de toutes manières. Et Vincent dit : « Tu ne peux que me rendre plus heureux à mesure que tu te courrouces davantage; plus cruellement tu me tourmenteras, plus Dieu aura pitié de moi. Si j'ai à souffrir de ta cruauté, tu seras vaincu; car tu me verras, par la grâce de Dieu, avoir un plus grand pouvoir au milieu de mes tourments, que tu n'en auras, toi qui me tourmenteras. » Et lors le gouverneur commença à crier, à férir et à battre les bourreaux à grands coups de bâton et de verges. Et Vincent lui dit : « Que fais-tu, Dacien? toi-même tu me venges de ceux qui me tourmentent. » Et alors le gouverneur fut plein de rage, et il dit aux bourreaux : « Misérables! vous ne faites rien; pourquoi vos mains restent-elles sans force? Vous avez vaincu des meurtriers et des adultères; ils ne pouvaient rien cacher au milieu des tourments que vous leur faisiez endurer. » Et alors les bourreaux peignaient le corps de Vincent avec des peignes de fer qu'ils lui enfonçaient jusque dans les côtes, de sorte que le sang coulait de tous ses membres, et que ses entrailles lui passaient entre les jointures des côtes. Et Dacien lui dit : « Vincent, aie pitié de toi, afin que tu puisses recouvrer ta florissante jeunesse, et te soustraire aux tourments qui t'attendent encore. » Et Vincent lui dit : « O langue venimeuse du diable ! je ne redoute nullement les tourments, mais je crains seulement que tu ne viennes à avoir pitié de moi ; car plus je te vois animé de fureur, plus je me réjouis. Je ne demande aucun adoucissement aux tourments que tu m'infliges, afin que tu reconnaisses que tu es vaincu en toutes choses. » Alors l'on cessa de lui faire subir ce tourment, et il fut soumis à la torture du feu ; et il gourmandait la mollesse des bourreaux, et il monta sur le gril de son plein gré, et là il fut ardé, rôti et brûlé, et tous ses membres furent lardés de menus clous et pièces de fer ardent ; et son sang arrosait le feu, et tout son corps n'était qu'une horrible plaie. Et après l'on ôta ces pièces de fer afin que le feu, s'attaquant au corps blessé de toutes parts, le brûlât plus cruellement ; de sorte que les barres du gril, tout ardentes, ne portaient plus sur les membres, mais sur les entrailles du martyr, qui coulaient hors de son corps ; et il restait immobile, priant Notre-Seigneur, les mains étendues vers le ciel. Et quand les bourreaux l'eurent dit à Dacien, il s'écria : « Hélas ! nous sommes vaincus ! Mais afin qu'il vive plus longuement dans les tortures, enfermez-le dans un cachot obscur, puis prenez des traits aigus et clouez ses pieds à un poteau, et qu'il soit abandonné ainsi sans aucun soulagement ; et quand il manquera de courage, vous viendrez me l'annoncer. » Et les cruels bourreaux lui obéirent comme étant leur maître. Mais le roi pour qui Vincent souffrait transmua sa peine en gloire ; car une grande clarté chassa les ténèbres du cachot, et la rigueur de ses tourments fut changée en suavité de fleurs ; et ses pieds furent déliés, et des anges vinrent le consoler et l'honorer. Et comme il reposait sur des fleurs en chantant avec ces anges, le doux son du chant et la suave odeur des fleurs, qui fut merveilleuse, s'étendit sans doute au dehors ; et quand les gardes eurent vu, à travers les crevasses du cachot, ce qui se passait au dedans, ils se convertirent à la foi ; et quand Dacien apprit pareille chose, il fut tout plein de rage, et il dit : « Que lui ferons-nous de plus? nous sommes vaincus. Qu'il soit donc porté en un lit, et qu'il repose dans des draps très-moelleux, afin qu'il ne soit plus glorifié ; il pourrait bien mourir dans ces tourments, et nous échapper. Mais, lorsqu'il aura repris des forces, nous le soumettrons à de nouveaux supplices. » Et quand Vincent eut été porté en un lit, et qu'il eut reposé un peu, il rendit l'esprit à Dieu, vers l'an de Notre-Seigneur deux cent quatre-vingt-sept, sous Dioclétien et Maximien. Et quand Dacien l'apprit, il fut très-fâché, et il dit : « Puisque je ne l'ai pu vaincre en son vivant, je le punirai mort, et si je n'ai pu remporter la victoire, je me rassasierai de son opprobre. » Alors le corps fut mis en un champ pour être dévoré des oiseaux et des bêtes, ainsi l'ordonna Dacien ; mais il fut aussitôt gardé par les anges, et il fut préservé des bêtes, qui ne purent y toucher. Et après, il y vint un corbeau tout affamé, qui chassa les autres oiseaux plus grands que lui, par la force de ses ailes, et il en chassa un loup qui y vint, en le mordant de son bec et en l'effrayant de ses cris. Et après, le corbeau tenait sa tête tournée du côté du corps du saint, et il le regardait comme s'émerveillant de le voir gardé des anges. Et quand Dacien apprit pareille chose, il dit : « Je crois que je ne pourrai en venir à bout même après sa mort. » Il commanda de lui lier une meule de moulin au cou et de le jeter à la mer, afin que le corps que sur terre les bêtes ne pouvaient mettre en pièces fût, dans les flots, dévoré des monstres marins. Alors vinrent des mariniers qui portèrent le corps de Vincent à la mer et qui le jetèrent dedans ; mais le corps fut repoussé sur la rive avant que les mariniers fussent de retour, et il fut indiqué à une pieuse dame et à quelques autres personnes par la révélation de Jésus-Christ, et il fut honorablement enseveli par leurs soins. Et saint Augustin dit que « ce martyr, le bienheureux Vincent, vainquit en paroles, il vainquit en peines, il vainquit en confession, il vainquit en tribulations, il vainquit brûlé, il vainquit noyé, il vainquit vif, il vainquit mort. Vincent fut tourmenté pour habiter avec Dieu, il fut flagellé pour être introduit, il fut battu pour être fortifié, il fut brûlé pour être purifié. » Saint Ambroise dit aussi : « Le saint martyr Vincent fut tourmenté, flagellé et brûlé pour le saint nom de Dieu, et son courage ne fut jamais ébranlé, car il brûlait du feu du ciel plutôt que du feu du gril ; il était plus lié de l'amour de Dieu que des chaînes qui chargeaient son corps ; il voulut plaire à Dieu plutôt qu'aux grands de la terre ; il aima mieux mourir au monde qu'à Dieu. » Et saint Augustin dit : « Un merveilleux spectacle est mis sous nos yeux ; juge barbare, bourreau ensanglanté, martyr invincible ; combat entre courage et cruauté. » Prudencien, qui fut fort honorable au temps de Théodose le Vieux, qui commença l'an trois cent soixante-sept dit que Vincent répondit à Dacien : « Les tourments de la prison, les ongles, les flammes dévorantes et la mort, la dernière des peines, tout cela n'est qu'un jeu pour les chrétiens. » Et alors Dacien dit : « Liez-le, et tordez-lui les bras de haut en bas, et étendez les jointures de ses membres jusqu'à ce que les os soient rompus et brisés. » Et le soldat de Jésus-Christ raillait ces choses, et il se moquait des mains ensanglantées des bourreaux, qui n'enfonçaient pas assez avant dans ses membres les ongles de fer. Et quand il était dans le cachot, l'ange lui dit : « Lève-toi, martyr, et sois sûr que tu seras accompagné de nous, et que tu auras avec toi saintes compagnies. O guerrier non vaincu, le plus fort des forts, ces tourments si affreux, si cruels, te redoutent et te cèdent la victoire. » Et Prudencien s'écrie, et dit : « Toi seul, tu remportes la même victoire dans une double bataille, car tu as ensemble réuni deux couronnes. »

LÉGENDE DE SAINT BASILE.

Basile fut un évêque digne de tout honneur et illustre docteur ; et Amphilocius, évêque d'Ycornie, écrivit sa vie ; et il fut révélé à un ermite, qui avait nom Effrem, à quel degré de sainteté il était parvenu. Car, comme le dit Effrem, étant comme en extase, il vint une colonne de feu qui avait le bout au ciel, et il en sortit une voix qui disait : « Tel est Basile, grand comme cette colonne que tu vois. » Et alors l'ermite vint à la ville, le jour de l'Épiphanie, seulement pour voir cet homme ; et il le vit vêtu de vêtements blancs, allant avec pompe en la procession, accompagné de ses clercs ; il dit en lui-même : « J'ai travaillé en vain, à ce que je vois ; car comment celui-ci, qui est en tel honneur, peut-il être ainsi que je l'ai vu en visions? Et nous, qui avons porté le faix du jour et de la chaleur, ne sommes-nous pas plutôt que celui qui reçoit tant d'hommages, dignes d'être comparés à cette colonne de feu? je m'émerveille de ces choses-là. » Et alors Basile fut merveilleusement instruit des pensers de l'ermite, et il le fit venir devant lui. Et quand Effrem fut là, il vit une langue de feu qui parlait dans la bouche du prélat. Et alors Effrem dit : « Vraiment Basile est la grande colonne de feu, et c'est le Saint-Esprit qui parle par sa bouche. » Puis il dit : « Seigneur, demandez pour moi que je parle le grec. » Et Basile lui dit : « Tu requiers forte chose. » Et toutefois il pria pour lui, et il parla grec.

Un autre ermite vit une fois Basile aller en habit d'évêque, et il l'en blâma ; et il pensa en son cœur que Basile trouvait grand plaisir à étaler ainsi ce faste. Et une voix lui dit : « Tu éprouves un plus grand plaisir à toucher la queue de ton chat, que Basile n'en ressent du luxe que tu crois l'environner. »

Un homme honorable, qui se nommait Hérard, avait une fille unique, qu'il voulait consacrer à Notre-Seigneur ; mais l'ennemi de l'espèce humaine connut cette résolution, il embrasa l'un des serviteurs d'Hérard d'amour pour la jeune fille. Et quand celui-ci vit qu'il était impossible que lui, étant esclave, pût avoir commerce avec cette noble pucelle, il alla trouver un enchanteur, et lui promit grosse somme d'argent s'il voulait l'aider dans ses projets. L'enchanteur lui dit : « C'est ce que je ne puis faire ; mais si tu veux, je t'enverrai au diable, qui est mon maître, et si tu fais ce qu'il te dira, tu auras ce que tu désires. » Et ce jeune homme dit : « Je ferai tout ce qu'il dira. » Alors l'enchanteur écrivit une lettre et l'adressa au diable par ce jeune homme, et cette épître était conçue en ces termes : « Monseigneur, comme je ne demande pas mieux que de retirer autant de monde que possible de la religion chrétienne et de les amener à votre volonté, afin que votre puissance augmente chaque jour, je vous envoie ce jeune homme, car il est consumé d'amour pour certaine pucelle ; je vous prie qu'il obtienne ce qu'il désire, afin que vous soyez glorifié en lui, et que je puisse ensuite vous en procurer d'autres. » Et le sorcier remit au jeune homme cette lettre, et il lui dit : « Va à telle heure de la nuit, et arrête-toi sur la sépulture d'un païen, et appelle les démons et jette la lettre en l'air, et aussitôt ils viendront vers toi. » Et le jeune homme appela les diables et jeta la lettre en l'air. Et le prince des ténèbres vint, environné d'une multitude de diables ; et quand il eut la lettre, il dit au jeune homme : « Crois-tu en moi, afin que j'accomplisse ta volonté ? » Et il dit : « J'y crois, seigneur. » Et le diable lui dit : « Renies-tu Jésus-Christ ? » Et il dit : « Je le renie. » Et le diable lui dit : « Vous autres chrétiens, vous êtes des tricheurs, car quand vous avez besoin de moi, vous venez vers moi, et quand vous avez obtenu ce que vous désirez, vous me reniez aussitôt, et vous retournez à votre Jésus-Christ, et il vous accueille, parce qu'il est très-débonnaire ; mais si tu veux que j'accomplisse ta volonté, fais-moi un écrit de ta main, dans lequel tu confesseras avoir renoncé à ton baptême et à la profession chrétienne, et tu te reconnaîtras pour mon serf, devant être condamné avec moi au jour du jugement. » Aussitôt l'insensé jeune homme fit l'écrit de sa propre main comme quoi il reniait Jésus-Christ, et qu'il se mettait au service du diable. Et aussitôt le démon appela les esprits de fornication, et il leur commanda d'aller à ladite pucelle et d'enflammer son cœur de tant d'amour pour le jeune homme, qu'elle ne pût y résister. Et ils y allèrent, et l'embrasèrent, au point que la pucelle se jeta par terre, et dit, en pleurant, à son père : « Aie pitié de moi, mon père, car je suis grièvement tourmentée de l'amour que je ressens pour ce jeune homme qui est à toi. Aie pitié de celle à qui tu as donné la vie, et montre pour moi ton amour de père, et unis-moi à celui que j'aime et pour lequel je suis si fort tourmentée ; sinon tu me verras cruellement mourir, et, au jour du jugement, tu seras responsable de mon sort. » Et le père répondit en pleurant à sa fille : « Que t'est-il advenu, malheureuse enfant ? Pourquoi cela ? Quel est celui qui m'a enlevé mon trésor ? Quel est celui qui a éteint la douce lumière de mes yeux ? Je pensais t'unir à l'époux céleste, et je pensais en toi faire mon salut, et tu te livres à un amour insensé. O ma fille ! consens à ce que je te joigne à Dieu, comme je l'avais décidé, afin que tu ne mènes pas ma vieillesse à la douleur et à l'enfer. » Et elle criait, en disant : « Mon père, accomplis mon désir, ou tu me verras aussitôt mourir. » Et comme elle pleurait amèrement et qu'elle était pleine de fureur, le père, qui était en grand chagrin, fut déçu par le conseil de ses amis, et accomplit la volonté de sa fille, et il la donna au jeune homme pour femme, et il lui remit tout le bien qui lui revenait, en lui disant : « Va, fille malheureuse et dévouée à toute calamité. » Et comme ils étaient ensemble, ce jeune homme n'entrait point à l'église, et il ne faisait point le signe de la croix, et il ne se recommandait point à Dieu ; et cela fut remarqué de plusieurs, qui le dirent à sa femme : « Sache que cet homme que tu as choisi pour ton époux n'est pas chrétien et n'entre point à l'église. » Et quand elle apprit cela, elle fut saisie de douleur et elle se jeta par terre, et elle commença à se déchirer de ses ongles et à frapper sa poitrine et dire : « Hélas ! malheureuse que je suis, pourquoi suis-je jamais venue au monde ? plût à Dieu que je fusse morte ! » Et quand elle eut raconté à son mari ce qu'elle avait appris, il dit qu'il n'en était pas ainsi, mais que tout était faux dans ce qu'elle avait entendu. Et elle dit : « Si tu veux que je te croie, nous entrerons demain à l'église toi et moi. » Et quand il vit qu'il ne pouvait se soustraire, il lui raconta tout ce qui s'était passé entre lui et le démon. Et quand elle l'ouït, elle se prit à pleurer, et se hâta d'aller au bienheureux Basile, et elle lui dit toutes ces choses qui étaient advenues à son mari et à elle. Et alors Basile appela le jeune homme et apprit de sa bouche tout ce qui avait eu lieu, et il lui dit : « Mon fils, veux-tu retourner à Notre-Seigneur ? — Oui, seigneur, répondit le jeune homme, mais je ne puis ; car je l'ai renié, je me suis livré au diable, et j'ai mis par écrit mon reniement et je l'ai donné au démon. » Et Basile dit : « Cher ami, ne te livre pas au désespoir ; Dieu est débonnaire, et recevra ton repentir. » Et il prit le jeune homme, et il fit le signe de la croix sur son front et l'enferma seul durant trois jours, puis il le visita et lui dit : « Comment te trouves-tu, mon fils ? — Seigneur, dit-il, je suis en grand tourment, et je ne puis supporter les clameurs ni les épouvantements des diables, car ils tiennent mon esprit, et disent : « Tu vins à nous ; ce n'est pas nous qui avons « été à toi. » Et Basile dit : « Ne t'effraye pas, mon fils ; mais crois fermement en Jésus-Christ. » Et il lui donna un peu de viande, et il fit le signe de la croix et l'enferma derechef, et il pria pour lui. Et quelques jours après il le visita et dit : « Comment te trouves-tu, mon fils ? » Et il dit : « Mon père, j'ai entendu de loin les menaces et les cris de fureur des démons, mais je ne les vois point. » Et alors Basile lui donna derechef de la nourriture, et le signa et ferma la porte, et il s'en alla et pria pour lui. Il revint encore au troisième jour, et il lui dit : « Comment te trouves-tu, mon fils ? — Bien, homme de Dieu ; je vous ai aujourd'hui vu en vision, vous combattiez pour moi et vous vainquiez le diable. » Et après, Basile l'amena et il assembla tout le clergé, ses religieux et le peuple, et il leur recommanda de prier pour le jeune homme ; et, le tenant par la main, il le mena à l'église. Et alors le diable vint, accompagné d'une grande multitude de malins esprits, et on le vit qui saisissait le jeune homme et qui s'efforçait de l'arracher des mains du saint. Et le jeune homme se prit à crier : « Aidez-moi, homme de Dieu. » Et le malin l'assaillit de si grande force, qu'il tirait le saint avec lui en tirant le jeune homme. Et le saint dit : « Abominable esprit de ténèbres, ne te suffit-il pas de ta damnation, et pourquoi viens-tu tenter les créatures de mon Dieu ? » Et le diable lui fit cette réponse, qu'une grande multitude entendit : « Basile, tu m'apportes préjudice ; nous n'allâmes pas à lui, mais il vint à nous, et il renia son Dieu et il confessa ma suprématie : voici son écrit que je tiens en ma main. » Et Basile répondit : « Nous ne cesserons de prier jusqu'à ce que cet écrit nous soit rendu. » Et comme l'évêque était en prière et qu'il tenait les mains étendues au ciel, la lettre fut apportée à travers les airs, de sorte que tous la virent, et elle fut remise en la main de saint Basile, et il la prit, et dit au jeune homme : « Connais-tu cet acte ? » Et il dit : « Oui, seigneur, il est écrit de ma main. » Et alors Basile déchira l'écrit et mena le jeune homme à l'église, et il le rendit digne d'ouïr le saint mystère, et il l'introduisit et lui donna certaines règles à suivre, et il le rendit à sa femme.

Une femme avait commis beaucoup de péchés, qu'elle écrivit sur un morceau de parchemin, et écrivit le plus grand en dernier lieu, et elle remit l'écrit à saint Basile, afin qu'il priât pour elle et qu'il effaçât ses péchés par ses oraisons. Et quand il eut prié, elle ouvrit l'écrit, et elle trouva tous ses péchés effacés, excepté le plus grand. Alors elle dit à Basile : « Serviteur de Dieu, ayez pitié de moi, et obtenez pour moi le pardon de celui-ci comme vous avez fait pour les autres. » Et il lui dit : « Sors de devant moi, femme; car je suis un pécheur, et j'ai besoin de pardon tout comme toi. » Et comme elle le pressait, il lui dit : « Va au saint homme Effrem, et il pourra bien obtenir pour toi ce que tu demandes. » Et elle alla au saint homme Effrem, et elle lui dit pourquoi saint Basile l'avait envoyée vers lui. Et il lui dit : « Ma fille, va-t'en, car je suis aussi un pécheur, et retourne vers Basile et demande-lui qu'il obtienne pour toi le pardon de ce péché, ainsi qu'il a obtenu le pardon des autres; et dépêche-toi bien, afin que tu le trouves encore en vie. » Et quand elle arriva à la ville, l'on portait Basile au tombeau pour l'ensevelir, et elle commença à crier après lui et dire : « Que Dieu voie et juge entre toi et moi, car tu avais toute puissance de prier pour moi, et tu m'envoyas à un autre. » Alors elle mit l'écrit sur la bière et le reprit un moment après, et elle trouva ce péché entièrement effacé; et elle rendit, ainsi que tous ceux qui étaient là, des actions de grâces à Dieu. Avant que l'homme de Dieu trépassât, lorsqu'il souffrait de la maladie dont il mourut, il appela à lui un juif, du nom de Joseph, lequel était très-habile en l'art de médecine, et qu'il aimait beaucoup, parce qu'il voyait bien qu'il le convertirait, et il fit comme s'il avait besoin de son ministère, et le juif tâta le pouls du saint, et aussitôt il connut bien, à son pouls, que la mort était déjà en lui, et dit aux serviteurs : « Apprêtez ce qui est nécessaire pour la sépulture, car il mourra bientôt. » Et quand Basile l'entendit, il dit : « Joseph, tu ne sais ce que tu dis. » Et Joseph lui dit : « Seigneur, sachez que le soleil se couchera aujourd'hui, et quand le soleil se couchera, vous vous éteindrez avec lui. » Et Basile lui dit : « Que diras-tu si je ne meurs aujourd'hui? » Et Joseph lui dit : « C'est impossible. » Et Basile lui répondit : « Si je survis demain jusqu'à l'heure de sexte, que feras-tu? » Et Joseph lui dit : « Si tu ne meurs à cette heure, je mourrai. » Et Basile répliqua : « Tu mourras au péché; mais tu vivras en Jésus-Christ. » « Je sais bien, dit Joseph, ce que tu dis, et si tu vis jusqu'à cette heure, je ferai ce que tu diras. » Et alors le bienheureux Basile, sentant qu'il devait aussitôt mourir, selon la loi de nature, obtint de Notre-Seigneur un délai, et jusqu'au lendemain à l'heure de none il vécut. Et quand Joseph vit cela, il s'émerveilla fort, et il crut en Notre-Seigneur. Et alors Basile surmonta tellement la faiblesse corporelle par la force de son courage, qu'il se leva du lit et qu'il entra à l'église, et qu'il baptisa Joseph de ses propres mains. Puis après il retourna sur son lit, et rendit paisiblement l'esprit à Notre-Seigneur Jésus-Christ. Et il florissait environ l'an de Notre-Seigneur trois cent soixante-dix.

LÉGENDE DE SAINT JEAN L'AUMONIER.

Saint Jean l'Aumônier, qui était patriarche d'Alexandrie, étant une fois tout seul en oraison, vit une très-belle pucelle qui se tenait devant lui et qui portait une couronne d'olives sur sa tête; et quand il la vit, il fut saisi d'étonnement et il lui demanda qui elle était. Et elle dit : « Je suis la miséricorde qui a fait descendre le Fils de Dieu du ciel; prenez-moi pour femme, et vous vous en trouverez bien. » Et Jean comprenant que l'olive signifiait miséricorde, il commença, de ce jour, à être si miséricordieux, qu'il fut surnommé l'Aumônier, et il appelait toujours les pauvres ses seigneurs. Et c'est de là qu'est venu aux hospitaliers l'usage d'appeler les pauvres leurs seigneurs. Et alors Jean appela tous ses serviteurs et il leur dit : « Allez par toute la cité, et écrivez tous les noms de mes seigneurs. » Et quand il vit qu'ils n'entendaient point ces paroles, il dit : « Ce sont ceux que vous appelez des pauvres et des mendiants ; je les appelle mes seigneurs, et je dis qu'ils sont mes soutiens ; car véritablement ce sont eux qui nous peuvent aider et qui peuvent nous donner le royaume des cieux. » Et comme il voulait enseigner aux hommes à faire l'aumône, il commença à raconter que les pauvres qui se chauffaient au soleil parlaient ensemble de la charité des fidèles, qu'ils louaient les bons et blâmaient les méchants. Il y avait alors un homme qui était changeur et qui recevait les impositions ; il se nommait Pierre, et était très-riche et très-puissant; mais il était très-dur pour les pauvres, car il chassait hors de chez lui avec beaucoup de colère ceux qui allaient en sa maison, tellement qu'il n'y eut jamais aucun de ces pauvres qui pût avoir la moindre aumône de lui. Et un d'eux dit : « Que me donnez-vous si je puis obtenir aumône de lui ? » Et alors ils convinrent entre eux, et il s'en alla à la maison du changeur en demandant l'aumône, et quand l'homme riche vint et qu'il vit le pauvre devant sa porte, il ne trouva dans sa main aucune pierre à lui jeter ; et comme un de ses valets apportait des pains de seigle à l'hôtel, il en prit un et le jeta au pauvre dans sa grande colère. Et le pauvre prit le pain et s'en fut retrouver ses compagnons, et il leur montra l'aumône qu'il avait eue de la main du changeur. Cet homme riche, deux jours après, fut atteint d'une maladie mortelle, et il eut une vision où il se vit mis en jugement, et les mauvais esprits mettaient ses péchés dans une balance d'une part, et de l'autre côté il y avait des jeunes gens vêtus de blanc, dont la contenance était pleine de tristesse, car ils n'avaient rien à mettre de leur part dans la balance. Lors un d'eux dit : « Vraiment, nous avons un pain de seigle qu'il y a deux jours il donna par contrainte à Dieu. » Et quand ils l'eurent mis sur la balance, il se trouva que les balances étaient égales ; et ils dirent à cet homme riche : « Multiplie ces pains de seigle, ou ces hommes noirs te prendront. » Et Pierre s'éveilla et il dit : « Hélas ! puisqu'un pain de seigle que j'ai jeté à un pauvre dans un moment de colère m'a tant valu, quel plus grand avantage n'y a-t-il pas à donner tous ses biens aux indigents ! » Et comme cet homme riche allait un jour dans les rues couvert de vêtements splendides, un homme tout nu lui demanda quelque habillement pour se couvrir. Et Pierre se dépouilla aussitôt de ses précieux vêtements, et il les donna à ce mendiant, et aussitôt celui-ci les vendit. Et quand cet homme riche vit que le pauvre avait vendu et dépensé ce qu'il avait reçu, il fut si fâché, qu'il ne voulait ni boire ni manger, et il disait : « C'est arrivé parce que je ne suis pas digne que ce pauvre eût souvenir de moi. » Et quand il s'endormit, il vit un homme qui était plus resplendissant que le soleil, et qui portait une croix sur sa tête, et qui s'était revêtu du vêtement qui avait été donné au pauvre, et cet homme lui dit : « Pourquoi pleures-tu, Pierre ? » Et quand il lui eut dit la cause de sa tristesse, cet homme répondit : « Connais-tu cela ? » Et il dit : « Oui, Seigneur. » Et Notre-Seigneur lui dit : « Je suis bien habillé de ce que tu me donnes, et je te rends grâces de ta bonne intention, parce que j'étais souffrant de froid et tu me couvris. » Et quand Pierre fut éveillé, il commença à faire grand bien aux pauvres, et il dit : « Notre-Seigneur vit, et je ne mourrai point avant que je sois l'un de ses pauvres. » Et quand il eut donné aux indigents tout ce qu'il possédait, il appela son notaire, et il lui dit : « Je te recommande un secret ; car si tu le divulgues ou si tu ne veux faire ce que je te dirai, je te vendrai aux barbares. » Et il lui donna dix livres d'or, et il lui dit : « Va-t'en dans la ville sainte et achète des marchandises, et vends-moi à quelque chrétien, et puis distribue le prix aux pauvres. » Et celui-ci s'y refusa. Et son maître lui dit : « Si tu ne le fais, je te vendrai aux barbares. » Et alors celui-ci l'emmena, comme la chose lui était prescrite, et il le vendit à un argentier ; et Pierre était couvert de vêtements misérables, et le prix fut de trente deniers, qui furent donnés aux pauvres. Et Pierre faisait tous les vils offices, de sorte qu'il était méprisé de tous, et souvent battu des autres serviteurs, qui l'appelaient fou ; mais Notre-Seigneur Jésus-Christ lui apparaissait, et lui montrait ses vêtements et le consolait. L'empereur et tous les autres étaient très-affligés de ce qu'ils avaient perdu un tel homme. Et quelques-uns de ses voisins de Constantinople vinrent pour visiter les saints lieux de Jérusalem, et furent invités au dîner du maître de Pierre. Et comme ils dînaient, ils s'entre-disaient l'un à l'autre à l'oreille : « Comme cet esclave ressemble bien à Pierre le changeur ! » Et lorsqu'ils l'eurent regardé, l'un dit : « Vraiment, c'est Pierre le changeur lui-même ; je me lèverai et je l'aborderai. » Et quand Pierre l'aperçut, il s'enfuit en cachette. Et le portier était sourd et muet, et on lui demandait par signes d'ouvrir la porte. Pierre lui commanda, non pas par signes, mais de vive voix, de lui ouvrir la porte. Et aussitôt le portier recouvra la parole et l'ouïe, et il lui ouvrit la porte, et Pierre s'en alla. Et le portier rentra à l'hôtel, et tous s'émerveillèrent de ce qu'il parlait, et il dit :

« Celui qui faisait la cuisine est sorti et il s'est enfui. Mais considérez si ce n'est pas un des serviteurs de Dieu ; car au moment où il m'a dit : Ouvre, il sortit une flamme de sa bouche qui vint toucher ma langue et mes oreilles, et je recouvrai aussitôt l'ouïe et la parole. » Et alors tous se levèrent et ils coururent après Pierre, mais ils ne purent le retrouver ; et tous les gens de la maison firent pénitence de ce qu'ils avaient traité d'une façon si outrageante un homme aussi saint.

Un moine, qui se nommait Vital, voulut essayer et savoir s'il pourrait facilement porter saint Jean à quelque mauvaise action. Et ce Vital vint en une cité, et il s'en alla dans tous les mauvais lieux où habitent folles femmes, et disait à chacune successivement : « Donnez-moi cette nuit, et ne vous livrez à la fornication. » Et alors il entrait en la maison de ces femmes, et il restait en un coin toute la nuit, à genoux, en oraison, et priait pour elles. Au matin, il s'en allait, commandant à chacune d'elles de ne révéler à personne ce qui s'était passé. Mais une de ces femmes fit connaître ce qu'il faisait. Et aussitôt, comme le vieillard était en oraison, elle commença à être tourmentée du diable, et toutes les autres femmes lui disaient : « Dieu t'a traitée comme tu l'as mérité, parce que tu as menti, et ce méchant homme est entré chez toi pour faire fornication, et non pour autre chose. » Et lorsque le soir était venu, Vital disait : « Je m'en veux aller, car une telle dame m'attend. » Et quand quelques-uns l'en blâmaient, il répondait : « N'ai-je pas corps d'homme comme les autres ? Est-ce que Dieu se courrouce seulement contre les moines ? ils sont vrais hommes comme les autres. » Et quelques-uns disaient : « Prends une belle femme et change ton habit, afin que tu ne scandalises point ton prochain. » Et il faisait comme s'il était en colère, et il répondait : « Allez-vous-en d'ici, je ne vous croirai point ; celui qui voudra diffamer, qu'il diffame, et qu'il se frappe la tête contre le mur ; jamais vous ne fûtes établis de Dieu pour me juger ; allez, et prenez garde à vous ; vous n'avez pas à rendre compte de moi. » Et il parlait ainsi à haute voix. Et quand on en porta des plaintes à saint Jean, Dieu lui endurcit le cœur, afin qu'il n'ajoutât aucune foi à ces choses. Mais Vital priait Dieu pour qu'il révélât à quelqu'un ses œuvres après sa mort, et que le blâme de ceux qui le diffamaient ne leur fût pas trop imputé à péché. Et il avait converti à Dieu beaucoup de ces malheureuses femmes, et il en fit entrer plusieurs en monastères. Un matin, comme il sortait de la maison d'une de ces folles femmes, il rencontra un homme qui entrait pour faire fornication, et qui lui donna un soufflet en lui disant : « Pourquoi, misérable, ne te corriges-tu pas en renonçant à ces choses déshonnêtes que tu fais ? » Et Vital dit : « Crois-moi, tu recevras de moi un tel soufflet que toute Alexandrie s'assemblera. » Et ensuite le diable vint sous la forme d'un Éthiopien, et il donna un soufflet à cet homme en disant : « C'est le soufflet que le moine Vital t'envoie. » Et l'homme fut possédé du diable, et il fut tourmenté au point que tous accouraient en entendant ses cris. Et toutefois cet homme se repentit, et fut guéri à la prière de Vital. Et quand l'homme de Dieu approcha de sa mort, il laissa par écrit à ses disciples : « Ne jugez pas avant le temps. » Et quand les femmes confessèrent ce qu'il faisait, tous glorifièrent Dieu ; et saint Jean le louait en disant : « Je voudrais avoir reçu le soufflet qu'il a reçu. »

Un pauvre homme, en habit de pèlerin, vint à Jean et lui demanda l'aumône, et le saint appela son économe, et lui donna onze deniers. Et quand celui-ci les eut, il changea d'habit, et il revint au patriarche, et lui demanda encore l'aumône ; et Jean appela de nouveau son économe, et lui dit : « Donne à ce pauvre six deniers d'or. » Et quand il lui eut donné et qu'il s'en fut allé, l'économe dit au saint : « Père, d'après votre injonction, cet homme a déjà reçu deux fois l'aumône, et il a changé d'habit. » Et saint Jean feignit de n'en avoir rien su. Et ce pauvre changea encore d'habit, et vint pour la troisième fois à saint Jean, et lui demanda l'aumône. Et alors l'économe toucha son maître en lui montrant que c'était toujours le même homme. Et saint Jean lui dit : « Donne-lui douze deniers, car qui sait si ce n'est pas Notre-Seigneur Jésus-Christ qui veut m'éprouver et savoir qui cessera le plus tôt, un pauvre de me demander, ou moi de donner ? »

Une fois il advint qu'un noble qui était seigneur du pays voulut employer une somme qui appartenait à l'Église en achats de marchandise, et le patriarche ne voulut d'aucune manière y consentir, mais il voulut qu'elle fût donnée aux pauvres ; de sorte qu'ils ne purent se mettre d'accord, et qu'ils se séparèrent fort irrités. Et quand le soir fut venu, le patriarche envoya un archiprêtre dire au noble : « Seigneur, le soleil est déjà couché. » Et quand le noble entendit cela, il commença à pleurer, et il vint à Jean lui demander pardon. Un de ses neveux avait reçu une grande injure d'un tavernier, et il se plaignait au patriarche en pleurant, et il ne pouvait être consolé d'aucune manière. Le patriarche répondit : « Quel est celui qui a osé t'irriter en quelque façon, ou élever la voix contre toi ? crois-moi, mon fils, je ferai aujourd'hui une telle chose contre lui, que toute Alexandrie en sera dans l'étonnement. » Et quand le neveu l'eut entendu, il fut consolé, et il pensa que son oncle ferait grandement fustiger son adversaire. Jean, voyant qu'il était consolé, commença à l'embrasser, et lui dit : « Mon fils, si tu es le vrai neveu de mon humilité, prépare-toi à être battu et à être exposé aux insultes de tous ; car la véritable parenté n'est pas de chair ni de sang, mais de vertu et de pensée. » Et il envoya aussitôt chercher cet homme, et il le fit exempter de toute rétribution et de tout tribut. Et tous ceux qui apprirent cela furent dans la surprise, et comprirent ce que Jean avait dit : « Je ferai telle chose pour lui que toute Alexandrie en sera dans l'étonnement. » Le patriarche apprit que l'usage est qu'aussitôt que l'empereur est couronné, les ouvriers qui font les monuments prennent quatre ou cinq petites pièces de marbre de diverses couleurs, et ils vont à l'empereur, en lui demandant : « De quelle espèce de marbre ou de métal ordonnez-vous, seigneur, que l'on fasse votre monument funéraire ? » Et en imitation de ce, Jean fit, de son vivant, ériger son tombeau ; mais toutefois il le laissa inachevé jusqu'à l'heure de sa mort. Et il ordonna que l'on vînt lui dire, lorsqu'il était avec son clergé à officier à de grandes fêtes : « Père, votre tombeau reste inachevé ; ordonnez qu'il soit terminé ; car vous ne savez pas à quelle heure le larron doit venir. »

Un homme opulent ayant vu que le bienheureux Jean avait des draps grossiers et indignes de son rang, et qu'il avait donné tous les siens aux pauvres, il acheta une très-belle couverture d'un grand prix, et il la donna au bienheureux Jean ; et le saint ayant, une certaine nuit, mis cette couverture sur son lit, il ne put dormir; et il pensa que trois cents de ses seigneurs pourraient être bien couverts avec le prix d'un semblable objet, et toute la nuit il se lamentait en disant: « Combien y en a-t-il dans les bois, combien d'exposés aux pluies, combien dont les dents claquent de froid, qui dorment sur les dalles du marché! Et toi tu dévores les gros poissons, et tu te reposes dans ta chambre, ayant tous ces maux sur toi, et te réchauffant sous une couverture qui vaut vingt-cinq pièces d'argent. » Et le saint, plein d'humilité, ne s'en couvrit jamais depuis; mais dès que le matin fut venu, il la fit vendre, et donner son prix aux pauvres. Et quand le riche apprit cela, il racheta cette couverture, et il la donna au bienheureux Jean, et il le pria de ne plus la vendre, mais de la garder pour lui; et aussitôt que Jean l'eut une seconde fois, il donna ordre de la vendre et d'en donner le prix à ses seigneurs. Quand le riche apprit pareille chose, il racheta derechef cette couverture, et il l'apporta à saint Jean, et lui dit très-agréablement: « Nous verrons qui se lassera le premier, toi de vendre, ou moi de racheter. » Et le riche plaisantait là-dessus, disant que l'on pouvait dépouiller les riches de cette manière, sans commettre de péché, dans l'intention de donner aux pauvres. Et c'est ainsi que l'on gagne deux choses, la première, qui est le salut de l'âme, la seconde, que l'on recevra une ample et belle rémunération de ce que l'on aura donné. Et quand le bienheureux Jean voulait engager les hommes à faire l'aumône, il avait coutume de raconter un trait de saint Sérapion, disant que lorsque ce saint eut donné son manteau à un pauvre, il rencontra un autre indigent qui était tout perclus de froid, et il lui donna sa robe, et il s'assit tout nu en tenant l'Évangile; et un homme vint à lui et lui demanda ce qu'il faisait, et il lui dit: « Père, qui vous a dépouillé? » Et montrant l'Évangile qu'il tenait, Sérapion répliqua: « Voici ce qui m'a dépouillé. » Et une autre fois il vit un pauvre, et il vendit l'Évangile, et puis il en donna le prix aux pauvres. Et quand on lui demanda où était son Évangile, il répondit: « L'Évangile a donné ce commandement: « Va et vends ce que tu as, et donne-le aux pauvres »; et j'avais l'Évangile, et je l'ai vendu, d'après l'ordre qu'il me transmettait. »

Une fois le bienheureux Jean avait donné ordre de faire l'aumône à un pauvre qui était venu l'implorer, et ce pauvre fut irrité de ce qu'on ne lui avait donné que cinq deniers, et il commença aussitôt à s'emporter contre Jean, et à tenir propos insolents en présence même du saint. Et quand les gens de la suite du patriarche virent cela, ils voulurent courir sus à ce pauvre et le battre rudement; mais le bienheureux Jean les en empêcha, disant : « Souffrez, frères, souffrez qu'il me maudisse; voilà bien soixante ans que, dans mes actions, je contriste Jésus-Christ; ne pourrai-je donc pas supporter une réprimande de ce pauvre? » Et puis il commanda que l'on apportât devant lui le sac où était l'argent pour le laisser maître de prendre ce qu'il voudrait.

Comme le peuple était une fois sorti de l'église, et qu'il restait autour, occupé de paroles oiseuses, le patriarche sortit et s'assit parmi eux, ce dont ils s'étonnèrent; et il leur dit : « Mes enfants, là où sont les brebis, là doit être le pasteur. Or donc, entrez en l'église, et j'y entre avec vous ensemble. » Et il agit ainsi une fois ou deux, et il amena ainsi le peuple à demeurer à l'église.

Il advint qu'un jeune homme avait ravi une nonnain, et les clercs blâmaient ce jeune homme devant le bienheureux Jean, et disaient qu'on devait l'excommunier comme ayant perdu deux âmes, la sienne, et celle de la nonnain. Saint Jean les reprit, disant : « N'agissons pas ainsi, mes enfants; je vous montrerai que vous faites deux péchés : d'abord vous allez contre le commandement de Notre-Seigneur, qui dit : « Ne jugez pas, et vous ne serez pas jugés. » En second lieu, vous ne savez s'ils pèchent jusques au jour d'aujourd'hui, et s'ils ne se repentent pas. » Souvent il advenait que le bienheureux Jean était en oraison comme en extase, et on l'entendit disputer avec Dieu, en usant des paroles suivantes : « O bon Jésus-Christ, moi en secourant, et vous en administrant, voyons lequel vaincra. » Comme il fut attaqué de grosses fièvres et qu'il vit qu'il approchait de sa mort, il dit : « Je vous rends grâces, Seigneur, mon Dieu, de ce que vous m'avez exaucé quand je vous demandais qu'au moment de ma mort je n'eusse qu'un seul drap pour tout ameublement. » Et il ordonna qu'il fût donné aux pauvres. Et quand il fut mort, son corps vénérable fut mis en un sépulcre auquel les corps de deux évêques avaient été enterrés; ces corps firent par miracle de la place pour celui de Jean, et s'écartant d'eux-mêmes, ils laissèrent le milieu vide.

Un peu de temps avant qu'il mourût, une femme avait sur la conscience un très-horrible péché, et elle ne l'osait confesser à nul homme. Lors saint Jean lui dit : « Au moins écrivez-le (car elle savait bien écrire), et scellez le papier, apportez-le-moi, et je prierai pour vous. » Et elle fit ainsi ; elle écrivit le péché et le scella avec soin, et l'apporta au bienheureux Jean et lui donna son écrit. Et peu de temps après il fut malade et reposa en Notre-Seigneur. Et quand elle ouït dire qu'il était mort, elle pensait être injuriée et déshonorée, et elle s'imaginait qu'il avait laissé l'écrit à quelqu'un. Et alors elle s'en alla au tombeau de saint Jean, et là elle pleurait et criait en disant : « Hélas ! hélas ! je pensais achever ma confession, et j'ai fait connaître ma confession à tous. » Et comme elle pleurait très-amèrement, et qu'elle priait le bienheureux Jean de lui révéler où il avait laissé son écrit, alors le bienheureux Jean sortit hors du tombeau en habit d'évêque, accompagné à droite et à gauche des deux évêques qui reposaient avec lui, et il dit à la femme : « Pourquoi nous importunes-tu tellement, et ne nous laisses-tu pas reposer, moi et ces saints qui sont avec moi ? voici nos étoles mouillées de tes larmes. » Alors il lui remit son écrit tout scellé comme il était précédemment, et il lui dit : « Vois ce sceau, et ouvre ton écrit et lis-le. » Et quand elle l'eut ouvert, elle trouva son péché entièrement effacé, et elle trouva qu'il y avait écrit à la place : « Ton péché est effacé par les mérites de Jean mon serviteur. » Et ainsi elle rendit grandes grâces à Dieu. Et le bienheureux Jean retourna en son monument avec les deux autres évêques. Et ce fut environ l'an de Notre-Seigneur six cent cinq, au temps de Phocas, empereur.

LÉGENDE DE SAINTE PAULE.

Paule fut une très-noble dame romaine, et le bienheureux saint Jérôme a raconté sa vie de la manière suivante : « Si tous les membres de mon corps étaient changés en langues, et que tous mes membres parlassent de voix humaine, je ne louerais pas encore suffisamment les vertus de la sainte et honorable Paule, qui était noble par ses ancêtres, mais plus noble par sa foi et sa sainteté, et jadis puissante en richesses ; mais elle est plus enrichie de la pauvreté de Notre-Seigneur Jésus-Christ. Je prends à témoin Jésus-Christ et ses anges, et cet ange qui fut le compagnon et le gardien de cette femme, que je ne puis dire choses suffisantes de ses mérites, ni avoir assez en bouche les louanges dont elle est digne ; mais ce que je dirai, je le fais pour donner une idée de ses vertus. Et comme entre beaucoup de pierres la pierre précieuse resplendit, et comme la clarté du soleil obscurcit et met dans l'ombre toutes les petites lueurs des étoiles, ainsi elle surmonta la vertu et la puissance de toutes personnes par son humilité. Elle fut la plus petite entre tous pour être la plus grande de tous ; car plus elle s'humiliait, plus elle était exaucée de Dieu ; car en fuyant la vaine gloire, elle mérita la gloire réelle ; elle quitta ceux qui recherchaient les honneurs du siècle, et elle suivit ceux qui les méprisaient. Paule eut cinq enfants ; ce fut d'abord Blésille, au sujet de la mort de laquelle je consolai Paule à Rome ; Pammachius, homme saint et vertueux que Paule institua son héritier et administrateur de sa fortune, et auquel nous adressâmes un petit livre sur la mort de Paule ; Eustochius, qui est maintenant un jeune homme du plus grand mérite attaché aux églises des lieux saints ; Rufine, dont le trépas prématuré causa une si vive douleur à sa mère, et Thorote, après lequel elle ne fut plus mère, manifestant ainsi qu'elle ne voulait plus vaquer à l'union conjugale, mais qu'elle avait obéi à la volonté de son mari qui désirait avoir des enfants mâles. Et quand son mari fut mort, elle pleura tant qu'il s'en fallut de peu qu'elle ne mourût. Et alors elle se consacra si bien au service de Dieu, qu'elle désirait avoir telle mort que lui. Qu'en dirai-je de plus ? Les grandes propriétés et les grandes richesses qu'elle avait jadis, elle les donnait aux pauvres. Elle délaissa ses parents, et elle fut embrasée par les vertus de Paulin, évêque d'Antioche, et d'Épiphanes, qui étaient venus de Rome ; et elle projetait de laisser son pays, et elle dit en soi-même : « Qu'attends-je ? » et elle descendit au port. Et son frère, ses cousins et ses amis, et qui plus est, ses enfants la poursuivaient ; mais les voiles étaient déjà tendues et le bâtiment était déjà poussé au large par l'action des rames. Et le petit Thorote tendait ses mains, la suppliant du rivage ; et Rufine, qui était sur le point de se marier, la priait d'attendre ses noces, et fondait en larmes ; et toutefois Paule tenait ses yeux tout secs élevés vers le ciel, et son dévouement pour Jésus-Christ triomphant de sa tendresse pour ses enfants, elle oubliait qu'elle était mère afin de devenir la servante de Dieu. Et elle était tourmentée en ses entrailles comme si on les lui arrachait hors du corps ; et combattant avec douleur, elle surmonta les affections de la nature, et son courage la consolait en l'animant pour témoigner son amour à Dieu, et elle n'avait pour consolateur qu'Eustochius qui était son compagnon de voyage. Et pendant ce temps le navire courait par la mer, et tous ceux qui étaient embarqués avec eux regardaient le rivage ; et elle détournait les yeux, afin qu'elle ne vît point ce qu'elle ne pouvait voir sans tourment. Lorsqu'elle vint aux lieux de la Terre-Sainte, le gouverneur de la Palestine, qui connaissait bien la famille de Paule, envoya devant les appariteurs pour préparer un palais ; mais elle choisit un petit logement, et elle visitait chaque jour les lieux saints avec si grande ferveur et avec si grande dévotion, qu'à peine pouvait-elle s'arracher de l'endroit où elle faisait sa première station pour aller aux autres. Et quand elle fut agenouillée devant la croix, elle adorait Notre-Seigneur tout comme s'il eût été là étendu devant ses yeux. Et quand elle fut entrée au sépulcre où Jésus-Christ ressuscita, elle baisait la pierre que l'ange avait ôtée du monument, et elle se prosternait au lieu où le corps du Sauveur avait été gisant, et elle se désaltérait aux sources sacrées de la foi. Et tout Jérusalem est témoin des larmes qu'elle répandit, et de ses pleurs et de ses cris ; et Notre-Seigneur, qu'elle priait si ardemment, en fut aussi témoin. Et de là elle alla à Bethléem et entra en l'étable du Sauveur, et vit le lieu qu'a sanctifié la demeure de la Vierge ; et elle disait devant moi qui l'entendais, qu'elle voyait des yeux de la foi l'enfant enveloppé de petits drapeaux, qui pleurait dans la crèche, et les rois qui venaient adorer Notre-Seigneur, et l'étoile resplendissante qui étincelait au-dessus de la vierge-mère, et les pasteurs qui gardaient les troupeaux et qui vinrent voir le Fils de Dieu qui était né pour nous racheter. Et elle récitait le commencement de l'évangile de saint Jean : *In principio erat Verbum, et Verbum erat apud Deum ; et Verbum caro factum est*, etc. Et elle voyait Hérode rempli de rage, et les enfants égorgés, et Marie et Joseph fuyant en Egypte ; et elle parlait avec joie mêlée de larmes, et disait : « Dieu te salue, Bethléem, maison de paix en laquelle Dieu a séjourné. David a dit avec vérité : « Nous entrerons dans le tabernacle de ce lieu et nous adorerons « l'endroit où ses pieds ont marché. » Et moi, indigne pécheresse, comment puis-je mériter de baiser la crèche en laquelle Notre-Seigneur pleura tout petit, et d'être en oraison dans l'étable où Marie enfanta Dieu ? Ici est mon repos, car c'est la paix du Seigneur ; j'habiterai ici, parce que c'est l'endroit qu'a choisi le Sauveur. » Elle se comporta avec une si grande humilité, que ceux qui la virent, s'ils l'avaient vue dans sa grande splendeur, ils n'eussent pu croire que ce fût la même femme, mais bien la dernière des servantes de la noble Romaine. Et elle était souvent environnée de compagnies de vierges, et elle était la dernière de toutes, sous le rapport des vêtements et de l'apparence. Et depuis que son mari fut mort, elle ne mangea avec aucun homme. Et quoiqu'elle eût mené jadis une vie fort délicate, elle renonça désormais pour toujours aux bains, si ce n'est lorsqu'elle était malade ; et elle n'eut plus de lit mou, si ce n'est lorsqu'elle eut grosse fièvre ; elle reposa sur la terre et sur une haire. Et elle consacra le jour et la nuit à l'oraison, et elle pleurait sans cesse sur de légers péchés, et l'on aurait pu croire, à voir sa pénitence, qu'elle était coupable de fautes très-grièves. Et comme nous lui représentions qu'elle devait songer à la conservation de sa vue et la ménager pour la lecture de l'Évangile, elle disait : « Il faut qu'il soit défiguré, ce visage que j'ai souvent peint de couleur et de fard, en dépit du commandement de Dieu ; et ce corps doit être tourmenté, lui qui a savouré tant de délices ; car le rire doit être compensé par des pleurs, et les draps moelleux et précieux sont à changer en âpreté de haire ; moi qui ai plu aux hommes et au siècle, je ne désire désormais plaire qu'à Jésus-Christ. »

Si, parmi toutes les vertus de Paule, je voulais vanter sa chasteté, je pourrais bien passer pour prendre une peine superflue. Quand elle vivait dans le monde, Paule fut l'exemple de toutes les dames de Rome, et sa conduite fut telle, que jamais la médisance ne s'exerça en rien sur elle, et que personne n'osa imaginer d'elle le moindre mal. Je dois ici avouer mon erreur ; car lorsqu'elle était trop généreuse dans ses dons, je la reprenais et je lui rappelais la parole de l'Apôtre : « Il ne vous appartient pas pour soulagement comme aux autres, mais pour tribulation ; et il faut que dans le siècle votre abondance serve à soulager leur misère, et que le bien que vous aurez fait vous préserve ensuite de misère. » Et j'ajoutais : « Il convient de considérer que ce que l'on fait volontiers, l'on ne pourrait pas toujours le faire. » Et je disais beaucoup d'autres choses qui faisaient merveilleuse impression sur l'esprit de Paule. Et j'en appelle à Notre-Seigneur, que je prends à témoin, qu'elle faisait tout pour Jésus-Christ, et qu'elle aurait voulu mourir pour lui, et qu'elle désirait n'avoir pas même pour l'ensevelir un linceul à elle ; et elle disait : « Si j'en demande un, je trouverai beaucoup de gens qui me le donneront, mais celui qui est mort, qu'est-ce que son âme a besoin de demander ? » Elle ne voulait pas dépenser de l'argent à faire élever ces monuments qui passent avec la terre et avec le siècle, mais elle le dépensait pour ces pierres vives qui ne périssent pas avec la terre, et dont saint Jean dit en l'*Apocalypse* : « La cité du grand roi en est faite. » Et Paule mêlait à peine de l'huile à sa nourriture, excepté les jours de fêtes, et l'on peut bien juger par là qu'elle se privait de vin, de liqueurs, de lait, de miel, des œufs et des autres choses qui sont agréables au goût. Et certaines gens, en prenant toutes ces choses, croient pratiquer abstinence, et après avoir rempli leur ventre, ils sont les premiers à porter jugements téméraires et désavantageux de la vertu du prochain. J'ai connu un fauteur de médisance et de zizanie, ce qui est une race d'hommes digne de mépris, qui, sous un masque trompeur de charité, prétendait que la très-grande ardeur de Paule pour la vertu l'avait jetée en perte de sens et en folie, et il disait que son cerveau devait être substanté et nourri ; et elle lui répondit : « Nous sommes donnés en spectacle aux anges, au monde et aux hommes, et nous sommes insensés pour Jésus-Christ ; mais celui que l'on croit fou en ce qu'il fait pour Dieu, celui-là est le plus sage des hommes. » Après notre monastère qu'elle avait donné à gouverner aux hommes, elle fonda et organisa trois monastères, et elle y réunit trois congrégations de vierges qu'elle avait assemblées de diverses provinces, les unes de naissance noble, les autres d'origine commune et inférieure ; et elles étaient séparées à l'heure du travail et à celle des repas, mais elles étaient réunies lors de la psalmodie et des oraisons seulement. Quand elles se querellaient ensemble, Paule les remettait d'accord par ses douces paroles, et elle matait la chair révoltée des jeunes vierges en leur imposant jeûnes fréquents et redoublés, et elle aimait mieux que l'estomac les inquiétât plutôt que la pensée, disant : « Que la netteté du corps et des vêtements est une souillure pour l'âme, et ce qui passe seulement pour chose innocente et sans conséquence entre les hommes du siècle, c'est péché pour ceux voués à la vie religieuse. » Quoiqu'elle veillât à ce que les malades dans son couvent fussent largement pourvus de toute chose et qu'ils reçussent de la viande, toutefois elle n'en usait pas pour elle-même quand elle était indisposée, et la compassion qu'elle témoignait aux autres se changeait en dureté pour elle-même.

Il advint, au milieu des très-ardentes chaleurs de juillet, qu'elle souffrait d'une fièvre brûlante, et après qu'on eut désespéré de sa vie, elle revint à elle par la miséricorde de Dieu ; et les médecins dirent qu'elle avalât un peu de vin faible, et qu'elle ne bût point d'eau, afin qu'elle ne tombât pas en état d'hydropisie. Et je demandai en secret au bienheureux Épiphanes, pape, qu'il lui conseillât et lui enjoignît de boire du vin ; mais elle était si habile et de finesse si grande, qu'aussitôt elle devina ce que j'avais machiné, et elle me dit, en riant, que c'était moi qui avais fait parler le pape. Et qui plus est, quand l'évêque vint, après beaucoup de conseils, il sortit dehors ; et je demandai à Paule ce qu'elle avait fait, et elle répondit : « J'ai tant profité des recommandations de ce vieillard, que je n'ai pas renouvelé l'engagement de ne pas boire de vin. » Et elle était pleine de tendresse pour son mari et ses enfants, et tellement, que lors de leur mort, elle fut toujours en péril de mourir aussi ; et elle fortifiait son visage et sa poitrine du signe de la croix, s'efforçant ainsi de réprimer sa douleur; et, quoique ses entrailles de mère fussent déchirées, elle puisa sa force en Dieu, et elle triomphait, par sa résignation, de la fragilité du corps. Elle retenait en sa mémoire les saintes Écritures, et elle aimait l'histoire sainte, disant que c'était le fondement de vérité; elle s'attachait toujours au sens spirituel, et de ce point de vue élevé, elle basait l'édification de l'âme. Et comme elle parlait une autre langue que celle des Écritures, elle entreprit chose incroyable aux envieux, elle voulut apprendre, et elle apprit la langue hébraïque, que j'ai apprise dès mon enfance avec une grande peine et beaucoup de sueur, et que je n'abandonne jamais, car elle m'abandonnerait bientôt. Paule apprit si bien cette langue, qu'elle chantait les psaumes en hébreu et qu'elle s'entretenait aussi en hébreu sans aucun mélange d'expressions latines. Et nous voyons encore aujourd'hui sainte Eustochie, sa fille, en faire autant. Nous avons, jusqu'ici, conduit notre vaisseau avec des vents favorables, et notre vaisseau a sillonné les ondes profondes; mais à présent, il se présente devant lui des écueils. Qui est-ce qui pourrait raconter, sans pleurer, la mort de Paule ? Elle tomba en une très-grande faiblesse, et elle trouva ce qu'elle désirait pour nous laisser et pour être plus complétement avec Notre-Seigneur. Pourquoi est-ce que j'attends tellement, et que je prolonge ma douleur en m'arrêtant à d'autres choses ?

Cette femme, la plus sage des femmes, sentait déjà la mort en elle, et une partie de son corps et ses membres se refroidir, et elle sentait son âme s'envoler hors de sa sainte poitrine pour aller avec ses proches et pour délaisser la terre, et elle répétait à voix basse ces versets: « Seigneur, j'ai aimé la beauté de votre maison et le lieu d'habitation de votre gloire. » Elle répétait : « Seigneur, combien ai-je aspiré après vos tabernacles chéris ! » Et quand je lui demandai pourquoi elle se taisait et pourquoi elle ne répondait pas, moi qui lui demandais d'une voix forte si elle éprouvait quelque autre souffrance, elle me répondit en grec qu'elle n'avait nulle tristesse, mais qu'elle regardait toute chose paisiblement et tranquillement. Ensuite elle se tut; et après elle répéta ces mêmes versets, les yeux clos, jusqu'à ce qu'elle rendît l'âme, parlant si bas, qu'à peine pouvais-je l'entendre. Et toute la population de la Palestine se rendit à ses funérailles. Il n'y eut ni moine retiré au désert, ni vierge vouée à la solitude de sa cellule, qui n'eussent cru commettre un sacrilége s'ils ne fussent venus. Elle fut avec grand honneur ensevelie près de l'église, et la vierge Eustochie, sa fille, ne pouvait s'arracher de dessus sa mère, et les yeux fixés sur elle, la couvrant de baisers, elle voulait être ensevelie avec Paule. Et Dieu est témoin qu'elle ne laissa aucun argent à sa fille; mais au contraire, elle lui laissa une grande multitude de sœurs et de frères qu'il était difficile de soutenir, et qu'il aurait été très-mal de renvoyer. Salut donc, vénérable Paule et, assiste, je te prie, à l'extrémité de ses jours, celui qui t'honore. » C'est ainsi que s'exprime saint Jérôme.

LÉGENDE DE SAINT JULIEN.

Julien fut évêque du Mans, et l'on dit que ce fut Simon le lépreux que Notre-Seigneur guérit de la lèpre, et qui convia Notre-Seigneur Jésus-Christ à dîner; il fut ordonné évêque du Mans par les apôtres, après l'ascension de Notre-Seigneur, et il manifesta les plus éclatantes vertus. Il ressuscita trois morts, et après, il reposa en paix. Et l'on dit que ce Julien est imploré des voyageurs, afin qu'ils obtiennent bon gîte, parce que Notre-Seigneur fut hébergé en sa maison; mais vraiment il est plus vraisemblable que c'est un autre Julien. Celui-ci tua son père et sa mère par ignorance, et nous raconterons plus loin son histoire. Il y eut un Julien d'une noble famille d'Auvergne; mais il fut plus noble à cause de sa foi; car de son gré il s'offrit aux persécuteurs, tant il désirait le martyre; et à la fin Crispin, le gouverneur, envoya des gens auxquels il commanda de le tuer. Et quand ce Julien apprit cela, il sortit, et s'offrit sans peur à ceux qui le cherchaient, et aussitôt l'un d'eux le frappa et le tua; et sa tête fut ramassée et portée à saint Féréol, son compagnon, que l'on menaça d'une mort semblable s'il ne sacrifiait aussitôt. Et comme il ne voulut point y consentir, ils le tuèrent, et ils mirent la tête de saint Julien avec le corps de saint Féréol en un tombeau. Et quelques années après, saint Mamert, évêque de Vienne, trouva la tête de saint

Julien entre les mains de saint Féréol, aussi saine et aussi entière que si elle eût été ensevelie ce même jour. Parmi les autres miracles de ce saint, l'on raconte qu'un diacre ayant dérobé les brebis de l'Église de Saint-Julien, et que les pasteurs l'en reprenant, il répondit : « Saint Julien ne mange pas de moutons » ; et peu de temps après, il fut saisi d'une très-forte fièvre, et quand la fièvre empira, il confessa qu'il était tout embrasé, et il commanda qu'on jetât de l'eau sur lui pour le refroidir ; et aussitôt une si grande fumée et une si horrible puanteur sortirent de son corps, que tous ceux qui étaient là s'enfuirent, et aussitôt il expira. Grégoire de Tours raconte qu'un paysan voulant labourer un champ un dimanche, se trouva aussitôt paralysé des doigts et des mains, et la cognée avec laquelle il voulait nettoyer son soc s'adjoignit à sa main droite ; et il fut guéri, deux ans après, en l'église de Saint-Julien par l'intercession du bienheureux.

Et il y eut aussi un autre Julien, qui était frère de saint Jules ; et ces deux frères vinrent trouver l'empereur Théodose, qui était très-zélé pour la foi chrétienne, et ils lui demandèrent, qu'en quelques lieux qu'ils trouveraient des temples consacrés aux idoles, ils pussent les détruire, et élever en la place des églises à Jésus-Christ. Et l'empereur l'accorda très-volontiers, et il écrivit que tous dussent leur obéir et les aider, sous peine d'avoir la tête tranchée. Et alors, comme les bienheureux Julien et Jules construisaient une église en un lieu qui porte le nom de Gand, en vertu du commandement de l'empereur, tous les passants les aidaient dans leur ouvrage. Il advint que plusieurs hommes passèrent avec un chariot, et ils se dirent l'un à l'autre : « Quelle excuse donnerons-nous pour passer librement et ne pas avoir à travailler à cette œuvre ? » Et ils dirent : « Mettons un de nous dans le chariot et couvrons-le d'un drap, et nous dirons que nous portons dans ce chariot un mort, et ainsi nous pourrons passer librement. » Alors ils prirent un d'eux et ils le jetèrent dans le chariot et lui dirent : « Tais-toi, et ferme les yeux, et gis là comme un cadavre, jusqu'à ce que nous ayons passé. » Et quand ils furent venus à l'endroit où étaient les serviteurs de Dieu, Julien et Jules leur dirent : « Enfants, arrêtez-vous, et aidez-nous un peu dans l'œuvre que nous accomplissons. » Ils répondirent : « Nous ne pouvons rester ici, car nous portons dans ce chariot un homme mort. » Et Julien leur dit : « Pourquoi mentez-vous ainsi ? » Et eux dirent : « Nous ne mentons pas, seigneur; mais il en est ainsi que nous disons. » Et Julien leur dit : « Qu'il en soit selon la vérité de votre assertion. » Et ceux-ci pressèrent leurs bêtes et passèrent outre; et quand ils furent assez loin, ils allèrent au chariot, et commencèrent à appeler leur compagnon, disant : « Lève-toi, et pique les bœufs pour que nous allions plus vite. » Et comme il ne bougeait nullement, ils commencèrent à crier et dire : « Pourquoi attends-tu ? Lève-toi donc et presse les bœufs. » Et il ne répondit point. Ils allèrent à lui, et ils le trouvèrent mort. Et ils en furent tellement effrayés, eux et les autres, que personne n'osa depuis mentir aux serviteurs de Dieu.

Il y eut un autre Julien qui tua son père et sa mère par ignorance. Celui-ci était noble, et dans sa jeunesse il alla un jour à la chasse, et il trouva un cerf qu'il poursuivit. Le cerf se retourna soudainement et lui dit : « Tu me poursuis toi, qui tueras ton père et ta mère. » Et quand il entendit cela, il ne douta aucunement qu'il n'advînt en effet ce qui lui avait été annoncé par le cerf, et alors il laissa tout et partit secrètement; et il vint en une contrée très-éloignée, et se mit là à servir un prince, et se comporta honorablement partout, à la guerre et à la cour. Et alors le prince le fit chevalier, et lui donna pour femme une châtelaine qui était veuve, et il lui accorda un château pour douaire. Pendant ce temps, les parents de Julien étaient désolés de la perte de leur fils, et ils allaient, tout éperdus, s'informant à chaque endroit si on n'avait pas des nouvelles de leur fils. Et enfin ils vinrent au château dont Julien était seigneur, et Julien par hasard était absent du château; et quand la femme de Julien les vit et qu'elle se fut enquise qui ils étaient et qu'ils eurent raconté tout ce qui était arrivé à Julien leur fils, elle comprit que c'était le père et la mère de son mari, car elle avait bien souvent entendu son mari lui dire ce qui lui était arrivé, et elle les reçut très-bien et elle leur donna son lit, et elle fit disposer un autre lit pour elle. Et le lendemain au matin, la châtelaine alla à l'église. Saint Julien vint le matin dans sa chambre pour éveiller sa femme, et il trouva dans le lit deux personnes qui dormaient ensemble, et il ne douta pas que ce ne fût sa femme et quelque débauché, et, dans sa fureur, il tira son épée et il les tua tous deux ensemble. Et quand il sortit de sa maison, il vit sa femme qui venait de l'église; et, tout plein de surprise, il lui demanda quels étaient ceux qui étaient dans son lit. Et elle dit : « Ce sont votre père et votre mère, qui vous ont cherché si longtemps, et je les ai mis en votre chambre. » Et quand il entendit cela, il resta comme demi-mort, et il commença à pleurer très-amèrement et à dire : « Hélas! malheureux, que ferai-je? car j'ai tué mon cher père et ma bonne mère! et ainsi la parole du cerf se trouve accomplie, et ce que je cherchais à éviter, par le plus grand des malheurs, je l'ai consommé! Adieu, ma sœur bien-aimée, car je n'aurai dorénavant aucun repos avant que je sache que Notre-Seigneur Jésus-Christ a agréé ma pénitence. » Et elle répondit : « Cher frère, je ne peux consentir à ce que tu me délaisses et que tu t'en ailles sans moi ; car je prendrai ma part de ta douleur. » Et alors ils s'en allèrent ensemble vers un très-grand fleuve, où beaucoup de gens périssaient, et ils fondèrent un hôpital en ce désert pour faire pénitence, et pour porter de l'autre côté de l'eau tous ceux qui voudraient passer, et tous les pauvres devaient être reçus en cet hôpital. Et longtemps après, comme Julien était à se reposer, très-fatigué, vers le milieu de la nuit, et qu'il gelait fortement, il entendit une voix qui pleurait piteusement et qui appelait Julien, afin de passer le fleuve. Entendant cela, le saint se leva tout ému, et il trouva un homme qui mourait de froid ; et il le porta en sa maison, et il alluma du feu et il s'efforça de le réchauffer; et comme il ne pouvait y réussir, il craignit que ce malheureux ne vînt à expirer de froid, et il le porta en son lit et le recouvrit avec grand soin. Et peu après, celui qui lui était apparu ainsi malade et lépreux, se montra très-resplendissant, et, s'élevant vers les cieux, il dit à son hôte : « Julien, Notre-Seigneur m'a envoyé vers toi, et il te fait savoir qu'il a agréé ta pénitence, et vous deux vous reposerez en Notre-Seigneur dans un peu de temps. » Et il disparut aussitôt. Et peu après, Julien et sa femme, pleins de bonnes œuvres et d'aumônes, reposèrent en Notre-Seigneur.

Il y eut aussi un autre Julien qui ne fut pas saint, mais trèspervers et très-grand pécheur, et ce fut Julien l'apostat. Ce Julien fut d'abord moine, et feignait d'être de très-grande piété. Et comme maître Jean Beleth le raconte en sa *Somme de l'office de l'Église*, une femme avait trois pots pleins d'or, et la femme couvrit ses pots de cendre, afin que l'or n'apparût point, et elle donna à Julien ses pots à garder; et elle le regardait comme un très-saint homme, surpassant tous les moines en vertu; et elle ne montra autrement à personne qu'il y eût de l'or. Julien prit les pots, et il trouva dedans une grande quantité d'or; il prit tout cet or, et il remplit les pots de cendres. Et quelque temps après, cette femme lui demanda ce qu'elle lui avait donné. Alors il lui rendit les pots pleins de cendres. Et quand elle chercha son or, elle ne le put jamais trouver. Elle n'avait nuls témoins, et les moines devant lesquels elle avait donné ces pots à Julien n'avaient vu dedans que de la cendre; et Julien s'empara ainsi de tout cet or et il s'enfuit à Rome, et avec cet or il fit tant, qu'il fut nommé consul de Rome, et plus tard il fut élevé à l'empire; et dès son enfance il fut instruit dans la science de la magie, et il s'adonnait beaucoup à cette étude, et il avait avec lui plusieurs maîtres en cette science.

Un jour, comme l'*Histoire tripartite* le raconte, le maître qui l'apprenait en son enfance s'était absenté, et Julien restant seul, il se mit à lire les évocations, et aussitôt une grande multitude de diables, ayant figures d'Éthiopiens noirs, s'assemblèrent autour de lui, et Julien, qui les vit si affreux, en eut peur et il fit le signe de la croix, et aussitôt cette multitude de diables disparut. Et quand son maître fut revenu et qu'il lui eut dit ce qui lui était arrivé, son maître lui dit : « Les diables haïssent le signe de la croix. » Alors, quand Julien fut devenu empereur, il se ressouvint de cette chose, et il fut apostat; et, quand il voulut se livrer à l'art magique, il détruisit le signe de la croix en quelque lieu qu'il fût, et il persécuta les chrétiens de tout son pouvoir, et il pensait qu'autrement le diable ne lui obéirait pas. On lit dans la *Vie des Pères*, que quand Julien fut entré dans la Perse, il envoya un diable en Occident, pour lui rapporter des nouvelles de ce qui s'y passait. Et quand ce diable vint en un lieu éloigné de dix journées, il s'arrêta en ce lieu sans pouvoir avancer davantage, car un moine était jour et nuit en oraison non interrompue ; et le diable fut obligé de s'en retourner sans avoir rempli sa mission. Et Julien lui dit : « Pourquoi as-tu tant tardé ? » Et il répondit : « J'ai attendu qu'un moine, dont l'oraison continuelle m'empêchait de passer, s'arrêtât, mais il ne s'est point arrêté ; aussi je n'ai pu passer, et je m'en suis retourné sans rien faire. » Alors Julien dit avec colère, que lorsqu'il passerait par là, il tirerait vengeance du moine ; et comme les diables promettaient à Julien une victoire complète sur les Persans, son maître dit à un chrétien : « Que penses-tu que le fils du forgeron fasse maintenant ? » Et le chrétien répondit : « Il travaille au sépulcre qui attend Julien. »

On lit dans l'*Histoire de saint Basile*, et Philibert, évêque de Chartres, en rend témoignage, que lorsque Julien vint à Césarée de Cappadoce, saint Basile se rendit au-devant de lui, et lui envoya trois pains d'orge ; et Julien en fut courroucé et ne daigna pas les accepter, et il lui envoya du foin en échange, et il dit : « Tu nous a envoyé nourriture de bêtes déraisonnables, et nous te rendons ce que tu nous as envoyé. » Et Basile lui dit : « Nous t'avons envoyé de ce dont nous vivons, mais tu nous a envoyé de ce dont tu nourris tes bêtes. » Et alors Julien irrité répondit : « Quand j'aurai soumis les Persans, je détruirai cette cité et je la raserai, de sorte qu'elle produira du froment au lieu d'abriter des hommes. » Et la nuit suivante, Basile vit en vision, dans l'église de Sainte-Marie, une grande multitude d'anges, et au milieu d'eux, une femme assise sur un trône, qui disait à ceux qui étaient autour d'elle : « Appelez tout de suite Mercure, qui doit tuer Julien l'apostat, qui blasphème orgueilleusement contre moi et contre mon fils. » Et ce Mercure était un chevalier qui avait été mis à mort par ordre de Julien pour la foi de Jésus-Christ. Et aussitôt ce Mercure vint avec ses armes, qui étaient gardées près de là, et cette femme lui commanda d'aller au combat, et aussitôt il y alla. Et quand Basile s'éveilla, il se rendit au lieu où le bienheureux Mercure reposait avec ses armes, et il ouvrit le monument, et il ne trouva là ni le corps ni les armes. Et alors il demanda à celui qui les gardait qui les avait emportées. Et le gardien lui jura que, la veille au soir, elles étaient là où on les gardait toujours; et alors Basile s'en alla, et il revint le lendemain matin, et il retrouva le corps de Mercure avec ses armes, et la lance était tout ensanglantée. Et Julien l'empereur étant à la tête de son armée, un chevalier inconnu accourut, qui pressait son cheval de ses éperons, et il brandissait sa lance et perça Julien d'un grand coup dans le milieu du corps, et il s'en alla soudainement et personne ne le revit. On dit, dans l'*Histoire tripartite*, que Julien respirant encore remplit sa main de son sang et le jeta en l'air, en disant : « Tu as vaincu, Galiléen, tu as vaincu. » Et, en disant ces mots, il mourut misérablement, et il fut délaissé de tous les siens, qui ne lui donnèrent point la sépulture, et les païens écorchèrent son corps.

LÉGENDE DE SAINT IGNACE.

Ignace fut disciple de saint Jean, et il fut évêque d'Antioche. Nous lisons qu'il envoya une lettre à la Vierge Marie ainsi conçue : « A Marie qui a porté Jésus-Christ, Ignace, nouveau à la foi, et disciple du bienheureux Jean. Tu ne refuseras pas de donner consolation à un néophyte, car j'ai entendu, au sujet de Jésus-Christ, tant d'admirables récits, que je suis dans la plus grande surprise, et je désire acquérir là-dessus plus grande certitude, la recevant de ta bouche, puisque tu as vécu familièrement et que tu sais toutes les choses secrètes qui lui sont arrivées. Salut, et que les nouveaux en la foi qui sont avec moi soient confirmés de toi, en toi, et par toi. » Et la bienheureuse Vierge Marie lui répondit en ces termes : « A Ignace, ami et disciple, l'humble servante de Jésus-Christ. Les choses que tu as ouïes et apprises de Jean, au sujet de Jésus-Christ, sont vraies; crois-les, et attache-toi fermement à la foi chrétienne, et règle tes mœurs et ta vie selon ta foi. J'irai avec Jean te confirmer dans la foi ainsi que ceux qui sont avec toi, et maintiens-toi dans la vérité; que la cruauté des persécutions ne t'émeuve point, mais que ton esprit veille et qu'il se réjouisse en Dieu. » Ignace fut d'une grande autorité, et Denis, disciple de Paul, qui fut si parfait en philosophie et en science divine, confirma ce qu'il disait en l'appuyant de la parole d'Ignace, comme il le témoigne en son livre *Des Noms divins*. On lit dans l'*Histoire tripartite*, qu'Ignace entendit les anges chanter des antiennes, et qu'en conséquence il établit l'usage de chanter versets et antiennes à l'église. Après que le bienheureux Ignace eut longuement prié pour la paix de l'Église, redoutant le péril, non pas pour lui, mais pour d'autres qui n'étaient pas fermes dans la foi, il s'en alla vers Trajan l'empereur, qui régna l'an de Notre-Seigneur deux cent, et qui retournait de la guerre, et qui menaçait les chrétiens de mort; et il lui avoua franchement qu'il était chrétien. Et Trajan le fit charger de chaînes et le remit à dix chevaliers, et commanda qu'on le menât à Rome, le menaçant de le livrer aux bêtes pour en être dévoré. Et comme Ignace était mené à Rome, il envoya des lettres à toutes les Églises, et il les confirmait en la foi de Jésus-Christ; entre autres lettres, il en écrivit une à l'Église de Rome, ainsi qu'on le lit dans l'*Histoire scolastique*, en priant qu'ils n'empêchassent point son martyre; et il s'exprima ainsi : « Je suis mené de Syrie à Rome, et je combats contre les bêtes sur terre et sur mer, jour et nuit lié et chargé de chaînes, avec dix léopards, c'est-à-dire dix chevaliers chargés de me garder; mes bienfaits ne font que les rendre plus cruels; mais leur méchanceté nous sert de leçon. O bêtes salutaires qui sont préparées pour moi! quand viendront-elles? quand seront-elles lâchées, quand leur plaira-t-il d'user de ma chair? Je les inviterai à me dévorer, et je prierai qu'elles ne redoutent point de tourmenter mon corps comme elles ont fait quelquefois; et si elles veulent m'épargner, je les irriterai et je m'offrirai à elles, car je sais bien ce qui est avantageux pour moi. Croix, feux, bêtes et brisure des os, déchirement de tous les membres et de tout le corps, et que tous les supplices imaginés par la malice du diable soient employés contre moi, afin que je mérite de voir mon Sauveur Jésus-Christ. » Et quand le martyr fut venu à Rome, Trajan lui dit : « Ignace, pourquoi fais-tu soulever Antioche, et pourquoi convertis-tu mes sujets à ta foi? » Et Ignace répondit : « Mon désir serait aussi de pouvoir te convertir, afin que tu acquisses une domination bien plus grande. » Et Trajan lui dit : « Sacrifie à mes dieux, et tu seras prince de tous les prêtres. » Et Ignace lui dit : « Je ne sacrifierai à tes dieux, ni je ne veux de la dignité que tu m'offres ; tu peux faire de moi ce que tu voudras, mais tu ne me changeras point en aucune manière. » Et Trajan dit : « Frappez-le de fouets munis de boules de plomb, et déchirez-lui les côtés avec les ongles de fer, et frottez son dos avec des pierres. » Et quand ils lui eurent fait tout cela et qu'il était sans mouvement, Trajan dit : « Apportez des charbons ardents, et faites-le marcher dessus pieds nus. » Et Ignace dit : « Le feu ardent ni l'eau bouillante ne pourront éteindre l'amour que j'ai pour Jésus-Christ. » Et Trajan dit : « C'est par sortilége qu'il brave les tortures et qu'il ne veut pas consentir. » Et Ignace dit : « Nous autres chrétiens, nous n'usons d'aucun sortilége, et nous ordonnons, en notre loi, la mort de tout enchanteur ; c'est vous qui faites des maléfices, vous qui adorez les idoles. » Et Trajan dit : « Déchirez son dos avec les ongles de fer, et répandez du sel sur ses plaies. » Ignace dit : « Les souffrances de cette terre ne sont rien auprès de la gloire à venir. » Et Trajan dit : « Otez-le, et liez-le de chaînes de fer ; gardez-le dans le plus profond cachot, et laissez-le sans manger et sans boire durant trois jours ; après, donnez-le aux bêtes, afin qu'elles le dévorent. » Le troisième jour après, l'empereur, les sénateurs et tout le peuple s'assemblèrent pour voir l'évêque d'Antioche combattre les bêtes. Et Trajan dit : « Comme Ignace est orgueilleux, liez-le, et lâchez deux lions contre lui, et qu'ils ne laissent nul vestige de lui. » Et saint Ignace dit au peuple qui était là : « Romains, qui me regardez mourir, je n'ai pas travaillé pour rien ; ce n'est pas pour le crime, mais pour la justice que je souffre. » Et, ainsi qu'on le lit dans l'histoire ecclésiastique, il commença à dire : « Moi qui suis le froment de Jésus-Christ, je serai moulu par les dents des bêtes, afin de devenir un pain pur et net. » Et l'empereur dit : « La patience des chrétiens est grande : quel est celui des Grecs qui souffrirait autant pour son Dieu? » Ignace dit : « Ce n'est pas par ma force seule que je souffre, mais c'est par la grâce et l'aide de Jésus-Christ. » Et alors Ignace appela les lions, afin qu'ils accourussent pour le dévorer. Et alors deux lions furieux accoururent à lui et l'étranglèrent ; mais ils ne touchèrent nullement à son corps. Trajan, voyant cela, s'en alla tout étonné, et il commanda que si quelqu'un voulait l'enterrer, on ne l'empêchât point. Et les chrétiens emportèrent le corps du martyr et l'ensevelirent honorablement. Et Trajan ayant reçu les lettres dans lesquelles Pline le jeune louait les chrétiens que l'empereur lui avait commandé de faire périr, il fut affligé de ce qu'il avait fait à Ignace, et il commanda que nul chrétien ne fût poursuivi, et que ceux qui les outrageraient seraient punis. On lit que le bienheureux saint Ignace, entre tant de tourments, ne cessa jamais d'invoquer le nom de Jésus-Christ. Et quand les bourreaux lui demandaient pourquoi il appelait si souvent ce nom, il répondit : « Ce nom est écrit en mon cœur, et je ne puis donc m'empêcher de l'appeler. » Et ceux qui avaient entendu cela voulurent s'assurer, après sa mort, si c'était vrai, et ils ôtèrent son cœur de son corps et ils le coupèrent par le milieu, et trouvèrent dedans écrit en lettres dorées le nom de Jésus-Christ; et, à cette vue, plusieurs crurent en Dieu. Au sujet de ce saint, saint Bernard, dans son commentaire sur le psaume *Qui habitat*, s'exprime ainsi : « Ignace fut auditeur zélé du disciple que Jésus-Christ chérit, et ses reliques ont enrichi notre pauvreté; et dans plusieurs épîtres qu'il écrivit à Marie, il la salue du titre de celle qui a porté Jésus-Christ. »

LÉGENDE DE SAINT BLAISE.

Comme Blaise était éclatant en bonté et en sainteté, les chrétiens l'élevèrent au siége épiscopal de la cité de Sébaste, en Cappadoce; et quand il eut été nommé évêque, il s'en alla en une caverne durant la persécution de Dioclétien, et il mena vie d'ermite, et les oiseaux lui apportaient sa nourriture et venaient en foule vers lui, et ne s'en allaient point qu'il ne les eût bénis, en étendant les mains sur eux. Quand un oiseau était malade, il venait à lui et il emportait pleine santé. Le gouverneur de la ville avait donc envoyé des soldats pour le chercher, et ils furent longtemps sans le trouver; et ils vinrent par hasard à la caverne où saint Blaise habitait, et ils trouvèrent une grande multitude de bêtes qui étaient devant lui. Et ils n'en purent prendre aucune, et ils s'en retournèrent tout étonnés, et ils rapportèrent cela au gouverneur, qui y envoya aussitôt de nouveaux soldats, et qui commanda qu'on lui amenât Blaise avec tous les chrétiens. Et cette nuit, Notre-Seigneur lui apparut trois fois, disant : « Lève-toi, et offre-moi un sacrifice. » Et peu après, les soldats arrivèrent et dirent à Blaise : « Lève-toi, le gouverneur te demande. » Et Blaise répondit : « Enfants, soyez les très-bien venus. Je vois bien que Notre-Seigneur ne m'a pas oublié. » Alors il s'en alla avec eux, et il ne cessa de prêcher, et il fit beaucoup de miracles devant eux. Et une femme avait un fils qui avait un os de poisson arrêté à la gorge, de sorte qu'il était au moment de mourir. Et elle apporta son fils aux pieds du saint et le pria, en versant des larmes, de vouloir bien le guérir. Et saint Blaise mit la main sur lui et pria Dieu que cet enfant et tous ceux qui solliciteraient la santé en son nom fussent guéris, et il fut guéri sur-le-champ.

Une femme n'avait qu'un seul pourceau, qu'un loup lui ravit, et alors elle pria Monseigneur saint Blaise qu'il lui fît rendre son porc. Et il lui dit en souriant : « Femme, ne sois pas inquiète, ton porc te sera rendu. » Et aussitôt le loup vint, et il rapporta le porc à cette femme. » Et quand Blaise fut venu à la ville, le gouverneur commanda qu'il fût mis en un cachot, et le lendemain il ordonna qu'on l'amenât devant lui. Et quand il le vit il le salua, lui adressant de douces paroles, en disant : « Réjouis-toi, Blaise, ami des dieux. » Blaise répondit : « Et toi aussi, réjouis-toi, gouverneur très-bon; mais je ne dis pas que ceux dont tu parles soient des dieux, mais bien que ce sont des diables condamnés au feu éternel avec ceux qui les honorent. » Alors le gouverneur fut très-corroucé, et il fit battre rudement le martyr et le fit ramener en prison. Et Blaise dit : « Insensé, penses-tu m'ôter l'amour de mon Dieu en m'infligeant des peines, qui sont pour moi une consolation ? » Et alors, la veuve qui avait recouvré son porc le tua, et elle en porta à Blaise la tête et les pieds avec un pain et une chandelle. Et il lui rendit grâces et il mangea; puis après il lui dit : « Offre tous les ans une chandelle à l'église en mon nom; quiconque le fera, il en retirera grand avantage. » Et elle le fit toujours, et elle s'en trouva très-bien.

Et aussitôt après que le gouverneur l'eut fait tirer de prison, voyant que Blaise ne voulait point rendre hommage aux idoles, il commanda de lui déchirer le corps avec des peignes de fer, et derechef de le mettre dans le cachot. Alors sept femmes essuyèrent les gouttes de son sang et les recueillirent, et aussitôt elles furent saisies, et on voulut les contraindre à sacrifier aux faux dieux. Et elles dirent au gouverneur : « Si tu veux que nous adorions tes dieux, envoie-les à l'étang et fais-les laver, afin qu'ils soient plus nets lorsque nous les adorerons. » Et le gouverneur fut fort joyeux, et le plus tôt qu'il put, il accomplit ce qu'elles avaient dit. Et alors les femmes prirent les idoles et les jetèrent à l'étang et dirent : « Nous verrons si ce sont des dieux. » Et quand le gouverneur apprit cela, il fut plein de rage, et il se tourmentait et il se frappait, et il dit aux soldats : « Pourquoi ne retîntes-vous pas nos dieux avant qu'ils fussent jetés au fond du lac? » Et ils répondirent : « Ces femmes nous ont trompés. » Et elles dirent : « Le vrai Dieu Jésus-Christ ne souffre nulle tromperie ; mais s'ils eussent été dieux, ils eussent bien su d'avance ce que nous voulions faire. » Et alors le gouverneur, furieux, commanda qu'on apportât du plomb fondu et des peignes de fer et sept casques tout ardents, et d'autre part, sept chemises de lin ; puis il leur dit qu'elles eussent à choisir ce qu'elles préféreraient. Et l'une d'elles, qui avait deux enfants, courut hardiment et prit les chemises et les jeta en la cheminée ardente. Et les enfants dirent à la mère : « Chère mère, ne nous laisse pas après toi ; mais comme tu nous a repus de la douceur de ton lait, remplis-nous aussi de la douceur du royaume céleste. » Alors le gouverneur commanda qu'elles fussent suspendues et que leur chair fût déchirée avec les peignes de fer. La chair de ces deux femmes était plus blanche que la neige ; et du lait en coula au lieu de sang. Et comme elles souffraient ces tourments, l'ange de Notre-Seigneur vint à elles et les encouragea, et il dit : « Ne craignez point ; le bon ouvrier qui commence bien et qui conduit à bien l'œuvre commencée est digne de louange, et sera récompensé. » Alors le gouverneur commanda qu'elles fussent détachées et jetées en un grand feu ardent ; et le feu fut aussitôt éteint par la volonté de Dieu, et elles en sortirent sans avoir éprouvé aucun mal. Et le

gouverneur leur dit : « Cessez vos sortiléges et adorez nos dieux. »
Et elles répondirent : « Méchant, accomplis ce que tu as entrepris, car nous sommes déjà appelées au royaume des cieux. »
Alors il rendit sa sentence, et il commanda qu'elles eussent la tête tranchée. Et quand elles furent au moment d'être décapitées, elles commencèrent à adorer Jésus-Christ, en disant : « Vrai Dieu, qui nous a ôtées des ténèbres et qui nous a amenées à cette douce lumière, et qui nous a appelées à ton sacrifice, reçois nos âmes et fais-les arriver à la vie éternelle. » Et elles eurent alors la tête coupée, et elles trépassèrent pour Notre-Seigneur. Et puis le gouverneur commanda que Blaise fût amené, et il lui dit : « Blaise, dis-nous si tu adoreras nos dieux ou non. » Et Blaise lui dit : « Méchant, fais ce que tu voudras, car vos dieux, je ne les adorerai jamais. Ne t'ai-je pas livré mon corps ? » Et alors le gouverneur commanda qu'il fût jeté dans le lac ; mais Blaise fit le signe de la croix sur l'eau, qui devint aussitôt ferme comme un roc, et il dit : « Si vos dieux sont vrais, prouvez-nous leur puissance et entrez ici. » Et soixante-cinq hommes entrèrent dans l'étang, et ils furent aussitôt noyés. Et l'ange de Notre-Seigneur descendit du ciel et dit : « Blaise, sors et reçois la couronne que Dieu t'a préparée. » Et quand il fut sorti, le gouverneur lui dit : « Tu es donc bien résolu à ne pas adorer nos dieux ? » Et Blaise lui dit : « Sache, malheureux, que je suis serviteur de Dieu, et que je n'adorerai pas les idoles. » Alors le gouverneur le condamna aussitôt à être décapité. Et Blaise fit sa prière à Notre-Seigneur, lui demandant que quiconque, dans les souffrances de la gorge ou dans quelque autre souffrance, requerrait son aide, qu'il fût aussitôt exaucé. Et une voix lui dit : « Qu'il serait fait comme il l'avait requis. » Et le saint fut décapité avec deux petits enfants, vers l'an de Notre-Seigneur deux cent quatre-vingt-sept.

LÉGENDE DE SAINTE AGATHE.

Agathe, noble vierge, eut à la fois la beauté du corps et de l'âme, et elle adorait toujours Dieu en toute sainteté dans la cité de Catane. Quincien, qui était consul de Sicile, n'était pas noble, et il était adonné à la luxure, et il adorait les idoles : il voulut se rendre maître d'Agathe, afin d'avoir, lui qui n'était pas noble, une femme d'illustre famille, et aussi afin de jouir de sa beauté, et de satisfaire son avarice en prenant possession de ses richesses. Il se la fit amener ; et quand elle parut devant lui et qu'il l'eut entendue, et qu'il eut reconnu qu'elle était inébranlable dans sa résolution de ne pas sacrifier aux idoles, il la remit à une femme de mauvaise vie, nommée Afrodise, et à neuf filles qu'elle avait et qui étaient aussi corrompues qu'elle, afin qu'elles s'efforçassent, durant trente jours, de faire changer Agathe de résolution. Et la sainte dit : « Ma pensée est plus ferme que la terre, et elle est fondée sur Jésus-Christ ; vos paroles ne sont que vent, vos promesses ne sont que pluie, vos menaces ne sont qu'eaux de fleuves qui passent, et quelque chose que vous me fassiez, vous ne pourrez faire tomber les fondements de ma maison. » Et en disant cela, elle pleurait chaque jour, et elle savait bien qu'elle obtiendrait la gloire du martyre. Et quand elle eut été là trente jours, Afrodise vit qu'elle était déterminée à ne pas changer de résolution, et elle dit à Quincien : « Une pierre serait plutôt amollie et le fer converti en plomb, que la pensée de cette fille ne serait écartée de la loi chrétienne. » Alors Quincien fit amener Agathe devant lui et lui dit : « De quelle condition es-tu ? » Et elle dit : « Je suis d'une famille noble et distinguée, ainsi que mon parentage le témoigne. » Alors Quincien répliqua : « Si tu es noble, pourquoi montres-tu par tes habitudes que tu es une personne de vile condition ? » Et elle répondit : « Comme je suis servante de Jésus-Christ que je sers, j'ai l'apparence d'une personne de condition servile. » Et Quincien lui dit : « Si tu es noble, pourquoi affirmes-tu que tu es servante ? » Et elle répondit : « Que c'est noblesse souveraine que d'être au service de Jésus-Christ. » Et Quincien lui répliqua : « Choisis ce que tu voudras, ou de sacrifier aux dieux, ou d'être mise à la torture. » Agathe dit : « Que ta femme soit comme fut Vénus, qui est ta déesse, et toi, puisses-tu être comme fut Jupiter, qui est ton dieu. » Alors Quincien commanda qu'elle fût battue, disant : « Ne t'avise pas de proférer de folles injures contre ton juge. » Et Agathe dit : « Je m'étonne que toi, homme sage, tu sois livré à une si grande folie, que tu révères comme dieux des personnes auxquelles ni toi ni ta femme ne voudriez ressembler, et je te ferais injure si je disais que tu vis à l'exemple de tes dieux. S'ils sont bons, j'ai désiré pour toi une bonne chose, et si tu blâmes leur conduite, tu partages mes sentiments. » Quincien répondit : « Qu'ai-je affaire de tes vaines paroles ? Sacrifie aux dieux, ou je te ferai mourir dans les tourments. » Et Agathe répondit : « Si tu me livres aux bêtes sauvages, et qu'elles viennent à entendre le nom de Dieu, elles s'apaiseront ; si tu me condamnes au feu, les anges du ciel répandront sur moi une suave rosée ; si tu me livres à la torture, j'ai pour soutien le Saint-Esprit, qui me met en état de mépriser toutes ces choses. » Alors Quincien commanda qu'elle fût mise en prison, car elle le confondait de sa parole devant le peuple. Et elle se rendit avec joie et allégresse au cachot, comme si elle était conviée à un festin, et elle se recommandait à Dieu. Le jour suivant Quincien lui dit : « Renie ton Christ et adore les dieux. » Et comme elle refusa de le faire, il commanda de la lier sur le chevalet et de l'y torturer. Et Agathe lui dit : « Je me délecte en ces tourments comme une personne qui entend de bonnes nouvelles, ou qui voit ce qu'elle a longtemps désiré, ou qui a trouvé de grands trésors. Le froment ne peut être mis au grenier si la paille n'a été très-fort foulée, et mon âme ne peut entrer en paradis avec la couronne du martyre si je n'ai été cruellement tourmentée par les bourreaux. » Et alors Quincien commanda que ses mamelles fussent tordues, et qu'après qu'elles auraient été longtemps tordues, elles fussent coupées. Et Agathe lui dit : « Méchant, cruel et pervers tyran, n'es-tu pas confus d'avoir fait couper à une femme ce que toi-même tu as sucé de ta mère ? J'ai dans mon âme et entières les mamelles dont je nourris tous mes sens, que j'ai, dès mon enfance, consacrés à Notre-Seigneur. » Alors il commanda qu'elle fût mise en prison, et il défendit que nul médecin y entrât, et qu'on lui donnât ni pain ni eau. Et, à minuit, un vieillard vint à elle, et un enfant marchait devant lui, qui apportait de la lumière et divers médicaments ; et cet homme dit : « Quoique le gouverneur t'ait fait endurer cruels tourments, tu l'as tourmenté davantage avec tes paroles. La rigueur de tes tourments se changera pour lui en amertume ; et comme j'étais là quand tu les souffrais, je vis bien que tes mamelles pouvaient être guéries. » Agathe lui répondit : « Je n'ai jamais employé de remède pour mon corps, et je serais bien fâchée si j'allais perdre ce que j'ai tant gardé. » Et le vieillard dit : « Je suis chrétien, n'aie aucune honte. » Et Agathe dit : « Je ne puis éprouver de honte, car tu es d'une grande vieillesse, et je suis déchirée si cruellement, que nul homme ne pourrait prendre volupté en moi ; mais je te rends grâces de ce que tu veux me guérir. » Et il dit : « Pourquoi ne souffres-tu que je te guérisse ? » Et elle dit : « J'ai Jésus-Christ, mon Seigneur, qui par sa parole guérit tout et qui restaure toutes choses par son commandement ; s'il lui plaît, il me pourra guérir sur-le-champ. » Le vieillard lui dit : « Je suis l'apôtre de Jésus-Christ ; il m'a envoyé vers toi, et sache qu'en son nom tu es guérie. » Et aussitôt saint Pierre l'apôtre disparut. Alors la bienheureuse vierge Agathe s'agenouilla et rendit grâces à Dieu de ce qu'elle se trouvait guérie et ses mamelles rétablies en sa poitrine. Et comme les gardes, épouvantés de la très-grande lumière qui avait éclairé son cachot, s'étaient enfuis, laissant la prison ouverte, l'un d'eux l'engagea à s'en aller. Et elle répondit : « A Dieu ne plaise que je m'enfuie et que je perde la couronne qui m'est promise, et que je mette mes gardiens en tribulation ! » Et quatre jours après, Quincien lui dit qu'elle adorât les dieux, ou qu'elle souffrirait d'extrêmes tourments. Agathe lui dit : « Tes paroles sont vaines et folles, et elles souillent l'air. Malheureux, privé de raison et d'entendement, comment veux-tu que j'adore des pierres, et que je laisse le Dieu du ciel qui m'a guérie ? » Quincien dit : « Et qui t'a guérie ? » Et Agathe lui répondit : « Jésus-Christ, le fils de Dieu ! » Et Quincien dit : « Oses-tu derechef nommer le Christ, celui dont je ne veux entendre le nom ! » Et Agathe lui répondit : « Tant que je vivrai, j'appellerai Jésus-Christ de cœur et de bouche. » Et Quincien dit : « Je verrai bien si le Christ te guérira. » Alors il commanda de presser sur des pots cassés et d'appliquer sur un feu ardent le sein de la martyre et de la retourner toute nue dessus. Et comme on faisait cela, il survint un grand tremblement de terre, qui fit tant de ravages dans la ville, qu'une partie s'écroula, et les deux conseillers de Quincien furent tués. Et aussitôt tout le peuple courut à Quincien, disant : « Nous souffrons ainsi parce que tu tourmentes Agathe sans juste raison. » Alors Quincien, effrayé d'un côté du tremblement de terre, et de l'autre du soulèvement du peuple, commanda qu'Agathe fût remise en prison. Et elle y pria Notre-Seigneur Jésus-Christ, disant : « Seigneur Dieu, qui m'avez formée et m'avez gardée dès mon enfance, qui avez préservé mon corps de souillure et avez ôté de moi l'amour du siècle, et qui m'avez fait vaincre les tourments, et qui m'avez toujours donné la vertu de patience, recevez mon esprit et daignez me recevoir dans votre miséricorde ! » Et quand elle eut dit cela à haute voix, elle rendit l'esprit, l'an de Notre-Seigneur deux cent treize, sous Dacien, empereur. Et comme les chrétiens oignaient le corps et le mettaient au cercueil, un jeune homme vint, vêtu de soie, avec plus de cent hommes d'une grande beauté et couverts de riches vêtements, et personne ne les avait jamais vus ; et le jeune homme mit au chevet du lit une table de marbre, et puis il disparut ; et sur cette table de marbre il était écrit : « Pensée de volonté sainte : honneur à Dieu et délivrance du pays. » Ce qui s'explique ainsi : Agathe eut pensée sainte, elle s'offrit de bonne volonté, elle rendit honneur à Dieu, et elle obtint la délivrance de son pays. Et quand ce miracle fut publié, les païens et les juifs commencèrent à honorer le sépulcre de la sainte. Et quand Quincien se mit en route pour rechercher ses richesses, il était dans un char traîné par deux chevaux, qui s'emportèrent et brisèrent le char, et l'un des chevaux mordit Quincien, et l'autre le frappa du pied et le jeta dans un fleuve, de sorte que jamais on ne revit son corps. Et quand revint l'anniversaire de la fête de la sainte, une montagne très-élevée près de la ville se fendit, et lança des feux qui descendaient de la montagne comme des ruisseaux, fendant les rochers et la terre, et ils vinrent jusqu'à la ville. Et alors une grande multitude de païens descendirent de la montagne et s'enfuirent vers le sépulcre d'Agathe, et prirent le couvercle dont le sépulcre était recouvert et le mirent contre le feu, qui aussitôt s'arrêta et ne passa nullement outre. Et, au sujet de cette vierge, Ambroise dit en sa préface : « O bienheureuse vierge et noble ! toi qui méritas que Notre-Seigneur ennoblit ton sang par la louange du martyre! O glorieuse et noble, ennoblie de double beauté, tu supportas les plus cruels tourments, grâce à l'aide de Dieu, et tu fis d'éclatants miracles; tu fus digne d'être guérie par la visitation de l'apôtre, et tu fus mariée à Jésus-Christ; les anges te reçurent, et participant à leur concert, tu délivras ta patrie dans un moment d'extrême danger. »

LÉGENDE DE SAINT URBAIN.

Urbain fut le successeur du pape Calixte, et de son temps il y eut une grande persécution contre les chrétiens. Enfin Alexandre, dont la mère, Mammea, avait été convertie au christianisme par Origène, devint empereur. Et elle décida l'empereur à cesser la persécution. Mais Almaque, le gouverneur de la ville, celui qui avait fait trancher la tête à sainte Cécile, continuait à sévir très-rigoureusement contre les fidèles. Il fit poursuivre Urbain, et l'ayant découvert dans une caverne, caché avec trois prêtres et trois diacres, il les fit mettre en prison. Il se le fit ensuite amener, et il lui reprocha d'avoir séduit Cécile, Tiburce et Valérien, avec cinq mille autres personnes, et il lui demanda les trésors de sainte Cécile. Et Urbain lui répondit: « Je vois que c'est la cupidité qui te porte à sévir contre les chrétiens, plus que ta dévotion pour tes dieux. Les trésors de Cécile ont été transportés au ciel par les mains des pauvres. » Alors Urbain fut battu de verges; et comme il invoquait le nom du Seigneur, le gouverneur dit d'un air de dérision: « Ce vieillard veut paraître sage, et il dit des choses qu'on ne peut comprendre. » Et la fermeté des martyrs restant inébranlable, ils furent reconduits en prison. Et Urbain y baptisa trois tribuns qui vinrent à lui, ainsi que le geôlier Anolin; et celui-ci, ayant confessé la foi de Jésus-Christ, fut décapité. Et l'on conduisit Urbain et ses compagnons devant les idoles, en leur enjoignant d'offrir de l'encens. Et le saint s'étant mis en prière, l'idole tomba et elle écrasa vingt-deux prêtres qui entretenaient le feu. Et alors les martyrs furent rudement battus; mais ayant fait le signe de la croix, ils crachèrent sur l'idole; et, s'étant donné le baiser de paix, ils furent conduits au supplice l'an du Seigneur deux cent vingt. Et Carpasius, qui les avait arrêtés, fut saisi du diable, qui l'étrangla, tandis qu'il blasphémait ses dieux. Ce que voyant, sa femme Arménia se fit baptiser avec sa fille Lucine et toutes les personnes de sa maison, par le prêtre Fortunat, et elle ensevelit ensuite honorablement les martyrs.

LÉGENDE DE SAINTE PÉTRONILLE.

Pétronille, dont saint Marcel a écrit la vie, fut fille de l'apôtre saint Pierre; et comme elle était d'une très-grande beauté, elle était, par la volonté de son père, atteinte de la fièvre, lorsque les disciples logeaient chez lui; et l'empereur Titus dit à saint Pierre : « Puisque tu guéris tous les malades, pourquoi laisses-tu Pétronille souffrante? » Et Pierre lui répondit : « C'est que cela convient ainsi. » Néanmoins, afin que l'on ne crût pas qu'il y eût de sa part impuissance de la guérir, il lui dit : « Pétronille, lève-toi promptement et sers-nous. » Et aussitôt elle se sentit guérie, et elle se leva et elle les servit. Et quand elle eut fini de les servir, Pierre dit : « Pétronille, retourne à ton lit. » Elle y revint, et elle fut reprise de la fièvre comme auparavant. Et lorsqu'elle eut acquis la perfection de l'amour de Dieu, elle fut complétement guérie. Et un seigneur, nommé Flaccus, frappé de sa beauté, voulut la prendre en mariage. Et elle lui dit : « Si vous voulez m'avoir pour épouse, ordonnez aux vierges qui doivent me conduire chez vous de venir me chercher. » Et lorsqu'il s'en occupait, Pétronille, se vouant au jeûne et à l'oraison et recevant le corps du Seigneur, alla se mettre sur son lit, et trois jours après elle rendit son âme à Dieu. Flaccus, se voyant déçu dans son attente, se tourna vers Félicola, compagne de Pétronille, et lui ordonna de consentir à l'épouser, ou de sacrifier aux idoles. Et comme elle ne voulut consentir ni à l'une ni à l'autre de ces choses, le gouverneur la fit enfermer sept jours dans un cachot sans boire ni manger; il la fit ensuite expirer sur le chevalet, et jeter son corps dans un égout. Et saint Nicodème l'ensevelit. Flaccus fit saisir Nicodème, et comme il refusait de sacrifier, il le fit mourir sous les coups, et il fit jeter son cadavre dans le Tibre; mais un prêtre l'en retira et lui donna une sépulture honorable.

LÉGENDES

DE St PIERRE L'EXORCISTE ET DE St MARCELIN.

Saint Pierre l'Exorciste était retenu en prison par Arthimius, dont la fille était possédée du démon; et comme Arthimius se lamentait, Pierre lui dit que s'il croyait en Jésus-Christ, sa fille serait aussitôt guérie. Et Arthimius répondit : « Je ne sais comment ton maître peut guérir ma fille, lui qui ne te délivre pas, toi qui souffres tant pour lui. » Et Pierre lui dit : « Il a bien le pouvoir de me délivrer de ton joug; mais il veut que je mérite, par mes souffrances, la gloire éternelle. » Et Arthimius répliqua : « Si ton maître te délivre des doubles chaînes dont je te ferai attacher, et s'il guérit ma fille, je croirai en lui. » Et voici que saint Pierre, vêtu de vêtements blancs, lui apparut, et la fille fut guérie; et Arthimius se fit baptiser, ainsi que tous les gens de sa maison. Et beaucoup d'autres crurent aussi, et le bienheureux Marcelin, prêtre, les baptisa. Et le gouverneur de Rome, instruit de cela, se les fit tous amener, et il fit enfermer Pierre et Marcelin dans des cachots séparés, et Marcelin fut attaché nu sur du verre cassé, et on lui refusa la clarté du jour et l'eau; et Pierre fut enfermé dans un cachot très-profond et très-étroit. Mais l'ange du Seigneur délivra Pierre, et les conduisit à la maison d'Arthimius, et il leur dit d'y rester sept jours, et de se présenter ensuite devant le juge; et le juge, furieux de ce que les martyrs lui étaient échappés, ordonna d'arrêter Arthimius et de l'enterrer vivant ainsi que sa femme. Les sept jours s'étant écoulés, saint Marcelin célébra la messe en présence des fidèles, et il se livra ensuite au juge, et les saints lui dirent : « Nous aurions pu nous enfuir, mais nous ne l'avons pas voulu. » Et les païens, irrités, leur tranchèrent la tête, l'an du Seigneur deux cent quatre-vingt-sept, sous le règne de Dioclétien. Et un des bourreaux, nommé Dorothée, vit leurs âmes, couvertes de vêtements blancs, monter au ciel, portées par les anges. Et il se fit chrétien, et il mourut dans le Seigneur.

LÉGENDES DE SAINT PRIME ET SAINT FÉLICIEN.

Prime et Félicien furent accusés, sous le règne de Dioclétien, par les prêtres des idoles, qui voulurent les faire sacrifier aux dieux. Et, sur l'ordre de l'empereur, ils furent mis en prison; mais des anges vinrent les délivrer et briser leurs fers, et ils se promenaient libres dans la prison, en chantant les louanges du Seigneur. On les ramena ensuite devant l'empereur, qui, les trouvant fermes dans la foi, les fit battre cruellement. Et il dit à Félicien de sacrifier aux dieux s'il voulait que l'on épargnât sa vieillesse. Félicien répondit : « J'ai quatre-vingts ans, et en voici trente que je connais la vérité, et j'ai voulu ne vivre que pour mon Dieu, qui peut me délivrer de tes mains. » L'empereur ordonna alors qu'on le liât et qu'on lui enfonçât des clous dans les pieds et les mains, et il dit : « Tu resteras ainsi jusqu'à ce que tu m'obéisses. » Et comme le martyr restait inébranlable, il commanda qu'on le tourmentât encore. Il fit ensuite venir Prime, et il lui dit : « Ton frère a sacrifié aux dieux, aussi a-t-il été comblé d'honneurs. Fais comme lui. » Et Prime répondit : « Tu es le fils du démon ; c'est aux ordres de l'empereur du ciel que mon frère a obéi. » Alors l'empereur, irrité, ordonna qu'on lui appliquât des torches ardentes sur les côtés, et qu'on lui versât du plomb fondu dans la bouche, et tout cela, en présence de Félicien, afin que celui-ci fût effrayé. Et le martyr buvait le plomb fondu comme si c'eût été de l'eau fraîche. L'empereur fit alors lâcher contre le saint deux lions furieux; mais ils se prosternèrent à ses pieds, et ils lui léchaient les mains comme des agneaux. Et plus de douze mille spectateurs assistaient à ce miracle, et cinq cents d'entre eux crurent en Dieu. L'empereur fit alors décapiter les martyrs et jeter leurs corps aux bêtes et aux oiseaux de proie. Mais les chrétiens les trouvèrent intacts et les ensevelirent avec honneur. Et cela se passa l'an du Seigneur deux cent soixante-dix-sept.

LÉGENDE DE SAINT BARNABÉ.

Saint Barnabé, lévite, originaire de Chypre, fut l'un des soixante-douze disciples du Sauveur, et il est souvent mentionné avec louange dans l'histoire des *Actes des apôtres*. Il fut d'excellente doctrine, et il éteignit chez lui la convoitise des biens terrestres, ainsi qu'il est dit au quatrième chapitre des *Actes*, que Joseph, surnommé Barnabé, ayant un champ, le vendit et en déposa le prix aux pieds des apôtres. Et lorsque saint Paul, après sa conversion, vint à Jérusalem et qu'il voulait se joindre aux disciples, et que tous le fuyaient comme les agneaux fuient devant le loup, Barnabé alla hardiment à lui. Il mortifia son corps de veilles et de jeûnes. Et le livre des *Actes des apôtres* raconte beaucoup de choses de lui ; et il alla avec Paul prêcher la parole de Dieu à Antioche, où il convertit beaucoup de monde. De là il alla à Icone. Et tandis qu'il y était, un homme d'un aspect majestueux apparut à Jean, son parent, disant : « Jean, sois constant, et bientôt tu changeras ton nom pour celui d'Élevé. » Et lorsqu'il eut dit cela à Barnabé, celui-ci lui répondit : « Veille, et ne fais part à personne de ce que tu as vu, car le Seigneur m'est apparu cette nuit, disant : « Sois constant, Barnabé, tu recevras une récompense éternelle, car tu as abandonné ton pays et tu as sacrifié ta vie pour la gloire de mon nom. » Et après que Paul et Barnabé eurent longtemps prêché à Antioche, un ange apparut à Paul et lui dit : « Hâte-toi de te mettre en route et d'aller à Jérusalem, car les frères attendent ton arrivée. » Barnabé voulait se rendre en Chypre pour y voir ses parents, et ainsi, à l'instigation de l'Esprit saint, les apôtres se séparèrent. Et quand Paul dit à Barnabé qu'il se rendait à Jérusalem, Barnabé répondit : « Que la volonté du Seigneur s'accomplisse ! Je vais en Chypre, et jusqu'au terme de ma vie je ne te reverrai plus. » Et il tomba en pleurant aux pieds de Paul pour les lui baiser; et Paul, ému de compassion, dit : « Ne pleure pas; telle est la volonté du Seigneur. Car le Seigneur m'est apparu cette nuit, disant : N'empêche pas Barnabé d'aller en Chypre, car il y éclairera beaucoup de monde et il y trouvera le martyre. » Barnabé allant donc en Chypre avec Jean, y apporta avec lui l'Évangile de saint Matthieu, et, le plaçant sur des malades, il en guérit un très-grand nombre par la grâce de Dieu. Et lorsqu'ils partirent de Chypre, ils trouvèrent Elymas, le magicien, que Paul avait précédemment privé de la vue; et il s'opposa à eux, et il voulut empêcher Paul d'entrer. Un jour Barnabé vit des hommes et des femmes nus, qui couraient et qui célébraient leurs fêtes. Rempli d'indignation, il maudit leur temple, qui s'écroula aussitôt et qui écrasa beaucoup d'entre eux. Il arriva enfin à Salamine, où ce même magicien que nous venons de nommer excita contre lui une grande sédition. Et les juifs ayant saisi Barnabé, le traînaient dans les rues en l'accablant de coups et d'outrages, et ils le livrèrent au magistrat de la ville pour le faire punir. Mais comme Eusèbe, homme grand et puissant de la famille de l'empereur Néron, était arrivé, les juifs eurent peur qu'il ne leur ôtât l'apôtre des mains et qu'il ne le laissât aller en liberté. Attachant donc une corde à son cou, ils le traînèrent hors de la ville et ils s'empressèrent de le brûler. Ensuite ces impies, n'étant pas encore satisfaits, enfermèrent ses os dans un vase de plomb, voulant les précipiter dans la mer. Mais Jean, son disciple, avec deux autres fidèles, se levant durant la nuit, les enleva et les ensevelit dans une caverne écartée. Sigibert raconte qu'ils y restèrent cachés jusqu'au temps de l'empereur Zénon et du pape Gélase, et jusqu'à l'an du Seigneur cinq cent. Mais alors le martyr révéla lui-même où ils étaient. Le bienheureux Dorothée dit que Barnabé prêcha d'abord Jésus-Christ à Rome, et qu'il fut nommé évêque de Milan.

LÉGENDE

DE SAINT VITUS ET DE SAINT MODESTE.

Vitus, enfant fidèle et plein de vertus, souffrit en Sicile le martyre à l'âge de douze ans. Son père le battait souvent parce qu'il méprisait les idoles et qu'il se refusait à les adorer. Le gouverneur Valérien, apprenant cela, fit venir l'enfant, et comme il déclara qu'il ne sacrifierait point, il ordonna de le battre de verges. Mais les bras des bourreaux et les mains du gouverneur furent frappés de paralysie; et le gouverneur cria : « Malheur à moi ! car j'ai perdu l'usage de mes mains. » Et Vitus répondit : « Invoque tes dieux, et qu'ils te guérissent s'ils le peuvent. » Et le gouverneur répliqua : « Est-ce que toi tu ne peux pas le faire ? » Et Vitus lui répliqua : « Je le peux au nom de mon Dieu. » Aussitôt il pria, et il obtint la guérison du gouverneur. Et celui-ci dit au père : « Corrige ton fils, de peur qu'il ne périsse misérablement. » Et le père, ramenant Vitus chez lui, chercha à ébranler sa résolution en employant les doux accords de divers instruments de musique, et les jeux des jeunes filles et différentes espèces de plaisirs. Et comme il l'avait enfermé dans une chambre, il en sortit un parfum si délicieux que toute la maison en fut embaumée; et le père, regardant à travers la porte, vit sept anges qui se tenaient debout autour de l'enfant, et il dit : « Les dieux sont venus dans ma maison. » Et aussitôt il fut frappé d'aveuglement, et à ses cris toute la ville se troubla, si bien que Valérien accourut chez lui et lui demanda ce qui lui était arrivé. Et le père répondit : « J'ai vu des dieux tout entourés de feu, et je n'ai pu supporter l'éclat de leur visage. » Il fut alors conduit au temple de Jupiter, et, pour recouvrer la vue, il offrit au faux dieu un taureau dont les cornes étaient entourées de lauriers. Mais, ne s'en trouvant pas mieux, il pria son fils de demander sa guérison, et il fut aussitôt guéri. Mais il ne crut pas pour cela; au contraire, il avait le projet de faire périr son fils; alors l'ange du Seigneur apparut au précepteur de Vitus, nommé Modeste, et lui ordonna de monter à bord d'un navire et de conduire l'enfant dans un autre pays. Et, quand cela fut fait, un aigle leur apportait chaque jour de quoi se nourrir. Et il se faisait là beaucoup de miracles par leur intercession. Sur ces entrefaites, le fils de l'empereur Dioclétien fut possédé du démon, et il disait que si Vitus ne venait, il ne pourrait jamais guérir. On chercha Vitus, et on le conduisit à l'empereur. Et Dioclétien lui dit : « Enfant, peux-tu guérir mon fils? » Et Vitus répondit : « Ce n'est pas en mon pouvoir, mais en celui du Seigneur. » Et, imposant les mains sur le possédé, le démon s'enfuit aussitôt. Et Dioclétien lui dit : « Enfant, songe à tes intérêts et sacrifie aux dieux, afin que tu ne subisses pas une mort déplorable. » Vitus refusa de sacrifier, et il fut mis en prison avec Modeste, et aussitôt une grosse barre de fer à laquelle ils étaient liés se brisa, et une clarté éblouissante éclaira la prison. Quand l'empereur apprit cela, il fit jeter Vitus dans une fournaise ardente ; mais il en sortit sans éprouver aucun mal. Alors un lion terrible fut lâché contre lui pour le dévorer, mais il s'apaisa devant le martyr. On l'attacha alors sur le chevalet, ainsi que Modeste et sa nourrice Crescentia, qui l'avait toujours suivi ; mais voici que soudainement l'air s'obscurcit, la terre trembla, le tonnerre gronda, les temples des idoles s'écroulèrent en tuant beaucoup de monde. L'empereur épouvanté prit la fuite, se frappant et s'écriant : « Malheur à moi! un enfant m'a vaincu. » Et les martyrs, délivrés par un ange, retournèrent sur les bords d'un fleuve qui coulait près de là, et, s'arrêtant et priant, ils rendirent l'âme au Seigneur. Des aigles gardèrent leurs corps, qu'une dame noble, nommée Florence, découvrit sur la révélation qui lui en fut faite par un saint homme, et elle les fit ensevelir avec honneur. Ils souffrirent sous Dioclétien, qui commença à régner vers l'an du Seigneur deux cent quatre-vingt-sept.

LÉGENDE

DE SAINT QUIRIQUE ET DE SAINTE JULITE.

Quirique fut le fils de Julite, dame du rang le plus distingué de la ville d'Ycone ; et voulant éviter la persécution, elle vint à

Tarse en Cilicie avec son enfant, qui était âgé de trois ans. Mais elle fut arrêtée, et elle fut menée, tenant son enfant dans ses bras, au juge Alexandre. Ce que voyant, deux servantes qui l'accompagnaient se sauvèrent aussitôt et prirent la fuite. Le juge prit l'enfant dans ses mains, et comme la mère refusait de sacrifier aux idoles, il la fit cruellement frapper à coups de nerfs de bœuf. L'enfant, voyant frapper sa mère, se mit à pleurer amèrement et à pousser des cris lamentables. Le juge, le posant alors sur ses genoux, chercha à le consoler et à l'apaiser en l'embrassant et en le caressant; mais l'enfant, les yeux tournés vers sa mère, se détournait avec horreur des baisers du juge, et il lui déchirait le visage avec ses ongles, et il élevait sa petite voix comme pour dire, « Et moi aussi, je suis chrétien. » Enfin, il mordit le juge à l'épaule. Et Alexandre, irrité de la douleur qu'il éprouvait, jeta l'enfant avec force, de sorte que sa faible tête alla se briser contre les degrés du tribunal, qui furent couverts de sa cervelle. Julite, heureuse de voir que son enfant la précédait dans le royaume céleste, rendit grâces à Dieu. Et alors elle fut condamnée à être écorchée et arrosée de poix bouillante, et ensuite à avoir la tête tranchée. On lit dans une légende, que lorsque le tyran tantôt caressait et tantôt menaçait Quirique, l'enfant déclara qu'il était chrétien; il était trop jeune pour parler; mais c'était l'Esprit saint qui parlait en lui. Le juge lui demandant qui l'avait instruit, il répondit : « Je suis étonné de ta simplicité; comment ne vois-tu pas, puisque je n'ai pas encore trois ans accomplis, que ce ne peut être que la sagesse divine? » Et comme on le frappa, il répéta : « Je suis chrétien. » Et toutes les fois qu'il le disait, il reprenait de nouvelles forces au milieu de ses tourments. Le juge fit alors couper en morceaux la mère et l'enfant; et, pour que les chrétiens ne donnassent pas la sépulture aux martyrs, il ordonna qu'on jetât leurs membres de côté et d'autre; mais des anges les recueillirent, et, la nuit, des chrétiens les ensevelirent. Au temps de Constantin, lorsque la paix fut rendue à l'Église, une des servantes de Julite, qui vivait encore, révéla où étaient leurs corps, et tout le peuple les eut en singulière dévotion. Ils souffrirent vers l'an du Seigneur deux cent trente, sous le règne d'Alexandre.

LÉGENDE DE SAINTE MARINE.

Sainte Marine, vierge, était fille unique, et son père étant entré dans un monastère, elle prit des habits d'homme, afin qu'on ne crût pas qu'elle était une femme, et elle pria l'abbé et ses frères de la recevoir. Ils se rendirent à ses prières, et elle fut admise comme étant un moine, et elle ne fut connue que sous le nom de frère Marin. Elle mena une vie très-édifiante, et pratiqua avec ferveur la vertu d'obéissance. Comme elle était âgée de vingt-sept ans, son père, étant près de mourir, l'appela et l'engagea à persister dans sa pieuse résolution, et à ne révéler à personne qu'elle était une femme. Elle allait souvent avec le chariot et les bœufs, et elle apportait du bois au monastère. Elle avait coutume de loger alors chez un homme qui avait une fille, et cette fille ayant eu commerce avec un soldat et ayant conçu, dit que c'était le frère Marin qui lui avait fait violence. Marine, interrogée comment elle avait pu se rendre coupable d'un tel crime, avoua qu'elle avait péché et demanda grâce. Chassée du monastère, elle resta trois ans à la porte, n'ayant de nourriture que les morceaux de pain qu'on lui jetait. Pendant ce temps, l'enfant fut allaité, il fut envoyé à l'abbé, il fut remis à Marine pour en être élevé, et il resta deux ans avec elle. Elle souffrait tout avec une extrême patience, et elle rendait de continuelles actions de grâce au Seigneur. Enfin, les frères ayant compassion de son humilité et de sa patience, la reçurent dans le monastère et lui assignèrent les emplois les plus vils. Mais elle s'en acquittait avec joie, et elle faisait chaque chose avec dévotion et résignation. Et, passant sa vie dans les bonnes œuvres, elle s'endormit enfin dans le Seigneur. Lorsqu'on lava son corps avant de l'ensevelir dans un endroit méprisé, on trouva que c'était une femme. Tous, saisis d'étonnement et de crainte, avouèrent alors qu'ils avaient agi avec beaucoup d'injustice à l'égard de la servante de Dieu, et ils implorèrent le pardon de leur ignorance et de leur péché, et ils déposèrent honorablement le corps de Marine dans l'église. Et celle qui l'avait accusée faussement fut possédée du démon; mais, en avouant son crime et en venant au sépulcre de la sainte, elle fut délivrée. Et le peuple accourt de tous côtés à ce sépulcre, et il s'y fait beaucoup de miracles. Et Marine mourut le quatorze des calendes de juillet.

LÉGENDE DE SAINTE THÉODORE.

Théodore, femme noble et belle d'Alexandrie, vivait au temps de l'empereur Zénon, et elle avait pour mari un homme riche et craignant Dieu. Et le diable, jaloux de la sainteté de Théodore, enflamma pour elle la concupiscence d'un homme riche. Et il la fatiguait de messages et de cadeaux afin qu'elle consentît à ses mauvais désirs. Mais elle méprisait et refusait tout ce qui venait de lui. Il lui envoya enfin une magicienne pour la décider à se rendre à lui. Et comme Théodore répondait que l'œil de Dieu voyait tout, et qu'elle ne se déciderait jamais à pécher, la magicienne dit : « Tout ce qui se passe au lever et au coucher du soleil échappe aux regards de Dieu. » Et Théodore répondit : « Dis-tu la vérité ? » Et l'autre répondit : « Oui. » Et Théodore, trompée par les paroles de la magicienne, lui dit d'amener lors du coucher du soleil celui qui l'aimait, et qu'elle se rendrait à ses désirs. L'homme, entendant cela, fut plein de joie, et, à l'heure convenue, il vint trouver Théodore, et il coucha avec elle, et il s'en alla. Mais Théodore, revenant à elle-même, se frappait le visage et pleurait amèrement, disant : « Hélas ! j'ai perdu mon âme et j'ai détruit mon innocence. » Quand son mari revint chez lui, et qu'il la trouva ainsi désolée, comme il ignorait la cause de son chagrin, il s'efforçait de la consoler. Mais elle ne voulait écouter aucune consolation. Quand le matin fut venu, elle alla à un monastère de religieuses, et elle demanda à l'abbesse si Dieu pouvait avoir connaissance d'un grand péché qu'elle avait commis la veille au soir, et l'abbesse lui répondit : « Rien ne peut être caché à Dieu, et tout ce que vous faites, à quelque heure que ce soit, il le sait. » Et Théodore répondit en pleurant amèrement : « Donnez-moi le livre de l'Évangile, afin que je consulte les sorts. » Et elle tomba sur ces mots : « Ce que j'ai écrit, je l'ai écrit. » Et revenant à sa maison, d'où son mari était sorti, elle coupa sa chevelure, et se revêtant des habits de son mari, elle se rendit à un couvent de moines qui était à dix-huit milles; elle demanda à être reçue parmi les moines, et elle l'obtint. Et quand on lui demanda son nom, elle dit qu'elle s'appelait Théodore. Elle s'acquittait avec zèle des emplois les plus humbles et les plus grossiers. Quelques années après, l'abbé ordonna au frère Théodore d'atteler les bœufs et de porter de l'huile à la ville. Et son mari pleurait beaucoup, craignant qu'elle ne se fût enfuie avec un autre homme. Et l'ange du Seigneur lui dit : « Lève-toi au matin, et reste dans la rue du Martyre de l'apôtre saint Pierre, et celle qui viendra au-devant de toi sera ton épouse. » Et ensuite Théodore vint avec des chameaux, et reconnaissant son mari, elle se dit en elle-même : « Hélas ! je souffre pour expier le péché que j'ai commis contre toi. » Et s'approchant, elle le salua, disant : « Seigneur, tenez-vous en joie. » Et il ne la reconnut pas. Et lorsqu'il eut resté longtemps dans cet endroit, et qu'il n'eut point vu celle qu'il cherchait, il entendit une voix du ciel qui disait : « Celle qui t'a salué ce matin est ta femme. » Et telle fut la sainteté de Théodore, qu'elle fit beaucoup de miracles. Elle ressuscita par ses prières un homme qu'une bête féroce avait déchiré; et, poursuivant cette bête, elle la maudit, et aussitôt la bête mourut. Le diable ne pouvant supporter sa sainteté, lui apparut et lui dit : « Femme adultère et perverse, tu as quitté ton mari pour venir ici et pour me braver; mais je déploierai contre toi mes forces redoutables, et je te ferai renier J.-C. » Et elle fit le signe de la croix, et aussitôt le démon disparut. Un autre jour, comme elle revenait de la ville avec les chameaux, et comme elle s'était arrêtée dans un endroit pour y passer la nuit, une jeune fille vint à elle, et lui dit : « Dors avec moi. » Et Théodore refusa. Et la fille alla à un autre qui passait la nuit dans le même endroit. Et comme son ventre enfla, on l'interrogea de qui elle avait conçu, et elle répondit : « Du moine Théodore, qui a dormi avec moi. » Et quand l'enfant fut né, on l'envoya à l'abbé du monastère. Et il reprit fortement Théodore, et, comme elle implorait son indulgence, il lui fit charger l'enfant sur les épaules, et il la chassa du monastère; et elle en resta expulsée pendant sept ans, et elle nourrit l'enfant du lait des troupeaux. Le diable, irrité de la résignation de Théodore, vint à elle sous la figure de son mari, et lui dit : « Que fais-tu ici, ma bien-aimée ? je languis pour toi, et je ne ressens aucune consolation étrangère. Viens avec moi, ma chérie ; et si tu as couché avec un autre homme, je te le pardonne. » Et elle, croyant parler à son mari, lui dit : « Je n'habiterai plus avec toi, car le fils de Jean, le militaire, a couché avec moi, et je veux faire pénitence de mon péché. » Alors le diable disparut, et elle vit qui était celui qui était venu à elle. Une autre fois, le diable voulut l'effrayer ; il vint à elle sous la forme de bêtes féroces et terribles, et un homme les animait, disant : « Dévorez cette pécheresse. » Mais elle pria, et tout disparut. Une autre fois elle vit venir à elle une foule de soldats, et un prince les précédait, et tous l'adoraient. Et ils dirent à Théodore : « Lève-toi, et adore notre prince. » Et elle répondit : « J'adore le Seigneur Dieu. » Et quand on rapporta cette réponse au prince, il ordonna qu'on lui amenât Théodore, et il la fit si rudement tourmenter qu'elle resta à demi morte, et ensuite ils disparurent tous. Une autre fois elle vit auprès d'elle une grosse pile d'or, et, faisant le signe de la croix, elle se recommanda à Dieu. Au bout des sept ans, l'abbé, touché de sa patience, lui permit de rentrer dans le monastère avec l'enfant. Et après avoir passé deux ans dans l'exercice des vertus, elle se renferma dans sa cellule avec l'enfant. Et l'abbé apprenant cela, envoya des moines pour écouter ce qu'elle disait à l'enfant. Et elle, l'embrassant tendrement, lui disait : « Mon bien-aimé, la carrière de ma vie est presque accomplie ; je te recommande à Dieu, en qui tu trouveras un appui ; observe avec ferveur le jeûne et l'oraison, et sers dévotement les frères. » Et disant cela, Théodore rendit l'esprit et s'endormit paisiblement dans le Seigneur, l'an du Seigneur 470. Et l'enfant se mit à pleurer amèrement. Et cette même nuit, l'abbé du monastère eut une vision. Il se préparait de très-belles réjouissances pour une noce, et tous les anges, et les patriarches, et les prophètes, et les martyrs, et tous les saints y venaient. Et au milieu d'eux était une femme entourée d'une gloire ineffable, et elle s'assit sur le lit, et tous les assistants l'adoraient. Et il s'entendit une voix qui disait : « Voici l'abbé Théodore qui a été accusé faussement d'avoir eu un enfant. Sept ans se sont écoulés sur elle, et elle a été châtiée pour avoir souillé le lit de son époux. » L'abbé se réveilla, et il fut avec les frères à la cellule de Théodore, et ils la trouvèrent morte, et ils reconnurent que c'était une femme. Et l'abbé fit venir la fille qui avait calomnié Théodore, et lui dit : « La personne que tu avais accusée n'est plus. » Et écartant les vêtements qui couvraient le cadavre, il lui montra que c'était celui d'une femme ; et tous les assistants furent saisis d'un grand étonnement. Mais un ange parla à l'abbé et lui dit : « Lève-toi, prends un cheval et va à la ville, et si quelqu'un vient au-devant de toi, ramène-le ici. » Et un homme vint en courant au-devant de l'abbé, qui lui demanda où il allait, et il répondit : « Ma femme est morte, et je vais la voir. » Et l'abbé fit monter avec lui, sur son cheval, le mari de Théodore, et, arrivant près du cadavre, ils pleurèrent beaucoup, et ils l'ensevelirent honorablement. Le mari de Théodore prit possession de sa cellule, où il passa le reste de sa vie, jusqu'à ce qu'il s'endormit dans le Seigneur ; et l'enfant se voua aussi à la vie monastique, et donna si bien l'exemple de toutes les vertus, qu'à la mort de l'abbé, il fut, d'une voix unanime, élu pour le remplacer.

LÉGENDE DE SAINTE MARGUERITE.

Sainte Marguerite naquit à Antioche, et elle était fille de Théodose, prêtre des gentils. Elle fut mise en nourrice, et quand elle eut l'âge de raison, elle fut baptisée. Un jour, qu'elle avait atteint sa quinzième année, et qu'elle gardait les brebis de sa nourrice, le gouverneur Olibrius, passant par là, la vit, et il fut frappé de sa beauté ; et il conçut pour elle une grande passion, et il dit à ses esclaves : « Allez, et amenez cette fille, afin que si elle est libre j'en fasse mon épouse, et si elle est esclave, je la prenne pour concubine. » Et lorsqu'elle lui fut amenée, il lui demanda son pays, son nom et sa religion. Elle répondit qu'elle était de race noble, qu'elle se nommait Marguerite, et qu'elle était chrétienne. Et le gouverneur lui dit : « Comment une fille noble et belle comme toi peut-elle adorer Jésus le crucifié ? » Elle lui répondit : « Où as-tu appris que Jésus ait été crucifié? » Il lui répondit : « Dans les livres des chrétiens. » Et Marguerite lui dit : « Si tu y vois qu'il a été crucifié, tu y vois aussi sa gloire et sa puissance ; pourquoi crois-tu à une portion de ce que tu y vois, et pourquoi rejettes-tu le reste ? » Et comme elle ajoutait que Jésus-Christ vivait éternellement, le gouverneur, irrité, la fit mettre en prison. Le lendemain, il la fit venir, et il lui dit : « Malheureuse fille, aie pitié de ta propre beauté, et adore nos dieux, afin d'en retirer avantage. » Et elle répliqua : « J'adore celui que redoute la terre, que craint la mer, et devant lequel toutes les créatures tremblent. » Et le gouverneur lui répondit : « Si tu persistes dans ton aveuglement, je ferai déchirer ton corps. » Et Marguerite répondit : « Jésus s'est livré à la mort pour moi, et moi je désire mourir pour lui. » Alors le gouverneur donna l'ordre de la suspendre sur le chevalet et de la battre rudement de verges, et ensuite de déchirer son corps avec des ongles de fer, jusqu'à ce que ses os fussent mis à nu. Et le sang coula de son corps comme d'une source très-pure ; les assistants pleuraient et ils disaient : « Marguerite, nous avons vraiment compassion de toi, en voyant déchirer si cruellement ton corps. O quelle beauté t'a fait perdre ton incrédulité ! Et maintenant, crois, afin que tu vives. » Et elle répondit : « O mauvais conseillers, retirez-vous loin de moi ; ces tourments de la chair sont le salut de l'âme. » Et elle dit au gouverneur : « Chien impudent, lion insatiable, tu as du pouvoir sur la chair, mais Jésus-Christ se réserve l'âme. » Et le gouverneur se couvrit le visage de son manteau, ne pouvant supporter l'aspect de tant de sang ; il ordonna ensuite de la détacher et de la mettre en prison, et une clarté merveilleuse éclata dans son cachot. Et la sainte pria le Seigneur de lui faire voir l'ennemi qu'elle avait à combattre, et voici qu'un énorme dragon se montra devant elle. Et lorsqu'il s'élançait pour la dévorer, elle fit le signe de la croix, et il disparut. D'autres disent que le dragon lui saisit la tête dans sa gueule, et comme il allait la dévorer, elle fit le signe de la croix, et le dragon creva, et la sainte resta sans aucun mal. Mais ce récit-là est regardé comme vain et mal fondé. Le diable, pour tromper alors Marguerite, se présenta sous l'aspect d'un homme. Elle, le voyant, se mit en oraison ; et lorsque le diable s'approcha, il lui prit les mains et il dit : « Qu'il te suffise ce que tu as fait. » Mais elle le prit par la tête et le jeta par terre, et elle mit son pied droit sur la tête du diable, et elle lui dit : « Tremble, ennemi superbe, tu gis sous les pieds d'une femme ! » Et le démon criait : « O bienheureuse Marguerite, je suis vaincu. Si c'était un homme qui triomphait de moi, je ne me plaindrais pas ; mais je suis vaincu par une enfant, et j'en suis d'autant plus désolé, que son père et sa mère sont mes amis. » Et elle le força de dire pourquoi il était venu. Et il répondit qu'il était venu pour lui persuader d'obéir aux ordres du gouverneur. Elle le força ensuite de dire pourquoi il tentait si fort les chrétiens. Il répondit qu'il avait une haine naturelle contre les gens vertueux, et comme il était souvent repoussé d'eux, il était infecté du désir de les séduire ; et que, comme il ne pouvait rentrer en possession du bonheur céleste qu'il avait perdu, il faisait ce qu'il pouvait pour en priver les hommes. Et il ajouta que Salomon avait enfermé dans un vase une infinité de démons, et après sa mort, les Juifs, croyant y trouver un grand trésor, brisèrent le vase, et les démons s'enfuirent et ils remplirent les airs. Lorsqu'il eut dit cela, la vierge souleva son pied et dit : « Va-t'en, misérable. » Et le démon se sauva aussitôt. Le lendemain, en présence du peuple, elle fut amenée devant le juge, qui lui ordonna de sacrifier ; et, comme elle s'y refusa, il la fit dépouiller et lui fit brûler le corps avec des torches ardentes, de sorte que tous s'étonnaient qu'une fille si jeune pût soutenir tant de tourments. Puis il la fit jeter dans un grand bassin plein d'eau, afin que ce changement de peine accrût ses douleurs. Et soudain la terre trembla, et Marguerite sortit du bassin sans avoir aucun mal. Alors cinq mille hommes crurent, et ils reçurent arrêt de mort pour le nom de Jésus-Christ. Et le gouverneur, craignant que d'autres ne se convertissent, ordonna de décapiter la bienheureuse Marguerite. Et elle demanda le temps de faire oraison, et elle pria pour elle et pour ses persécuteurs, ajoutant que toute femme en couches qui l'invoquerait enfanterait sans danger. Et l'on entendit une voix du ciel qui disait que ses prières étaient exaucées. Et se relevant, la sainte dit au bourreau : « Frère, prends ton glaive et frappe-moi. » Et lui, abattit d'un seul coup la tête de la sainte, qui reeut ainsi la couronne du martyre. Elle souffrit le treize des calendes d'août, à ce qu'on lit dans son histoire ; ailleurs on trouve que ce fut le trois des ides de juillet.

LÉGENDE DE SAINT ALEXIS.

Alexis fut le fils d'Euphémien, homme très-élevé en dignité, et le premier à la cour de l'empereur. Et trois mille esclaves le servaient, lesquels étaient ceints de ceintures d'or et couverts de vêtements de soie. Euphémien était très-charitable, et chaque jour il y avait chez lui trois tables préparées pour les pauvres, les orphelins, les veuves et les pèlerins, qu'il servait avec zèle, et sa femme Aglaë partageait ses sentiments. Et ils n'avaient pas d'enfant ; mais, sur leurs prières, le Seigneur leur accorda un fils. Et ils prirent ensuite la résolution de vivre dans la chasteté. L'enfant fut instruit dans les sciences libérales et dans tous les arts de philosophie. Et lorsqu'il eut grandi, on choisit pour lui une jeune fille de la maison impériale, et on la lui donna pour épouse. Et, la nuit étant venue, les époux furent laissés seuls. Alors le saint jeune homme commença à instruire son épouse dans la crainte de Dieu et à lui recommander la virginité. Il lui donna ensuite un anneau d'or à garder, disant : « Recevez ceci et gardez-le jusqu'à ce qu'il plaise à Dieu et que le Seigneur soit entre nous. » Prenant ensuite une partie de sa fortune, il alla vers la mer ; et, s'embarquant en secret, il se dirigea vers la ville de Laodicée, et de là il se rendit à Édesse, ville de Syrie, où l'on conserve sur un linge l'image de Notre-Seigneur Jésus-Christ, faite sans le concours d'aucune main humaine. Et quand il fut arrivé, il distribua tous ses biens aux pauvres, et, se couvrant de vêtements déchirés, il s'assit avec les autres pauvres sous le seuil de l'église de la Sainte Vierge. Il ne gardait des aumônes qu'on lui faisait que ce qu'il lui fallait pour vivre, et il distribuait tout le reste aux pauvres. Mais son père, gémissant de la fuite d'Alexis, envoya des esclaves dans toutes les parties du monde pour le chercher avec zèle ; et lorsqu'ils vinrent à Édesse, il les reconnut; mais ils ne le reconnurent pas, et ils lui firent l'aumône avec les autres pauvres. Et il dit : Je vous rends grâce, Seigneur, de ce que vous avez permis que je reçusse l'aumône de mes esclaves. » Et ceux-là étant revenus vers Euphémien, lui dirent qu'ils n'avaient pu rencontrer son fils. Et, depuis le jour de son départ, sa mère s'était couverte d'un sac, et elle gémissait, couchée sur la pierre, disant : « Je resterai toujours dans le deuil jusqu'à ce que mon fils me soit rendu. » Et l'épouse d'Alexis dit à son beau-père : « Jusqu'à ce que j'aie des nouvelles de mon cher époux, je resterai avec vous dans la solitude comme une tourterelle. » Et après qu'Alexis fut demeuré dix-sept ans sous le porche de l'église, l'image de la Sainte Vierge qui était dans cette église parla et dit : « Faites entrer l'homme de Dieu, car il est digne du royaume des cieux, et l'esprit de Dieu est sur lui, et sa prière monte vers Dieu comme de l'encens. » Et comme l'on ne savait de qui elle parlait, elle ajouta : « C'est celui qui est assis sous le porche. » Alors le gardien de l'église le fit entrer dans l'église, et tout le peuple conçut pour lui une grande vénération. Mais lui, fuyant la vaine gloire, se retira à Laodicée, où, s'embarquant, il voulait aller à Tarse en Cilicie; mais, poussé par les vents, le navire alla dans un port près de Rome. Et Alexis dit alors : « Je resterai inconnu dans la maison de mon père, et je ne serai point à charge à un autre. » Et quand il vit son père qui revenait du palais, suivi d'un grand nombre de gens qui lui rendaient hommage, il se mit à crier : « Serviteur de Dieu, donne-moi un asile chez toi, et permets que je me nourrisse des miettes qui tomberont de ta table. » Et le père ordonna qu'il fût reçu chez lui et qu'on lui apportât à manger des aliments servis à sa propre table, et il désigna un esclave pour le servir. Mais Alexis resta à persévérer dans l'oraison, mortifiant son corps de jeûnes et de veilles. Et les serviteurs de la maison se moquèrent de lui, et souvent ils jetaient sur sa tête l'eau de la vaisselle, en lui disant beaucoup d'injures. Lui, souffrait tout avec patience, et il demeura dix-sept ans dans la maison de son père. — Apprenant, par révélation, que le terme de sa vie approchait, il demanda de l'encre et du papier, et il écrivit tout le récit de sa vie. Et le dimanche, après la messe, une voix céleste se fit entendre dans le sanctuaire, disant : « Venez à moi, vous tous qui travaillez et qui êtes chargés, et je vous soulagerai. » Et les auditeurs épouvantés tombèrent le visage contre terre. Et la voix reprit : « Cherchez l'homme de Dieu, afin qu'il prie pour Rome. » Et comme ils ne le trouvaient pas, la voix dit : « Vous le rencontrerez dans la maison d'Euphémien. » On l'interrogea, et il répondit qu'il ne savait ce que cela signifiait; et alors les empereurs Arcadius et Honorius, avec le pape Innocent, se rendirent chez Euphémien. Et alors, l'esclave qui soignait Alexis s'approcha et dit : « Voyez, seigneurs, si ce n'est pas cet étranger ; car il manifeste une grande vertu et une grande patience. » Et Euphémien, courant vers Alexis, le trouva mort, et il vit un ange qui veillait près de lui. Et il voulut prendre le papier qui était dans les mains du mort, mais il ne le put. Et il revint prévenir de tout cela les empereurs et le pape, qui lui dirent : « Allons et prenons ce papier, afin que nous lisions ce qui y est marqué. » Et le pape s'approchant prit le papier, que les doigts du mort abandonnèrent aussitôt. Et le pape le lut en présence d'Euphémien et de tout le peuple. Et Euphémien, entendant cela, fut saisi de douleur, et il tomba par terre privé de sentiment et de forces. Lorsqu'il fut un peu revenu à lui, il déchira ses vêtements, et il se mit à s'arracher les cheveux et la barbe; et, pleurant sur le corps de son fils, il disait : « Hélas! mon fils, pourquoi m'as-tu ainsi affligé, et pourquoi as-tu rempli mes années d'amertume? Je vois l'appui de ma vieillesse gisant sans vie et incapable de me répondre. Rien au monde n'est plus susceptible de me consoler. » Et la mère d'Alexis, entendant cela, déchira ses vêtements, et, les cheveux épars, les yeux élevés au ciel, elle voulait ne pas quitter le corps de son fils, disant : « Je veux voir mon fils, celui que j'ai nourri de mon lait et la consolation de mes entrailles. » Et, se jetant sur le corps d'Alexis, elle disait : « Hélas! mon fils, pourquoi as-tu été si cruel à notre égard? Tu voyais ton père et ta mère verser des larmes sur toi, et tu ne te montrais pas à nous; tes esclaves t'insultaient, et tu t'y résignais. » Et, disant cela, elle serrait dans ses bras le corps d'Alexis, et elle le couvrait de baisers. Et la femme d'Alexis, pleurant aussi, disait : « Hélas! voici que je demeure veuve, et j'ai perdu toute consolation et toute espérance. » Le peuple, entendant cela, pleurait abondamment. Alors le pape et les empereurs firent mettre le corps du saint dans une châsse, et on le porta dans la ville; et il fut dit au peuple que l'on avait trouvé l'homme de Dieu, et tous accoururent autour de lui. Et les malades qui touchèrent son corps furent aussitôt guéris; les aveugles recouvraient la vue, et les possédés étaient délivrés du démon. Et les empereurs ordonnèrent qu'on jetât de l'or et de l'argent au peuple, afin qu'occupée à le ramasser, la multitude se dispersât et que le corps pût parvenir à l'église. Mais le peuple, négligeant l'argent, se précipita de plus en plus pour toucher le corps. Et l'on eut beaucoup de peine à le faire arriver enfin à l'église de saint Boniface, martyr, où il resta sept jours; et les empereurs, faisant orner un riche sarcophage d'or et d'argent et de pierres précieuses, y déposèrent avec grande vénération le corps du saint. Et il sortit du sarcophage une odeur tellement suave, qu'on aurait cru qu'il était rempli d'aromates. Et le saint mourut le seize des calendes d'août, l'an du Seigneur trois cent quatre-vingt-dix-huit.

LÉGENDE DES SEPT FRÈRES.

Les sept frères furent fils de sainte Félicité, et leurs noms sont Janvier, Félix, Silvestre, Silvain, Alexandre, Vital et Martial. Le gouverneur Antonin les fit amener devant lui avec leur mère sur l'ordre de l'empereur Antonin. Comme il engageait la mère à avoir pitié d'elle et de ses enfants, elle répondit : « Tes paroles insinuantes ne me séduiront pas, et tes menaces ne m'effrayeront pas; car l'Esprit saint me soutient, et je l'emporterai sur toi vivante, et, morte, je triompherai encore plus de toi. » Et, se tournant vers ses fils, elle dit : « Dirigez vos regards vers le ciel, mes enfants, car Jésus-Christ nous y attend. Combattez avec fermeté pour Jésus-Christ, et montrez-vous fidèles dans son amour. » Le gouverneur, l'entendant, lui fit donner des soufflets. Et les fils, restant fermes dans la foi, furent tous mis à mort dans différents supplices et sous les yeux de la mère. Et saint Grégoire dit que sainte Félicité souffrit huit fois le martyre, sept fois dans ses enfants, et une fois dans son propre corps. Et cela arriva vers l'an du Seigneur cent dix.

LÉGENDE DE SAINTE MARIE MADELEINE.

Marie Madeleine reçut ce nom de celui du château de Madalon, et elle fut de race très-noble, qui descendait des anciens rois. Elle était sœur de Marthe et de Lazare, et quand ils partagèrent entre eux leur patrimoine, Lazare eut leurs biens à Jérusalem, Marthe reçut Béthanie, Marie reçut Madalon, qui est à un mille de Génézareth. Et comme elle se livrait toute aux plaisirs du monde, et que Lazare s'adonnait au service militaire, Marthe, qui était prudente, gérait leurs propriétés et elle faisait de grandes aumônes. Madeleine brillait par ses richesses et sa beauté, mais elle avait abandonné son corps aux sales plaisirs; et on ne l'appelait plus de son nom, mais l'on avait pris l'habitude de la désigner sous celui de pécheresse. Mais, touchée des paroles de Jésus-Christ, elle se rendit, comme il est dit dans l'Évangile, dans la maison de Simon le lépreux, et, prosternée aux pieds du Sauveur, elle arrosa ses pieds de ses larmes, les essuya de ses cheveux et répandit sur eux un parfum précieux; car, à cause de l'ardeur du soleil, les habitants de ce pays faisaient grand usage de parfums et de bains. Et le Sauveur prit sa défense contre les pharisiens, et il chassa d'elle sept démons, et il l'embrasa de l'amour divin. Elle fut près de la croix lors de la passion, elle apporta des parfums pour embaumer le corps du Sauveur, et après sa résurrection, ce fut à elle que Notre-Seigneur apparut pour la première fois. Après l'ascension du Seigneur, lorsque les Juifs eurent mis à mort saint Etienne, les disciples se dispersèrent en tous lieux, prêchant la parole de Dieu. Et saint Pierre avait recommandé Marie Madeleine au bienheureux Maximin, l'un des soixante-douze disciples. Et Maximin, Marthe, Lazare, Madeleine, Matille, servante de Marthe, Cédon, l'aveugle-né que Jésus-Christ avait guéri, et d'autres fidèles, furent mis par les païens sur un bâtiment sans voiles et sans gouvernail et livrés aux flots de la mer afin d'y périr; mais la Providence voulut qu'ils arrivassent à Marseille. Et comme personne ne voulait les recevoir, ils restèrent sous un portique. Et Madeleine, voyant le peuple accourir au temple afin d'adorer les idoles, les engagea à renoncer au culte des faux dieux, et tous restèrent grandement étonnés de sa beauté et de son éloquence. Et il arriva un prince de ce pays avec sa femme pour sacrifier aux idoles, et Madeleine le dissuada de le faire. Et quelques jours après, Madeleine apparut à cette femme et lui dit : « Pourquoi vous, qui abondez en richesses, laissez-vous les saints de Dieu périr de faim et de froid? » Et elle lui dit que si elle n'engageait pas son mari à soulager la détresse des saints, la colère de Dieu s'appesantirait sur lui. Et elle n'osa pas révéler cette vision à son mari. La nuit suivante, Madeleine lui apparut encore, et la femme garda aussi le silence. La troisième nuit, Madeleine apparut aux deux époux, et son visage était si ardent qu'on aurait cru que toute la maison était en feu; et elle dit : « Tu dors, tyran, fils de Satan, ainsi que ta femme, cette vipère qui n'a pas voulu te dire ce que je lui avais prescrit de t'annoncer. Tu reposes, ennemi de la croix; tu remplis ton ventre de divers aliments, et tu laisses les serviteurs de Dieu en proie à la faim et à la soif. Tu reposes dans un palais, enveloppé de tissus de soie, et tu les laisses sans asile. Tu ne délaisseras pas ainsi impunément ceux qui sont venus ici pour te prêcher la foi. » Et elle disparut. Et la femme dit à son mari : « Seigneur, avez-vous vu ce que j'ai vu? » Et il répondit : « Je l'ai vu, et j'en suis rempli de crainte. Qu'est-ce que nous ferons? » Et la femme dit : « Il vaut mieux nous conformer à ce qu'ils disent, qu'attirer sur nous la colère du Dieu qu'ils servent. » C'est pourquoi ils donnèrent l'hospitalité aux saints et ils leur fournirent ce dont ils avaient besoin. Un jour que Madeleine prêchait devant ce même prince, il lui dit : « Penses-tu pouvoir prouver la vérité de la doctrine que tu prêches? » Et elle répondit : « Je suis prête à la prouver, fortifiée que je suis par les miracles de chaque jour et par les paroles de mon maître qui réside à Rome. » Et le prince lui répondit avec son épouse : « Nous sommes prêts à nous conformer en toutes choses à tes avis, si tu obtiens pour nous un fils du Dieu que tu prêches. » Et Madeleine répondit : « Quand tu auras ce que tu demandes, souviens-toi de ta promesse. » Et elle se mit en prière, et Dieu l'exauça, et la femme conçut. Alors son mari forma le projet d'aller trouver saint Pierre, pour voir si ce qu'il prêchait s'accordait avec ce qu'annonçait Madeleine. Et la femme lui dit : « Seigneur, est-ce que vous voudriez partir sans moi? J'irai partout où vous irez. » Et le mari répondit : « Ce n'est pas possible, car vous êtes enceinte, et il y a sur mer d'innombrables périls; restez donc à la maison et occupez-vous de l'administration de nos biens. » Mais elle insista, et, se jetant à ses pieds, elle obtint enfin ce qu'elle désirait. Madeleine les munit du signe de la croix, de peur que l'ennemi des hommes ne leur tendît en route quelques embûches. Ayant chargé un navire de tout ce qui était nécessaire, et confiant le reste de leurs biens à Madeleine, ils partirent; et au bout d'un jour et d'une nuit, la mer commença à être très-agitée, le vent à souffler, de sorte que tous ceux qui étaient à bord, et surtout la femme enceinte et faible, souffraient grandement; et elle fut saisie des douleurs de l'enfantement, et, au milieu de la tempête, elle mit au monde un fils, et elle expira. Le petit enfant, cherchant les mamelles de sa mère, poussait des cris lamentables. Le père, voyant sa femme morte et son enfant criant faute de nourriture, était au désespoir et ne savait que faire. Et il disait : « Malheureux que je suis! j'ai désiré un fils, et je le perds avec sa mère. » Et les matelots disaient : « Jetons ce corps à la mer, avant que nous périssions ensemble; car, tant qu'il restera ici, la tempête ne s'apaisera pas. » Et comme ils allaient jeter le cadavre, le prince leur dit : « Arrêtez, malheureux, arrêtez; ayez du moins pitié de ce faible enfant. Qui sait si sa mère est morte, ou si elle a seulement perdu connaissance dans l'excès de sa douleur? » Et voici que non loin du navire une montagne apparut, et il pensa qu'il valait mieux y mettre la mère et l'enfant que les livrer aux bêtes de la mer; et, à force de prières et en donnant de l'argent aux matelots, il obtint d'eux qu'ils y débarquassent. Et, comme à cause de la dureté du rocher il ne pouvait creuser une fosse, il déposa le corps dans un endroit retiré de la montagne, et prenant l'enfant dans ses mains, il dit en pleurant : « O Marie Madeleine, pourquoi es-tu, pour mon malheur, venue à Marseille? Pourquoi as-tu demandé à Dieu que ma femme devînt mère, afin qu'elle mourût? Aie pitié de nos malheurs, et empêche, par tes prières, que cet enfant ne périsse. » Alors il laissa l'enfant avec le corps de la mère et il les couvrit de son manteau, et il remonta à bord du navire. Et quand il fut arrivé à Rome, saint Pierre vint le trouver, car il avait été instruit par un ange de ce qui lui était arrivé, et Pierre lui dit : « Que la paix soit avec toi ; tu as fait le bien, et tu as suivi un bon conseil. Ne te chagrine pas si ta femme dort et si l'enfant repose avec elle ; le Seigneur donne, reprend et rend ce qu'il veut, et il est le maître de changer ton deuil en joie. » Et saint Pierre le mena à Jérusalem, et il lui montra tous les endroits où Jésus-Christ a fait des miracles, et l'endroit où il a souffert et celui d'où il est monté au ciel. Et après avoir été instruit dans la foi par saint Pierre, au bout de deux ans il remonta dans un navire pour retourner dans son pays. Et le Seigneur permit qu'il passât proche de la montagne où il avait déjà débarqué, et il obtint des matelots de l'y laisser descendre. L'enfant avait été conservé plein de vie à la prière de la bienheureuse Madeleine, et il avait l'habitude de courir sur le sable et de s'y amuser, en ramassant des cailloux et des coquillages. Et quand l'enfant, qui n'avait jamais vu d'homme, l'aperçut, il eut peur, et il courut se cacher sous le manteau près de sa mère. Et le père s'approcha, et prenant l'enfant, il dit : « O bienheureuse Marie Madeleine, que je serais heureux de tout ce qui m'est arrivé, si ma femme pouvait revenir à la vie et retourner avec moi dans notre patrie ! Je sais bien à présent que c'est vous qui avez sauvé cet enfant et qui lui avez, pendant deux ans, conservé la vie sur ce rocher, et vous pourriez aussi, par vos prières, rappeler sa mère à l'existence. » A ces mots, la femme s'agita ; et, comme sortant d'un long sommeil, elle dit : « Vos mérites sont grands, Marie Madeleine, vous qui m'avez conservée et qui m'avez fourni tout ce qui m'était nécessaire. » Et son mari lui dit : « Tu es donc en vie? » Et elle répondit : « Oui ; et je viens d'où tu viens, car tandis que saint Pierre te menait à Jérusalem et te montrait tous les endroits qu'ont sanctifiés les pas de Jésus-Christ, moi aussi j'ai été dans la Terre-Sainte avec la bienheureuse Marie Madeleine, et j'ai vu tous les lieux saints, et j'ai gardé dans mon cœur le souvenir de ce que j'ai vu. » Et la mère et l'enfant se rembarquèrent avec le père, et ils arrivèrent bientôt heureusement à Marseille. Et ils trouvèrent Marie Madeleine et les disciples qui annonçaient la parole de Dieu ; et, tombant à ses pieds en versant des larmes, ils racontèrent tout ce qui leur était arrivé. Et le bienheureux Maximin leur donna le baptême ; et le peuple de Marseille, détruisant tous les temples des idoles, éleva des églises, et, d'une voix unanime, nomma pour évêque le bienheureux Lazare.

Madeleine et les disciples allèrent ensuite, suivant l'inspiration de Dieu, à Aix, où ils firent de grands miracles, et où le bienheureux Maximin fut ordonné évêque. Alors Madeleine, avide de se consacrer à la contemplation, se retira sur une montagne escarpée, et elle resta trente ans dans un endroit qu'avaient préparé les mains des anges. Il n'y avait dans cet endroit ni eau, ni arbres, ni herbe, afin de manifester ainsi que le Sauveur voulait la soutenir, non d'aliments terrestres, mais de nourriture divine. Et chaque jour les anges l'emportaient au ciel, et elle entendait, des oreilles du corps, les concerts glorieux des légions célestes. Et chaque jour, rassasiée de cette nourriture délicieuse qui lui venait par le ministère des anges, elle n'avait besoin d'aucun aliment terrestre. Un prêtre qui voulait se vouer à la vie solitaire, se prépara une cellule à douze stades de là. Un jour, le Seigneur ouvrit les yeux de ce prêtre, et il vit alors quatre anges qui descendaient à l'endroit où se tenait la bienheureuse Madeleine, et ils l'enlevèrent dans les airs, et, au bout d'une heure, ils la rapportèrent en chantant les louanges de Dieu. Le prêtre, voulant s'assurer de la vérité de cette vision, se recommanda à Dieu par la prière, et il avança résolument vers l'endroit où était Madeleine ; et quand il en fut à un jet de pierre, ses jambes commencèrent à trembler, et le cœur lui manqua d'effroi ; et quand il voulait se retirer, il retrouvait ses forces, mais quand il faisait quelque mouvement en avant, il ne pouvait se soutenir. Et il comprit que c'était un lieu saint dont l'accès était interdit aux hommes. Ayant invoqué le nom du Sauveur, il s'écria : « Je t'adjure, au nom de Dieu, toi qui habites dans cette caverne, si tu es une créature raisonnable, de me répondre et de dire la vérité. » Et quand il eut trois fois répété ces mots, la bienheureuse Madeleine lui répondit: « Approche-toi, et ce que tu désires savoir, tu l'apprendras. » Et lorsque, tremblant, il se fut avancé au milieu de la distance, elle dit : « Tu te souviens d'avoir lu dans l'Évangile l'histoire de Madeleine, cette fameuse pécheresse, qui arrosa de ses larmes les pieds du Sauveur, et qui obtint le pardon de ses fautes. » Le prêtre répondit : « Je le sais, et depuis plus de trente ans on croit qu'elle n'existe plus sur la terre. » Et elle répliqua : « C'est moi qui vis ici ignorée des hommes, et chaque jour je suis portée au ciel, ainsi que tu l'as vu hier, par les mains des anges, et j'entends les concerts des légions célestes. Et comme il m'a été révélé que je devais bientôt sortir de ce monde, va trouver Maximin, et dis-lui que le lendemain du jour de Pâques, à l'heure où il a coutume de se lever, qu'il entre seul dans son oratoire, et il m'y trouvera transportée par le ministère des anges. » Et le prêtre entendait sa voix, mais il ne voyait personne. Il alla trouver le bienheureux Maximin, et il lui raconta tout ce qui s'était passé ; et Maximin, rempli de joie, rendit au Seigneur de ferventes actions de grâces. Et, à l'heure dite, rentrant dans son oratoire, il y trouva la bienheureuse Madeleine entourée d'anges qui l'avaient transportée. Elle était élevée de deux coudées au-dessus de terre, et, les mains étendues, elle priait Dieu. Et comme Maximin n'osait approcher d'elle, elle se tourna vers lui et lui dit : « Approche-toi, père, et ne redoute pas ta fille. » Il s'approcha, et le visage de la sainte brillait d'un tel éclat, qu'il aurait été plus facile de contempler le soleil. Et tout le clergé et le peuple étant réunis, Madeleine reçut le corps et le sang du Seigneur, en versant beaucoup de larmes. Elle rendit ensuite l'esprit, laissant derrière elle une odeur si suave, que l'oratoire en resta tout embaumé durant sept jours. Le bienheureux Maximin fit conserver dans des aromates précieux le corps de la sainte et il la fit ensevelir avec honneur, et il ordonna qu'après sa mort il serait enterré près d'elle.

Du temps de Charlemagne, l'an du Seigneur 769, Girard, duc de Bourgogne, ne pouvant avoir d'enfant de son épouse, faisait de grandes charités aux pauvres, et il construisait beaucoup d'églises et de monastères. Et lorsqu'il fonda le monastère de Vesoul, l'abbé envoya un moine avec une suite convenable à Aix, pour savoir s'il ne pourrait pas obtenir des reliques de sainte Marie Madeleine. Et ce moine étant arrivé à Aix, trouva la ville détruite par les barbares, et, par hasard, il découvrit un sépulcre en marbre, qui était celui de la bienheureuse Marie Madeleine, et sur ce sépulcre, l'histoire de la sainte était admirablement représentée. Dans la nuit, le moine brisa le sépulcre et enleva les reliques. Et Madeleine lui apparut, lui disant de ne rien craindre, mais de continuer l'œuvre qu'il avait entreprise. Et lorsqu'elles furent arrivées à une demi-lieue du couvent, rien ne put réussir à faire avancer les reliques davantage, jusqu'à ce que la communauté fût venue processionnellement au-devant d'elles, et ils les accompagnèrent avec grand honneur. — Un soldat, qui avait l'habitude de venir chaque année en pèlerinage au corps de sainte Marie Madeleine, fut tué dans une bataille; et ses parents le pleuraient, en demandant à la sainte pourquoi elle avait laissé mourir sans confession et sans pénitence quelqu'un qui avait tant de dévotion pour elle. Alors le mort ressuscita, à la stupéfaction de tous, et il demanda qu'on fit venir un prêtre. Et lorsqu'il se fut dévotement confessé et qu'il eut reçu le viatique, il se rendormit. — Un navire, sur lequel se trouvait un grand nombre d'hommes et de femmes, fit naufrage : une des femmes, luttant contre la mer, implora l'assistance de la bienheureuse Madeleine, faisant vœu, si elle échappait à ce péril et si elle avait un fils, de le consacrer à la vie monastique; et aussitôt il lui apparut une femme d'un aspect vénérable, qui, la prenant par la main, la conduisit saine et sauve sur le rivage. Et peu de temps après, elle eut un fils et elle accomplit fidèlement son vœu. Il y en a qui disent que Marie Madeleine était au moment d'épouser saint Jean l'Évangéliste lorsque Notre-Seigneur appela ce saint; et, irritée de ce qu'elle avait ainsi perdu celui qui allait être son époux, elle s'adonna entièrement à la volupté. Mais comme il n'était pas juste que la vocation de saint Jean fût un motif de damnation pour elle, le Seigneur la convertit et lui inspira l'esprit de pénitence; et, abandonnant tout plaisir charnel, elle se livra au plaisir le plus parfait, qui est l'amour de Dieu. Mais l'on regarde ces détails comme faux et frivoles. Un aveugle étant venu visiter le monastère où reposait le corps de la sainte, son conducteur lui dit qu'ils allaient entrer dans l'église, et alors l'aveugle s'écria : « O sainte Marie Madeleine, plût à Dieu que je méritasse de voir votre église ! » Et aussitôt la lumière fut rendue à ses yeux. — Un homme écrivit ses péchés sur un papier et le posa sur l'autel de la bienheureuse Madeleine, la priant d'obtenir pour lui le pardon de ses fautes. Et il trouva ensuite que tous les péchés écrits sur le papier étaient effacés. — Un homme, qui était détenu faute d'argent, pria Madeleine de venir à son aide, et, la nuit, il vit une femme d'une grande beauté qui brisa ses chaînes et qui ouvrit les portes de sa prison, en lui disant de se sauver; et il prit aussitôt la fuite. — Un clerc du pays de Flandre, nommé Étienne, était tombé dans de si grands crimes, qu'il ne voulait plus entendre parler des choses saintes; seulement, par dévotion pour la bienheureuse Madeleine, il jeûnait et il veillait le jour de sa fête. Et il alla un jour visiter son tombeau, et voici que Madeleine lui apparut, l'air plein de tristesse et soutenue en l'air par deux anges, et elle lui dit : « Pourquoi donc, Étienne, m'honores-tu, sans témoigner par la conduite de la sincérité de ta foi ? A cause de la dévotion que tu m'as portée, j'ai prié le Seigneur pour toi. Lève-toi et fais pénitence, et je ne t'abandonnerai pas jusqu'à ce que tu sois réconcilié avec Dieu. » Et il se sentit touché d'une telle grâce que, renonçant au siècle, il entra dans un monastère, et qu'il y persévéra dans une vie très-édifiante. A sa mort, l'on vit Marie Madeleine venir le recevoir avec des anges, et elle porta au ciel l'âme d'Étienne sous la forme d'une colombe.

LÉGENDE DE SAINTE PRAXÈDE.

Praxède, vierge, fut sœur de sainte Potentienne, et elles eurent pour frères saint Donat et saint Timothée, que les apôtres instruisirent dans la foi. Elles ensevelirent, pendant les persécutions, les corps de beaucoup de martyrs, et elles distribuèrent leurs biens aux pauvres, et elles s'endormirent enfin dans le Seigneur l'an cent quarante-cinq, et la seconde année du règne de Marc Antonin.

LÉGENDE DE SAINT APOLLINAIRE.

Saint Apollinaire fut disciple de l'apôtre saint Pierre, qui l'envoya de Rome à Ravenne, où il guérit l'épouse d'un tribun et la baptisa avec son mari et les gens de sa maison. Ce qui fut rapporté à un juge, et il ordonna de se saisir d'Apollinaire. On le conduisit au temple de Jupiter pour qu'il sacrifiât : et comme il disait aux prêtres que l'or et l'argent employés aux idoles des faux dieux seraient bien mieux employés si on les donnait aux pauvres, plutôt que de les affecter ainsi à honorer les démons, on le battit si rudement, qu'on le laissa pour demi-mort. Mais les disciples le recueillirent, et il demeura sept mois soigné dans la maison d'une pieuse dame. Il vint ensuite dans la ville de Padoue, afin d'y guérir un noble qui était muet. Et comme il entrait dans la maison, une fille qui était possédée du démon se mit à crier : « Sors d'ici, serviteur de Dieu, car nous te ferons jeter, pieds et poings liés, hors de la ville. » Apollinaire la réprimanda, et il chassa aussitôt le démon. Et aussitôt qu'il eut invoqué sur le muet le nom du Seigneur, celui-ci parla, et plus de cinq cents personnes se convertirent. Et les païens, l'ayant battu, lui défendaient de nommer Jésus-Christ. Mais, couché par terre, il ne cessait de répéter que Jésus-Christ est le vrai Dieu. Alors on le fit tenir, pieds nus, sur des charbons ardents ; et comme il maintenait avec force qu'il était chrétien, ils le jetèrent hors de la ville. En ce temps, Rufus, patricien de Ravenne, avait une fille malade, et il manda Apollinaire pour la guérir, et, lorsque le saint arriva, elle était morte. Et Rufus dit : « Il est bien malheureux que tu sois entré dans ma maison, car les dieux en ont été irrités, et ils n'ont pas voulu guérir ma fille : et maintenant, que peux-tu faire ? » Apollinaire lui répondit : « Ne crains rien, mais fais le serment que si ta fille ressuscite, tu adoreras le Seigneur. » Et quand Rufus eut fait ce serment, Apollinaire se mit en oraison, et la fille ressuscita, et, confessant le nom de Jésus-Christ, elle fut baptisée, ainsi que son père, sa mère et une grande foule de personnes, et elle garda toute sa vie la virginité. L'empereur, apprenant cela, écrivit au préfet du prétoire de forcer Apollinaire à sacrifier, ou de l'envoyer en exil. Sur son refus de sacrifier, le préfet le fit battre de verges et tourmenter sur le chevalet. Et comme le martyr persistait à louer le Seigneur, on arrosa ses plaies d'eau bouillante, et on l'envoya ensuite en exil, chargé de chaînes très-pesantes. Mais les chrétiens, spectateurs d'une telle impiété, se soulevèrent contre les païens et en tuèrent plus de deux cents. Alors le préfet fit embarquer Apollinaire et l'envoya en exil avec trois clercs; et il survint une si grande tempête que le navire fit naufrage, et Apollinaire se sauva seul avec deux clercs et avec deux soldats, et il baptisa ces soldats. Puis, revenu à Ravenne, il fut saisi par les païens et conduit au temple d'Apollon. Et voyant l'idole, il la maudit, et aussitôt elle tomba en se brisant en pièces. Ce que voyant les prêtres, ils l'amenèrent au juge Taurus. Mais Apollinaire guérit le fils de ce juge, qui était aveugle, et le juge crut, et il garda quatre ans Apollinaire chez lui. Les prêtres s'en plaignirent ensuite à Vespasien, qui ordonna que si le martyr ne voulait pas sacrifier, il serait chassé de la ville. Et le saint, ayant repoussé avec horreur la pensée d'adorer les idoles, les païens se jetèrent sur lui et le frappèrent avec fureur. Il vécut encore sept jours, exhortant ses disciples, et il fut enseveli avec honneur. Et cela se passa sous Vespasien, qui commença à régner l'an de Notre-Seigneur soixante-dix.

LÉGENDE DE SAINTE CHRISTINE.

Christine naquit en Italie, de parents très-nobles, et son père la mit dans une tour avec douze servantes et avec des idoles d'or et d'argent. Et comme elle était très-belle, beaucoup la demandaient en mariage; mais ses parents rejetaient tous les partis, voulant qu'elle se consacrât au culte des dieux. Mais elle, animée de l'Esprit saint, avait les idoles en horreur, et les offrandes qui leur étaient destinées, elle les plaçait sur une fenêtre. Et le père étant venu un jour, les servantes lui dirent: « Votre fille refuse de sacrifier aux dieux, et elle dit qu'elle est chrétienne. » Et son père chercha, par de douces paroles, à la ramener au culte des idoles. Mais elle lui répondit : « Ce n'est pas à des dieux mortels, mais au Dieu du ciel que je veux sacrifier. » Et il lui répliqua : « Ma fille, ne sacrifie pas à un seul Dieu, de peur que les autres n'en soient irrités. » Et elle répondit : « Tu as parlé dans l'ignorance de la vérité; car j'offre un sacrifice au Père, et au Fils, et à l'Esprit saint. » Et son père lui dit : « Si tu adores trois Dieux, pourquoi n'adores-tu pas les autres? » Et elle répondit : « Ces trois ne font qu'une seule Déité. » Ensuite elle brisa les idoles de son père, et elle distribua l'or et l'argent aux pauvres. Et le père, revenant pour adorer ses dieux et ne les trouvant plus, s'informa auprès des servantes de ce que sa fille avait fait; et il entra en fureur, et il ordonna qu'on la dépouillât et que douze hommes la frappassent jusqu'à ce qu'ils fussent trop las pour continuer. Et elle lui dit : « Tu pousses la barbarie et le manque de pudeur jusqu'à me faire ainsi traiter pour tes faux dieux, qui ne peuvent rien pour toi. » Alors il commanda qu'elle fût mise enchaînée dans un cachot. Quand la mère apprit cela, elle déchira ses vêtements, et elle descendit au cachot et elle se prosterna devant sa fille, disant : « Ma fille, la lumière de mes yeux, aie pitié de moi. » Et Christine répondit : « Pourquoi m'appelles-tu ta fille, et rien de plus? ne sais-tu pas que je porte le nom de mon Dieu? » Et la mère, ne pouvant ébranler la détermination de la sainte, retourna vers son mari et lui dit ce qui s'était passé; et le père se la fit amener et il dit : « Sacrifie aux dieux, sinon je te renie pour ma fille, je te fais infliger de grands supplices. » Et elle répliqua : « Tu me fais déjà une grande grâce, puisque tu ne m'appelles pas la fille du diable; car ce qui naît d'un démon est aussi un démon. » Et il ordonna qu'on déchirât avec des ongles de fer ses membres délicats. Mais Christine, prenant des lambeaux de sa propre chair, les lui jeta au visage, disant : « Prends, tyran, et mange de cette chair que tu as engendrée. » Alors il la fit lier sur une roue et il fit mettre du feu dessous; mais la flamme s'étendit et dévora quinze cents hommes. Le père, attribuant tout cela à l'art magique, la fit reconduire en prison, et quand vint la nuit, il ordonna à ses esclaves de lui attacher une grosse pierre au cou et de la jeter dans la mer. Quand ils l'eurent fait, des anges la soutinrent sur l'eau, et Jésus-Christ vint et la baptisa lui-même, et il la remit à saint Michel pour qu'il la ramenât à terre. Et le père, apprenant cela, se frappa le front et lui dit : « Quels sont donc tes sortiléges, puisque tu domptes ainsi la mer? » Et elle lui répondit : « Insensé et malheureux, c'est Jésus-Christ qui m'a fait cette grâce. » Alors il la fit remettre en prison, voulant lui faire couper la tête le lendemain ; mais cette même nuit, on le trouva mort. Il lui succéda un juge inique, nommé Enius, qui ordonna de remplir une chaudière d'huile bouillante, de poix et de résine, et d'y jeter Christine. Et Christine loua Dieu de l'avoir jugée digne de souffrir pour lui. Alors le juge, changeant d'avis, ordonna qu'on lui rasât la tête et qu'on la conduisît nue au temple d'Apollon. Et quand elle entra dans le temple, la statue tomba et se brisa. Le juge, apprenant cela, fut saisi d'effroi et il expira. Un nommé Julien lui succéda, et il ordonna de chauffer un four et d'y jeter Christine. Elle y resta cinq jours, chantant avec les anges et sans éprouver aucun mal. Julien, attribuant cela à la magie, fit prendre deux vipères, deux couleuvres et deux aspics, et les fit enfermer avec elle ; mais ces serpents ne lui firent aucun mal, ils léchèrent ses pieds et se suspendirent à son cou et à son sein. Et Julien dit à un enchanteur : « Toi qui es un magicien, ranime la colère de ces bêtes. » Et le magicien s'étant approché, les serpents se jetèrent sur lui et le tuèrent aussitôt. Et Christine se réfugia dans un désert, où elle ressuscita un mort. Et Julien la fit de nouveau arrêter et il lui fit couper les mamelles, et il en sortit du lait au lieu de sang. Il lui fit ensuite couper la langue, et Christine la ramassant, la jeta à la figure de Julien, qui se trouva aveugle. Plein de colère, il lui fit enfoncer deux flèches dans le cœur et une dans le côté. Et elle mourut l'an du Seigneur deux cent quatre-vingt-sept, sous le règne de Dioclétien. Et son corps reposa dans un endroit qu'on appelle Bolsène, et qui n'est pas loin de Viterbe.

LÉGENDE

DE SAINT JACQUES LE MAJEUR, APOTRE.

Jacques, fils de Zébédée, fut l'un des apôtres, et après l'ascension de Notre-Seigneur, il prêcha dans la Judée et à Samarie, et il fut ensuite en Espagne pour y semer la parole de Dieu ; mais comme il vit qu'il n'avait rien de bon à en attendre, il se choisit neuf disciples, et, en laissant deux dans ce pays, il revint en Judée avec les sept autres. Et maître Jean Beleth dit qu'en Espagne il ne convertit qu'une seule personne. Et comme Jacques prêchait dans la Judée, un docteur célèbre parmi les pharisiens, nommé Hermogène, lui envoya son disciple Philétus, afin de convaincre Jacques, en présence des juifs, que sa doctrine était fausse ; mais Jacques ayant disputé avec lui devant beaucoup d'assistants, et ayant fait de nombreux miracles, Philétus revint vers son maître Hermogène, approuvant la doctrine de Jacques et racontant les miracles qu'il avait vus, et annonçant sa résolution de se faire disciple de l'apôtre. Et Hermogène, irrité, le lia par ses sortiléges, de sorte qu'il lui était impossible de faire un mouvement ; et il dit : « Nous verrons si ton Jacques pourra te délier. » Et Philétus envoya un valet prévenir Jacques de cela, et l'apôtre lui fit passer son manteau, en disant : « Qu'il prenne ce manteau et qu'il dise : Dieu relève ceux qui sont tombés, et il délivre ceux qui sont captifs. » Et aussitôt que Philétus eut touché le manteau, il fut délivré de la captivité où le retenait l'art magique d'Hermogène, et il se hâta d'aller trouver Jacques. Hermogène, plein de courroux, réunit les démons, leur disant de lui amener Jacques et Philétus, tous deux garrottés, afin qu'il se vengeât d'eux. Les démons, volant à travers les airs, vinrent trouver Jacques, disant : « Jacques, apôtre de Dieu, aie pitié de nous, car nous brûlons avant que notre temps soit venu. » Et Jacques leur dit : « Pourquoi êtes-vous venus vers moi ? » Et ils répondirent : « Hermogène nous a envoyés pour que nous te menions à lui avec Philétus ; mais comme nous allions vers toi, l'ange du Seigneur nous a attachés avec des chaînes de fer et nous a très-rudement tourmentés. » Et Jacques leur dit : « Retournez à celui qui vous a ordonné de venir, et amenez-le-moi garrotté, mais sans lui faire de mal. » Et les démons prirent Hermogène, lui attachèrent les pieds et les mains derrière le dos, et l'amenèrent à Jacques, en lui disant : « Pour avoir voulu exécuter tes ordres, nous avons été très-cruellement tourmentés. » Et ils dirent à Jacques : « Donne-nous le pouvoir de venger sur lui tes injures et les nôtres. » Et Jacques leur dit : « Il est dans vos mains; est-ce que vous ne pouvez pas le punir ? » Et ils répliquèrent : « Nous ne le pouvons, et nous ne pouvons même toucher à une fourmi qui est dans ta chambre. » Et Jacques dit à Philétus : « Jésus-Christ nous a donné le précepte de rendre le bien pour le mal : Hermogène t'a attaché, délivre-le. » Et Hermogène, délivré de ses liens, resta tout confondu; et l'apôtre Jacques lui dit : « Tu es libre, va où tu voudras, car il est contre notre doctrine de tirer aucune vengeance. » Hermogène répondit : « Je connais les fureurs des démons; si tu ne me donnes pas quelque chose qui t'appartienne, ils me tueront. » Et Jacques lui donna son bâton. Et Hermogène voulut brûler tous ses livres de magie et se mettre au nombre des disciples de Jacques. Mais l'apôtre, de peur que l'odeur de l'incendie inquiétât ceux qui n'étaient pas prévenus, fit jeter tous ces livres dans la mer; et Hermogène fut converti, et il prêcha avec grand zèle la parole de Dieu. Les Juifs, remarquant le changement d'Hermogène, allèrent trouver Jacques, et le reprirent de ce qu'il prêchait Jésus le crucifié. Mais il leur démontra, par les Écritures, la passion et la divinité de Jésus-Christ, et beaucoup crurent. Abiathar, grand-prêtre pour cette année, excita une sédition parmi le peuple, et il fit conduire l'apôtre à Hérode Agrippa, une corde attachée au cou. Et lorsque, d'après l'ordre d'Hérode, on amenait l'apôtre pour lui trancher la tête, un paralytique, qui était couché sur le chemin, lui demanda, avec grand cri, de le guérir. Et Jacques lui dit : « Au nom de Jésus-Christ, pour la foi duquel l'on me mène au supplice, lève-toi, et bénis le Seigneur. » Et le paralytique se leva guéri. Un scribe, nommé Josias, qui aidait à tirer la corde qui attachait le saint, voyant cela, se jeta à ses pieds et dit qu'il voulait être chrétien. Abjathar, à cet aspect, fut ému de rage, et il fit saisir Josias et il lui dit : « Si tu ne maudis pas le nom du Christ, tu vas être décapité avec Jacques. » Et Josias lui dit : « Tu es maudit et tous tes jours sont maudits; mais que le nom de Jésus-Christ soit béni dans tous les siècles. » Abiathar commanda alors de le frapper au visage, et il fit demander à Hérode l'autorisation de lui faire trancher la tête, ce qu'Hérode accorda aussitôt. Et Jacques demanda alors à l'un des soldats une écuelle pleine d'eau, et il l'employa à baptiser Josias. Et ils furent l'un et l'autre décapités sans plus de retard. Et les disciples de Jacques enlevèrent son corps; mais n'osant, de peur des Juifs, lui donner la sépulture, ils le mirent à bord d'un navire, et le confiant à la Providence divine, ils abandonnèrent le navire à lui-même; et le navire, guidé par un ange, vint aborder en Galice. Il y avait alors en Espagne une reine nommée Louve, et elle fit ôter du navire le corps du saint, et on le déposa sur une grosse pierre. Cette pierre se pétrit d'elle-même comme de la cire autour du corps de l'apôtre, et elle se façonna comme un sarcophage. Les fidèles vinrent annoncer ce miracle à Louve; mais elle les renvoya à un roi très-cruel, qui les fit mettre en prison. Et voici que l'ange du Seigneur vint, qui ouvrit les portes de la prison, et qui leur rendit la liberté. Quand le roi le sut, il envoya des soldats à leur poursuite. Et comme ils passaient sur un pont, le pont s'écroula, et ils périrent tous dans le fleuve. Alors le roi, épouvanté, leur fit dire de revenir, et qu'il leur accorderait tout ce qu'ils demanderaient. Et ils revinrent, et ils convertirent le peuple à la foi. Ce que la reine Louve apprenant, elle fut fort chagrine, et elle dit : « Prenez des taureaux que j'ai sur cette montagne et attachez-les à un char, et mettez-y le corps de votre maître, et portez-le où vous voudrez. » Elle disait cela parce que, sachant que ces taureaux étaient indomptables, elle pensait qu'il serait impossible de les atteler, et que, si l'on en venait à bout, ils mettraient le char en morceaux, et qu'ils tueraient les disciples. Ceux-ci montèrent sur la montagne, et ils virent un énorme dragon qui accourait vers eux; mais, aussitôt qu'ils eurent fait le signe de la croix, il creva par le milieu du ventre. Et quand ils eurent fait le signe de la croix sur les taureaux, ceux-ci devinrent aussitôt doux comme des moutons; et l'on plaça le corps de saint Jacques dans le char, avec la pierre sur laquelle il était. Et les taureaux, sans que personne les guidât, apportèrent le corps dans la cour du palais de Louve. Et la reine, frappée d'étonnement, accorda aux disciples tout ce qu'ils demandaient, et elle fit construire une église magnifique pour recevoir le corps du saint et elle la dota richement, et elle finit sa vie en toute sorte de bonnes œuvres.

Un homme de bien, nommé Bernard, du diocèse de Modène, comme il était captif et enchaîné au fond d'une tour, invoqua l'assistance de saint Jacques, et voici que l'apôtre lui apparut, disant : « Viens, et suis-moi en Galice. » Et Bernard se leva, ses chaînes étant brisées, et il monta au sommet de la tour, et, quoiqu'elle eût soixante coudées de haut, il sauta en bas sans se faire aucun mal. — Un certain Allemand, à ce que rapporte le pape Calixte, se rendant avec son fils, vers l'an du Seigneur mil et vingt, en pèlerinage à Saint-Jacques, passa à Toulouse; et son hôte l'enivra, et il cacha dans sa malle une coupe d'argent. Le lendemain, comme ils s'étaient remis en route, l'hôte les poursuivit, en criant que c'étaient des voleurs, et il les accusa de lui avoir dérobé une coupe d'argent. Et ils dirent qu'il pouvait les faire punir si on la trouvait dans leurs effets. On ouvrit la malle et on trouva la coupe, et on les mena devant les juges. Et ils condamnèrent un d'eux à être mené au supplice, et tout ce qu'ils possédaient à être confisqué au profit de l'hôte. Et il s'éleva un débat entre le père et le fils, chacun voulant mourir en place de l'autre. Enfin le fils fut pendu, et le père continua, très-affligé, son pèlerinage vers Saint-Jacques. Et trente-six jours après il revint, et allant là où était le corps de son fils, il versait des larmes très-amères. Et le fils, qui était accroché au gibet, lui répondit : « Cher père, ne t'afflige pas, car je n'ai jamais été mieux; saint Jacques me soutient et me remplit d'une douceur céleste. » Le père, entendant cela, courut à la ville, et le fils fut détaché du gibet, et l'on pendit l'hôte. — Hugues de Saint-Victor rapporte qu'un pèlerin se rendant en pèlerinage à Saint-Jacques, le diable lui apparut sous la forme de saint Jacques, et, discourant beaucoup des misères de la vie présente, il lui persuada qu'il serait heureux s'il se tuait. Et le pèlerin, ayant saisi son épée, se tua lui-même. Et celui chez lequel il logeait fut accusé de l'avoir tué, et il était en grand danger; et tout d'un coup le mort ressuscita, et il dit que, comme le démon qui lui avait conseillé de se tuer le conduisait en enfer, saint Jacques était venu, qui l'avait mené devant le trône de Dieu, et les accusations des démons avaient été confondues, et il lui avait été accordé de ressusciter. — Hugues, abbé de Cluny, raconte qu'un jeune homme de la province de Lyon allait souvent en grande dévotion en pèlerinage à Saint-Jacques; et, une fois qu'il voulait y aller, il commit, cette même nuit, le péché de fornication. Et quand il se fut mis en route, le diable lui apparut une certaine nuit, disant : « Sais-tu qui je suis? » Et le jeune homme répondit : « Non. » — « Je suis », répondit le diable, « l'apôtre saint Jacques, que tu as visité pendant bien des années. Dernièrement, sortant de ta maison, tu es tombé dans le péché de fornication, et tu as osé venir vers moi sans te confesser, comme si ton pèlerinage pouvait être agréable à Dieu et à moi. Et il n'en est point ainsi, car tout pèlerin doit d'abord confesser ses péchés, et ensuite en faire pénitence. » Et, ayant dit cela, le démon disparut. Alors le jeune homme fut inquiet, se confessa de ses péchés, et songea ensuite à se mettre en route. Et le diable, lui apparaissant derechef sous la figure de l'apôtre, chercha à l'en dissuader, l'assurant que son péché ne lui serait pas remis, à moins qu'il ne se coupât les membres qui servent à la génération; mais qu'il ferait mieux de se tuer, et qu'alors il serait martyr. Et, durant la nuit, pendant que ses compagnons dormaient, le jeune homme, ayant pris son épée, se coupa les membres de la génération, et s'enfonça ensuite l'épée dans le ventre. Ses compagnons, voyant cela, furent saisis d'effroi, et ils s'enfuirent de peur qu'on ne les accusât d'homicide. Et comme l'on creusait une fosse pour l'ensevelir, il ressuscita, à la grande surprise des assistants; et il raconta ce qui lui était arrivé, disant : « Après que je m'étais tué à la suggestion du diable, des démons s'emparèrent de moi, et me conduisirent vers Rome. Et voici que le bienheureux saint Jacques courut après nous, et gourmanda fort les démons à cause de leur perfidie. Et ils se mirent à se disputer entre eux, et saint Jacques les força à se rendre dans un pré où était la bienheureuse Vierge Marie en compagnie de divers saints. Et saint Jacques l'implora pour moi, et elle gronda beaucoup les démons, et elle ordonna que je fusse rendu à la vie. Et saint Jacques me prenant me rendit la vie, comme vous le voyez. » Et trois jours après, il ne lui restait plus que les cicatrices de ses blessures, et il se remit en route pour poursuivre son pèlerinage. — Le pape Calixte raconte qu'un certain Français allait, vers l'an mil cent, avec sa femme et ses fils, en pèlerinage à Saint-Jacques; il voulait, en même temps, éviter la peste qui sévissait alors en France, et aller à Saint-Jacques. Et, lorsqu'il fut venu dans la ville de Pampelune, sa femme mourut, et son hôte s'empara de tout son argent, ainsi que du cheval qui portait les enfants. Et lui, désolé, tantôt il menait ses enfants par la main, tantôt il les portait sur ses épaules. Et il rencontra un homme qui menait un âne, et qui, touché de compassion, lui prêta son âne, afin que les enfants cheminassent ainsi. Et comme il priait au tombeau de saint Jacques, le saint lui apparut et lui demanda s'il le connaissait. Il répondit que non. Et le saint lui répondit : « Je suis l'apôtre Jacques, et c'est moi qui t'ai prêté un âne pour venir, et je te le prête encore pour t'en retourner. Apprends aussi que l'hôte qui t'a fait tort est mort, et que tu recouvreras tout ce qui t'appartient. » Ce qui arriva en effet; et le pèlerin revint chez lui, et aussitôt qu'il eut descendu ses enfants de dessus l'âne, l'âne disparut. — Un certain marchand avait été injustement dépouillé par un tyran qui le retenait en prison, et il implora avec dévotion l'assistance de saint Jacques. Et saint Jacques lui apparut et le conduisit par la main au haut de la tour. Et la tour se pencha de telle sorte, que son sommet vint à toucher la terre, et le prisonnier n'eut qu'à faire un pas pour en descendre. Et les gardes se mirent à sa poursuite; mais il resta invisible pour eux. — Ubert de Besançon raconte que trois soldats se rendaient en pèlerinage à Saint-Jacques, et l'un d'eux, cédant aux prières d'une pauvre femme, portait sur son cheval, pour l'amour du saint, un sac dont elle lui avait demandé de se charger; il trouva ensuite un homme infirme sur la route, et il le plaça sur son cheval, et il suivait à pied; mais accablé de fatigue et de chaleur, lorsqu'il arriva en Galice, il tomba très-grièvement malade, et ses compagnons l'engageaient à penser au salut de son âme. Il demeura trois jours sans pouvoir parler, et le quatrième jour, comme on s'attendait qu'il allait mourir, il dit : « Je rends grâce à Dieu et à saint Jacques en considération des mérites duquel j'ai été délivré ; car lorsque je voulais faire ce que vous me recommandiez, des démons sont venus se jeter sur moi, me pressant si rudement, qu'il m'était impossible de rien dire pour le salut de mon âme. Je vous entendais parler, mais je ne pouvais vous répondre. Et voici qu'alors saint Jacques vint, tenant d'une main le sac, de l'autre le bâton de cette femme et de cet homme que j'avais assistés en route, et, tenant le bâton levé, il s'avança d'un air irrité vers les démons, et il les mit en fuite. Il me rendit ensuite la parole. Faites donc venir un prêtre, car je n'ai que peu de temps à rester ici. » Et, se tournant vers un de ses deux compagnons, il dit : « Ami, prends garde à ton seigneur, qui est condamné et qui mourra bientôt misérablement. » Et quand il eut été enseveli, le soldat raconta ces choses à son seigneur ; mais celui-ci ne s'amenda point dans sa conduite ; et peu de temps après, il reçut à la guerre un coup de lance dans le corps, et il en mourut. — Un homme de Vérone, à ce que raconte le pape Calixte, revenant du pèlerinage à Saint-Jacques, vint à manquer d'argent pour continuer sa route, et il rougissait de mendier ; et s'étant endormi sous un arbre, il vit en songe saint Jacques qui le nourrissait ; et s'étant éveillé, il trouva près de sa tête un pain cuit sous la cendre, dont il put se nourrir pendant quinze jours, temps qu'il mit à retourner chez lui ; car lorsqu'il avait mangé à son appétit, il le remettait dans son sac, et le lendemain il le trouvait entier. — Le pape Calixte raconte aussi qu'un habitant de Barcelone ayant été, en l'an mil cent, en pèlerinage à Saint-Jacques, demanda pour seule grâce au saint, de ne jamais tomber au pouvoir des ennemis. En revenant par la Sicile, le navire sur lequel il était fut pris par les Sarrasins, et il fut vendu à divers maîtres ; mais ses chaînes se brisaient à chaque fois. Et il avait déjà été vendu treize fois, et il restait chargé de deux grosses chaînes, lorsqu'il se mit à invoquer saint Jacques. Et l'apôtre lui apparut et lui dit : « Comme lorsque tu priais dans mon église, tu n'as demandé que la délivrance du corps, tu es tombé dans ce péril ; mais comme le Seigneur est miséricordieux, il m'a envoyé à toi pour que je te rachète. » Et aussitôt les chaînes se rompant, et un morceau restant attaché au cou du captif, pour servir de preuve au miracle; il se mit à traverser les pays des Sarrasins, et il regagna son pays, au grand étonnement de tous ceux qui le connaissaient. Et ceux qui voulaient l'arrêter sur son chemin, s'enfuyaient dès qu'ils voyaient ce morceau de chaîne, et les lions et les bêtes féroces qu'il y avait dans les déserts qu'il traversa étaient saisis d'effroi à son aspect. L'an du Seigneur deux cent trente-huit, un jeune homme, près de Pistoie, déçu par sa simplicité rustique, mit le feu aux moissons de son tuteur, dans l'idée que celui-ci lui avait fait tort. Il fut condamné à être traîné, couvert d'une simple chemise, à la queue d'un cheval fougueux; et, se recommandant à saint Jacques, il ne souffrit aucun mal, et la chemise ne fut pas même déchirée. Alors on l'attacha sur un bûcher, et l'on y mit le feu; mais le bois et ses liens furent consumés, et il resta sans aucune trace de brûlure, ni sa chemise non plus. Et le peuple le délivra, et l'on rendit grandes actions de gloire et de louange à l'apôtre saint Jacques.

LÉGENDE DE SAINT CHRISTOPHE.

Christophe était de la terre de Chanaan; il avait une taille très-élevée et un aspect terrible, et il avait douze coudées de haut. Et on lit dans une histoire de sa vie, que lorsqu'il était auprès d'un roi du pays de Chanaan, il lui vint dans l'esprit d'aller servir le plus grand roi qu'il y eût au monde; et il vint vers un roi que la renommée disait n'avoir aucun supérieur sur cette terre. Ce roi, le voyant, l'accueillit avec joie, et le fit demeurer à sa cour. Et un jour, un jongleur vint à chanter devant le roi une chanson où il parlait souvent du diable. Et le roi, qui était chrétien, toutes les fois qu'il entendait nommer le diable, il faisait sur sa figure le signe de la croix: ce que voyant Christophe, il s'en étonna fort, et il lui en demanda la raison. Et le roi ne voulut pas la lui dire. Christophe lui dit: « Si vous ne voulez pas me répondre, je ne resterai pas plus longtemps avec vous. » Et le roi, ainsi contraint, lui répondit : « Toutes les fois que j'entends nommer le diable, je me munis ainsi du signe de la croix, de peur qu'il ne me réduise en son pouvoir et qu'il ne me nuise. » Et Christophe répliqua : « Si vous craignez le diable et si vous prévoyez qu'il peut vous nuire, cela prouve qu'il est plus fort que vous. Je suis donc trompé dans mon attente, moi qui pensais avoir trouvé le prince le plus puissant qu'il y ait au monde ; mais je veux aller trouver ce diable pour me mettre à son service et le reconnaître pour mon maître. » Et il prit congé de ce roi, et il se mit en quête du diable. Et comme il traversait un désert, il vit une grande foule de soldats, et à leur tête marchait un homme d'un air effroyable, qui lui demanda où il allait. Et Christophe lui répondit : « Je vais chercher le diable, afin de le reconnaître pour mon maître. » Et celui-ci lui répliqua : « Je suis celui que tu cherches. » Et Christophe, fort content, s'engagea au service perpétuel du diable et le reconnut pour son maître. Et tous deux s'étant remis en route, ils rencontrèrent dans un carrefour une croix ; et aussitôt que le diable la vit, il prit la fuite, et il fit un grand détour à travers un pays très-difficile avant de revenir sur la grande route. Et Christophe, qui l'avait suivi, fut plein de surprise, et il lui demanda pourquoi il s'était ainsi écarté du droit chemin ; et, le diable ne voulant pas répondre, Christophe dit : « Si tu ne veux pas me dire ce que je te demande, je vais te quitter. » Et alors le diable lui dit : « C'est sur cette croix qu'est mort Jésus-Christ, et quand je la vois, je suis saisi de crainte et je prends la fuite. » Et Christophe lui répondit : « Ce Jésus-Christ, dont la croix te cause tant de frayeur, est donc plus puissant que toi. J'ai donc travaillé en vain jusqu'ici, et je n'ai point trouvé encore le plus grand prince qu'il y ait au monde. Je vais te quitter et me mettre à la recherche de Jésus-Christ. » Et après avoir longtemps cherché quelqu'un qui lui indiquât Jésus-Christ, il trouva enfin un ermite qui l'instruisit diligemment dans la foi. Et l'ermite lui dit : « Ce roi dont tu recherches le service t'imposera des obligations qui te forceront à observer souvent le jeûne. » Christophe répliqua : « Qu'il me commande donc autre chose, car c'est ce que je ne veux point faire. » Et l'ermite ajouta : « Il voudra aussi que tu te livres à de fréquentes oraisons. » Et Christophe répliqua : « Je ne sais ce que c'est, et je ne veux point être assujetti à un semblable service. » Et l'ermite lui dit : « Ne connais-tu pas tel fleuve où périssent beaucoup de ceux qui essayent de le passer ? » Et Christophe dit : « Je le connais. » Et l'ermite lui dit : « Comme tu es grand de taille et robuste, si tu te tenais près du bord de ce fleuve, et si tu passais les voyageurs, tu ferais une chose fort agréable à Jésus-Christ, que tu désires servir, et j'espère qu'il se manifesterait à toi. » Et Christophe lui répondit : « Voilà un service auquel je puis me consacrer, et je te promets de faire ce que tu me dis là. » Il alla donc près de ce fleuve, et il s'y construisit une demeure, et il se mit à passer sans relâche tous les voyageurs, s'étant muni d'un bâton avec lequel il se soutenait dans l'eau. Et bien des jours s'étant passés, comme il était à se reposer dans sa demeure, il entendit comme la voix d'un enfant qui l'appelait et qui disait : « Christophe, viens dehors et passe-moi. » Et Christophe sortit, mais il ne trouva personne ; et, rentrant dans sa demeure, il lui arriva la même chose une seconde fois. Appelé une troisième fois, il trouva un enfant au bord de l'eau, qui pria Christophe de lui faire passer la rivière. Et Christophe, ayant mis l'enfant sur ses épaules et s'étant muni de son bâton, entra dans l'eau. Et l'eau s'élevait peu à peu, et l'enfant pesait sur les épaules de Christophe d'une manière excessive et son poids augmentait toujours, de sorte que Christophe commença à avoir peur. Et quand enfin il eut passé la rivière et qu'il eut déposé l'enfant sur la rive, il lui dit : « Tu m'as mis dans un grand péril, enfant, et tu m'as surchargé d'un si grand poids, qu'il me semblait que si j'avais le monde entier sur mes épaules, je n'aurais pas eu un plus lourd fardeau. » Et l'enfant répondit : « Ne t'en étonne pas, Christophe, car non-seulement tu as eu sur tes épaules le monde entier, mais encore celui qui a créé le monde ; car je suis le Christ, celui pour lequel tu accomplis l'œuvre que tu as entreprise ; et afin que je te donne un témoignage de ma parole, plante ton bâton dans le sable, et demain tu verras qu'il s'est couvert de feuilles et de fleurs. » Et aussitôt il disparut. Christophe enfonça son bâton dans le sable, et le lendemain il le vit fleuri comme un palmier et couvert de dattes. Il vint ensuite à Samos, ville de la Lycie ; et comme il ne parlait pas la langue du pays, il pria Dieu de lui faire la grâce de la parler. Et, comme il était en prière, les juges du lieu, le prenant pour un insensé, le laissèrent. Et Christophe vint à l'endroit où l'on tourmentait les chrétiens, et il les exhortait à avoir courage. Et un des juges le frappa à la figure. Christophe dit : « Si je n'étais pas chrétien, je tirerais prompte vengeance de cet outrage. » Et il enfonça son bâton en terre et il pria Dieu qu'il fleurît, afin de convertir le peuple. Et cela arriva tout de suite, et, à la vue de ce miracle, huit mille hommes se convertirent. Et le roi envoya deux cents soldats, avec ordre qu'on lui amenât Christophe. Et ceux-ci l'ayant trouvé en prières, craignirent de le saisir, et le roi en envoya encore autant. Et l'ayant aussi trouvé en prières, ils prièrent avec lui. Et Christophe se levant, leur dit : « Qui cherchez-vous ? » Et ils répondirent : « Le roi nous a envoyés pour que nous t'amenions à lui garrotté. » Et Christophe répliqua : « Si je ne le voulais pas, vous ne seriez jamais maîtres de moi. » Et ils dirent : « Si tu ne le veux pas, va-t'en en liberté où tu voudras, et nous dirons au roi que nous ne t'avons pas trouvé. — Non, leur répliqua-t-il ; j'irai avec vous. » Et il les convertit à la foi, et il leur dit de lui lier les mains derrière le dos, et il se fit mener au roi. Quand le roi le vit, il fut épouvanté, et il tomba de dessus son trône. Ses esclaves le relevèrent, et il interrogea Christophe, lui demandant son nom et sa patrie. Le saint lui répondit : « Avant que je fusse baptisé, on m'appelait réprouvé ; maintenant je me nomme Christophe. » Et le roi répondit : « Tu t'es donné un sot nom, en prenant celui du Christ qui a été crucifié, et qui n'a rien pu ni pour lui ni pour toi. Méchant Chananéen, pourquoi ne sacrifies-tu pas à nos dieux ? » Et Christophe répliqua : « C'est avec raison qu'on t'appelle Dagnus ; tu es la mort du monde et le compagnon du diable. Tes dieux sont l'ouvrage de la main des hommes. » Le roi lui repartit : « Tu as été nourri au milieu des bêtes sauvages, et tu ne saurais dire que des choses inouïes pour les oreilles des hommes. Si tu veux sacrifier, tu peux attendre de moi de grands honneurs ; sinon, ne t'attends qu'à des supplices. » Et, sur le refus du saint, il le fit mettre en prison, et il fit couper la tête aux soldats qui avaient été envoyés pour arrêter Christophe. Il fit ensuite enfermer dans la même prison deux filles très-belles, dont l'une s'appelait Nicée et l'autre Aquilina, leur promettant de grandes récompenses si elles induisaient Christophe au péché. Et quand le saint les vit, il se mit aussitôt en oraison ; et comme elles venaient le cajoler et le caresser, il leur dit : « Que voulez-vous, et pourquoi avez-vous été introduites ici ? » Elles, effrayées de l'éclat de son visage, dirent : « Ayez pitié de nous, serviteur de Dieu, et nous croirons au Dieu que vous prêchez. » Le roi, instruit de cela, les fit venir et leur dit : « Vous avez été séduites ; mais je jure que si vous ne sacrifiez aux dieux, vous périrez dans les tourments. » Elles répondirent : « Si tu veux que nous sacrifiions, ordonne que le peuple entier se réunisse au temple. » Et quand ce fut fait, elles passèrent leur ceinture autour du cou des idoles et les firent tomber par terre et se briser, et elles dirent aux assistants : « Allez, et appelez des médecins, afin qu'ils guérissent vos dieux. » Alors le roi fit attacher Aquilina et lui fit briser tous les os avec une grosse pierre ; et quand elle eut rendu son âme au Seigneur, sa sœur Nicée fut jetée dans un grand feu, dont elle sortit sans aucun mal, et alors elle fut décapitée. Ensuite le roi ordonna de battre Christophe de verges et de lui poser sur la tête un casque de fer rougi au feu. Il fit ensuite attacher Christophe sur un siége de fer ardent ; mais le siége fondit comme s'il eût été de cire, et Christophe n'en éprouva aucun mal. Alors le roi ordonna qu'il fût lié à un poteau, et il commanda à quatre cents soldats de le percer de leurs flèches ; mais les flèches restaient en l'air et aucune ne put le toucher. Et le roi, croyant qu'il était percé, se mit à le railler, et aussitôt une des flèches vint et lui creva l'œil. Et Christophe dit : « Ma carrière est presque finie ; demain, tyran, délaye de la boue avec mon sang et mets-la sur ton œil, et tu en recouvreras l'usage. » Le roi ordonna alors de lui trancher la tête ; ce qui fut fait. Et prenant du sang de Christophe, il le délaya avec de la terre et il le mit sur son œil, et il fut sur-le-champ guéri. Alors le roi crut, et il ordonna que ceux qui blasphémeraient Dieu ou saint Christophe seraient punis de mort.

LÉGENDE DES SEPT DORMANTS.

Les sept dormants naquirent dans la ville d'Éphèse. L'empereur Décius, qui persécutait les chrétiens, étant venu à Éphèse, ordonna d'élever des temples au milieu de la ville, afin que tous vinssent sacrifier avec lui. Et il ordonna de rechercher tous les chrétiens, ne leur laissant d'autre choix que d'adorer les idoles ou de mourir; et la terreur devint tellement grande, que l'ami reniait son ami, le père son fils et le fils son père. Et il se trouva dans la ville sept chrétiens : Maximien, Malchus, Marcien, Denis, Jean, Sérapion et Constantin. Et refusant de sacrifier aux idoles, ils restaient dans leurs maisons, où ils s'adonnaient au jeûne et à l'oraison. Ils furent accusés en présence de Décius, et ils avouèrent qu'ils étaient chrétiens; et l'empereur leur dit qu'il leur accordait quelque temps pour considérer ce qu'ils avaient à faire. Mais ils mirent cet intervalle à profit pour distribuer leurs biens aux pauvres, et ils se retirèrent sur le mont Célion, et ils résolurent de s'y tenir cachés. Et quand l'un d'eux venait dans la ville pour chercher ce qui leur était nécessaire, il se déguisait en médecin. Décius étant revenu à Éphèse, d'où il s'était absenté pour quelque temps, donna l'ordre de les chercher et de les forcer à sacrifier; et Malchus, qui était alors en ville, fut saisi d'effroi, et il s'enfuit vers ses compagnons, et il les instruisit de la colère de l'empereur. Ils eurent une grande peur, et Malchus leur présenta les pains qu'il avait apportés, afin que, fortifiés par cette nourriture, ils se présentassent avec plus de courage au combat. Et après qu'ils eurent mangé, comme ils étaient assis pleurant et conversant avec sanglots, ils s'endormirent par la volonté de Dieu. Les païens les cherchèrent sans pouvoir les trouver, et Décius fut très-irrité de voir qu'ils lui avaient échappé. Il fit venir leurs parents, et il les menaça de les faire mettre à mort s'ils ne révélaient pas ce qu'ils savaient. Et ceux-ci dirent qu'ils avaient distribué leurs biens aux pauvres, mais qu'ils ne savaient pas où ils étaient. Décius, pensant qu'ils s'étaient réfugiés dans une caverne, en fit boucher l'entrée avec de grosses pierres, afin qu'ils mourussent de faim et de misère. Et longtemps après, quand

Décius et toute sa race n'étaient plus, trois cent soixante-douze ans après la trentième année du règne de l'empereur Théodose, éclata l'hérésie de ceux qui nièrent la résurrection des morts. Et le pieux empereur Théodose, affligé de ce que, sous son règne, la foi était ainsi attaquée, était, depuis quelques jours, retiré dans l'intérieur de son palais, versant des larmes et couvert d'un cilice. Dieu voulant le consoler et ranimer la foi, rappela les sept martyrs à la vie. Il inspira à un habitant d'Éphèse l'idée de faire construire sur cette même montagne des étables pour ses troupeaux. Et les ouvriers ayant ouvert la caverne, les dormants se réveillèrent, et, croyant que le sommeil n'avait duré qu'une nuit, ils demandaient avec inquiétude à Malchus ce que Décius avait décidé à leur égard. Et il répondit : « L'empereur nous fait chercher, afin de nous contraindre de sacrifier aux idoles. » Et Maximien répondit : « Dieu sait que nous ne sacrifierons jamais. » Et exhortant ses compagnons, il dit à Malchus de retourner à la ville, d'acheter de nouveaux pains, et de s'informer de ce que l'empereur avait fait. Malchus prit cinq sous et sortit de la caverne, et, voyant les pierres, il fut saisi de surprise ; puis, avançant avec timidité vers une porte de la ville, il fut tout étonné de voir au-dessus l'image de la croix. Il alla à une autre porte, et il en vit autant ; et il reconnut qu'il en était de même à toutes les portes, et il se crut le jouet d'un songe. Il entra ensuite dans la ville, se frottant les yeux, et il alla chez des boulangers, et il entendit les gens qui parlaient de Jésus-Christ, et il fut encore plus étonné : « Comment, disait-il, personne hier n'osait prononcer le nom de Jésus-Christ, et aujourd'hui chacun en parle avec assurance ? Je crois que je ne suis plus à Éphèse, mais dans une autre ville. » Et s'étant informé, on lui dit qu'il était bien à Éphèse, et il restait confondu. Et il entra chez des boulangers ; et quand il leur donna son argent, ceux-ci parurent surpris, et ils dirent que ce jeune homme avait trouvé un ancien trésor. Malchus, les voyant parler entre eux, s'imagina qu'ils voulaient le mener à l'empereur, et, plein d'effroi, il leur demanda de le laisser, et qu'ils gardassent les pains et l'argent. Et eux le retenant lui dirent : « Qui es-tu, toi qui as trouvé un trésor des anciens empereurs ? indique-le-nous, et nous le partagerons avec toi, et nous te cacherons. » Et Malchus avait tant d'effroi, qu'il ne trouvait rien à leur répondre. Voyant qu'il se taisait, ils lui attachèrent une corde au cou, et ils le traînèrent par les rues jusqu'au milieu de la ville. Et le bruit se répandit qu'un jeune homme avait trouvé un trésor. Et tout le peuple se rassembla autour de lui, et il voulait leur persuader qu'il n'avait rien trouvé. Et personne ne le reconnaissait; et, jetant les yeux autour de lui pour voir s'il ne rencontrerait pas quelqu'un de ses parents et de ses proches qu'il croyait encore en vie, il n'apercevait aucun visage qui lui fût familier, et il restait comme un insensé. Et saint Martin, évêque de la ville, et le gouverneur Antipater, ayant appris cela, ordonnèrent qu'on le leur amenât, sans lui faire de mal, ainsi que les boulangers. Et comme on le menait à l'église, il croyait qu'on le conduisait à l'empereur. L'évêque et le gouverneur lui demandèrent où il avait trouvé un trésor caché; et il répondit qu'il n'avait rien trouvé du tout, mais que ces pièces de monnaie étaient de son patrimoine. Interrogé de quelle ville il était, il répondit : « Je suis de cette ville, si tant est que cette ville soit Éphèse. » Et le gouverneur dit : « Fais venir tes parents, afin qu'ils répondent de toi. » Et il nomma ses parents, et comme aucun d'eux n'était connu, on dit qu'il était un imposteur. Et le gouverneur dit : « Comment veux-tu que je croie que ce soit de tes parents que te vienne cet argent, puisqu'il porte une date éloignée de nous de trois cent soixante-dix-sept ans, et qu'il remonte au commencement du règne de l'empereur Dèce, et qu'il ne ressemble en rien à notre monnaie d'à présent? Tu veux donc tromper les vieillards et les sages d'Éphèse? Je vais ainsi te faire traiter selon la rigueur des lois jusqu'à ce que tu avoues la découverte que tu as faite. » Et Malchus répliqua : « Je vous conjure, au nom du Seigneur, de répondre à ce que je vous demande, et je répondrai ensuite à ce que vous me demanderez. Qu'est devenu l'empereur Décius qui était dans cette ville? » L'évêque lui répondit : « Mon fils, il n'y a plus d'empereur de ce nom, et celui qui l'a porté est mort depuis longtemps. » Malchus répliqua : « Tout ce que j'entends m'étonne de plus en plus, et vous ne croiriez pas ce que je dirais; mais suivez-moi, et je vous mènerai à mes compagnons qui sont sur le mont Célion, et vous les croirez. Hier, nous nous sommes enfuis à cause de la tyrannie de Décius. » Et l'évêque dit au gouverneur : « C'est une vision que Dieu veut révéler par le ministère de ce jeune homme. » Ils le suivirent donc, ainsi que beaucoup de gens de la ville. Et Malchus entra le premier pour trouver ses compagnons, et l'évêque le suivit, et il trouva parmi les pierres des lettres scellées de deux sceaux d'argent, et il les lut au peuple, et l'on vit les martyrs assis dans la caverne, et leur visage avait la fraîcheur des roses, et tous se prosternèrent en rendant gloire à Dieu. L'évêque et le gouverneur envoyèrent donner avis à Théodose, l'engageant à venir sans retard et à voir un miracle qui était sans exemple. Et l'empereur, se levant de dessus la cendre sur laquelle il gémissait couvert d'un sac, accourut de Constantinople à Éphèse. Et tous les habitants vinrent à sa rencontre et ils montèrent après lui à la caverne. Et aussitôt que les saints virent l'empereur, leur visage resplendit comme le soleil. Et l'empereur rendit grâce à Dieu, et il embrassa les martyrs et il leur dit : « Je vous vois comme si je voyais le Seigneur quand il ressuscitait Lazare. » Et Maximien lui répondit : « Crois en nous, car, à cause de la foi, Dieu nous a ressuscités avant le grand jour de la résurrection, afin que tu croies fermement à la résurrection des morts. Et comme l'enfant est dans le sein de sa mère où il vit sans ressentir de souffrances, ainsi avons-nous vécu étant endormis et sans souffrir. » Et quand il eut dit cela, ils penchèrent la tête et ils rendirent leur esprit au Seigneur. Et l'empereur se relevant se pencha sur eux et il les embrassa en pleurant. Et comme il ordonna de faire des châsses d'or afin de les y déposer, ils lui apparurent cette même nuit, disant qu'ils avaient jusqu'ici reposé dans la terre, et qu'il les laissât dans la terre jusqu'à ce que le Seigneur les ressuscitât de nouveau. L'empereur ordonna alors qu'on ornât la caverne de pierres précieuses, et il fit instruire d'un pareil événement tous les évêques, afin de confirmer le peuple dans la foi de la résurrection. On dit qu'ils avaient dormi trois cent soixante-douze ans, mais cela n'est pas certain ; car ils ressuscitèrent l'an du Seigneur quatre cent quarante-huit, et Décius régna un an et trois mois en l'an deux cent cinquante-deux ; de sorte qu'ils ne dormirent que cent quatre-vingt-seize ans.

LÉGENDE

DE SAINT NAZAIRE ET DE SAINT CELSE.

Nazaire fut fils d'un juif très-illustre nommé Aphricanus et de la bienheureuse Perpétue, qui était chrétienne et d'une famille distinguée de Rome. C'était l'apôtre saint Pierre qui lui avait conféré le baptême. Lorsqu'il avait l'âge de neuf ans, il était très-étonné de voir son père et sa mère tant varier dans leur religion, et sa mère suivre la loi du baptême, tandis que son père se conformait à la loi du sabbat. Et il était dans une grande incertitude quel culte il embrasserait, car chacun de ses parents s'efforçait de l'amener à sa propre foi. Enfin Dieu lui inspira de s'attacher à la doctrine de sa mère, et le pape Lin le baptisa. Et son père, voulant le détourner de la foi, se mit à lui exposer tous les tourments que les païens faisaient endurer aux chrétiens. Il n'en fut point effrayé, et il prêcha la foi avec courage. Cédant cependant aux instances de ses parents, qui craignaient qu'il ne fût mis à mort, il sortit de Rome, accompagné de sept bêtes de somme chargées des richesses de ses parents, et il parcourut l'Italie entière, et il distribua tout cet argent aux pauvres. La dixième année qu'il avait quitté Rome, étant arrivé à Milan, il y trouva saint Gervais et saint Protais détenus en prison. Et comme l'on sut que Nazaire exhortait ces martyrs, on le conduisit devant le gouverneur et il persista à confesser Jésus-Christ, et il fut battu et chassé de la ville. Et comme il allait d'endroit en endroit, sa mère, qui était morte, lui apparut, et fortifiant son courage, elle lui conseilla de se rendre dans les Gaules. Et quand il fut arrivé à une ville qui se nomme Gemellus et qu'il convertit nombre de personnes, une dame lui présenta son fils, nommé Celse, jeune homme très-recommandable, le priant de le baptiser et de le prendre pour disciple. Le gouverneur de la Gaule, apprenant cela, les fit mettre en prison, les mains liées derrière le dos, une chaîne autour du cou, et il voulait le lendemain leur faire subir de grands supplices; mais sa femme lui dit que c'était injuste, et qu'il ne devait pas mettre à mort des innocents; et il les remit en liberté en leur disant de ne plus prêcher dans cette ville. Nazaire alors se rendit à Trèves, où il prêcha la parole de Jésus-Christ, et il fit beaucoup de conversions et il y fonda une église. Le gouverneur Cornelius, instruit de cela, en prévint l'empereur Néron, qui envoya cent soldats pour se saisir de lui ; et eux, ayant trouvé le saint dans l'oratoire qu'il avait construit, lui lièrent les mains et l'amenèrent en disant : « Le grand Néron te commande de venir à lui. » Et Nazaire répondit : « Vous n'aviez besoin que de le dire, et je serais venu. » Ils l'amenèrent donc lié à Néron, et ils battaient le jeune Celse qui le suivait en pleurant. Néron les ayant vus, ordonna qu'on les enfermât en prison jusqu'à ce qu'il eût pensé de quel supplice il voulait les faire périr. Sur ces entrefaites, Néron ayant un jour envoyé des chasseurs pour poursuivre les bêtes des forêts, une troupe d'animaux féroces fit irruption dans les jardins impériaux, et il y eut beaucoup de gens tués ou déchirés, et Néron lui-même, blessé à un pied, se sauva avec peine dans le palais. Et pendant bien des jours la douleur de cette blessure le retint couché : il se souvint enfin de Nazaire et de Celse, et il pensa que les dieux étaient irrités contre lui de ce qu'il laissait si longtemps vivre ces chrétiens. Et, d'après son ordre, des soldats arrachèrent les martyrs de prison et les conduisirent devant l'empereur en leur donnant de grands coups. Et Néron, voyant que le visage de Nazaire brillait de l'éclat du soleil, se crut le jouet d'une illusion, et il lui ordonna de renoncer à ses sortilèges et de sacrifier aux dieux. Nazaire, conduit au temple, se mit en prières, et toutes les idoles tombèrent et se brisèrent. Néron ordonna alors qu'on le précipitât dans la mer, recommandant, s'il parvenait à se sauver, de le reprendre, de le brûler et de jeter sa cendre dans la mer. Nazaire et Celse furent donc embarqués sur un navire et conduits dans la haute mer, et là jetés dans les flots. Mais aussitôt il s'éleva autour du navire une tempête furieuse, tandis qu'autour des saints la mer restait parfaitement unie. Et les matelots commencèrent à avoir grand'peur, et à se repentir de ce qu'ils avaient fait ; et voici que Nazaire et Celse, marchant sur les eaux, s'approchèrent d'eux d'un air plein de joie, et la tempête s'apaisa, et Nazaire alla débarquer près de la ville de Gênes. Il y prêcha quelque temps, et il se rendit ensuite à Milan, où il avait laissé Gervais et Protais. Le gouverneur Anolin l'apprit, et il exila Nazaire, tandis que Celse resta dans la maison d'une pieuse dame. Nazaire vint à Rome ; il y trouva son père parvenu à la vieillesse et chrétien, et il lui demanda comment il s'était converti. Et il répondit que l'apôtre saint Pierre lui avait apparu et qu'il lui avait recommandé de suivre son épouse et son fils, qui le précéderaient à Jésus-Christ. Et Nazaire fut renvoyé à Milan, où on le mit en prison avec le jeune Celse. Puis on les conduisit hors de la porte de Rome, à l'endroit qu'on appelle les Trois-Murs, et on leur trancha la tête ; et les chrétiens enlevèrent leurs corps et les ensevelirent dans un jardin. Et cette même nuit, les martyrs apparurent à un homme pieux nommé Ceratius, et lui enjoignirent de cacher leurs corps. Et il répondit : « Je vous prie de guérir, avant que je le fasse, ma fille qui est paralytique. » Et sa fille fut guérie, et il cacha les corps très-soigneusement. Et plus tard, Dieu révéla à saint Ambroise où étaient ces corps. Et saint Ambroise les fit ensevelir avec pompe dans l'église des Saints-Apôtres, et les corps des martyrs étaient tout entiers, la barbe et les cheveux parfaitement conservés, et ils répandaient l'odeur la plus suave. Et ils souffrirent sous Néron, qui commença à régner en l'an du Seigneur cinquante-sept.

LÉGENDE DE SAINT FÉLIX.

Félix fut élu pape en remplacement de Libère ; car Libère ne voulant point adopter les erreurs d'Arius, il fut banni par Constance, fils de Constantin, et il demeura trois ans en exil. Et tout le clergé romain élut à sa place Félix, avec le consentement et l'approbation de Libère. Et Félix, ayant réuni en concile quarante-huit évêques, condamna l'empereur Constance et deux prêtres, comme partageant la doctrine impie d'Arius. Et Constance, irrité, déposa Félix et rappela Libère, qui, cédant à l'ennui de l'exil, souscrivit à la malice des hérétiques ; et il s'ensuivit une grande persécution, dans laquelle beaucoup de prêtres et de clercs furent mis à mort dans l'Église, sans que Libère l'empêchât. Et Félix, chassé de son siége, mais persistant dans la foi, eut la tête tranchée, l'an du Seigneur trois cent quarante.

LÉGENDE DE SAINT SIMPLICE ET SAINT FAUSTIN.

Simplice et Faustin étaient frères, et refusant de sacrifier, sous Dioclétien, ils souffrirent de grands tourments à Rome. A la fin, ils furent décapités et leurs corps jetés dans le Tibre. Mais leur sœur, qui se nommait Béatrix, les recueillit et les ensevelit honorablement. Le gouverneur Lucretius, qui en fut instruit, la fit saisir et lui enjoignit de sacrifier aux idoles. Comme elle s'y refusa, il la fit étrangler durant la nuit. Et une vierge, nommée Lucine, l'ensevelit avec ses frères. Et comme Lucretius, étant dans un repas avec ses amis, parlait avec insulte des martyrs, un enfant encore à la mamelle, qui était là dans les bras de sa mère, s'écria tout à coup d'une voix forte : « Écoute, Lucretius; tu as fait périr les justes; et voici que tu es abandonné à Satan. » Et aussitôt Lucretius, saisi du démon, commença à trembler et à hurler, et il mourut pendant la durée même du repas. Tous les assistants, saisis de crainte, se convertirent à la foi. Et les martyrs souffrirent l'an du Seigneur deux cent soixante-dix-sept.

LÉGENDE DE SAINTE MARTHE.

Marthe, qui donna l'hospitalité à Jésus-Christ, eut pour père Syrus, pour mère Eucharie, et elle descendit d'une race royale. Son père gouverna la Syrie et beaucoup de villes le long de la mer. Et de l'héritage de sa mère, Marthe avait, avec sa sœur, des droits à la possession de trois villes, Magdalum, Béthanie et Jérusalem. Elle ne se maria point, et elle n'eut jamais de commerce avec aucun homme; elle s'était consacrée à servir Notre-

Seigneur Jésus-Christ, et sa sœur l'aidait, car elle avait bien vu que le monde entier ne serait pas suffisant pour s'acquitter d'un semblable service. Après l'ascension du Seigneur, lorsque les disciples se dispersèrent, elle et son frère Lazare et sa sœur Madeleine et le bienheureux Maximin, qui les avait baptisés, s'embarquèrent sur un navire qui n'avait ni voiles, ni rames, ni gouvernail, car les infidèles en avaient tout enlevé; et, guidé par le Seigneur, ce bâtiment vint aborder à Marseille. Ils se rendirent ensuite dans la province d'Aix, et ils convertirent beaucoup de monde. Marthe parlait avec beaucoup d'éloquence et était très-généreuse. Et il y avait alors le long du Rhône, dans un bois entre Arles et Avignon, un dragon qui était comme un poisson à partir de la moitié du corps, plus gros qu'un bœuf, plus long qu'un cheval, qui avait la gueule garnie de dents énormes, et il attaquait tous les voyageurs qui passaient sur le fleuve, et il submergeait les embarcations. Il était venu par mer de la Galatie, en Asie, où il avait été engendré d'un serpent marin, et tout ce qu'il touchait était frappé de mort. Marthe, émue des prières du peuple, entra dans le bois, où elle trouva le monstre qui était à manger, et elle jeta sur lui de l'eau bénite et elle lui présenta une croix. Alors le monstre, devenu doux comme un agneau, se laissa attacher; car Marthe lui passa sa ceinture au cou, et le peuple vint le tuer à coups de lance et de pierres. Et ce dragon s'appelait la Tarasque; et, en mémoire de cet événement, cet endroit a été appelé Tarascon, ce qui signifie lieu noir et ombragé, parce qu'en effet il y avait là des bois sombres et touffus. Et la bienheureuse Marthe resta en cet endroit, où elle se consacrait tout entière à l'oraison et au jeûne; elle y réunit un grand nombre de sœurs, et y fonda une basilique en l'honneur de la Sainte Vierge, et elle y mena une vie pénitente, s'abstenant de viande, d'œufs, de fromage, de graisse et de vin, et ne mangeant qu'une fois par jour. Elle s'agenouillait cent fois dans la journée, et elle en faisait autant chaque nuit. Une fois qu'elle prêchait à Avignon, entre la ville et le Rhône, un jeune homme qui se trouvait de l'autre côté du fleuve voulant l'entendre, et manquant de barque pour passer l'eau, se jeta à la nage, et le courant l'emporta et il se noya. Et son corps, retrouvé le lendemain, fut porté à sainte Marthe pour qu'elle le ressuscitât. Alors, s'étant prosternée sur la terre et tenant les bras étendus en croix, elle pria de la façon suivante : « Seigneur Jésus-Christ, qui avez ressuscité mon frère Lazare que vous aimiez, exaucez-moi, Seigneur ; c'est pour la foi de ces peuples que je vous implore et vous demande la résurrection de ce jeune homme. » Et elle prit le mort par la main et il se leva plein de vie, et il reçut le baptême. Eusèbe rapporte, dans le cinquième livre de son *Histoire ecclésiastique*, que la femme qui avait été guérie d'un flux de sang fit, dans son jardin, une statue à l'image de Jésus-Christ, habillée comme elle avait vu le Seigneur, et elle avait pour cette image une extrême vénération. Et les herbes qui croissaient autour de cette statue, lorsqu'elles vinrent à toucher l'image du Seigneur, eurent une telle vertu, qu'elles guérissaient beaucoup de maladies. Et saint Ambroise dit que Marthe fut cette femme que Jésus-Christ guérit d'un flux de sang. Et on lit dans saint Jérôme et dans l'*Histoire tripartite*, que Julien l'Apostat fit enlever cette statue, et qu'il y substitua la sienne ; mais elle fut brisée de la foudre. Le Seigneur révéla à Marthe, un an d'avance, le moment où elle mourrait. Pendant toute cette année, elle souffrit de grosses fièvres, et le huitième jour avant sa mort, elle entendit la voix des chœurs des anges, et elle comprit qu'elle allait bientôt être réunie, dans le ciel, à son frère et à sa sœur. Et elle dit : « O ma bienheureuse sœur, tu partages la demeure de notre maître. » Et elle recommanda aux assistants de veiller autour d'elle, avec les flambeaux allumés, jusqu'à ce qu'elle décédât. Au milieu de la nuit, comme ceux qui la veillaient s'étaient laissés aller au sommeil, il vint un grand coup de vent, et il éteignit toutes les lumières. Et Marthe, voyant autour d'elle les troupes des malins esprits, se mit à prier, disant : « Seigneur, mes ennemis sont accourus pour me dévorer, tenant des écrits sur lesquels ils ont couché tout ce que j'ai fait de mal. Repoussez-les loin de moi, Seigneur, et venez à mon aide. » Et elle vit venir sa sœur, qui, tenant une torche, ralluma tous les flambeaux et toutes les lampes. Et puis elle vit venir Jésus-Christ, qui lui dit : « Viens, ma bien-aimée, et là où je serai tu seras aussi. Tu m'as reçu dans ta maison, et je te recevrai dans mon paradis. » Quand elle sentit que son dernier moment approchait, elle se fit porter dehors pour pouvoir contempler le ciel. Elle ordonna qu'on la couchât par terre sur la cendre, qu'on lui présentât la croix, et elle dit : « Seigneur, vous qui avez daigné entrer chez moi, permettez que je sois reçue dans vos demeures éternelles. » Et elle se fit lire la passion selon saint Luc. Et comme on lisait ces mots : « Je remets mon esprit en vos mains », elle expira. Le lendemain, qui était un dimanche, vers l'heure de tierce, comme le bienheureux Fronton sommeillait après son repas, Notre-Seigneur lui apparut et lui dit : « Fronton, mon bien-aimé, si tu veux accomplir ce qui a été promis à celle qui m'a donné l'hospitalité, lève-toi et suis moi. » Et ils se trouvèrent aussitôt transportés à Tarascon, où l'on chantait dans l'église les louanges de sainte Marthe, et ils donnèrent aux chantres les réponses, et ils ensevelirent de leurs propres mains le corps de Marthe. Et quand le bienheureux Fronton sortit de l'église, un frère vint, qui lui demanda son nom, et le bienheureux ne répondit pas ; mais il lui donna un livre dans lequel il était écrit ces mots : « La personne juste sera dans une mémoire éternelle, et celle qui m'a reçu ne craindra pas au dernier jour. » Et sur chacun des feuillets de ce livre ce verset était répété. — Il se fit de grands miracles au tombeau de sainte Marthe. Clovis, qui fut roi de France et qui se convertit à la foi chrétienne, et que saint Remi baptisa, souffrait d'un très-grand mal de reins ; et, venant au tombeau de sainte Marthe, il recouvra parfaite santé. C'est pourquoi il déclara libre tout le terrain situé alentour, dans un espace de trois mille pas. Une suivante de Marthe, nommée Martilla, écrivit sa vie, et ensuite elle se rendit dans l'Esclavonie et y prêcha l'Évangile, et elle s'endormit en paix dix ans après la mort de Marthe.

LÉGENDE DE SAINT ABDON ET SAINT SENNÈS.

Abdon et Sennès souffrirent le martyre sous l'empereur Décius ; car cet empereur, puissant à Babylone et dans d'autres provinces, y trouva des chrétiens qu'il ramena avec lui à Cordoue, où il les fit périr dans divers supplices. Et deux princes du pays, Abdon et Sennès, recueillirent les corps de ces martyrs et les ensevelirent avec honneur. Décius les envoya à Rome chargés de chaînes, et ils furent amenés devant le sénat et devant l'empereur, et on leur dit que s'ils voulaient sacrifier, on leur rendrait leurs États, sinon, qu'ils seraient livrés aux bêtes. Ils restèrent fermes, et ils crachèrent au visage des idoles; et on les conduisit au cirque, où l'on lâcha deux lions et quatre ours. Et ces animaux ne leur firent aucun mal; au contraire, ils se mirent à les protéger. Alors on perça les martyrs à coups d'épée, et, après leur avoir lié les pieds, on les traîna et on les jeta près du temple du Soleil. Et, après qu'ils y eurent demeuré trois jours, le sous-diacre Quirin les recueillit et les ensevelit dans sa maison. Ils souffrirent vers l'an du Seigneur deux cent cinquante-trois. Au temps de Constantin, il fut révélé où étaient leurs corps, et ils furent transportés dans la ville de Pontieu, où le Seigneur confère, par leur ministère, de grandes grâces au peuple.

LÉGENDE DE SAINT GERMAIN.

Saint Germain était d'une famille noble, et il naquit dans la ville d'Auxerre, où il se livra avec éclat à l'étude des lettres. Il alla ensuite à Rome pour étudier la science du droit. Il s'y distingua tellement, que le sénat l'envoya dans les Gaules pour y remplir la dignité de gouverneur de toute la Bourgogne. Et comme il résidait à Auxerre, il y avait sur la place publique un arbre aux branches duquel, pour faire admirer ses succès à la chasse, il suspendait les têtes des animaux qu'il avait tués. Saint Amator, évêque de cette ville, l'en reprit souvent, lui disant qu'il pourrait résulter de là scandale aux chrétiens; et, le pressant de faire abattre cet arbre, c'est à quoi Germain ne voulut pas consentir. Et, une fois qu'il était absent, l'évêque fit abattre l'arbre et le fit brûler. Quand Germain apprit cela, il entra dans une grande fureur, et il menaça de tuer l'évêque.

Celui-ci, qui apprit, par une révélation divine, que Germain devait lui succéder, se retira à Autun. Et ensuite il revint, et s'étant réconcilié avec Germain, il le fit entrer dans les ordres et lui donna la tonsure. Et quand il fut mort en paix, tout le peuple demanda Germain pour évêque. Et Germain donna tous ses biens aux pauvres; il vécut avec son épouse comme frère et sœur; et pendant trente ans il mortifia tellement son corps, qu'il ne fit usage ni de froment, ni de vin, ni d'huile, ni de sel, ni d'aucun assaisonnement; il ne buvait de vin que deux fois par an, à Pâques et à la Noël; mais il en éteignait le goût en y mêlant une très-grande quantité d'eau. Il jetait de la cendre sur ses aliments, et il ne se nourrissait que de pain d'orge. Jeûnant sans cesse, il ne mangeait jamais avant le soir. En été et en hiver il n'eut jamais d'autres vêtements qu'un cilice et une tunique ou une cuculle. Et si quelqu'un ne renouvelait pas ses vêtements, il les portait jusqu'à ce qu'ils fussent tout à fait usés et déchirés. Il couchait sur la cendre, recouvert d'un cilice et d'un sac; et il n'avait point d'oreiller pour tenir sa tête plus élevée que ses épaules; mais gémissant sans cesse, il portait au cou des reliques des saints, et il ne quittait point ses vêtements pour dormir. Et sa vie fut telle, qu'il serait incroyable qu'aucun miracle ne l'eût accompagnée; mais il fit tant de miracles, qu'on les croirait imaginés à plaisir, si ses mérites ne les avaient justifiés. Logé un jour dans un château, il vit qu'après le repas on préparait encore la table, et il demanda, dans son étonnement, pour qui on apprêtait un second festin; et comme on lui dit que c'était pour les personnes qui viennent la nuit, Germain prit la résolution de veiller. Et il vit la nuit une multitude de démons qui venaient près de la table sous forme d'hommes et de femmes. Il leur défendit de s'en aller, et, appelant les gens de la maison, il leur demanda s'ils les reconnaissaient : ils répondirent que c'étaient tous des voisins et des voisines. Alors Germain envoya chez eux, et on les trouva tous dans leur lit. Et il somma les démons, qui avouèrent qu'ils étaient de malins esprits, et qu'ils se jouaient ainsi des hommes. En ce temps-là florissait le bienheureux Loup, évêque de Trèves; et Attila, roi des Huns, vint assiéger cette ville; et le bienheureux Loup monta sur la porte, et demanda au roi qui il était. Et il répondit: « Je suis Attila, le fléau de Dieu. » Et l'évêque répondit en gémissant : « Et moi, je suis le Loup qui ravage le troupeau de Dieu, et que le fléau de Dieu doit frapper. » Et il ordonna d'ouvrir la porte. Mais Dieu aveugla les Huns, qui traversèrent la ville sans pouvoir faire de mal à personne. Et saint Germain, accompagné de l'évêque Loup, se rendit en Angleterre, où il y avait un très-grand nombre d'hérétiques. Et comme ils étaient sur mer, il s'éleva une très-grande tempête; et saint Germain s'étant mis en oraison, la tempête cessa aussitôt. Le peuple les reçut avec joie, car les démons avaient d'avance annoncé leur arrivée; et Germain guérit beaucoup de possédés. Et ils s'en retournèrent après avoir converti les hérétiques. Germain étant un jour malade dans une certaine ville, il se déclara un grand incendie, qui menaçait de tout détruire. On l'engagea à chercher son salut dans la fuite; mais il s'y refusa, et le feu brûla les maisons à droite et à gauche, sans toucher à celle où logeait Germain. Il retourna une seconde fois en Angleterre pour confondre les hérétiques; et un de ceux qui l'accompagnaient tomba malade en route et mourut; et Germain, revenant sur ses pas, se fit ouvrir le sépulcre, et demanda au mort de venir combattre avec lui. Celui-ci répondit qu'il était dans la possession de biens ineffables, et il pria le saint de ne pas l'en priver. Et Germain consentant à sa requête, le mort abaissa derechef sa tête, et il se rendormit dans le Seigneur. Comme Germain prêchait en Angleterre, le roi de ce pays lui refusa l'hospitalité, à lui et à ses compagnons; et un officier de la cour du roi ayant rencontré le saint accablé de froid et de faim, l'engagea à venir chez lui, et le reçut avec grands égards; et il fit tuer un veau, seul animal qu'il possédât, pour l'offrir à ses hôtes. Après le repas, Germain ordonna que tous les os du veau fussent replacés sur sa peau, et il pria, et aussitôt le veau reparut plein de vie. Le lendemain, Germain se présenta au roi, et lui demanda avec force pourquoi il lui avait refusé l'hospitalité; et le roi ne sut que répondre; et Germain lui dit : « Sors, et cède le royaume à un plus digne. » Et, par l'inspiration de Dieu, il fit venir l'officier qui l'avait reçu, ainsi que sa femme, et, en présence de tout le peuple saisi d'étonnement, il le proclama roi. Et les descendants de ce nouveau monarque gouvernent encore l'Angleterre. Les Saxons combattaient contre les Bretons, qui étaient bien supérieurs en nombre; et les saints vinrent à eux, et, profitant de leurs instructions, ils reçurent le baptême. Et le jour de Pâques, les ennemis se jetèrent sur eux en foule, et ils craignaient de succomber; mais Germain leur dit, lorsqu'il prononcerait le mot *alleluia*, de le répéter tous avec lui. Et quand ils le firent, les ennemis furent saisis d'une telle frayeur, qu'il leur semblait que non-seulement les montagnes, mais le ciel même s'écroulaient sur eux, et, jetant leurs armes, ils s'enfuirent de tous côtés. Un jour que Germain passait par Autun, il se trouva près du tombeau de saint Cassien, et il demanda où était ce saint. Et voici que Cassien sortit du sépulcre, et qu'il vint à Germain, et qu'il dit : « Mon frère, je jouis du repos, et j'attends l'avénement du Seigneur. » Et tous l'entendirent. Et Germain lui répondit : « Repose en Jésus-Christ, et intercède pour nous avec ferveur, afin que nous méritions la grâce de la résurrection bienheureuse. » Germain arriva ensuite à Ravenne, où il fut reçu avec honneur par l'impératrice Placidie et par son fils Valens. Et à l'heure du souper, l'impératrice lui envoya un grand vase d'argent rempli de mets très-exquis, et le saint donna à ceux qui l'accompagnaient ces aliments délicats, et il garda le vase pour en distribuer la valeur aux pauvres. Et il envoya, de son côté, à l'impératrice une écuelle de bois dans laquelle était un pain d'orge, ce qu'elle reçut avec respect, et elle fit couvrir cette écuelle d'argent. Une autre fois, l'impératrice l'invita à dîner, et le saint y consentit de bonne grâce; et comme il était exténué de veilles et de jeûnes, il se fit porter sur un âne jusqu'au palais. Et tandis qu'il mangeait, l'âne vint à mourir. Et l'impératrice, apprenant cela, fit présent à l'évêque d'un cheval extrêmement doux. Germain le regarda, et il dit : « Je m'en retournerai sur l'animal qui m'a apporté ici. » Et allant vers le cadavre de l'âne, il dit : « Lève-toi, et retournons au logis. » Aussitôt l'âne se leva, et il se secoua, et, comme s'il n'avait éprouvé aucun mal, il reporta saint Germain à l'endroit d'où il était parti. Et, avant de quitter Ravenne, le saint prédit qu'il n'avait que peu de temps à rester au monde. Bientôt, en effet, il fut saisi de la fièvre, et le septième jour il s'endormit dans le Seigneur, et son corps fut rapporté dans les Gaules, ainsi qu'il l'avait demandé à l'impératrice. Il mourut vers l'an du Seigneur quatre cent trente. Saint Germain avait promis à Eusèbe, évêque de Verceil, de consacrer, à son retour, une église qu'il faisait construire; et quand Eusèbe apprit que le saint était mort, il voulut lui-même consacrer l'église. Il ordonna donc d'allumer les cierges, mais ils s'éteignirent aussitôt d'eux-mêmes, quoi que l'on pût faire. Et Eusèbe comprit qu'il ne fallait pas encore consacrer cette église. Le corps de saint Germain, étant arrivé à Verceil, fut transporté dans cette église, et à l'instant tous les cierges s'allumèrent spontanément. Et Eusèbe dit que Germain accomplissait, après sa mort, la promesse qu'il avait faite de son vivant. Mais ce ne fut pas le même Eusèbe que celui dont nous allons raconter la vie, et qui était mort bien longtemps avant saint Germain.

LÉGENDE DE SAINT ÉTIENNE, PAPE.

Saint Étienne, pape, après avoir converti beaucoup de gentils par ses paroles et par ses exemples, et avoir enseveli les corps de beaucoup de saints martyrs, fut poursuivi, l'an du Seigneur deux cent soixante, d'ordre des empereurs Galien et Valérien, et il fut ordonné que lui et les membres du clergé, s'ils ne sacrifiaient pas aux idoles, seraient livrés à divers supplices. Et les empereurs rendirent un arrêt portant que ceux qui s'empareraient de ces chrétiens seraient mis en possession de tous leurs biens. Et dix des clercs d'Étienne ayant été arrêtés, furent aussitôt décapités. Le lendemain, Étienne lui-même fut pris et mené au temple de Mars, avec l'option de sacrifier ou de subir la peine capitale. Quand il fut entré dans le temple, il pria Dieu de détruire cet édifice consacré aux idoles, et aussitôt une grande portion du temple s'écroula, et les assistants s'enfuirent saisis d'épouvante. Et Étienne se retira au cimetière de Sainte-Lucie.

Lorsque Valérien l'apprit, il envoya pour le saisir des soldats en plus grand nombre que la première fois. Lorsqu'ils vinrent, ils le trouvèrent qui célébrait la messe, et il resta intrépidement sans interrompre d'offrir le saint sacrifice, et ils le décapitèrent sur son siége.

LÉGENDE DE SAINT EUSÈBE.

Eusèbe avait toujours vécu dans la virginité lorsqu'il fut catéchumène, et le pape Eusèbe le baptisa et lui donna son nom. Et quand il fut baptisé, l'on vit apparaître les mains des anges qui le levèrent hors des fonts sacrés. Une femme, qui avait été enflammée d'amour pour sa beauté, voulut entrer dans sa chambre, et les anges l'en empêchèrent. Et le lendemain matin elle vint se jeter à ses pieds et elle lui demanda pardon. Ordonné prêtre, il brilla d'une sainteté éclatante, et lorsqu'il célébrait le saint sacrifice, les anges le servaient. Ensuite vint l'hérésie d'Arius, qui infecta toute l'Italie, favorisée qu'elle était par l'empereur Constantin; et le pape Julien consacra Eusèbe évêque de Verceil. Quand les hérétiques l'apprirent, ils firent fermer toutes les portes de l'église. Mais quand Eusèbe fut entré dans la ville, il vint à la cathédrale, et il se mit à genoux, et aussitôt les portes s'ouvrirent d'elles-mêmes. Il chassa de son siége l'évêque de Milan, Maxence, qui était plein du venin de l'hérésie, et il mit en sa place un nommé Denis, ferme dans la vraie foi. C'est ainsi qu'Eusèbe purgeait l'Église d'Occident, et Athanase celle d'Orient, de la peste de l'hérésie arienne. Arius fut un prêtre d'Alexandrie, qui enseigna que Jésus—Christ n'était qu'une simple créature, et qu'il avait été créé pour nous sauver et comme pour servir d'instrument à Dieu; et ce fut à cause de cette doctrine que Constantin fit réunir le concile général de Nicée, où ces erreurs furent condamnées. Et peu de temps après, Arius mourut misérablement, toutes ses entrailles lui sortant du corps. Mais Constance, fils de Constantin, se laissa entraîner à l'hérésie. Et Constance, irrité contre Eusèbe, fit convoquer un concile de beaucoup d'évêques, et il y manda Eusèbe, qui, sachant que dans la multitude la malice prévaut, ne voulut pas s'y rendre, et qui s'excusa sur son grand âge. Et, pour lui ôter cette excuse, l'empereur ordonna que le concile se réunirait dans la ville de Milan, qui était tout proche. Et quand l'empereur vit qu'Eusèbe n'y était pas venu, il ordonna aux ariens d'exposer leur foi, et il enjoignit à l'évêque de Milan, Denis, et à trente-trois autres évêques, de souscrire à cette doctrine; ce qu'apprenant, Eusèbe partit pour Milan, après avoir prédit qu'il était réservé à de grandes souffrances. Et lorsqu'il fut arrivé au bord d'une rivière, il vit qu'il n'y avait qu'une seule barque qui était fort loin, et alors, sur son ordre, cette barque s'approcha d'elle-même, et elle transporta de l'autre côté de la rivière, sans batelier, Eusèbe et ses compagnons. Et Denis vint au-devant de lui, et, se jetant à ses pieds, il lui demanda pardon de ce qu'il s'était conformé à la volonté de l'empereur. Et ni les menaces, ni les caresses de l'empereur ne purent faire fléchir Eusèbe, qui dit en présence de tous : « Vous affirmez que le Fils est moindre que le Père : pourquoi m'avez-vous donc préféré mon fils et mon disciple? car le disciple n'est pas au-dessus de son maître, ni le serviteur au-dessus de son seigneur, ni le fils au-dessus de son père. » Eux, touchés de cette raison, lui présentèrent la cédule qu'ils avaient écrite, et que Denis avait souscrite; et il répondit : « Je ne signerai pas après mon fils, que je surpasse en autorité. Déchirez cette cédule, et faites-en une autre que je puisse signer. » Et ainsi, par l'intervention de Dieu, la cédule qu'avaient souscrite Denis et trente-trois autres évêques fut détruite. Et les ariens rédigèrent une autre cédule, et ils la présentèrent à Eusèbe et aux autres évêques pour qu'ils la souscrivissent. Mais sur les instances et les raisons d'Eusèbe, aucun n'y voulut consentir, et ils se félicitaient de ce que la première cédule qu'ils avaient signée eût été brûlée. Et l'empereur, irrité, abandonna Eusèbe à la colère des ariens. Et ceux-ci, l'arrachant du milieu des évêques et l'accablant de coups, le traînèrent, le long des degrés du palais, du haut en bas, et puis ils le traînèrent jusqu'en haut. Et il avait à la tête des plaies d'où il coulait beaucoup de sang ; mais comme il demeurait inébranlable, ils lui attachèrent les mains derrière le dos, et ils le traînaient par une corde liée à son cou. Mais lui, rendant grâce à Dieu, disait qu'il était prêt à mourir pour la foi catholique. Alors Constance envoya en exil le pape Libère, Denis, Paulin, et tous les autres évêques auxquels la fermeté d'Eusèbe servait de modèle ; les ariens menèrent Eusèbe à Scythopolis, ville de la Palestine, et l'enfermèrent dans un cachot tellement resserré, qu'il lui était impossible d'étendre son corps, qu'il ne pouvait se tourner ni d'un côté ni d'un autre, et qu'il était forcé de rester la tête courbée sur la poitrine et touchant presque les genoux. Mais Constance mourut, et Julien, qui lui succéda, voulant s'attirer la faveur publique, ordonna de rappeler les évêques exilés, et de rouvrir les temples des dieux, et que chacun vécût paisiblement sous la loi qu'il voudrait adopter. Et alors Eusèbe, affranchi de son exil, alla voir Athanase, et lui exposa tout ce qu'il avait souffert. Quand Julien fut mort, les ariens furent réduits au repos sous le règne de Jovinien, et Eusèbe revint à Verceil, et le peuple le reçut avec une extrême joie. Mais sous le règne de Valens, les ariens reprirent le pouvoir, et, envahissant la maison d'Eusèbe, ils le traînèrent de force dehors, et ils l'assommèrent à coups de pierre ; et ainsi, mourant heureusement pour le Seigneur, il fut enseveli dans l'église qu'il avait fondée. Et l'on rapporte que par les prières d'Eusèbe Dieu fit à cette ville cette grâce, que nul arien ne pût y vivre. Eusèbe atteignit, selon la chronique, l'âge de quatre-vingt-huit ans, et il mourut vers l'an du Seigneur trois cent cinquante.

LÉGENDE DE SAINT SIXTE.

Sixte était Athénien de nation, et il se consacra d'abord à la philosophie ; puis ensuite il fut disciple de Jésus-Christ, et il fut élevé au pontificat. Il fut amené avec ses deux diacres, Félicissime et Agapet, devant les empereurs Décius et Valérien. Et Décius, ne pouvant parvenir à l'amener à sacrifier, le fit conduire au temple de Mars, lui laissant le choix d'adorer l'idole ou d'être renfermé dans la prison Mamertine. Et Sixte, s'étant refusé à rendre hommage à l'idole, fut mené en prison. Et le bienheureux Laurent le suivit en l'appelant, ainsi que nous le raconterons tout à l'heure dans la vie de ce martyr. Et Sixte lui dit de distribuer aux pauvres les trésors de l'Église. Les soldats, entendant parler de trésors, se saisirent de Laurent, et ils tranchèrent ensuite la tête à Sixte, ainsi qu'à Félicissime et à Agapet.

LÉGENDE DE SAINT DOMINIQUE.

Dominique, fondateur illustre des frères prêcheurs, naquit en Espagne dans la ville de Calaregia, qui est dans le diocèse d'Orensée, et sa mère se nommait Jeanne. Et lorsqu'elle était enceinte de lui, elle rêva qu'elle portait dans son sein un petit chien qui tenait dans sa gueule une torche enflammée, et qu'il mettait le feu au monde entier. Et quand l'enfant fut né et qu'il fut porté aux fonts baptismaux, on remarqua qu'il avait sur le front une étoile d'une merveilleuse clarté. Encore tout petit et confié aux soins de sa nourrice, on le vit souvent, la nuit, se lever du lit et coucher sur la terre nue. Envoyé à Valence pour faire ses études, il se distingua par son application, et pendant dix ans il ne goûta point de vin. Et une grande famine s'étant déclarée dans la ville, il vendit ses livres ainsi que tous ses meubles, et il en distribua le produit aux pauvres. Sa renommée grandissant, l'évêque d'Orensée le choisit pour l'un des chanoines de sa cathédrale, et sa conduite fut le modèle de toutes les vertus, et les chanoines l'élurent pour sous-prieur. Il consacrait le jour et la nuit à la prière et à la lecture, suppliant le Seigneur de lui faire la grâce de lui permettre de se dévouer tout entier au salut de ses frères. Étudiant avec le plus grand zèle les écrits des Pères, il atteignit au comble de la perfection. S'étant rendu à Toulouse avec son évêque, il trouva que son hôte était infecté de la malice des hérétiques, et il le ramena à la vraie foi. On lit dans la *Vie du comte de Montfort*, que le bienheureux Dominique ayant un jour prêché contre les hérétiques, mit par écrit les arguments qu'il avait à leur opposer, et il donna ce papier à un hérétique, afin que celui-là pût méditer sur ces objections. Et l'hérétique ayant pendant la nuit réuni ses compagnons près d'un grand feu, leur montra ce papier. Et ils lui conseillèrent de le jeter au feu, disant que s'il ne pouvait brûler, ce serait une preuve que la doctrine de Rome était la véritable, et que s'il était brûlé, au contraire, ce serait leur foi qui serait la bonne. Et le papier fut jeté au feu; il y resta un moment, et il en fut retiré intact. Comme tous étaient frappés d'étonnement, un d'eux, plus endurci, dit : « Qu'on l'y jette une seconde fois, et nous serons plus sûrs de l'expérience et plus certains quelle est la doctrine préférable. » Et le papier fut une seconde fois mis au milieu des flammes sans en ressentir aucune atteinte. Et il en arriva autant une troisième fois. Mais les hérétiques, persistant dans leur endurcissement, se lièrent entre eux par un engagement solennel de ne révéler à personne ce qui s'était passé. Mais un soldat qui était là, et qui avait du penchant pour la vraie foi, le révéla. L'évêque d'Orensée étant mort, saint Dominique resta presque seul, et il prêcha pendant deux ans la parole de Dieu aux hérétiques. Et ses ennemis le poursuivaient, lui jetant par derrière de la boue et des pierres. Et comme ils le menaçaient de le tuer, il répondit courageusement : « Je suis indigne de la couronne du martyre; je n'ai pas encore mérité une aussi belle mort. » Et il allait sans crainte dans les lieux où on lui avait préparé des embûches. Et, surpris de son audace, des hérétiques lui dirent : « Que ferais-tu si nous nous saisissions de ta personne? » Et il répondit : « Je vous prierais de ne pas me faire périr d'un seul coup, mais lentement, et de mutiler tous mes membres, puis de les mettre coupés devant mes yeux, et alors de m'arracher les yeux et de me faire périr dans les plus cruels supplices que vous pourriez imaginer. » Un homme s'étant, à cause des embarras où le mettait une extrême pauvreté, laissé aller à embrasser les erreurs des hérétiques, Dominique se fit vendre lui-même et fit donner l'argent à cet homme afin de l'assister dans sa détresse et de le retirer de l'erreur. — Une autre fois, une femme vint lui exposer en pleurant que son frère était captif chez les Sarrasins, et qu'elle ne possédait rien pour le délivrer de captivité ; et Dominique, ému de compassion, offrit de se faire encore vendre comme esclave, afin de donner à cette femme de quoi payer la rançon du captif. Mais Dieu ne le permit pas. Logé dans la province de Toulouse chez quelques femmes que les hérétiques avaient séduites, il passa un carême entier enfermé dans sa chambre, ne vivant que de pain et d'eau. Il consacrait ses nuits à la méditation ; et lorsqu'il ne pouvait résister à la fatigue, il ne donnait à ses membres de repos que sur le pavé nu. Et l'exemple de ses vertus ramena ces femmes à la foi. Il commença alors à songer à l'institution des frères prêcheurs, dont la mission devait être de parcourir le monde en prêchant la doctrine de l'Église et en ramenant les fidèles à la foi. Après être resté dix ans dans la province de Toulouse, il alla avec l'évêque de Toulouse, Fulco, au concile général qui se tint à Rome, et il demanda au pape Innocent l'autorisation de fonder l'ordre dont il méditait la création. Et le pontife fit d'abord quelques difficultés ; mais une nuit, il vit en songe l'église de Latran qui menaçait ruine. Et comme il en était épouvanté, il vit saint Dominique qui soutenait, de ses épaules, cet édifice qui paraissait près de s'écrouler. Et s'éveillant, le pape comprit le sens de cette vision, et il accorda avec joie à l'homme de Dieu l'autorisation qui lui était demandée. Et Dominique réunit les frères, qui étaient déjà au nombre de seize, et après avoir invoqué l'Esprit saint, il leur imposa la règle du bienheureux docteur saint Augustin. Sur ces entrefaites, Innocent mourut, et Honoré, qui lui succéda l'an du Seigneur douze cent seize, confirma ce que son prédécesseur avait accordé à Dominique. Et comme le saint était à Rome, en prières dans l'église de Saint-Pierre, demandant à Dieu la prospérité de son ordre, il vit venir à lui les bienheureux apôtres Pierre et Paul. Saint Pierre paraissait porter un bâton et saint Paul un livre, et ils lui dirent : « Va et prêche, car Dieu t'a choisi pour t'acquitter de ce ministère. » Et il lui sembla que des enfants, allant deux à deux, se répandaient dans toutes les parties du monde. Il revint à Toulouse et il mit ses frères en route de différents côtés, envoyant les uns à Paris, d'autres en Espagne, d'autres à Bologne, et lui, il retourna à Rome. Un moine de l'ordre des

Prédicateurs fut ravi en extase; il vit la Sainte Vierge qui, à genoux et les mains jointes, implorait son Fils en faveur du genre humain. Et il repoussait les supplications de sa mère; et comme elle insistait, il dit : « Ma mère, que puis-je de plus faire pour eux? Je leur ai envoyé des patriarches et des prophètes, et ils ne se sont point amendés. Je suis venu vers eux, et ils m'ont fait périr, moi et mes apôtres. Je leur ai envoyé des confesseurs et des docteurs, et ils ne les ont point écoutés. Mais comme je ne veux rien leur refuser, je leur donnerai mes frères prêcheurs, afin qu'ils les écoutent et qu'ils se convertissent; et s'ils ne le font point, je viendrai moi-même contre eux. » Un autre religieux eut une pareille vision à l'époque où douze abbés de l'ordre de Citeaux furent envoyés à Toulouse contre les hérétiques. Car le Fils ayant ainsi répondu à sa mère, celle-là lui dit : « Mon Fils, ce n'est pas selon leur malice, mais selon votre miséricorde, que vous devez agir. » Et le Fils répliqua : « D'après votre demande, je leur montrerai combien est grande ma miséricorde, et je leur enverrai des prédicateurs, afin qu'ils les écoutent et que, se corrigeant, ils soient sauvés; mais s'ils ne s'amendent point, ils n'auront nulle grâce à attendre de moi. » Un frère mineur, qui avait été longues années compagnon de saint François, raconta à divers frères de l'ordre de Saint-Dominique ce qui suit. Le bienheureux Dominique étant à Rome, et sollicitant du pape la confirmation de son ordre, une nuit qu'il était en prières, il vit en esprit Jésus-Christ qui planait dans les airs, tenant en sa main trois lances qu'il brandissait contre le monde. Et sa mère accourant avec promptitude, lui demanda ce qu'il voulait faire. Et il dit : « Le monde est tout corrompu de trois vices, qui sont : orgueil, concupiscence et avarice, et je veux le percer de ces trois lances. » La Sainte Vierge se jetant à ses genoux, lui dit : « Très-cher Fils, ayez pitié des hommes, et que votre miséricorde adoucisse les arrêts de votre justice. » Et Jésus-Christ répondit : « Ne voyez-vous pas à quel point l'on m'outrage? » Et elle répondit : « Ne vous livrez pas à l'impulsion de votre courroux, mon Fils, et prenez un peu de patience. Car j'ai un fidèle serviteur et un champion courageux, qui parcourra toute la terre et qui la soumettra à votre domination, et je lui adjoindrai un autre serviteur qui combattra vaillamment avec lui. » Et Jésus-Christ répondit : « Puisqu'il en est ainsi, j'apaise mon indignation ; mais je veux voir celui qui est destiné à un si grand emploi. » Et la Sainte Vierge lui présenta Dominique. Et Jésus-Christ dit : « C'est un champion plein de zèle et de courage, et il accomplira fidèlement ce que vous m'avez promis de lui. » Elle lui présenta ensuite saint François, et il lui donna les mêmes éloges. Et Dominique ne connaissait point encore François ; mais le lendemain, l'ayant rencontré à l'église, il reconnut celui qu'il avait vu en vision, et il l'embrassa avec tendresse, en lui disant : « Tu es mon compagnon ; tu parcourras la même carrière que moi ; restons ensemble, et nul adversaire ne triomphera de nous. » Et de ce jour ils n'eurent plus qu'un cœur et qu'une âme, et ils recommandèrent à leurs successeurs de conserver soigneusement cette heureuse union.

Un religieux avait embrassé l'ordre de Saint-Dominique, puis, cédant aux instances de ses proches, il forma le projet de rentrer dans le monde, et il leur dit de lui apporter des vêtements d'homme du siècle. Et cela fut révélé au saint, qui se mit en prières. Et quand le religieux se fut dépouillé de son costume monastique et qu'il se mit à se revêtir des autres habits, il s'écria tout à coup : « Je brûle, je suis tout en feu ; ôtez, ôtez cette chemise qui m'entoure d'un cercle de flammes. » Et on ne put l'apaiser jusqu'à ce que la chemise fut enlevée, et qu'ayant repris ses vêtements monastiques, il retourna dans sa cellule. Saint Dominique étant à Bologne, les frères s'étaient un soir retirés pour dormir, lorsque le diable se mit à tourmenter un frère convers ; le frère Renier instruisit de cela le saint, qui ordonna de porter le frère dans l'église au pied de l'autel. Les frères l'y portèrent avec beaucoup de peine, et Dominique dit : « Je te somme, esprit impur, de me dire pourquoi tu oses venir tourmenter une créature de Dieu, et comment tu as eu l'audace d'entrer ici. » Et le diable répondit : « Si je le tourmente, c'est qu'il l'a mérité, car il a bu hier dans la ville sans la permission du prieur et sans avoir fait le signe de la croix. Et pour entrer en lui, j'ai pris la forme du breuvage, de sorte qu'il m'a avalé en avalant le vin. » Alors sonna le premier coup de cloche pour les matines, et le diable dit : « Je ne peux rester davantage dans ce corps, parce que voici le jour. » Et les prières de saint Dominique le forcèrent ainsi à s'en aller. Le saint passant un jour un fleuve, ses livres, faute d'un surveillant, tombèrent dans l'eau. Trois jours après, un pêcheur ayant jeté ses filets et croyant avoir pris un gros poisson, ramena à terre ces livres aussi bien conservés que s'ils étaient demeurés enfermés dans une armoire ; et il se hâta de les porter à un couvent de frères prêcheurs, dont les portes étaient fermées, mais s'ouvrirent d'elles-mêmes quand il en approcha. Une autre fois, Dominique allant avec un moine de Cîteaux prêcher la foi aux hérétiques, ils se trouvèrent surpris par la nuit, et ils s'approchèrent d'une église dont les portes étaient fermées. Le saint s'étant mis en oraison, ils se virent tous deux transportés dans l'intérieur de l'église, et ils y restèrent en prières jusqu'au lendemain matin. Un écolier adonné au péché de luxure vint un jour de fête à l'église des frères prêcheurs de Bologne pour entendre la messe. Et il advint que ce fut le bienheureux Dominique qui disait cette messe. Quand l'on fut venu à l'offrande, cet écolier s'approcha et il baisa avec beaucoup de dévotion la main du saint. Et, en la baisant, il sentit une odeur d'une suavité telle, que jamais de sa vie il n'avait rien senti de pareil. Et le feu impur cessa soudainement en lui, et il passa le reste de sa vie dans la continence et la chasteté. Quelle était donc la pureté du saint qui guérissait ainsi les souillures des passions immondes ! — Un prêtre, témoin de la ferveur avec laquelle Dominique prêchait ainsi que ses frères, conçut le projet de se joindre à eux ; mais il pensa qu'il lui fallait un Nouveau Testament pour l'aider dans ses prédications. Et, en ce moment même, il survint un jeune homme qui en avait un exemplaire à vendre, et il l'offrit au prêtre. Celui-ci l'acheta avec une grande joie ; mais, comme il était encore un peu indécis, il l'ouvrit au hasard, et il tomba sur le verset qui est dans les *Actes des apôtres* : « Lève-toi et descends, et va avec eux sans hésiter, car c'est moi qui les ai envoyés. » Et aussitôt, se levant, il se mit à la suite de saint Dominique. — Un docteur illustre donnait avec grand éclat des leçons à Toulouse, et un matin, comme il préparait la matière de son cours de la journée, il se trouva accablé de sommeil, et laissant aller sa tête, il s'endormit, et il lui sembla qu'il voyait devant lui sept étoiles. Et comme il était fort étonné de ce spectacle, il advint tout d'un coup que ces étoiles crûrent tant en splendeur qu'elles illuminaient le monde entier. Et le docteur s'éveillant était fort embarrassé de ce que cette apparition signifiait. Et comme il était monté en chaire pour enseigner, voici qu'il vit venir saint Dominique accompagné de six frères portant l'habit de l'ordre, et ils dirent humblement qu'ils désiraient assister aux leçons. Et alors il ne douta plus que ce ne fût eux que désignaient les sept étoiles qu'il avait vues en dormant. — Un jeune homme qui était neveu du cardinal Étienne, s'étant tué en tombant de cheval, on l'apporta à saint Dominique, qui le rappela à la vie par ses prières. — Il ressuscita aussi un architecte qui avait été écrasé par la chute de diverses grosses pierres dans l'église de Saint-Sixte. — Une fois qu'il y avait environ quarante frères dans le couvent de Rome, il se trouva qu'il n'y avait, à l'heure de vêpres, qu'une très-petite quantité de pain. Saint Dominique ordonna de le mettre sur la table, et voici que deux jeunes gens, vêtus de blanc et d'une admirable beauté, parurent tout à coup dans la salle, et ils portaient devant eux, dans le pan de leurs robes, une grande quantité de pain. Ils en offrirent à chacun des frères, et ils disparurent ensuite, sans que personne sût comment ils étaient entrés ou comment ils étaient sortis. Mais saint Dominique étendit la main, et il dit: « Frères, mangez ce que Dieu vous envoie. » — Un jour que Dominique était en voyage, accompagné d'un frère, il y avait eu une très-forte pluie, qui avait causé une si grande inondation que l'on ne pouvait pas passer ; mais le saint fit le signe de la croix sur les eaux, et aussitôt elles s'entr'ouvrirent, laissant un passage parfaitement sec, et les eaux restèrent à trois coudées de distance d'eux de chaque côté. — Le saint allait une fois du côté de Toulouse, et il venait de traverser une rivière, et le batelier lui demanda un denier pour prix du passage. Dominique lui répondit qu'il était serviteur de Dieu et qu'il lui était défendu de porter sur soi de l'or ou de l'argent, mais qu'il prierait Dieu pour lui. Le batelier se mit en colère, et saisissant le saint par son manteau, il lui dit : « Ou tu me payeras un denier, ou tu me laisseras ton manteau. » Alors le saint leva d'abord les yeux au ciel, puis il les reporta sur la terre, et il vit un denier qui était parmi le sable sur le bord de la rivière ; il le prit, et il le donna au batelier, disant : « Tiens, mon frère, et laisse-moi aller en paix. » Un jour on amena à Dominique un homme qui était possédé d'un grand nombre de démons, et le saint, jetant son étole au cou du démoniaque, ordonna aux démons de ne plus tourmenter cet homme, et ils commencèrent à crier, disant : « Laisse-nous nous retirer ; pourquoi viens-tu nous infliger des peines ? » Et Dominique leur dit : « Je ne vous laisserai point vous retirer, à moins que vous ne preniez l'engagement de ne plus rentrer dans cet homme. » Et les diables répondirent : « Quelle sorte d'engagement pouvons-nous prendre ? » Et Dominique leur dit : « Prenez à témoin les saints martyrs dont les corps reposent dans cette église. » Et ils répliquèrent : « Nous ne le pouvons pas, car ces corps sont nos grands ennemis. » Et le saint répondit : « Il faut pourtant que vous le fassiez, car autrement je ne vous délivrerai pas du tourment que vous endurez. » Et, après un moment, ils dirent : « Nous avons obtenu, quoique nous en fussions indignes, que les saints martyrs répondraient de nous. » Et Dominique dit : « Donnez-moi la preuve que c'est vrai. » Et ils répliquèrent : « Allez à l'endroit où est la châsse dans laquelle sont renfermées les têtes des saints martyrs, et vous la trouverez renversée sens dessus dessous. » Et l'on vit que c'était vrai. — Il prêchait un jour la foi à quelques femmes agenouillées devant lui, et qu'avaient séduites les erreurs des hérétiques, et elles dirent : « Serviteur de Dieu, venez à notre aide, et donnez-nous quelque signe de la vérité de ce que vous nous dites, car notre esprit est aveuglé. » Et il leur dit : « Soyez constantes et attendez un peu, et vous verrez quel maître vous servez. » Et aussitôt elles virent au milieu d'elles un animal très-hideux qui avait la forme d'un gros chien et qui avait de gros yeux flamboyants, une langue longue et sanglante qui lui venait jusqu'au nombril. Sa queue au contraire était fort courte, et il laissait voir toute la turpitude de son derrière qui répandait une puanteur effroyable. Et après s'être promené au milieu de ces femmes, il grimpa le long de la corde de la cloche, et il disparut dans le clocher, laissant après lui des traces dégoûtantes. Et les femmes, rendant grâce à Dieu, embrassèrent la foi catholique.

Ayant un jour convaincu quelques hérétiques près de Toulouse, comme on les menait au bûcher, il vit parmi eux un nommé Raymond, et il dit : « Séparez celui-là, et qu'il ne soit pas brûlé avec les autres. » Et il lui parla avec douceur, et il lui dit : « Je sais, mon fils, que tu seras enfin un homme de bien et un saint. » Raymond resta encore vingt ans adonné à la malice des hérétiques, puis il se convertit ; il entra dans l'ordre des frères prêcheurs, et il y mourut en grand renom de vertu. — Comme le saint était en Espagne, il eut une vision, où il vit un énorme dragon qui s'efforçait d'engloutir dans sa gueule quelques-uns des frères ; et Dominique les exhorta à résister courageusement à la tentation. Et bientôt après, ces frères voulurent le quitter ; et il demanda à l'un d'eux où il comptait aller, et celui-ci répondit : « A Dieu ne plaise, mon père, que je délaisse la tête pour suivre les pieds. » Et Dominique se mit en oraison ; et tous les frères revinrent à lui pour ne pas l'abandonner. — Une fois qu'il était avec les frères à Saint-Sixte, à Rome, au milieu d'un chapitre, il eut une révélation de l'Esprit saint : il annonça que quatre frères ne tarderaient pas à mourir, deux de la mort du corps, et deux de la mort de l'âme. Et, en effet, peu après, deux frères s'endormirent dans le Seigneur, et deux autres se retirèrent de l'ordre. — Le serviteur de Dieu était d'une égalité d'âme que rien ne troublait, si ce n'est lorsqu'il était ému de compassion et de pitié, et la sérénité de son visage annonçait celle de son âme. Personne ne le surpassait en exactitude aux veilles et aux offices divins de la nuit. Le jour venait souvent à apparaître, qu'il n'avait pas encore cessé de prier en versant des larmes. Souvent, à la messe, lors de l'élévation, il était ravi comme en extase, et il lui semblait qu'il voyait Jésus-Christ en personne ; aussi, longtemps n'entendit-il pas la messe avec les autres. Il restait souvent si longtemps dans l'église, qu'on aurait cru qu'il n'en voulait jamais sortir ; et quand il était accablé de lassitude, posant la tête sur une marche de l'autel, ou bien sur quelque pierre, il se livrait, pour un court moment, au sommeil. Chaque nuit, il se donnait trois fois la discipline avec une corde munie de morceaux de fer, une fois pour ses propres péchés, une autre fois pour les pécheurs qui sont répandus dans le monde, la troisième fois pour les âmes qui souffrent dans le purgatoire. Interrogé un jour dans quel livre il avait le plus étudié, il répondit : « Dans le livre de la charité. » — Une nuit, que Dominique était à Bologne, et qu'il priait dans l'église, le diable vint à lui sous la forme d'un des frères. Et le saint, le prenant pour un des frères, lui dit d'aller retrouver les autres; et le diable lui répondit, d'un ton de dérision, qu'il allait y aller. Alors saint Dominique prit la lampe, et l'approchant du visage du faux frère, il reconnut à qui il avait affaire. Et il le reprit avec force, et le diable lui répliqua : « Voici que tu enfreins la règle du silence. » Mais le saint répondit que, comme le chef des frères, il était dans son droit. Et il demanda au diable en quoi il tentait les frères au chœur. Et le diable répondit : « Je fais qu'ils y viennent lentement, et qu'ils en sortent avec empressement. » Et le saint lui demanda ce qu'il faisait au dortoir, et il dit : « Je fais que les frères dorment trop longtemps, et qu'ils se lèvent avec peine, de sorte qu'ils peuvent manquer l'office divin, et qu'ils sont en proie à des pensées impures. » Ensuite le saint mena le diable au réfectoire, et lui demanda de quoi il tentait les frères en cet endroit. Et le diable se mit à sauter sur les tables; et Dominique répétant sa question avec colère, il dit : « Je tente les frères, tantôt pour qu'ils mangent trop, et qu'ils commettent ainsi le péché de gourmandise, tantôt pour qu'ils ne mangent pas suffisamment, et qu'ils soient ainsi affaiblis et sans vigueur pour le service de Dieu. » Le saint le mena ensuite au parloir, et lui demanda quelles tentations il y envoyait aux frères. Et le diable, agitant sa langue, fit entendre un murmure confus, dont Dominique lui demanda la cause, et il répondit : « Cet endroit-ci m'appartient en totalité; car lorsque les frères se réunissent pour converser, je les tente afin qu'ils parlent confusément, et qu'ils profèrent beaucoup de paroles inutiles, dont l'une n'attend pas l'autre. » Il le mena enfin à la chapelle; mais le diable ne voulut point y entrer, et il dit : « Voici où je ne peux pénétrer : c'est pour moi un lieu de malédiction et un enfer, et j'y perds tout ce que j'ai gagné ailleurs; car lorsque, dans les autres endroits, j'ai fait tomber un frère en quelque faute, c'est ici qu'il vient s'en purifier et le confesser devant toute la communauté; car c'est ici que l'on se confesse, c'est ici que l'on est averti, c'est ici que l'on est châtié, c'est ici que l'on est absous, et c'est ici que je suis privé de tout ce que j'ai pu obtenir dans les autres parties de la maison. » Et ayant dit cela, le diable disparut.

Enfin, le terme de sa carrière approchant, Dominique fut saisi à Bologne d'une grave maladie; et il lui fut révélé qu'il allait mourir. Car il vit un jeune homme d'une merveilleuse beauté qui lui dit : « Viens, mon bien-aimé, viens prendre part à ma joie. » Et il fit venir douze frères du couvent de Bologne, et il leur dit : « Je vais faire un testament en votre faveur; voici ce que je vous lègue comme à mes enfants : Conservez la charité, gardez l'humilité, maintenez la pauvreté volontaire. » Il avait toujours extrêmement recommandé le détachement des choses terrestres, et il n'avait pas voulu que son ordre fût souillé de richesses qui auraient attiré la colère de Dieu. Et comme les frères pleuraient autour de lui, il les consola avec douceur, disant : « Ne vous affligez pas tant de me perdre, mes enfants; je vous serai plus utile après ma mort que durant ma vie. » Il rendit ensuite son âme au Seigneur, l'an de l'incarnation du Sauveur douze cent vingt et un. Et, en cet instant même, sa mort fut révélée au frère Albert, prieur des frères prêcheurs à Brescia, et qui fut ensuite évêque de cette ville. Car, comme il dormait la tête appuyée contre le mur, il vit le ciel ouvert et une échelle blanche qui descendait jusqu'à terre, et Jésus-Christ et la Sainte Vierge étaient en haut, et des anges montaient et descendaient avec joie. Et au milieu de l'échelle il y avait un frère assis, dont la tête était couverte d'un voile; Jésus et sa Mère tirèrent l'échelle à eux jusqu'à ce que le frère fût entré dans le ciel, dont la porte se referma alors. Et le frère Albert étant venu à Bologne, reconnut que c'était précisément en ce moment qu'était mort Dominique. Un autre frère, nommé Raoul, disait la messe à Tibur le même jour où mourut Dominique, et comme il savait que le saint était malade à Bologne, il voulut prier pour lui; et quand il fut venu à l'endroit du canon de la messe où mention est faite des vivants, et qu'il voulut demander à Dieu le rétablissement de Dominique, il fut ravi en extase, et il vit Dominique couronné de lauriers et brillant d'un éclat miraculeux, et qui, accompagné de deux hommes d'un aspect respectable, sortait de Bologne. Et il apprit ensuite qu'en ce moment même le saint avait rendu l'esprit. Après que son corps fut resté quelque temps sous terre, les miracles qu'il faisait se multipliant et démontrant sa sainteté, la piété des fidèles voulut qu'il fût placé en un lieu plus honorable. Et lorsqu'on ouvrit son cercueil, il en sortit une odeur tellement suave, qu'on aurait cru que c'était le ciel qui s'était ouvert et non un tombeau ; et cette odeur, qui surpassait celle de tous les aromates, n'avait rien de terrestre. Et les linges que l'on donna aux frères pour leur faire toucher les reliques du saint, conservèrent pendant plusieurs jours cette odeur si suave. Un homme puissant, de la nation de Hongrie, vint, avec sa femme et son fils encore fort jeune, pour visiter les reliques du saint. Mais l'enfant tomba malade et il mourut. Le père porta le cadavre de son fils devant l'autel de saint Dominique, et il se mit à pleurer et à dire : « Bienheureux Dominique, je suis venu vers vous plein de joie, et je m'en retourne plein de tristesse ; je suis venu avec mon fils, et j'en suis privé quand je m'en retourne. Rendez-moi mon enfant, je vous en supplie, rendez-moi la joie de mon cœur. » Et voici qu'au milieu de la nuit, l'enfant se leva et il marcha dans l'église. Un jeune homme au service d'une noble maison, étant occupé à pêcher, tomba dans la rivière et il s'y noya. Et longtemps après son corps fut retrouvé et retiré de l'eau. Sa maîtresse pria saint Dominique de le ressusciter, en faisant vœu d'aller pieds nus au tombeau du saint, et de rendre la liberté à cet esclave s'il revenait à la vie ; et aussitôt le mort ressuscita en présence de tout le peuple, et sa maîtresse accomplit le vœu qu'elle avait fait. Dans ce même pays de Hongrie, une femme voulant faire célébrer une messe en l'honneur de saint Dominique, au moment qu'il le fallait, il ne se trouva pas de prêtre. C'est pourquoi elle plia dans un linge bien net trois cierges qu'elle avait préparés, et elle les serra. Revenant un moment après, elle vit les trois cierges replacés sur leurs chandeliers et allumés. Tous accoururent pour voir ce miracle, et ils restèrent en prière jusqu'à ce que les cierges fussent entièrement consumés. Il y avait à Bologne un écolier nommé Nicolas, qui éprouvait de si violentes douleurs des reins et des genoux qu'il ne pouvait sortir de son lit, et l'on avait perdu tout espoir de guérison pour lui. Se vouant à Dieu et à saint Dominique, il se mit à se ceindre tout le corps, et les reins, et les genoux, d'une grande quantité de fil qu'il y avait dans la maison pour faire des mèches pour des cierges, et quand il fut arrivé au bout de ce fil, il se sentit extrêmement soulagé, et il s'écria : « Je suis guéri ! » Et, se levant sans aide et plein de joie, il alla à l'église où reposait le corps de saint Dominique, rendre grâces à Dieu. Et il se fit à Bologne d'autres miracles sans nombre par l'intercession de saint Dominique. En Sicile, il y avait une jeune fille qui avait la pierre, et comme elle devait être taillée, sa mère, effrayée du péril qu'elle courait, fit vœu de la consacrer à Dieu et à saint Dominique. La nuit suivante, comme la fille dormait, saint Dominique lui apparut, et il lui mit dans la main la pierre qui la tourmentait. La fille s'éveilla, elle réveilla sa mère, et lui raconta ce qui venait de se passer. La mère porta la pierre au couvent des frères prêcheurs, et, en mémoire d'un si grand miracle, elle la fit suspendre devant l'image de saint Dominique. Dans la cité d'Auguste, le jour de la translation des reliques de saint Dominique, des dames qui avaient été aux offices au couvent des frères prêcheurs virent, en s'en retournant, une femme qui filait sur le seuil de sa porte, et elles se mirent à la reprendre de ce qu'elle ne s'abstenait pas d'œuvre servile le jour d'une si grande fête. Et elle répondit avec colère : « Vous qui avez tant de dévotion pour ces frères, allez honorer votre saint. » Aussitôt elle éprouva aux yeux une démangeaison insupportable, et il commença à en tomber des vers, si bien qu'une de ses voisines en ramassa dix-huit. Alors elle se repentit et se fit mener à l'église des frères prêcheurs, et là, attestant avec larmes qu'elle ne dirait jamais plus rien d'irrespectueux, et qu'elle aurait pour saint Dominique une vénération singulière, elle fut guérie. Une religieuse d'une grande piété, nommée Marie, était à Tripoli, et elle souffrait d'une grande douleur à la jambe, et depuis cinq mois elle endurait de violents tourments sans pouvoir marcher, et elle dit : « Seigneur, je ne suis pas digne que vous m'exauciez ; mais je prie le bienheureux saint Dominique d'intercéder pour moi auprès de vous, et d'obtenir pour moi la grâce de la guérison. » Et comme elle priait avec larmes, elle fut ravie en extase, et elle vit saint Dominique qui entrait dans sa chambre avec deux frères, et qui, tirant le rideau de son lit, lui dit : « Pourquoi désires-tu tant d'être guérie ? » Et elle lui répondit : « Afin de pouvoir servir le Seigneur avec plus de dévotion. » Et alors il tira de dessous sa robe un onguent qui répandait une merveilleuse odeur de myrrhe, et il lui frotta la jambe, et aussitôt elle fut guérie. Il suffira de rapporter ici un miracle, parmi la multitude de ceux qui montrent combien l'endroit où repose le corps de saint Dominique est agréable à Dieu. L'évêque Alexandre raconte qu'un écolier qui était, à Bologne, adonné aux vanités du siècle, eut la vision que voici : il lui sembla qu'il était dans un champ, et une grande tempête descendit sur lui, et en fuyant il arriva devant une maison. Et comme il la trouva fermée, et qu'il frappait avec force afin qu'on lui ouvrît, il entendit une voix qui venait de l'intérieur et qui disait : « Je suis la Justice, et j'habite ici, et cette maison est à moi. Comme tu n'es pas juste, tu ne peux être sous le même toit que moi. » Et l'écolier s'éloigna très-affligé, et, allant plus loin, il trouva une autre maison, et il frappa afin qu'on lui en ouvrît la porte. Et il entendit une voix qui lui répondit : « Je suis la Vérité, et j'habite ici, et cette maison m'appartient ; je ne te recevrai pas, parce que tu n'aimes pas la vérité. » Et plus loin, il trouva encore une autre maison, et il voulut y pénétrer, et une voix lui dit : « Je suis la Paix, et je réside ici. Tu ne saurais y entrer, car il n'est point de paix pour les impies, mais pour les hommes de bonne volonté. Mais tu trouveras plus loin une autre maison où demeure une de mes sœurs, qui est fort compatissante et qui vient au secours des malheureux. » Et il fut aussi à cette autre maison, et il entendit une voix qui lui répondit : « Je suis la Miséricorde, qui habite ici ; si tu veux échapper à la tempête menaçante, va à la maison des frères prêcheurs, et réfugie-toi dans l'asile de la pénitence, et observe les préceptes de la continence et de la doctrine. » Et l'écolier se rendit au couvent des frères prêcheurs, où il raconta toute sa vision; puis il demanda et il obtint l'habit de l'ordre de Saint-Dominique.

LÉGENDE DE SAINT DONAT.

Donat fut élevé et nourri avec l'empereur Julien, et il fut ensuite ordonné sous-diacre. Mais quand Julien eut été élevé à l'empire, il fit périr le père et la mère de Donat; et Donat s'enfuit dans la ville d'Arezzo, où il demeura chez un moine nommé Hilarinus, et il fit beaucoup de miracles; car le gouverneur de la ville, ayant un fils possédé du démon, le conduisit à Donat, et l'esprit immonde se mit à crier : « O serviteur de Jésus-Christ, pourquoi veux-tu me forcer à sortir de ma demeure? O Donat, pourquoi viens-tu me tourmenter? » Mais le saint s'étant mis en prière, l'enfant fut délivré. Un homme nommé Eustache, qui était receveur des impôts, remit une grosse somme d'argent à sa femme, qui se nommait Euphrosine; mais comme la province était en proie aux incursions des ennemis, elle cacha cet argent, et puis elle vint à mourir. Et quand son mari revint, il ne put trouver cet argent; et comme on allait le mener au supplice avec ses enfants, il s'en fut vers saint Donat. Et le saint se rendit avec lui au tombeau de la défunte, et y ayant fait oraison, il dit à voix haute : « Euphrosine, je t'enjoins, au nom du Saint-Esprit, de nous dire où tu as caché telle somme d'argent. » Et l'on entendit une voix qui venait du sépulcre, et qui disait: « Je l'ai enfouie sous l'entrée de ma maison. » Et on la trouva en effet dans cet endroit. Quelques jours après, l'évêque Satyrus s'endormit dans le Seigneur, et tout le clergé éleva Donat à l'épiscopat. Saint Grégoire raconte, dans ses *Dialogues*, qu'un jour, comme Donat disait la messe et qu'il donnait la communion, comme le diacre était au moment de recevoir le sang du Seigneur, les païens survinrent tout à coup, et le diacre tomba et brisa le calice; et comme il en était très-affligé, ainsi que tout le peuple, Donat, ayant fait oraison, ramassa les débris du calice, et le remit dans l'état où il était avant l'accident. Mais il manqua au calice un petit morceau que le diable emporta et fut cacher. Et cela advint afin de témoigner de la réalité de ce miracle. Quand les païens virent cela, ils se convertirent, et quatre-vingts d'entre eux reçurent le baptême. — Il y avait près de là une fontaine infectée, au point que tous ceux qui en buvaient mouraient aussitôt. Et Donat arriva là, monté sur son âne, et il se mit en prières pour demander à Dieu la guérison de ces eaux ; et voici qu'un dragon horrible sortit de la fontaine, et, de sa queue, il enveloppa les pieds de l'âne que montait Donat. Et l'âne se mit à se cabrer ; mais le saint, frappant le dragon de son fouet, ou, comme d'autres le racontent, lui crachant dans la gueule, le fit périr. Et il pria le Seigneur, et il purgea la fontaine de tout venin. — Une autre fois, comme il était dans un endroit fort aride, et qu'il avait grand' soif, ainsi que ses compagnons, il pria, et il jaillit une fontaine du rocher. — La fille de l'empereur Théodule était possédée du démon, et on la conduisit à Donat, qui dit : « Sors, esprit immonde, et n'habite pas dans un corps qui a été fait à l'image de Dieu. » Et le démon lui répondit : « Indique-moi un endroit où je puisse me retirer. » Et Donat lui dit : « D'où es-tu venu ici ? » Et le diable répliqua : « De l'enfer. » Et le saint lui dit : « Retournes-y. » Et le démon répondit : « Je vois sur toi une croix d'où il sort du feu, et, dans ma frayeur, je ne sais où aller ; mais laisse-moi passer, et je partirai. » Et Donat lui répondit : « Passe donc, et retourne dans ta demeure. » Et toute la maison trembla jusque dans ses fondements quand le diable s'en fut. — On portait un jour un mort au cimetière, et il survint quelqu'un avec un billet, qui affirma que le mort lui était redevable de deux cents sous, et il ne voulut pas qu'on ensevelît son débiteur. La veuve s'en fut tout éplorée trouver Donat, affirmant que son mari avait payé cette dette ; et le saint s'en fut vers le mort, et il lui prit la main, et il dit : « Écoute-moi. » Et le mort répondit : « Que me veux-tu ? » Et Donat lui dit : « Lève-toi, et vois ce que prétend cet homme, qui ne veut pas te laisser ensevelir. » Et le mort prouva, en présence de tout le peuple, qu'il avait payé sa dette, et, étendant la main, il prit le billet et le déchira. Il dit ensuite à Donat : « Permets, mon père, que je m'en retourne dormir. » Et le saint lui répondit : « Va, mon fils, reprends ton repos. » Vers la même époque, il n'avait pas plu depuis trois années ; il y avait une extrême sécheresse ; et les païens se réunirent, et ils portèrent leurs plaintes à l'empereur Théodose, demandant qu'on leur livrât Donat, qu'ils accusaient d'avoir, par ses sortiléges, amené cette calamité. Et, à la demande de l'empereur, Donat se mit en prière, et il tomba une pluie très-abondante, qui rendit la fertilité aux champs. A cette époque-là, les Goths ravageaient l'Italie, et beaucoup abandonnaient la foi de Jésus-Christ. Donat et Hilarion reprirent le gouverneur Évadratien de ce qu'il avait apostasié ; celui-ci, plein de courroux, voulut forcer les saints à sacrifier à Jupiter. Comme ils s'y refusèrent, il fit dépouiller Hilarion, et il ordonna de le frapper jusqu'à ce qu'il expirât. Quant à Donat, il le fit mettre en prison et décapiter ensuite : ce qui arriva vers l'an du Seigneur trois cent quatre-vingt.

LÉGENDE DE SAINT CYRIAQUE.

Cyriaque, ordonné diacre par le pape Marcel, fut saisi et amené devant l'empereur Maximien, qui ordonna que le saint fût, avec ses compagnons, employé aux travaux publics ; et on leur faisait porter sur leurs épaules la terre qui provenait de la construction des thermes, que l'on bâtissait alors, et il y avait là le saint vieillard Saturnin, que Cyriaque et Sisinnius, qui étaient jeunes, aidaient à porter la terre. Ensuite, le gouverneur fit mettre Cyriaque en prison, et il ordonna qu'on le conduisît devant lui. Et comme un officier, nommé Apronien, le conduisait, l'on vit apparaître une grande clarté dans le ciel, et l'on entendit une voix qui disait : « Venez, les bénis de mon Père. » Et Apronien crut, et il se fit baptiser, et il parut devant le gouverneur en confessant Jésus-Christ. Et le gouverneur lui dit : « Est-ce que tu as embrassé la foi des chrétiens ? » Et Apronien répondit : « Malheur à moi, qui ai tant perdu de mes jours ! » Le gouverneur lui répondit : « Tu vas en effet perdre tes jours. » Et il ordonna qu'il fût décapité aussitôt. Saturnin et Sisinnius se refusant à sacrifier, furent aussi décapités, après avoir souffert différents tourments. Et la fille de Dioclétien, qui se nommait Arthémie, était possédée d'un démon, qui la faisait horriblement souffrir, et ce démon criait : « Je ne sortirai point, à moins que le diacre Cyriaque ne vienne. » Et l'on fit venir Cyriaque, qui ordonna au démon de quitter le corps de cette fille. Et le démon répondit : « Si tu veux que je m'en aille, donne-moi un autre vase où je puisse aller me loger. » Et Cyriaque répliqua : « Voici mon corps, entres-y, si tu peux. » Et le démon lui répondit : « Je ne puis entrer dans ton corps, puisqu'il a été protégé du signe de la croix ; mais si tu me chasses, je te ferai venir à Babylone. » Et quand il fut contraint de se retirer, il poussa un cri affreux, et il dit qu'il voyait le Dieu que prêchait Cyriaque. Et le saint baptisa Arthémie ; et comme il vivait tranquille dans une maison que lui avaient donnée Dioclétien et son épouse Sérène, il vint à l'empereur un ambassadeur du roi des Perses, qui faisait demander à Dioclétien de lui envoyer Cyriaque, parce que sa fille était possédée du démon. Et, à la prière de Dioclétien, Cyriaque s'embarqua sur un navire qui avait été muni de toutes les choses nécessaires, et il se rendit à Babylone. Et quand il fut arrivé, le démon, parlant par la bouche de cette fille, lui dit : « Tu es fatigué, Cyriaque. » Et le saint lui répondit : « Je ne suis point fatigué, mais partout je suis sous l'assistance de Dieu. » Et le démon lui répondit : « Tu vois que je t'ai fait venir où je t'avais dit : » Et Cyriaque lui répliqua : « Notre-Seigneur Jésus-Christ te commande de sortir du corps de cette fille. » Et le diable, sortant aussitôt, dit : « O homme terrible, tu as la puissance de me chasser. » Et la jeune fille fut guérie, et Cyriaque la baptisa, ainsi que son père et sa mère et beaucoup d'autres. On lui offrit de très-grands cadeaux, qu'il ne voulut point accepter ; mais, jeûnant quarante-cinq jours au pain et à l'eau, il revint enfin à Rome. Et, deux mois après, Dioclétien mourut. Maximien lui succéda, et, irrité de la conversion de sa sœur Arthémie, il ordonna de dépouiller Cyriaque et de l'attacher à son char, et de le traîner par les rues. Il ordonna ensuite au préteur Carpasius de forcer Cyriaque et ses compagnons à sacrifier, ou de les faire périr dans les supplices. Et Carpasius, après avoir fait suspendre Cyriaque sur le chevalet et lui avoir fait verser de la poix ardente sur la tête, lui fit trancher la tête ainsi qu'à tous ses compagnons. Carpasius obtint la maison de Cyriaque, et, en témoignage de mépris, il se baigna dans l'endroit où le saint martyr baptisait, et il y donna un festin à dix-neuf de ses amis, et ils moururent tous subitement. Alors les gentils fermèrent le bain, et ils conçurent de la crainte et de la vénération pour les chrétiens.

LÉGENDE DE SAINT LAURENT.

Saint Laurent naquit en Espagne, et le bienheureux Sixte le conduisit à Rome. Sixte avait été gouverneur en Espagne, où il avait trouvé deux jeunes gens, Laurent et Vincent, qu'il avait pris en si grande estime qu'il les ramena avec lui. Laurent resta à Rome, et Vincent retourna en Espagne, où il souffrit le martyre. C'est ce que raconte Jean Beleth, mais ce qui nous paraît sans fondement, parce que Laurent souffrit sous Décius et Vincent sous Dioclétien, et qu'entre ces deux règnes il y a un grand intervalle. Sixte choisit Laurent pour son archidiacre. En ce temps l'empereur Philippe et son fils, qui se nommait aussi Philippe, avaient embrassé la foi chrétienne, et ils s'efforçaient de relever l'Église. Philippe fut le premier empereur qui fut chrétien, et l'on dit que ce fut Origène qui le convertit. Il régna l'an mille après la fondation de Rome, comme pour consacrer pareil anniversaire à Jésus-Christ et non aux idoles, et les Romains célébrèrent cet anniversaire avec beaucoup de fêtes et de jeux. Et il y avait auprès de Philippe un officier nommé Décius, qui avait acquis dans diverses guerres un grand renom de valeur et d'habileté. Vers cette époque la Gaule se révolta, et Philippe y envoya Décius afin de faire rentrer les rebelles dans le devoir. Décius s'acquitta avec succès de sa tâche, et il revint vainqueur à Rome. L'empereur, apprenant son retour, voulut lui faire le plus grand honneur, et il alla au-devant de lui jusqu'à Vérone.

19.

Mais ces honneurs exaltèrent tellement l'ambition de Décius, qu'il vint à aspirer à l'empire et à comploter la mort de son souverain. Et comme Philippe dormait un jour dans son pavillon, Décius y entra tout doucement et il égorgea l'empereur. Il s'attacha par des largesses et de grandes promesses les troupes qui avaient accompagné l'empereur, et s'étant mis à leur tête, il marcha rapidement sur Rome. Et le jeune Philippe, instruit de cela, eut beaucoup de frayeur; et il distribua tout son trésor à Sixte et à Laurent, afin que s'il venait à être tué, ils distribuassent ces sommes aux fidèles et aux pauvres. Ensuite il se cacha pour échapper à Décius. Et le sénat vint au-devant de ce dernier et le confirma dans la possession de l'empire. Afin de ne pas paraître avoir tué son souverain par trahison, mais par zèle pour l'ancien culte des Romains, Décius persécuta les chrétiens avec acharnement, et il ordonna qu'ils fussent tous mis à mort sans nulle miséricorde. Et des milliers de martyrs périrent dans cette persécution. Parmi eux fut le jeune Philippe. Ensuite Décius s'informa de ce qu'était devenu le trésor de l'empereur. Sixte lui fut dénoncé comme étant chrétien et comme ayant été mis en possession du trésor. Décius ordonna de le mettre en prison, résolu de lui arracher à force de tourments la renonciation à la foi de Jésus-Christ et l'aveu où étaient les trésors. Et Laurent suivait Sixte en criant : « Où vas-tu sans ton fils, mon père ? où vas-tu, prêtre, sans ton diacre ? Tu n'offrais jamais le sacrifice sans moi. Qu'ai-je donc fait pour te déplaire ? Penses-tu que j'aie dégénéré ? » Et Sixte lui répondit : « Je ne t'abandonne point, mon fils, et je ne te renie point; mais de plus grands combats t'attendent pour le service de Jésus-Christ. Nous autres vieillards, nous recevons le prix d'une lutte moins pénible. Vous autres jeunes gens, vous êtes destinés à obtenir sur les tyrans un plus glorieux triomphe. Dans trois jours tu me suivras. » Et il lui remit tous les trésors, lui recommandant de les distribuer aux pauvres et aux fidèles. Laurent vint alors au logis d'une pieuse veuve qui cachait beaucoup de chrétiens chez elle, et elle souffrait d'une très-grande douleur de tête. Et il imposa les mains sur elle et il la guérit; puis, lavant les pieds des pauvres, il leur distribua à tous l'aumône. La même nuit, venant dans la maison d'un chrétien, il y trouva un aveugle et il lui rendit la vue en faisant sur lui le signe de la croix. Sixte ne voulant ni obéir à l'empereur ni sacrifier aux idoles, fut conduit pour avoir la tête tranchée. Et Laurent le suivait en criant : « Ne m'abandonne pas, mon cher père; j'ai fait bon emploi des trésors que tu m'avais remis. » Les soldats, entendant cela, se saisirent de Laurent et le remirent dans les mains du tribun Parthénius. Et celui-ci l'amena à l'empereur. Et Décius lui dit : « Où sont les trésors de l'Église, qui, je le sais, t'ont été remis? » Laurent ne répondit pas, et l'empereur le fit livrer au gouverneur Valérien afin qu'il remît les trésors et sacrifiât aux idoles, ou qu'on le fît périr dans les tortures. Et Valérien le confia à un officier nommé Hipolythe, et on le renferma dans une prison avec beaucoup d'autres. Il y avait dans cette prison une femme païenne, nommée Lucile, qui avait perdu la vue à force de pleurer. Et Laurent lui ayant promis qu'elle recouvrerait les yeux si elle voulait croire en Jésus-Christ, elle demanda aussitôt à être baptisée. Et Laurent prit de l'eau, et il interrogea cette femme et il vit qu'elle croyait en tout ce qu'a enseigné Jésus-Christ, et il la baptisa et elle recouvra la vue. Aussi beaucoup d'aveugles venaient trouver Laurent et ils s'en retournaient guéris. Hipolythe lui dit : « Montre-moi les trésors. » Laurent lui répondit : « Si tu crois en Jésus-Christ, je te procurerai les trésors les plus précieux et la vie éternelle. » Et Hipolythe répondit : « Si tes actions justifient ce que tu dis, je ferai ce à quoi tu m'exhortes. » Et Hipolythe crut et il reçut le baptême, ainsi que toute sa maison. Ensuite Valérien envoya l'ordre à Hipolythe d'amener Laurent, et le martyr dit : « Allons tous deux ensemble, car une pareille gloire nous est réservée. » Tous deux arrivèrent donc devant le tribunal, et ils furent interrogés au sujet des trésors. Laurent demanda qu'il lui fût donné trois jours, ce que Valérien accorda, le laissant sous la garde d'Hipolythe. Dans ces trois jours, Laurent réunit tous les pauvres, les aveugles et les boiteux, et il les présenta dans les jardins de Salluste à l'empereur, en disant : « Voici les trésors de l'Église, qui ne diminuent jamais, mais qui s'accroissent et qu'on retrouve toujours quand on les dissipe. Car les mains de ces gens-ci ont porté les trésors dans le ciel. »

Valérien lui dit alors : « Que nous dis-tu là ? Sacrifie, et renonce à la magie. » Laurent répliqua : « Quel est le Dieu qu'il faut adorer, celui qui a fait, ou celui qui a été fait ? » Décius irrité ordonna qu'on le fustigeât cruellement et qu'on le tourmentât en sa présence. Puis, comme il l'engageait à sacrifier pour échapper aux tortures, Laurent lui dit : « C'est un régal que j'ai toujours souhaité. » Décius lui répondit : « Si c'est un régal, fais donc venir ici tes frères pour qu'ils le partagent avec toi. » Le martyr lui répliqua : « Leurs noms sont écrits dans le ciel, et tu n'es pas digne de les voir. » Décius ordonna alors de le dépouiller et de lui appliquer des lames ardentes sur les côtés. Et Laurent dit : « Seigneur Jésus-Christ, ayez pitié de votre serviteur. Accusé, je n'ai point renié votre nom ; interrogé, je vous ai reconnu pour mon Seigneur. » Décius lui dit : « Je sais que par les secrets de la magie tu braves les supplices, mais tu ne réussiras pas à me braver longtemps. Je prends à témoin les dieux et les déesses que si tu ne sacrifies pas, je t'infligerai de cruelles tortures. » Et il ordonna que l'on le frappât très-longtemps de fouets armés de boules de plomb. Mais Laurent priait, en disant : « Seigneur Jésus, recevez mon esprit. » Alors on entendit une voix qui venait du ciel, et que Décius entendit aussi, et qui disait : « Bien d'autres combats te sont réservés. » Et Décius, rempli de rage, s'écria : « Romains, avez-vous entendu les démons qui viennent consoler cet impie qui ne veut point sacrifier aux dieux, qui brave les supplices et qui ne redoute point le courroux des princes ? » Et il ordonna qu'on le flagellât derechef. Et Laurent, d'un air satisfait, rendit grâce à Dieu, et il pria pour les assistants. Et en ce moment-là, un soldat, nommé Romain, crut, et il dit à Laurent : « Je vois un jeune homme d'une grande beauté qui est près de toi et qui essuie tes membres avec un linge. Je te conjure, au nom de Dieu, de ne pas m'abandonner, mais de te hâter de me baptiser. » Décius dit alors à Valérien : « Je crois que, par l'emploi de sa science magique, il nous a vaincus. » Et il ordonna de détacher Laurent de dessus le chevalet et de l'enfermer en prison. Mais Romain vint se jeter aux pieds du martyr en lui apportant de l'eau, et il reçut de lui le saint baptême. Décius ayant appris cela, ordonna de flageller

Romain, et comme il maintenait avec fermeté qu'il était chrétien, il fut décapité.

Cette même nuit, Laurent fut amené en présence de l'empereur. Et comme Hipolythe pleurait et qu'il criait qu'il voulait être chrétien, Laurent lui dit : « Cache le Christ dans l'intérieur de ton cœur, et quand je crierai, prête l'oreille et viens. » Et Décius dit à Laurent : « Tu vas sacrifier, ou, dans cette même nuit, tu périras dans les tourments. » Laurent répondit : « La nuit n'est pour moi que chose humaine et passagère, et la lumière viendra qui fera éclater toutes choses. » Décius dit alors : « Que l'on apporte un lit de fer, afin que le rebelle Laurent y repose. » Les bourreaux le dépouillèrent alors, et ils l'étendirent sur un gril de fer, et, ayant mis au-dessous des charbons ardents, ils le retournèrent avec des fourches de fer ; et Laurent dit à Valérien : « Apprends, malheureux, que ces feux sont pour moi un rafraîchissement ; mais c'est toi qu'attendent des supplices éternels. Le Seigneur sait qu'accusé, je ne l'ai point renié ; interrogé, je l'ai confessé. » Et se tournant d'un air joyeux vers Décius, il dit : « Ce côté est assez rôti ; fais-moi retourner de l'autre, tyran, et manges-en. » Et rendant grâces, il dit : « Je vous rends grâce, parce que j'ai mérité d'entrer dans votre demeure », et il rendit l'esprit. Décius, confus, s'en alla avec Valérien dans le palais de Tibère, laissant le corps sur le feu. Hipolythe l'enleva le matin, et l'ayant embaumé, il l'ensevelit, de concert avec le prêtre Justin. Et les chrétiens veillèrent durant trois jours en pleurant, en gémissant et en observant le jeûne. — Beaucoup de personnes doutent si ce fut sous cet empereur Décius que Laurent souffrit le martyre. Eutrope l'assure et compte le bienheureux Laurent parmi les martyrs qui furent immolés à la rage de Décius. Dans une chronique assez digne de foi, il est dit que ce n'est pas sous ce Décius qui succéda à Philippe, mais sous un autre Décius qui fut césar, mais qui ne fut pas empereur. — Saint Grégoire raconte, dans son livre des *Dialogues*, qu'il y avait dans la Sabine une religieuse qui observait la chasteté, mais qui ne savait pas maîtriser sa langue. Elle fut enterrée dans l'église du bienheureux Laurent, devant l'autel, et les démons lui brûlèrent la langue ; de sorte que cette partie de son corps était détruite, tandis que ses autres membres étaient intacts. Grégoire de Tours rapporte qu'un prêtre s'occupait à réparer une église de Saint-Laurent, et comme une poutre était trop courte, il pria le bienheureux qui avait assisté les pauvres de venir au secours de son indigence. Et la poutre s'allongea aussitôt, de façon qu'il y eut un excédant considérable. Le prêtre coupa cet excédant, et ce bois miraculeux fit divers miracles. Et le bienheureux Fortunat atteste la même chose. Un homme qui souffrait d'un extrême mal de dents vit sa douleur disparaître aussitôt qu'il eut touché ce bois. Un autre prêtre, nommé Sanctulus, voulant rebâtir une église en Lombardie consacrée à saint Laurent, et qui avait été brûlée, réunit beaucoup d'ouvriers. Et un jour qu'il n'avait rien à leur donner à manger, il se mit en prière, et il regarda à ses pieds, et il y trouva un pain tout chaud. Mais comme il n'y en avait assez que pour faire face à un repas de trois hommes, saint Laurent multiplia ce pain, de façon que, pendant dix jours, tous les ouvriers purent s'en nourrir. — Dans l'église de Saint-Vincent, à Milan, à ce que rapporte Vincent dans sa chronique, il y avait un calice de verre d'une admirable beauté; et, comme un jour le diacre le portait à l'autel, le calice échappa des mains du diacre et il tomba par terre, et il se brisa en morceaux. Et le diacre, bien affligé, ramassa les débris, et, les posant sur l'autel, il fit oraison à saint Laurent, et le calice se retrouva tout entier. On lit dans le livre des *Miracles de la Sainte Vierge* qu'il y avait à Rome un juge nommé Étienne, qui, recevant volontiers les présents des uns et des autres, rendait beaucoup de jugements iniques. Il s'empara par violence de trois maisons appartenant à l'église de Saint-Laurent, et d'un champ appartenant à celle de Sainte-Agnès, et il retint ce qu'il avait usurpé. Et il advint qu'il mourut et qu'il eut à comparaître au tribunal de Dieu. Saint Laurent, le voyant, s'approcha rempli d'indignation, et trois fois il lui serra le bras avec force, et il lui causa une très-vive douleur. Et sainte Agnès, avec les autres vierges, ne voulut pas voir ce juge, mais elle détourna la figure. Alors le Juge suprême rendit ainsi son arrêt : « Comme il s'est emparé de ce qui ne lui appartenait pas, et comme il a vendu la justice en se laissant corrompre, qu'il soit plongé dans la compagnie du traître Judas. » Mais saint Projet, qui avait, dans sa vie, eu beaucoup d'amitié pour cet Étienne, s'approchant de saint Laurent et de sainte Agnès, leur demandait grâce pour lui. La Sainte Vierge intercéda aussi, et il fut ordonné que son âme reviendrait animer son corps, et qu'il retournerait sur la terre pour y faire pénitence durant trente jours. Et la Sainte Vierge lui recommanda de ne pas manquer de réciter chaque jour le psaume *Beati immaculati*. Et lorsque son corps fut animé de nouveau, son bras se trouva tout livide et comme brûlé, et cette marque ne lui passa jamais. Restituant ce qu'il s'était approprié et faisant pénitence, le trentième jour il rendit son âme au Seigneur. On lit dans la vie de l'empereur saint Henri et de son épouse Cunégonde, qu'ils vivaient ensemble dans la virginité, et qu'à l'instigation du diable, un officier ayant jeté dans l'esprit de l'empereur des soupçons sur la vertu de l'impératrice, il exigea que pour se justifier elle eût recours à l'épreuve du feu, et qu'elle marchât pieds nus sur quinze fers de charrue rougis au feu. Et, prête à ce faire, elle dit : « Seigneur Jésus, vous qui savez que jamais ni Henri, ni homme au monde n'a approché de moi, venez à mon secours. » Henri, irrité, la frappa sur la joue. Et l'on entendit une voix qui venait du ciel et qui disait : « Vierge, la Vierge Marie t'assistera. » Et elle marcha sur ces fers rougis sans en éprouver aucun mal. — Ce même empereur étant à l'agonie, un ermite, du fond de sa cellule, vit passer devant sa fenêtre, qui était ouverte, une grande foule de diables, et il demanda à celui qui allait le dernier de tous où ils se rendaient, et celui-ci lui répondit : « Nous sommes une légion de démons, et nous accourons vers l'empereur qui se meurt, afin de voir si nous ne trouverons pas en lui quelque chose qui nous revienne. » Et l'ermite pria le diable de lui dire, à son retour, ce qui se serait passé. Et le diable revint fort triste, et il dit à l'ermite : « Nous n'avons rien eu du tout, car le bien et le mal qu'avait fait l'empereur ayant été mis dans une balance, les plateaux se maintenaient dans un équilibre complet; mais il a été mis de son côté, dans la balance, la grande chaudière d'or de saint Laurent, et son poids immense a donné un avantage énorme au plateau où étaient les bonnes actions de l'empereur, et,

dans mon dépit, j'ai emporté un morceau de cette chaudière. »
Et, sous ce nom de chaudière, le diable désignait un beau calice
que l'empereur avait offert à une église de Saint-Laurent, pour
lequel il avait une dévotion toute spéciale. Ce calice avait deux
anses, et il se trouva qu'une des anses étant brisée avait disparu.
— Saint Grégoire raconte qu'un pape de ses prédécesseurs voulait honorer le corps de saint Laurent, mais il ne savait pas où
il se trouvait, et tout d'un coup le corps lui apparut, et tous ceux
qui le virent, tant moines que séculiers, moururent dans l'espace
de dix jours.

LÉGENDE DE SAINT HIPOLYTHE.

Hipolythe, après avoir enseveli le corps de saint Laurent, vint
chez lui, et donnant la paix à ses serviteurs et à ses servantes,
ils communièrent tous avec le sacrement de l'autel, que le prêtre Justin avait apporté. Et quand la table fut mise, avant qu'ils
eussent le temps de prendre de la nourriture, des soldats vinrent et le saisirent et le menèrent à l'empereur. Et quand Décius
le vit, il dit en dérision : « N'as-tu pas gagné grand'chose à enlever le corps de Laurent? » Et Hipolythe répondit : « Je ne l'ai
pas fait en vue de quelque gain, mais parce que je suis chrétien. »
Alors l'empereur, rempli de colère, ordonna de le dépouiller et
de lui meurtrir la bouche à coups de pierres. Hipolythe lui dit :
« Tu ne m'as point dépouillé, tu m'as au contraire revêtu. » Décius lui répliqua : « Tu es donc devenu insensé, que tu ne
rougis pas de ta nudité : sacrifie aux dieux, afin de vivre et de
ne pas périr comme Laurent. » Hipolythe répondit : « Je n'aspire qu'à imiter l'exemple du bienheureux Laurent que ta bouche
impure n'a pas craint de nommer. » Alors Décius le fit flageller
et déchirer avec des peignes de fer. Et le martyr répétait à voix
haute qu'il était chrétien. Et comme il bravait ainsi les tourments, l'empereur lui fit rendre son costume militaire, l'engageant à rentrer dans ses bonnes grâces et dans son grade. Hipolythe répliqua qu'il était soldat de Jésus-Christ, et l'empereur,

furieux, le livra au gouverneur Valérien pour le faire périr dans les plus cruels tourments. Et comme l'on découvrit que toutes les personnes de sa maison étaient chrétiennes, on les arrêta et on les mena devant lui. Et lorsqu'on les engageait à sacrifier, Concordia, la nourrice d'Hipolythe, prit la parole et dit : « Nous voulons mourir avec notre maître plutôt que de vivre dans l'infidélité. » Et Valérien dit : « Ce n'est qu'avec des supplices que l'on vient à bout des esclaves. » Et il ordonna qu'on frappât la nourrice avec des fouets munis de boules de plomb, jusqu'à ce qu'elle expirât. Hipolythe dit alors : « Je vous rends grâces, Seigneur, vous qui avez permis à ma nourrice de prendre place parmi vos saints. » Ensuite Valérien fit conduire le martyr avec sa suite hors de la porte de Tibur. Hipolythe les consolait et leur disait : « Ne craignez rien, mes frères ; nous avons, vous et moi, le même Dieu. » Et Valérien ordonna qu'on leur coupât à tous la tête en présence d'Hipolythe. Il ordonna ensuite qu'on attachât le martyr par les pieds derrière deux chevaux indomptés, et qu'on le fît traîner à travers les ronces et les pierres jusqu'à ce qu'il eût expiré. Ce qui advint l'an de Notre-Seigneur deux cent cinquante-six. Le prêtre Justin recueillit les restes des martyrs et les plaça près du corps de saint Laurent ; mais l'on ne put retrouver le corps de Concordia, parce qu'il avait été jeté dans un égout. Un soldat, nommé Porphyrius, croyant que Concordia avait dans ses vêtements de l'or et des pierres précieuses, alla trouver un égoutier, nommé Irénée, qui était secrètement chrétien, et lui dit : « Garde-moi le secret, et tire le corps de Concordia, car je crois qu'il y a dans ses habits des objets précieux. » Irénée lui dit : « Montre-moi où est son corps, et je garderai le secret, et si je trouve quelque chose, je t'en instruirai. ». On tira le corps, et l'on n'y trouva rien de précieux, et le soldat prit aussitôt la fuite. Mais Irénée, se faisant aider d'un autre chrétien, nommé Abandas, porta le corps de Concordia à saint Justin. Celui-ci le reçut avec vénération, et l'ensevelit auprès d'Hipolythe et des autres. Valérien apprit cela, et il fit saisir Irénée et Abandas, et il ordonna qu'ils fussent jetés tout vivants dans l'égout, et Justin recueillit leurs corps et les ensevelit avec les autres. Ensuite Décius monta avec Valérien dans un char doré et il se rendit à l'amphithéâtre où l'on devait tourmenter les chrétiens, mais Décius fut saisi du démon, et il criait : « O Hipolythe, tu me tiens attaché avec des chaînes bien cruelles! » Et Valérien criait de son côté : « O Laurent, tu me tiens lié avec des chaînes de feu! » Et Valérien expira sur l'heure. Et Décius, de retour dans son palais, ne fit que crier durant trois jours : « Je t'en conjure, Laurent, accorde-moi un moment de répit dans mes souffrances. » Et il mourut ainsi misérablement. Et sa femme Triphonia, qui avait été grande ennemie des chrétiens, voyant cela, alla trouver Justin avec sa fille Cyrille, et elle se fit baptiser avec beaucoup d'autres personnes. Et le lendemain, comme elle était en prières, elle rendit l'esprit; et Justin ensevelit son corps à côté de celui de saint Hipolythe. Et quarante-sept militaires ayant appris que l'impératrice et sa fille avaient embrassé la foi chrétienne, vinrent avec leurs femmes trouver Justin et demandèrent à être baptisés. Et Denis, qui avait succédé à saint Sixte, les baptisa tous. Mais l'empereur Claude les fit décapiter, et il ordonna d'étrangler Cyrille, qui refusait de sacrifier. Saint Ambroise s'exprime ainsi dans sa préface : « Le bienheureux saint Hipolythe aima mieux rester soldat de Jésus-Christ que parvenir aux plus hauts grades, et il fut le disciple de saint Laurent, qui en dissipant les trésors de l'Église, trouva un trésor qu'il ne dépendait d'aucun tyran de lui enlever. » — Un cultivateur, nommé Pierre, ayant attelé ses bœufs à sa charrue le jour de la fête de sainte Marie-Madeleine, les pressait en proférant des malédictions, et voici que les bœufs et la charrue furent entraînés par le courant d'un fleuve, et le cultivateur souffrit lui-même des tortures extrêmes, car un feu le rongeait, de sorte que ses nerfs et ses chairs étant consumés, l'os de la jambe paraissait à découvert, et la jambe finit par tomber. Alors il se rendit dans une église de Notre-Dame et il cacha sa jambe dans un coin de cette église, et il pria pour sa guérison avec beaucoup de larmes et de componction. Et voici que, la nuit, la Sainte Vierge lui apparut avec le bienheureux Hipolythe, et elle dit à Hipolythe de rendre la santé à Pierre. Alors le martyr, prenant la jambe où elle était cachée, la replaça, et Pierre sentit une si vive douleur qu'il poussa de grands cris. Tous les gens de la maison accoururent à ce bruit avec de la lumière, et ils virent que Pierre avait de nouveau ses deux jambes tout entières, et ils furent frappés d'étonnement, et ils crurent d'abord que c'était une illusion. Mais la nouvelle jambe n'étant pas assez forte pour soutenir le poids du corps, Pierre boita durant toute une année. Et à l'expiration de ce temps, la Sainte Vierge lui apparut derechef avec saint Hipolythe, et elle ordonna au martyr de rendre la guérison complète. Et Pierre se trouva parfaitement rétabli, et il embrassa la vie religieuse. Et le diable lui apparaissait très-souvent sous la forme d'une femme nue, et plus il résistait avec force aux tentations du malin esprit, plus l'importunité du démon augmentait. Et Pierre, saisissant un jour son étole, la jeta au cou du fantôme, qui s'évanouit aussitôt, et il ne resta dans la chambre, gisant sur le carreau, qu'un cadavre horriblement infect, et sa puanteur donna sûrement à connaître à tous que c'était le diable qui s'était emparé du corps de quelque femme morte et qui l'avait animé.

LÉGENDE DE SAINT BERNARD.

Bernard naquit en Bourgogne de parents d'une race distinguée et d'une grande piété. Son père, nommé Decelin, fut un guerrier valeureux, et n'en fut pas moins très-adonné au service de Dieu ; sa mère se nommait Aleth. Elle eut sept enfants, six garçons et une fille. Elle avait voué tous ses enfants à la vie monastique. Aussitôt qu'elle avait mis un enfant au monde, elle l'offrait à Dieu de ses propres mains. Elle ne consentit point à ce qu'ils reçussent la nourriture d'un sein étranger, comme si elle pensait qu'en recevant son lait ils recevraient aussi quelque chose de ses bonnes qualités. Lorsqu'ils grandissaient, elle les élevait pour le cloître et non pour la cour, les nourrissant de viandes communes et de pain grossier, jusqu'à ce qu'elle les fit entrer au monastère. Et lorsqu'elle était enceinte de Bernard, son troisième enfant, elle eut en songe un présage de la grandeur future de son fils ; car elle rêva qu'elle avait dans son sein un chien tout blanc, de couleur rousse sur le dos, et qui aboyait. Elle exposa son rêve à un homme de Dieu, qui lui répondit prophétiquement : « Vous serez la mère d'un très-bon chien, qui, gardien fidèle de la maison du Seigneur, aboiera avec force contre ses ennemis ; car il sera un prédicateur illustre, et sa parole guérira beaucoup de maux. » Bernard, étant encore enfant, souffrait un jour d'un très-violent mal de tête, et il vint une femme pour le soulager avec des enchantements, et il la repoussa et la chassa avec une extrême indignation. La miséricorde divine ne manqua point de récompenser son zèle ; car aussitôt il se leva et se sentit guéri. Dans la nuit de la sainte fête de Noël, comme le petit Bernard attendait dans l'église l'office du matin, il désira savoir à quelle heure était né Jésus-Christ ; et l'enfant Jésus lui apparut sous l'aspect d'un enfant qui vient de sortir du sein de sa mère. Et tant que Bernard vécut, il pensa que cette heure-là était celle où Jésus-Christ était né. Le démon, voyant le jeune Bernard croître ainsi en mérites et en sagesse, voulut tendre des pièges à sa chasteté, et il chercha à l'attirer dans les lacs de la tentation. Et un jour que Bernard avait arrêté quelque temps ses regards sur une femme, ensuite revenant à lui, il rougit de sa faiblesse, et, résolu à s'en punir sévèrement, il se jeta dans un étang glacé, et il resta dans l'eau jusqu'à ce qu'on l'en retirât presque sans vie ; et il éteignit toutes les ardeurs de la concupiscence. Vers le même temps, une jeune fille, poussée par l'instigation du diable, se glissa nue dans le lit où dormait Bernard, et quand il s'en aperçut, il quitta en silence et paisiblement la portion du lit qu'il occupait, et se retournant de l'autre côté, il se rendormit. Et cette malheureuse, voyant qu'il ne bougeait, se mit un moment après à le toucher et à l'appeler d'une voix douce ; et comme il restait immobile, elle eut honte de sa conduite ; elle se leva, et se retira pleine d'admiration et toute confuse. Une autre fois, il avait reçu l'hospitalité chez une dame qui, en le voyant, fut frappée de sa beauté, et conçut pour lui une passion violente. Et comme il s'était couché, elle vint audacieusement et en silence le trouver durant la nuit. Et quand il la vit, il se mit à crier de toutes ses forces : « Au voleur! au voleur! » Et à ces cris la dame s'enfuit ; la maison fut pleine de tumulte ; on accourut avec de la lumière, et l'on ne trouva aucun voleur. Chacun regagna son lit ; mais cette malheureuse ne resta pas en repos, car, toujours plus embrasée du feu de l'impureté, elle se leva encore, et elle se dirigea vers le lit de Bernard ; et il se mit à crier derechef: « Au voleur! au voleur! » On se mit inutilement en quête de nouveau du voleur. Et Bernard ne voulut dire à personne ce que seul il savait. Et une troisième fois cette femme fut ainsi repoussée, et, soit par crainte, soit par courroux, elle cessa ses tentatives. Le lendemain, le saint s'étant remis en route, ses compagnons le blâmèrent de ce qu'en appelant « au voleur », il les avait empêchés de dormir de toute la nuit. Et il leur répondit : « Vraiment, cette nuit, j'ai été exposé à des tentations de vol, car notre hôtesse voulait m'enlever l'inestimable trésor de la chasteté. » Réfléchissant combien il était peu sûr d'habiter dans le monde, il résolut de le fuir ; et il forma le dessein d'entrer dans l'ordre de Cîteaux. Et lorsque ses frères le surent, ils mirent toute sorte de moyens en œuvre pour l'en empêcher ; mais la grâce de Dieu le fortifia au point que non-seulement il accomplit sa résolution, mais encore qu'il amena à la vie religieuse ses frères et beaucoup d'autres personnes. Son frère Girard, qui était un militaire distingué, regardait comme vaines les paroles de Bernard, et il méprisait ses conseils. Et le saint, animé du zèle de la charité, lui dit : « Mon frère, il n'y a que le malheur qui ouvrira ton esprit à l'intelligence de la vérité. » Et lui touchant le côté avec son doigt : « Un jour viendra, ajouta-t-il, où une lance percera ce côté, et la sagesse arrivera jusqu'au cœur qui la rejette. » Peu de temps après, Girard fut pris par les ennemis, et il reçut un coup de lance à l'endroit où son frère l'avait touché, et il fut gardé en captivité. Bernard vint le trouver, et, comme on ne lui permettait pas d'approcher, il cria: « Apprends, mon frère Girard, que nous abandonnons le siècle et que nous entrons dans un monastère. » Et cette même nuit, les fers de Girard tombèrent de ses pieds ; la porte de sa prison s'ouvrit d'elle-même, et il se sauva plein de joie. Et il annonça à son frère qu'il avait changé de manière de voir, et qu'il voulait se faire moine. L'an de l'incarnation du Seigneur onze cent douze, le serviteur de Dieu, Bernard, âgé d'environ vingt-deux ans, entra dans l'ordre de Cîteaux avec trente de ses compagnons, gens de rang fort distingué. Et comme ils entraient dans le monastère, Guido, le frère aîné, voyant Nivard, son frère le plus jeune, qui jouait sur la place avec d'autres enfants, dit : « C'est toi, mon frère, qui restes maintenant seul possesseur de tous nos biens en ce monde. » Et l'enfant répondit avec beaucoup de sagesse : « Vous avez choisi le ciel, et vous ne me laissez que la terre ; vous avez tout l'avantage dans ce partage. » Et peu de temps après, il suivit ses frères dans leur couvent. Quand Bernard eut embrassé la vie religieuse, il se livra tout entier à la contemplation, et il s'absorba tellement dans le service de Dieu, qu'il paraissait tout à fait étranger aux sens du corps. Il était resté tout un an dans sa cellule, et il ne savait pas encore si la maison avait une voûte. Fréquentant beaucoup l'église, il croyait qu'il n'y avait qu'une seule fenêtre d'un côté où il y en avait trois. L'abbé de Cîteaux envoya des frères pour élever la maison de Clairvaux, et il mit Bernard à leur tête en qualité d'abbé. Ils y restèrent longtemps dans un extrême dénûment, et ils se faisaient une sorte de pain avec des feuilles d'arbre. Mais le serviteur de Dieu veillait au delà des forces humaines ; il se livrait à peine au sommeil, disant que le dormir était l'image de la mort, et si ceux qui sont morts paraissent comme endormis aux yeux des hommes, de même ceux qui dorment semblent morts aux yeux du Seigneur. Et s'il voyait quelque frère longtemps et commodément endormi, ou s'il l'entendait ronfler avec force, à peine pouvait-il le supporter. Il ne prenait aucune nourriture pour satisfaire la sensualité, mais seulement pour chasser la défaillance, et il voyait arriver l'heure du repas comme si c'était celle d'un supplice. Et, après le repas, il se livrait d'ordinaire à la méditation ; et il ne souffrait point que l'on excédât la mesure d'aliments départie à chacun. Il avait si bien dompté la gloutonnerie de l'estomac, qu'il ne distinguait guère plus les diverses saveurs des différents mets ; car un jour il but par mégarde de l'huile au lieu d'une boisson, et il ne s'aperçut en rien de cette méprise. Il disait qu'il ne trouvait de goût qu'à l'eau, parce que, lorsqu'il la buvait, elle lui rafraîchissait le palais et le gosier. Ce qu'il avait appris dans les Écritures, il allait le méditer dans les bois et dans les champs, où il se livrait à la prière. Il disait qu'il n'avait point eu de meilleurs maîtres que les chênes, et il appelait les hêtres ses amis. Dans les vêtements, il recommandait la pauvreté, mais il blâmait la malpropreté, disant qu'elle était la marque d'un esprit négligent ou qui recherche une vaine gloire. Il avait souvent à la bouche, et toujours dans le cœur, cet adage : « Celui qui fait ce que personne autre ne fait, le fait pour attirer les regards de tous. » Et il porta durant bien des années un cilice sur lui, autant de temps qu'il put le cacher; mais lorsque la chose eut été connue, il cessa aussitôt. Il disait souvent qu'il y avait trois différents genres de patience : patience des paroles injurieuses, patience des choses fâcheuses, patience des souffrances du corps.

Un abbé lui envoya six cents marcs d'argent pour construire un monastère, mais cette somme fut enlevée par des voleurs, et Bernard, à cette nouvelle, ne dit rien, sinon : « Béni soit Dieu, qui nous a délivrés d'un fardeau. » Un chanoine régulier vint un jour le trouver, et lui demanda avec instance d'être reçu parmi les moines. Et Bernard ne voulait pas y consentir, et lui conseillait de retourner à son église; et le chanoine lui dit : « Pourquoi as-tu donc tant vanté la perfection dans tes livres, pour en détourner ensuite ceux qui veulent s'y livrer? Je voudrais avoir tes livres pour les déchirer. » Et Bernard lui répondit : « Tu n'as vu dans aucun de mes livres que tu ne puisses être parfait en restant dans ton église : c'est le changement de mœurs et non le changement de lieux que j'ai recommandé dans tous mes écrits. » Mais cet insensé se jeta sur Bernard, et le frappa si violemment à la joue, qu'elle en fut toute rouge d'abord et enflée ensuite. Et ceux qui étaient présents allaient se saisir de ce furieux; mais le serviteur de Dieu les en empêcha, leur criant et leur demandant au nom de Jésus-Christ de ne le point toucher et de ne lui faire aucun mal. Il avait coutume de dire aux novices qui se présentaient à lui : « Si vous voulez être admis dans cette maison, laissez à la porte le corps que vous apportez du monde. L'esprit seul peut entrer ici, la chair en est exclue. » Le père de Bernard, qui était demeuré seul au logis, se retira aussi au monastère, et y mourut quelque temps après dans une pieuse vieillesse. Sa sœur était mariée, et elle vivait dans les richesses et dans les délices qui la mettaient en danger, et parfois elle vint visiter ses frères dans le monastère. Une fois qu'elle vint avec une grande suite et un grand faste, Bernard, regardant cela comme une embûche du diable pour perdre les âmes, fut fort indigné, et ne voulut point sortir pour la voir. Et quand elle vit qu'aucun de ses frères ne venait à sa rencontre, elle se mit à pleurer : « Si je suis une pécheresse, dit-elle, c'est pour les pécheurs qu'est mort Jésus-Christ. C'est parce que je me sens pécheresse, que je recherche les conseils et l'entretien des hommes de bien. Et si mon frère méprise ma personne, que le serviteur de Dieu ne méprise pas mon âme. Qu'il vienne et qu'il ordonne, et tout ce qu'il prescrira, je l'accomplirai. » Alors Bernard sortit du couvent avec ses frères, et comme elle ne pouvait pas être séparée de son mari, il se borna à lui interdire toute vaine recherche de la gloire du monde et de la toilette, et il la congédia. Et elle se trouva tellement changée, qu'au milieu du siècle elle mena désormais la vie cénobitique, et qu'elle renonça à tous les plaisirs mondains. A force de prières, elle engagea enfin son mari à consentir à une séparation, et elle entra dans un monastère. L'homme de Dieu étant une fois si grièvement malade qu'il était au moment de trépasser, se vit en esprit porté au tribunal de Dieu. D'un côté était Satan, muni d'accusations contre lui; et quand il eut articulé les charges qu'il voulait dire, Bernard répliqua sans être nullement intimidé : « Je conviens que je ne suis point digne de la récompense céleste, et de mes propres mérites, je ne peux obtenir le royaume des cieux; mais Notre-Seigneur qui en est en possession à un double titre, comme héritier de son Père, et comme l'ayant acquis par les mérites de sa passion, veut bien m'en faire part. Et en réclamant le droit qui est un don de sa bonté, je ne puis être confondu. » Le démon fut confondu de cette parole, et Bernard reprit l'usage de ses sens. Il mortifia son corps continuellement de veilles, d'abstinence et de travail, et il fut languissant et affaibli sans pour cela interrompre ses occupations. Une fois qu'il était gravement malade, les frères se mirent à prier pour lui, et aussitôt il se sentit soulagé. Il fit réunir la congrégation et il dit : « Pourquoi retenez-vous un malheureux moins fort et moins valide que vous? Laissez-moi, je vous en prie, laissez-moi m'en aller. » Beaucoup de villes voulurent avoir Bernard pour évêque, et il fut appelé au siége de Gênes et à celui de Milan ; mais il ne donnait point son consentement, sans cependant refuser d'une manière fâcheuse ; il disait qu'il était content de rester dans l'emploi qui lui avait été confié, et il désignait d'autres frères, hommes de Dieu, qu'il munissait de sa recommandation et de l'autorisation du souverain pontife. Une fois qu'il visitait les frères chartreux et qu'il leur laissait de grands sujets d'édification, il y en eut un qui fit remarquer au prieur que la selle dont se servait Bernard pour aller à cheval n'était pas sans quelque élégance, et qu'elle n'indiquait point la pauvreté. Et du prieur, la chose vint jusqu'aux oreilles du saint, qui s'informa avec grande surprise de ce qu'il y avait de remarquable dans cette selle ; car il était venu de Clairvaux jusqu'à la Chartreuse sans y faire nulle attention, et ignorant absolument comment elle était. Il chemina tout un jour à côté du lac de Lausanne sans le voir ; car le soir, ses compagnons de voyage parlant de ce lac, Bernard leur demanda où il était. Et, entendant cela, ils restèrent dans l'admiration. L'humilité de son cœur triomphait de la renommée de son nom ; le siècle ne pouvait l'élever autant qu'il se rabaissait lui-même. Tenu de tous dans la plus haute estime, il se regardait lui-même comme digne du plus grand mépris, et pensait qu'il n'y avait personne qui ne lui fût préférable. Et lorsque les peuples lui rendaient les plus grands honneurs, il s'imaginait qu'il était le jouet d'un rêve, ou bien que ces témoignages de respect s'adressaient à un autre que lui. Mais lorsqu'il se retrouvait parmi les plus simples des frères, et que rien ne blessait son humilité, alors il se regardait comme rendu à lui-même. On le trouvait toujours ou priant, ou lisant, ou écrivant, ou méditant, ou édifiant les frères par sa parole. Un jour qu'il prêchait devant une grande foule de peuple, et que tous l'écoutaient avec beaucoup d'attention et de dévotion, il se glissa dans son cœur un mouvement de tentation : « Vraiment tu parles admirablement, et tout le monde t'écoute avec admiration, et tu es universellement reconnu pour un sage. » Et l'homme de Dieu se sentant ainsi tenté, s'arrêta un instant, incertain s'il continuerait ou s'il arrêterait son discours. Et, fortifié du secours divin, il imposa silence au tentateur et lui dit : « Ce n'est pas pour toi que j'ai commencé, ce n'est pas à cause de toi que je m'interromprai. » Et il acheva son discours jusqu'au bout. Il y avait un moine qui avait été, dans le siècle, fort adonné à la compagnie des ribauds et des joueurs ; et, poussé par le malin esprit, il voulut rentrer dans le monde. Bernard ne pouvant le retenir, lui demanda quels seraient ses moyens d'existence. Celui-ci lui répondit : « Je sais jouer à différents jeux, et je puis ainsi gagner ma vie. » Et Bernard lui dit : « Je te confierai une somme d'argent, si tu me promets de revenir dans quelques années, et de partager avec moi le gain que tu auras fait. » Ce que le moine accepta avec joie. Bernard ordonna donc qu'on lui donnât vingt sous, et lui dit de s'en aller. L'homme de Dieu agissait ainsi afin de pouvoir réclamer cet homme égaré. Car il s'en alla et perdit tout, et revint tout honteux et désolé à la porte du couvent. Bernard l'ayant appris, fut à lui d'un air joyeux, et il étendit la main comme pour partager les profits. Et l'autre répondit : « Je n'ai rien gagné du tout ; au contraire, j'ai perdu en entier notre capital. Si vous voulez recouvrer ce que vous m'avez prêté, prenez-moi. » Bernard lui répliqua en riant : « S'il en est ainsi, il vaut mieux que je te reçoive ici plutôt que de tout perdre complétement », et il le traita avec bonté. Un jour Bernard s'en allait à cheval, suivi d'un paysan, et, en parlant avec lui, il se plaignit des distractions qui assaillent l'esprit de l'homme durant la prière. Entendant cela, le paysan conçut du mépris pour le saint, et il affirma qu'il était, lui, inébranlable et ferme dans ses oraisons. Et Bernard, voulant le convaincre de sa témérité, lui dit : « Sépare-toi un peu de nous, et récite, avec toute l'attention dont tu es capable, l'oraison dominicale ; si tu peux la dire sans aucune distraction ni autre cours donné à ta pensée, tu seras possesseur du cheval sur lequel je suis monté. Je compte sur ta bonne foi pour que, si tu as pensé à quelque autre chose, tu en conviennes franchement. » Le paysan, fort joyeux et regardant déjà le cheval comme lui appartenant, se mit un peu à l'écart, et commença à réciter l'oraison dominicale. Il était à peine arrivé à la moitié, qu'il lui survint une pensée qui le préoccupa fort, de savoir si avec le cheval il aurait aussi la selle. Alors il revint à saint Bernard et il lui confessa ce qu'il avait éprouvé, et depuis il ne présuma plus témérairement de ses propres forces.

Bernard avait un frère, nommé Robert, qui s'éloigna un jour pour quelque temps du monastère; et comme il restait trop longtemps absent, l'homme de Dieu résolut de le rappeler et de lui écrire en conséquence. Et comme il dictait en plein air, à un moine, il survint une grosse pluie, et celui qui écrivait voulut plier la lettre; mais Bernard lui dit : « C'est pour le service de Dieu, ne crains rien. » Et la pluie tomba à droite et à gauche de celui qui écrivait, sans le mouiller, ni la lettre non plus. — Dans un monastère qu'avait fondé Bernard, il y avait une énorme quantité de mouches qui étaient fort incommodes, et le serviteur de Dieu dit : « Je les excommunie. » Et le lendemain on les trouva toutes mortes. Le souverain pontife l'envoya à Milan pour opérer la réconciliation des habitants avec l'Église; et comme il était arrivé à Pavie, un homme vint, qui lui amena son épouse, qui était possédée du démon. Et le diable se mit à proférer des injures et des blasphèmes par la bouche de cette malheureuse. Et l'homme de Dieu l'envoya à l'église du bienheureux Cyr. Mais celui-ci ne voulut pas marquer de la déférence pour son hôte, et il ne fit rien pour guérir cette femme. On la ramena alors à saint Bernard. Et le diable se mit à parler par la bouche de la possédée, et il disait : « Cyr ne pourra point m'expulser, et Bernard ne parviendra pas à me chasser. » Et l'homme de Dieu lui répondit : « Ce n'est ni Cyr, ni Bernard qui te chassera; ce sera Notre-Seigneur Jésus-Christ. » Et il se mit en oraison, et alors l'esprit malin dit : « Je sortirai volontiers du corps de cette femme, car j'y suis bien tourmenté; mais je ne le peux, car mon souverain m'en empêche. » Et le saint lui dit : « Quel est ton souverain? » Le diable répondit : « C'est Jésus de Nazareth. » Bernard lui répliqua : « L'as-tu jamais vu? » Et le démon repartit que oui; et le saint lui ayant demandé où, il répondit : « Dans la gloire. » Et le saint lui dit : « Est-ce que tu as été dans la gloire? » Le démon repartit : « Assu-

rément. — Et comment en as-tu été expulsé ? — J'en ai été chassé avec Lucifer et beaucoup d'anges rebelles. » Et le diable disait toutes ces choses d'une voix lugubre, en présence de tout le monde, en s'exprimant par la bouche de la possédée. L'homme de Dieu lui demanda : « Est-ce que tu ne voudrais pas retourner dans cette gloire ? » Et le démon répondit, avec un affreux hurlement : « Notre sort est fixé pour l'éternité. » Puis il sortit du corps de cette femme ; mais il y rentra de nouveau lorsque l'homme de Dieu se fut éloigné. Alors le mari courut après Bernard et lui dit ce qui était arrivé. Bernard ordonna qu'on attachât au cou de la possédée un papier, sur lequel il avait écrit : « Au nom de Notre-Seigneur Jésus-Christ, je t'ordonne, démon, de ne plus t'aviser d'approcher de cette femme » ; et lorsque cela eut été fait, elle fut, pour tout le reste de sa vie, délivrée du malin esprit.
— Il y avait, dans l'Aquitaine, une femme qui était fort malheureuse, parce qu'elle était possédée d'un démon incube. Pendant six ans, il avait abusé d'elle, et il l'avait soumise aux incroyables excès de sa luxure ; l'homme de Dieu venant dans ce pays, le démon défendit à la femme d'avoir recours au saint, lui disant que cela ne lui servirait en rien, et ajoutant avec menaces, qu'au lieu d'un amant, elle trouverait désormais en lui un persécuteur acharné. Mais elle ne laissa pas pour cela d'approcher du saint et de lui raconter, avec beaucoup de gémissements, ce qu'elle avait à souffrir. Et Bernard lui dit : « Prends mon bâton et pose-le dans ton lit, et si le démon peut alors faire quelque chose, qu'il le fasse. » Et quand elle fut couchée et qu'elle eut le bâton à son côté, le démon accourut aussitôt auprès du lit de la femme. Mais il n'osa point y entrer ni entreprendre ce dont il avait l'habitude. Mais il lui fit de très-grandes menaces, et lui promit bien qu'aussitôt que Bernard serait parti, il tirerait d'elle une vengeance éclatante. Elle raconta cela à Bernard, qui ordonna que tout le peuple se réunît, et que chacun eût à la main une chandelle allumée, et il dit anathème au démon, et il lui défendit de jamais oser approcher de cette femme. De sorte qu'elle resta pour toujours délivrée d'une semblable illusion. Dans la même province, l'homme de Dieu accomplissait la mission de réconcilier à l'Église duc d'Aquitaine, et celui-ci ne voulait d'aucune manière se

laisser persuader de se réconcilier; le saint disait la messe à l'autel, et le duc, comme excommunié, restait à la porte de l'église. Et quand Bernard eut récité les prières de la consécration, il posa le corps du Seigneur sur la patène et le porta avec lui, et, la figure enflammée, les yeux flamboyants, il sortit, et il adressa au duc des paroles terribles : « Nous t'avons adressé des prières, dit-il, et tu nous as méprisés. Voici qu'il vient à toi, le Fils de la Vierge, qui est le Seigneur de cette Église que tu persécutes. Voici ton juge, au nom duquel se fléchit tout genou. Voici ton juge, auquel tu auras à rendre un compte sévère de tes méfaits. Résiste-lui si tu l'oses. » Aussitôt le duc fondit en larmes, et, tremblant de tous ses membres, il se jeta aux genoux du saint. Celui-ci, le repoussant du pied, lui ordonna de se lever et d'entendre la sentence de Dieu. Et le duc se leva tout épouvanté, et il accomplit aussitôt tout ce que le saint lui prescrivit. L'homme de Dieu se rendit en Allemagne, qui était agitée de grandes discordes, et l'archevêque de Mayence envoya au-devant de lui un clerc respectable; et lorsque celui-ci dit qu'il était envoyé par son maître, Bernard lui répondit : « C'est un autre maître qui t'a envoyé. » Et le clerc, étonné, affirma que personne ne l'avait envoyé, si ce n'est son maître l'archevêque de Mayence. Et Bernard lui répondit : « Tu te trompes, mon enfant, tu te trompes; c'est un plus grand maître, c'est Jésus-Christ qui t'a envoyé. » Et le clerc voulut embrasser la vie monastique, et il reçut l'habit des mains de saint Bernard. Le saint avait reçu dans son ordre un militaire d'une famille très-noble; et comme celui-ci accompagnait une fois saint Bernard, il fut en proie à une très-fâcheuse tentation. Et l'un des frères le vit si triste, qu'il lui demanda la cause de sa douleur, et il lui répondit : « Je sais que jamais plus je ne serai content. » Le frère rapporta cela au serviteur de Dieu, qui pria alors avec ferveur. Et celui qui était si triste et si affligé se montra alors plus joyeux et plus satisfait qu'il ne l'avait jamais été. Et le frère lui ayant rappelé ce qu'il avait dit, il répondit : « J'avais dit que jamais plus je ne serais content; mais maintenant je dis que jamais, de ma vie, je ne serai triste. » Saint Malachie, évêque irlandais, étant mort plein de vertus, sa gloire fut révélée à saint Bernard comme il offrait pour le défunt le saint sacrifié, de sorte qu'après la communion, changeant le texte de la prière habituelle, il dit : « Seigneur, vous qui avez donné au bienheureux Malachie une place parmi vos saints, faites, s'il vous plaît, que nous qui célébrons la commémoration de sa précieuse mort, nous imitions les exemples qu'il nous a laissés. » Et le chantre lui ayant donné à entendre qu'il se trompait, Bernard répondit : « Je ne me trompe point, et je sais bien ce que je dis. » A l'approche du carême, il fut un jour visité par un grand nombre d'écoliers, et il les engagea, au moins pour ce temps consacré à la religion, de s'abstenir de leurs plaisirs bruyants et de leurs vaines poursuites. Et comme ils ne voulurent point le promettre, il leur fit apporter du vin, en leur disant d'en boire; et aussitôt ils se trouvèrent tout changés, et ils se consacrèrent pour toute leur vie au service de Dieu. — A la fin, l'homme de Dieu approchant heureusement du terme de sa vie, dit aux frères : « Je vous recommande trois préceptes que j'ai de mon mieux observés dans le cours de cette vie. Je n'ai voulu donner de scandale à personne, et si j'en ai occasionné à quelqu'un, je l'ai apaisé autant que je l'ai pu. J'ai toujours ajouté moins de foi à mon sentiment qu'à celui des autres. Quand j'ai été offensé, je n'ai jamais songé à tirer vengeance. Je vous recommande donc la charité, l'humilité et la patience. » Et, après qu'il eut fait beaucoup de miracles et qu'il eut fondé cent soixante monastères, et qu'il eut écrit une foule de livres et de traités, le cercle de ses jours étant accompli, il mourut âgé de soixante-trois ans, l'an du Seigneur onze cent cinquante-trois, entre les mains de ses disciples, et après son décès, sa gloire fut révélée à un grand nombre de ses religieux. Il apparut une fois à un abbé, et lui ordonna de le suivre; et l'abbé le suivant, l'homme de Dieu lui dit : « Nous arrivons au pied du mont Liban, et tu vas demeurer au bas tandis que je monterai. » L'abbé lui demanda pourquoi il voulait monter, et le saint lui répondit : « C'est pour m'instruire. » L'abbé fut étonné de ce que le docteur, que nul ne surpassait en étendue de connaissances, parût vouloir s'instruire encore, et le saint lui dit : « Sans la connaissance de la vérité, il n'y a aucune science. C'est là-haut qu'est la plénitude de la science, c'est là-haut qu'est la doctrine de vérité. » Et en disant cela, il disparut. L'abbé nota le jour où cela s'était passé, et il se trouva que c'était celui de la mort de saint Bernard. Et le serviteur de Dieu a fait aussi d'autres miracles, dont le nombre est innombrable.

LÉGENDE DE SAINT TIMOTHÉE.

Timothée souffrit, sous le règne de Néron, par ordre du gouverneur de Rome; et comme on lui faisait endurer extrêmes tortures, et que l'on arrosait ses plaies de chaux vive, tandis qu'il rendait au Seigneur des actions de grâces, deux anges vinrent l'assister, disant : « Lève la tête vers le ciel et regarde. » Et il vit les cieux ouverts, et Jésus-Christ qui tenait une couronne de pierres précieuses et qui disait : « Voici ce que tu recevras de ma main. » Et un nommé Apollinaire, voyant cela, se fit baptiser. Et le gouverneur, voyant qu'ils persévéraient l'un et l'autre à confesser qu'ils étaient chrétiens, leur fit trancher la tête, l'an de Notre-Seigneur cinquante-sept.

LÉGENDE DE SAINT SYMPHORIEN.

Symphorien naquit à Autun, et dès sa première jeunesse il manifesta une gravité de mœurs bien au-dessus de son âge. Vint le jour où les païens célébraient la fête de Vénus, et l'on rendait hommage à sa statue en présence du gouverneur Héraclius; Symphorien refusa de l'adorer, et il fut battu de verges et mis en prison. Puis il fut tiré de son cachot, et on lui promit de grandes récompenses s'il s'acrifiait à l'idole, et il répondit : « Notre Dieu sait récompenser ceux qui souffrent pour lui, mais il sait aussi punir ceux qui lui sont infidèles. On se repent trop tard d'avoir craint les hommes. La cupidité qui nous porte vers les biens terrestres nous prive des seuls biens éternels, et les richesses de ce monde sont plus fragiles que le verre. » Alors le juge, rempli de courroux, rendit l'arrêt de mettre Symphorien à mort. Et comme on le menait au lieu du supplice, sa mère lui cria de dessus le mur : « Mon fils, mon fils, souviens-toi de la vie éternelle ; lève les yeux en haut, et contemple celui qui règne dans le ciel. On ne t'ôte point la vie, on la change pour une meilleure existence. » On trancha la tête au martyr, et les chrétiens enlevèrent son corps et l'ensevelirent honorablement. Et il se faisait tant de miracles à son sépulcre, que les païens l'avaient aussi en grande vénération. Grégoire de Tours rapporte qu'un chrétien ramassa, à l'endroit où le martyr avait reçu la mort, trois petits cailloux teints de son sang, et il les mit dans une boîte d'argent entourée d'une couverture en bois. Et comme il était dans un château, il se déclara un incendie terrible, mais la boîte fut trouvée au milieu des ruines, intacte et n'ayant en rien souffert du feu. Le martyr souffrit vers l'an du Seigneur deux cent soixante-dix.

LÉGENDE DE SAINT FÉLIX ET SAINT ADAUCTUS.

Il y eut deux frères, tous deux du nom de Félix, et prêtres tous deux, qui souffrirent sous Dioclétien et Maximien. Le plus âgé, amené au temple de Sérapis pour y sacrifier, souffla à la figure de la statue du faux dieu et aussitôt elle tomba. On le conduisit ensuite à la statue de Mercure et il souffla encore, et elle tomba aussi. Mené devant la statue de Diane, il en fit de même. Et on le tourmenta sur le chevalet. On le mena ensuite devant un arbre consacré aux faux dieux pour qu'il y sacrifiât. Et Félix se mit à genoux, et il demanda à Dieu que l'arbre tombât lorsqu'il soufflerait dessus, et l'arbre en se renversant écrasa l'autel et l'idole. Quand le gouverneur apprit cela, il ordonna de trancher la tête à Félix, et il fit jeter son corps aux chiens et aux loups. Mais un individu sortit tout à coup de la foule, et déclara qu'il était chrétien. Et les deux martyrs, se tenant embrassés, furent décapités en même temps, et les chrétiens, qui ne savaient pas le nom de ce nouveau confesseur de Jésus-Christ, l'appelèrent Adauctus, parce qu'il avait été, grâce à Félix, ajouté (*auctus*) au nombre des bienheureux. Les chrétiens enterrèrent les deux martyrs dans le trou qu'avait fait en tombant l'arbre déraciné, et des païens ayant voulu les exhumer, furent possédés du démon. Et cela eut lieu vers l'an du Seigneur deux cent quatre-vingt-sept.

LÉGENDE

DE SAINT SABINIEN ET SAINTE SABINE.

Sabinien et Sabine furent enfants d'un très-noble païen nommé Sabin, lequel se maria deux fois, et qui eut Sabinien de sa première femme et Sabine de sa seconde, et il les appela d'après son nom à lui. Et Sabinien lisant ce verset du Psalmiste : *Asperges me, Domine*, etc., voulait savoir ce que cela signifiait; mais il ne pouvait pas le comprendre. Et se renfermant dans sa chambre, il se couvrait de cendre et se revêtait d'un cilice, et il se prosternait, disant qu'il aimait mieux mourir que ne pas comprendre le sens de ce verset. Un ange lui apparut et lui dit : « Ne t'afflige pas jusqu'à la mort, car tu as trouvé grâce devant Dieu, et quand tu auras été baptisé, tu seras plus blanc que la neige, et tu comprendras alors ce que tu cherches à présent. » Et Sabinien fut plein de joie, et il cessa de marquer de la vénération aux idoles, ce qui lui attira de grands reproches de la part de son père. Et son père lui dit : « Il vaut mieux, puisque tu n'adores pas les dieux, que tu meures seul, plutôt que de nous impliquer tous dans ta ruine. » Alors Sabinien s'enfuit en secret, et il arriva en la cité de Trecasina. Et lorsqu'il fut arrivé sur le bord d'une rivière, il pria le Seigneur afin d'être baptisé, et il fut baptisé. Et le Seigneur lui dit : « Maintenant tu as trouvé ce que tu as si longtemps cherché. » Et alors il planta un bâton en terre, et quand Sabinien eut fini son oraison, le bâton verdoya et poussa des rameaux et des fleurs en présence d'un grand nombre d'assistants, et mille cent huit personnes se convertirent au Seigneur. Mais l'empereur Aurélien apprit cela, et il envoya une grosse troupe de soldats pour se saisir de Sabinien. Et comme ils le trouvèrent étant en prières, ils craignirent de s'approcher de lui. Et l'empereur en envoya encore un plus grand nombre. Et lorsqu'ils vinrent, il était aussi à prier, et ils prièrent avec lui. Et se relevant, ils lui dirent : « L'empereur désire te voir. » Quand il fut venu et qu'il eut refusé de sacrifier, l'empereur lui fit lier les pieds et les mains et le fit déchirer avec des pointes de fer. Et Sabinien lui dit : « Augmente si tu peux les tourments que tu veux m'infliger. » Alors Aurélien ordonna de l'attacher au milieu de la ville sur un bûcher, de l'entourer de bois arrosé d'huile, et de le brûler. Mais l'on vit le martyr debout et priant au milieu des flammes. L'empereur, frappé de surprise, tomba le visage contre terre et lui dit : « Tu braves ces tourments, parce que tu as recours à la science de la magie; mais nous saurons venir à bout de tes artifices. » Sabinien lui répondit : « Beaucoup de personnes, et tu es du nombre, doivent, à cause de moi, croire au Seigneur. » Aurélien fut encore plus irrité, et il blasphéma le nom du Seigneur, et il ordonna que le lendemain Sabinien fût attaché à un poteau et percé de flèches. Mais les flèches restaient suspendues en l'air à sa droite et à sa gauche, et aucune ne le toucha. Et le lendemain, l'empereur venant à lui, lui dit : « Nous verrons si ton Dieu viendra et te préservera de ces flèches. » Et aussitôt une flèche vint frapper l'empereur dans l'œil et le lui creva. Plein de colère, il ordonna que le martyr fût enfermé dans un cachot, et le lendemain décapité. Et Sabinien pria pour qu'il lui fût donné de se rendre où il avait été baptisé, et aussitôt ses chaînes tombèrent, les portes de sa prison s'ouvrirent, et il passa au milieu des soldats, et il y vint. Et l'empereur, instruit de cela, commanda qu'on se mît à sa poursuite et qu'on lui coupât la tête. Et Sabinien, voyant que les soldats le poursuivaient, marcha sur l'eau comme sur la terre ferme, et il arriva au lieu de son baptême. Et les soldats, l'ayant rejoint, craignaient de le frapper, et il leur dit : « Frappez-moi sans crainte, et portez de mon sang à l'empereur, afin qu'il recouvre l'œil qu'il a perdu, et qu'il reconnaisse la puissance de Dieu. » Et quand il eut été frappé, il se releva et il porta sa tête en ses mains l'espace de vingt-deux pas. Et l'empereur s'étant frotté l'œil du sang du

LÉGENDE DE SAINT SABINIEN ET SAINTE SABINE.   247

martyr, fut aussitôt guéri, et il dit : « Véritablement le dieu des chrétiens est puissant et miséricordieux. » Et une femme, qui était aveugle depuis quarante ans, ayant appris ces choses, se fit porter en cet endroit, et elle fit sa prière, et incontinent elle recouvra l'usage de la vue. Et saint Sabinien reçut la mort l'an du Seigneur deux cent soixante-dix, le neuf des calendes de février. Mais ceci est inséré ici surtout à cause de l'histoire de sa sœur, dont nous allons présentement parler. Car Sabine pleurait chaque jour son frère, et elle invoquait pour lui les idoles; et il lui apparut un ange qui lui dit : « Ne pleure pas, Sabine, mais abandonne tout ce que tu possèdes, et tu trouveras ton frère élevé en grand honneur. » Et Sabine s'éveillant, dit à une de ses parentes qui couchait dans la même chambre : « N'as-tu rien entendu? » Et celle-ci répondit : « J'ai vu un homme qui te parlait, mais je ne sais ce qu'il te disait. » Et Sabine lui dit : « Tu ne m'accuseras pas? » et l'autre lui repartit : « Jamais : fais ce que tu jugeras à propos. » Et le lendemain elles s'enfuirent toutes deux. Et le père les fit chercher longtemps sans pouvoir en rien apprendre, et, les mains élevées au ciel, il dit : « Si tu es le Dieu puissant du ciel, brise mes idoles, puisqu'elles n'ont pu sauver mes enfants. » Et aussitôt l'on entendit un grand coup de tonnerre, et les idoles tombèrent brisées en morceaux. Et beaucoup de gens qui virent cela se convertirent, et la bienheureuse Sabine étant venue à Rome, reçut le baptême des mains du pape Eusèbe, et elle guérit deux aveugles et deux paralytiques, et elle resta cinq ans à Rome. Et une nuit qu'elle dormait, l'ange du Seigneur lui apparut et lui dit : « Sabine, à quoi te sert d'avoir abandonné tes richesses, si tu vis ici dans la mollesse? Lève-toi, et va dans la ville de Crète, et tu y trouveras de tes frères. » Et Sabine se levant, dit à sa suivante : « Il n'est pas bon que nous restions ici plus longtemps. » Et l'autre lui répondit : « Où voulez-vous aller? Ici tout le monde vous aime; c'est la mort que vous cherchez. » Et Sabine répliqua : « Dieu veillera sur nous. » Et elle prit un pain d'orge, et elle arriva dans la ville de Ravenne. Et elle se présenta à la porte d'un homme riche, dont la fille était au moment de mourir, et elle demanda l'hospitalité à une servante, et celle-ci répondit : « Comment voulez-vous que l'on vous reçoive ici, lorsque la fille de mon maître est sur le point de trépasser, et que nous sommes tous dans une extrême affliction ? » Et Sabine répondit : « A cause de moi, elle ne mourra point. » Elle entra dans la maison, prit la jeune fille par la main, et celle-là se leva toute guérie. Et l'on voulut la retenir, mais elle n'y consentit point. Et arrivée près de Crète, sur le grand chemin, elle dit à sa servante qu'elle voulait se reposer un peu. Et un homme de la ville, d'un rang élevé, nommé Licérius, passant par là, lui dit : « Qui êtes-vous ? » Et Sabine lui répondit : « Je suis de cette ville. » Et il répliqua : « Pourquoi mentez-vous, puisque votre accent vous fait reconnaître pour étrangère. » Et elle dit : « Il est vrai que je suis étrangère, et je cherche mon frère Sabinien, que j'ai perdu depuis longtemps. » Et Licérius répondit : « Celui que vous cherchez a eu la tête tranchée pour le nom de Jésus-Christ », et il dit où il avait été enseveli. Et Sabine se prosterna et fit cette prière : « Seigneur, vous qui m'avez toujours préservée dans l'état de chasteté, ne permettez pas que je souffre davantage de la fatigue dans ces rudes chemins, ni que mon corps bouge de ce lieu. Je vous recommande ma compagne, qui a pour moi enduré bien des peines ; faites-moi la grâce de mériter de voir dans le ciel le frère que je n'ai pu revoir sur la terre. » Et quand elle eut achevé son oraison, elle rendit son âme au Seigneur. Sa servante se mit alors à pleurer, car elle n'avait pas ce qu'il fallait pour l'ensevelir. Mais Licérius envoya à la ville donner avis que l'on eût à venir pour donner la sépulture à une femme étrangère. Et elle fut ensevelie fort honorablement. Il y eut aussi une autre sainte du nom de Sabine, qui fut l'épouse d'un militaire nommé Valentin ; et comme elle refusa de sacrifier aux idoles, elle fut décapitée sous le règne de l'empereur Adrien.

LÉGENDE DE SAINT BARTHÉLEMY.

Barthélemy l'apôtre étant venu dans les Indes, qui sont à l'extrémité du monde, entra dans un temple où était une idole d'Astaroth, et, comme étant étranger, il se mit à y habiter. Et il y avait un démon qui résidait dans cette idole et qui prétendait guérir les malades, mais il ne pouvait pas détruire leurs maladies, mais seulement faire cesser pour quelque temps leur douleur. Et le temple était rempli de monde qui offrait des sacrifices, et l'on y venait des pays les plus éloignés; mais comme l'on voyait qu'Astaroth ne pouvait donner guérison, les malades allèrent consulter une autre idole qui se nommait Bérith; et, interrogé pourquoi Astaroth ne les guérissait pas, Bérith répondit : « Votre dieu est chargé de chaînes de fer, et il ne peut ni respirer ni parler depuis le moment où est arrivé Barthélemy, l'apôtre de Dieu. » Et ils dirent : « Quel est ce Barthélemy ? » Et le démon répliqua : « C'est l'ami du Dieu tout-puissant, et il est venu dans ce pays pour en chasser tous les dieux. » Et ils dirent : « Indique-nous comment il est, afin que nous puissions le trouver. » Et le démon leur répondit : « Ses cheveux sont noirs et rudes, sa figure est blanche, ses yeux grands, son nez droit et régulier, sa barbe touffue et mêlée de quelques poils blancs; il est vêtu d'une robe de pourpre, et couvert d'un manteau blanc, qui est décoré de pierres précieuses. Depuis vingt ans il porte les mêmes vêtements, sans que ceux-ci se soient usés ou se soient salis. Chaque jour il se met cent fois à genoux pour prier, et chaque nuit il en fait autant. Des anges l'accompagnent dans ses voyages, et ne permettent pas qu'il endure jamais ni la fatigue, ni la faim. Il a toujours la même contenance affable et gaie. Il prévoit et il sait toutes choses; il comprend et il parle les langues de tous les peuples; et ce que je vous dis en ce moment, il le sait. Et lorsque vous le chercherez, s'il le veut, il sera aussitôt au milieu de vous, et s'il ne le veut pas, vous ne parviendrez jamais à le trouver. Mais je vous demande, si vous le trouvez, de le prier de ne point venir ici, et que ses anges ne me fassent point ce qu'ils ont fait à mon compagnon. » Et pendant deux jours entiers, ils cherchèrent Barthélemy avec un grand zèle, sans pouvoir le rencontrer. Un certain jour, un possédé s'écriait : « Barthélemy, apôtre de Dieu, tes prières me causent grandes souffrances. » Et l'apôtre répondit : « Tais-toi, et sors de cet homme. » Et le possédé fut aussitôt guéri. Le roi de ce pays se nommait Polémius, et il apprit cela ; et il avait une fille qui était folle ; et il envoya vers l'apôtre, le faisant solliciter de venir et de guérir sa fille. L'apôtre vint, et lorsqu'il vit qu'elle était chargée de chaînes et qu'elle cherchait à mordre les assistants, il ordonna de la délier ; et comme les serviteurs n'osaient pas approcher d'elle, il dit : « Que craignez-vous ? j'ai lié le démon qui était en elle. » Et on la délia, et elle fut immédiatement guérie. Alors le roi fit venir des chameaux, et les fit charger d'or, d'argent et de pierres précieuses, et il fit mander l'apôtre ; mais l'on ne put le trouver nulle part. Mais le lendemain matin, comme le roi était dans sa chambre, l'apôtre lui apparut, et lui dit : « Pourquoi m'as-tu cherché pour me faire donner de l'or, de l'argent et des pierres précieuses ? Ces choses sont bonnes pour récompenser ceux qui convoitent les biens de la terre ; mais moi, je ne veux rien de terrestre ni rien de charnel. » Alors le bienheureux Barthélemy se mit à expliquer au roi le mystère de notre rédemption, lui montrant entre autres choses que Jésus-Christ avait vaincu le diable par une merveilleuse réunion de puissance, de justice et de sagesse. Car il était convenable que le démon qui avait vaincu Adam, lorsque celui-ci était encore vierge, fût vaincu par le fils d'une vierge. Et quand un conquérant a renversé un tyran, il envoie partout des messagers pour faire connaître sa victoire. C'est ainsi que Jésus-Christ expédie ses apôtres en tous lieux pour faire savoir la victoire qu'il a remportée sur le diable, et pour établir son culte. Et après avoir prêché la foi au roi, le bienheureux Barthélemy lui dit que s'il voulait se faire baptiser, le lendemain il lui montrerait, chargé de chaînes, le dieu qu'il avait adoré. Et le jour suivant, près du palais du roi, comme les prêtres des idoles sacrifiaient, le démon commença à crier, et à dire : « Cessez vos sacrifices, malheureux, de peur que vous ne souffriez de plus grands maux que moi, car les anges de Jésus-Christ, que les juifs ont crucifié, m'ont chargé de chaînes de fer ; et Jésus-Christ en mourant a réduit en servitude la mort qui est notre reine, et il a attaché avec des liens de feu notre souverain qui est l'auteur de la mort. » Alors tous se mirent à attacher des cordes à l'idole et ils essayèrent de la renverser, mais ils ne purent. Et l'apôtre ordonna au démon de se retirer en brisant l'idole. Aussitôt l'idole du temple tomba d'elle-même devant tous les assistants et se cassa en morceaux. Puis l'apôtre se mit en prières, et tous les malades furent aussitôt guéris. L'apôtre consacra ensuite le temple à Dieu et il ordonna au démon de se retirer dans le désert. Et l'ange du Seigneur se montra, faisant en volant le tour du temple; et aux quatre coins il fit avec son doigt le signe de la croix, et il dit: « Voici ce que dit le Seigneur : Ainsi que vous avez été délivrés de vos infirmités, ainsi sera ce temple purifié de toute souillure par le départ de celui auquel l'apôtre a donné l'ordre de se retirer dans le désert; et je vais vous le faire voir, mais ne craignez rien, et munissez votre front du signe de la croix. » Alors apparut un nègre de l'aspect le plus sinistre; sa barbe était longue et touffue, ses cheveux lui tombaient jusqu'aux pieds, ses yeux tout pleins de feu lançaient des étincelles comme le fer que l'on bat sur l'enclume, un tourbillon de soufre enflammé lui sortait de la bouche, et des chaînes embrasées lui retenaient les mains liées derrière le dos. Et l'ange lui dit : « Comme tu t'es retiré à l'ordre de l'apôtre et que tu as mis les idoles en pièces, je vais te délivrer de ces chaînes, afin que tu te retires dans un lieu désert où n'habite nulle créature humaine, et que tu y attendes le jour du jugement. » Et le démon délivré de ses chaînes disparut en poussant de grands hurlements. Alors le roi se fit baptiser avec son épouse, avec ses enfants et avec tout le peuple, et il abandonna son royaume et il suivit Barthélemy comme l'un de ses disciples. Alors tous les prêtres des idoles s'assemblèrent et ils furent trouver Astragès, le frère du roi, se plaignant de ce que leurs dieux avaient été méprisés, les idoles renversées, et disant que le roi avait été séduit par art magique. Et le roi Astragès, fort irrité, envoya mille hommes pour se saisir de l'apôtre. Et lorsque Barthélemy eut été amené devant lui, le roi lui dit : « N'es-tu pas celui qui a séduit mon frère ? » L'apôtre répliqua : « Je ne l'ai pas séduit, mais converti. » Le roi répondit : « Comme tu as fait à mon frère abandonner son dieu pour adorer le tien, ainsi je te ferai abandonner ton Dieu et sacrifier au mien. » Et l'apôtre répliqua : « Le dieu qu'adorait ton frère, je l'ai enchaîné, et je l'ai fait voir tout chargé de fers, et je l'ai forcé de briser les idoles. Fais-en autant à mon Dieu si tu peux, alors je sacrifierai ; mais si tu l'essayes en vain, alors renonce à tes idoles, et rends hommage à mon Dieu. » Et comme il disait cela, on vint apprendre au roi que la statue de son dieu Baldach s'était renversée et brisée en morceaux. Et le roi déchira la robe de pourpre dont il était vêtu, et ordonna de battre rudement l'apôtre. Et il commanda ensuite de l'écorcher vif. Mais les chrétiens recueillirent son corps et l'ensevelirent honorablement. Et le roi Astragès et les prêtres des idoles furent possédés du démon et ils moururent. Le roi Polemius fut sacré évêque, et durant vingt ans il s'acquitta de la façon la plus louable de tous ses devoirs, et il mourut en paix et plein de vertus.

Il y a diverses opinions touchant le genre de la passion de l'apôtre, car le bienheureux Dorothée dit qu'il fut crucifié ; il s'exprime ainsi : « L'apôtre Barthélemy prêcha Jésus-Christ aux Indiens, et il fit passer dans leur langue l'Évangile selon saint Matthieu. Il s'endormit à Albana, ville de la grande Arménie, où il fut crucifié la tête en bas. » Le bienheureux Théodore dit qu'il fut écorché. Dans beaucoup de livres on lit qu'il eut la tête tranchée. L'an du Seigneur trois cent trente-un, les Sarrasins envahissant la Sicile, ravagèrent l'île de Liparitana, où reposait le corps de saint Barthélemy, et, brisant son sépulcre, ils dispersèrent ses os. Et voici comment l'on raconte que le corps de l'apôtre avait été transporté dans cette île. Les païens, voyant que ces précieux restes étaient en grande vénération à cause de la quantité de merveilles qu'ils opéraient, les mirent dans un coffre de plomb et les jetèrent dans la mer, et la volonté de Dieu fut que le coffre vînt aborder sur le rivage de l'île susdite. Et lorsque les Sarrasins eurent dispersé les os de l'apôtre, et qu'ils se furent retirés, il apparut à un moine, et il lui dit : « Lève-toi, et ramasse mes os qui sont dispersés. » Et le moine répondit : « Pourquoi irions-nous ramasser tes os ou te rendre des honneurs ? tu nous avais promis de nous assister contre les infidèles, et tu nous as abandonnés. » Et l'apôtre répliqua : « C'est en considération de mes mérites que le Seigneur a longtemps épargné ce peuple, mais ses péchés s'accroissant de plus en plus, et élevant la voix jusqu'au ciel, je n'ai pu obtenir grâce pour lui. »

Et le moine lui dit : « Au milieu de tant d'ossements, je ne pourrai distinguer les tiens. » Et l'apôtre lui répliqua : « Tu iras pendant la nuit, et tu ramasseras ceux que tu verras briller d'une splendeur de feu. » Et le moine, guidé par ce signe, ramassa les os de l'apôtre, et, s'embarquant sur un navire, il les porta à Bénévent, qui est la capitale de la Pouille. Maintenant on dit qu'ils sont à Rome ; cependant les habitants de Bénévent prétendent être encore en possession du corps du saint. — Une femme vint un jour avec un vase plein d'huile qu'elle voulait verser dans une lampe qui était sur le tombeau de saint Barthélemy, mais elle avait beau pencher son vase de tous les côtés, il n'en coulait point d'huile, bien que lorsqu'elle enfonçait les doigts dans le vase, elle trouvât l'huile toute liquide ; et alors un assistant dit : « Je pense qu'il n'est pas agréable à l'apôtre que cette huile soit répandue dans sa lampe. » On la versa alors dans une autre lampe, et elle coula aussitôt. Lorsque l'empereur Frédéric saccagea Bénévent, et qu'il ordonna de détruire toutes les églises qui y étaient, entendant transporter tous les habitants en un autre lieu, il y eut un homme qui vit des personnages vêtus de blanc qui parlaient ensemble et qui paraissaient discuter quelque question. Frappé d'étonnement, il interrogea l'un d'eux, qui répondit : « Voici l'apôtre Barthélemy avec tous les autres saints qui avaient des églises dans cette ville. Ils se sont réunis, et ils délibèrent ensemble quelle est la peine à infliger à celui qui les chasse des édifices qui leur étaient consacrés. Et leur sentence inviolable est qu'il sera prochainement cité au jugement de Dieu pour répondre aux plaintes qu'ils porteront tous contre lui. » Peu de temps après, l'empereur mourut misérablement. On lit dans un livre sur les miracles des saints, qu'un certain seigneur célébrait chaque année avec beaucoup de dévotion la fête de saint Barthélemy. Et voici que le diable lui apparut sous la figure d'une jeune fille d'une très-grande beauté ; le seigneur, ayant jeté les yeux sur elle, l'invita à dîner. Et lorsqu'ils étaient à table, elle s'efforçait d'exciter en lui une violente passion, et le bienheureux Barthélemy, déguisé en pèlerin, vint frapper à la porte du château, demandant avec instances à être hébergé, en l'honneur de saint Barthélemy. Le seigneur ne voulut pas, mais il envoya au pèlerin un pain que celui-ci refusa d'accepter. Et il fit prier le seigneur de lui dire ce qu'il y avait de propre à l'espèce humaine. Celui-ci dit que c'était la faculté de rire ; mais la femme dit : « C'est plutôt le péché, car l'homme est conçu, il naît, il vit et il meurt dans le péché. » Barthélemy répliqua que la réponse du seigneur était juste, mais que celle de la femme était plus profonde. Ensuite le pèlerin fit prier le seigneur de lui dire quel est le lieu, n'ayant qu'un pied d'étendue, où Dieu a manifesté les plus grands miracles que la terre ait vus. Et il répondit que c'est l'endroit où fut plantée la croix où Dieu a opéré tant de merveilles ; et elle dit : « C'est plutôt la tête de l'homme, où il existe comme un petit monde. » Et l'apôtre approuva l'une et l'autre de ces sentences. Enfin, il demanda quelle est la distance entre le plus haut du ciel et le plus profond de l'enfer. Et le seigneur ayant dit qu'il ne le savait pas, la femme dit : « Je le sais bien, moi, puisque j'ai parcouru ce trajet. » Et alors le diable poussa un cri affreux et il disparut. Et lorsqu'on voulut chercher le pèlerin, on ne put le retrouver. Et l'on raconte un fait semblable de la part de saint André. — Le docteur saint Ambroise observe que parmi les disciples de Jésus-Christ qui ont été prêcher son nom dans le monde, saint Barthélemy a pénétré jusque dans les Indes, aux extrémités de la terre, et qu'entrant dans les temples des idoles, il imposait silence au démon, qui ne pouvait plus répondre à ses adorateurs. Il a guéri les possédés, il a converti des princes qui ont embrassé la foi, et il a fini par souffrir pour Jésus-Christ de très-cruels supplices. Il nous faut donc imiter le courage et le zèle de saint Barthélemy, en renonçant comme lui aux choses de la terre, et en nous tenant prêts à tout sacrifier à la gloire de Dieu. — Le cercueil qui renfermait le corps de l'apôtre fut, des régions de l'Arménie, jeté dans la mer avec quatre autres cercueils où étaient les restes d'autres martyrs. Et celui qui contenait les reliques de l'apôtre voguait en tête, les autres le suivant comme pour lui faire honneur, et ils vinrent aborder près de la Sicile, sur l'île de Lipari. Et la chose fut révélée à l'évêque d'Ostie, qui était alors dans cette île, et les corps des quatre martyrs furent apportés dans diverses villes de la Sicile, où ils furent reçus au chant des hymnes et avec de grandes démonstrations de joie. Il y avait un volcan qui incommodait fort les habitants de l'île, et il s'éloigna de sept stades, et il resta caché sous la mer, de sorte qu'on n'en vit plus que de loin comme une apparence de feu et de fumée.

LÉGENDE DE SAINT LOUP.

Saint Loup naquit à Orléans, et il fut de race royale, et il avait toute sorte d'éclatantes vertus. Il fut archevêque de Sens, et il donnait tout aux pauvres. Un jour qu'il avait tout donné, il arriva qu'il convia plusieurs personnes à dîner, et quand ses serviteurs lui dirent qu'ils n'avaient que la moitié du vin qu'il lui fallait, il répondit : « Je crois que celui qui nourrit les petits oiseaux viendra au secours de notre charité. » Et aussitôt il vint un messager qui dit que cent muids de vin étaient descendus devant la porte. Comme tous ceux de la cour blâmaient fortement Loup et médisaient de lui, disant qu'il avait un attachement trop vif pour une vierge qui était fille de son prédécesseur, il lui donna un baiser devant tous ceux qui en médisaient, et il dit: « Nulles paroles étrangères ne nuisent à un homme, si sa propre conscience ne lui fait pas de reproches. » Et comme il savait bien qu'elle aimait Jésus-Christ, il l'aimait en grande pureté. Lorsque Clotaire, roi de France, entra en Bourgogne, il envoya son sénéchal contre les habitants de Sens pour les assiéger, et alors saint Loup entra en l'église de Saint-Étienne, et sonna la cloche. Et quand les ennemis l'entendirent, ils furent saisis d'une si grande frayeur, qu'ils craignaient de ne pouvoir échapper à la mort, et ils s'enfuirent tous. Enfin le royaume de Bourgogne fut pris, et quand il eut été pris, le roi envoya un autre sénéchal à Sens ; et comme saint Loup ne lui avait fait aucun présent, il en eut un si grand dépit, qu'il le calomnia, et le roi envoya saint Loup en exil ; et il donna l'exemple des vertus, et il fit beaucoup de miracles. Et sur ces entrefaites, les habitants de Sens tuèrent un évêque qui avait pris la place de saint Loup, et ils obtinrent du roi que le saint fût rappelé de l'exil. Et quand le roi vit cela, il changea si bien de penser, par la volonté divine, qu'il s'agenouilla devant le saint, et lui demanda pardon, et le rétablit en son église, en lui faisant beaucoup de dons. Une fois qu'il vint à Paris, une grande foule de prisonniers vint à sa rencontre, les liens dont ils étaient chargés s'étant rompus d'eux-mêmes, et les portes des prisons s'étant ouvertes. Un jour de dimanche, comme il célébrait la messe, une pierre précieuse tomba du ciel en son calice, et le roi la mit avec ses autres trésors. Le roi Clotaire apprit que les cloches de Saint-Étienne de Sens avaient une merveilleuse harmonie, et il donna l'ordre qu'elles fussent apportées à Paris, afin qu'il pût les entendre souvent, et cela déplut à saint Loup. Et lorsqu'elles furent hors de la ville de Sens, elles perdirent la douceur de leur son. Le roi, ayant su cela, ordonna qu'elles fussent restituées à saint Loup; et lorsqu'on les rapportait à Sens, étant encore à sept lieues de la ville, elles recouvrèrent le son qu'elles avaient perdu. Une nuit que saint Loup priait, il ressentit une extrême soif, par suite des machinations du diable, et il demanda de l'eau froide pour boire; et comme il connaissait bien les malices de l'ennemi, il prit le vase où était l'eau, et il mit son oreille dessus, et ainsi il enferma le diable dedans. Et le diable resta toute la nuit à crier, et le matin, il s'enfuit tout confus, se sauvant devant celui qu'il était venu tenter. Une fois qu'il visitait les églises de la ville, en revenant chez lui, il entendit ses disciples qui se disputaient, car ils voulaient forniquer avec des femmes. Et alors il entra en l'église, et il pria pour eux, et aussitôt ils ne ressentirent plus nulle tentation, et ils vinrent le trouver, et ils implorèrent son pardon. Après s'être rendu célèbre par toutes sortes de bonnes œuvres, il reposa en paix dans le Seigneur, l'an six cent dix.

LÉGENDE DE SAINT MAMERTIN.

Mamertin fut d'abord païen ; et un jour qu'il adorait les idoles, il perdit un œil, et une de ses mains se dessécha. Et il pensa qu'il s'était attiré le courroux de ses dieux ; et comme il se rendait à leur temple, il rencontra un homme pieux, nommé Savin, qui lui demanda comment pareil malheur lui était arrivé ; et Mamertin lui répondit : « J'ai irrité mes dieux, et, pour ce motif, je vais les adorer, afin qu'ils s'apaisent et qu'ils me rendent ce qu'ils m'ont ôté. » Et Savin lui dit : « Tu te trompes, mon frère, car tu supposes que ces diables sont des dieux. Va trouver saint Germain, évêque d'Auxerre, et si tu ajoutes foi à ce qu'il te dira, tu seras aussitôt guéri. » Et aussitôt Mamertin se mit en route, et il s'en alla au sépulcre de saint Amator, évêque, et de plusieurs autres saints. Et il se mit, pour éviter la pluie qui tombait cette nuit, dans une cellule qui était au-dessus du sépulcre. Et tandis qu'il dormait, il eut une vision admirable, car un homme vint à la porte de la cellule, et il appela saint Concordien, et il lui dit d'aller à la fête que saint Amator, saint Pérégrin et d'autres évêques faisaient ; et le saint, qui était dans le tombeau, répondit qu'il ne le pouvait pas, parce qu'il avait à veiller sur un étranger, afin d'empêcher que les serpents ne le tuassent. Et celui qui était venu s'en retourna, puis il revint, et il dit : « Concordien, lève-toi et viens, et amène avec toi Vivien le sous-diacre, et Junien le sous-diacre, pour qu'ils s'acquittent des devoirs de leur ministère, et Alexandre gardera ton hôte. » Et alors il sembla à Mamertin que saint Concordien le prenait par la main et le menait avec lui. Et quand ils eurent rejoint les autres, saint Amator dit à saint Concordien : « Quel est celui qui est venu avec toi ? » Et il lui dit : « C'est mon hôte. » Et saint Amator lui répondit : « Renvoie-le, car il est impur, et il ne peut rester avec nous. » Et comme on chassait Mamertin, il s'agenouilla devant les évêques, et il demanda grâces à saint Amator, et il lui ordonna d'aller aussitôt trouver saint Germain. Et alors Mamertin se réveilla, et il vint trouver saint Germain, et il s'agenouilla devant lui, et il implora son pardon. Et Mamertin raconta tout ce qui lui était arrivé, et ils allèrent ensemble à la tombe de saint Concordien, et ils levèrent la pierre, et ils virent plusieurs serpents qui avaient dix pieds de long, et qui voulaient s'enfuir. Et saint Germain leur ordonna de se rendre tous en un endroit où ils ne pussent à l'avenir faire aucun mal. Et alors Mamertin fut baptisé, et il fut moine au monastère de saint Germain, et il fut abbé après saint Alodien. Et à l'époque où il était abbé, vivait saint Marin ; et Mamertin voulut éprouver son obéissance, et il lui imposa les derniers emplois du monastère, et il lui donna la garde des bœufs ; et comme il gardait les bœufs et les vaches en une île, il était plein d'une si grande sainteté, que les oiseaux sauvages venaient à lui, et qu'il les nourrissait de sa main ; et il délivra des chiens un sanglier qui s'était réfugié dans sa cabane, et il le laissa se sauver. Des voleurs le dépouillèrent une fois, et comme ils emportaient ses vêtements, et qu'ils ne lui avaient laissé que son manteau, il les rappela, et il leur dit : « Revenez, mes maîtres : j'ai trouvé un denier attaché dans un pli de ce manteau, et vous en aurez peut-être besoin. » Et ils revinrent sur leurs pas, et ils lui prirent le manteau avec le denier, et ils laissèrent saint Marin tout nu. Puis, voulant se retirer dans leurs asiles ténébreux, ils s'égarèrent toute la nuit, et, au point du jour, ils rentrèrent dans la cellule du saint. Il les salua, les accueillit avec bonté, et lavant leurs pieds, il leur offrit tout ce qu'il avait qui pouvait leur être nécessaire. Et eux, tout étonnés de ce qu'il faisait, se repentirent, et chacun d'eux se convertit à la foi. Une nuit, quelques-uns des plus jeunes des moines qui étaient avec lui voulant prendre une ourse qui faisait des ravages dans les troupeaux, lui tendirent des pièges, et elle y tomba, et elle s'y trouva prise. Mais saint Mamertin, instruit par prescience de cela, sortit de son lit, et trouvant l'ourse, il lui dit : « Que fais-tu là, malheureuse ? prends la fuite, de peur qu'on ne te tue. » Et, brisant ses liens, il lui rendit la liberté. Quand il fut mort, l'on porta son corps à Auxerre ; et comme on s'arrêtait dans un château, sur la route, il fut impossible de faire aller le corps plus avant, jusqu'à ce qu'un prisonnier, qui était retenu dans cet endroit, fût venu, ses chaînes s'étant brisées, et il aida à porter les reliques saintes jusqu'à la ville. Et Mamertin fut enseveli avec honneur dans l'église de Saint-Germain.

LÉGENDE DE SAINT PIERRE AUX LIENS.

La fête qu'on appelle celle de saint Pierre aux liens fut instituée pour quatre raisons : pour célébrer la mémoire de la délivrance de saint Pierre, pour célébrer celle de la délivrance d'Alexandre, pour la destruction des rites des gentils, et pour obtenir d'être délivré des chaînes spirituelles. Et d'abord nous dirons que ce fut pour célébrer la délivrance de l'apôtre saint Pierre. Car, ainsi qu'on le lit dans l'*Histoire scolastique*, Hérode Agrippa alla à Rome, et là il contracta amitié très-étroite avec Caius, le neveu de l'empereur Tibère. Un jour qu'ils étaient ensemble dans un char, Hérode leva les mains au ciel, et il dit : « Que je désirerais voir le vieil empereur mourir, et toi devenir le maître du monde ! » Le cocher qui menait les chevaux entendit les paroles d'Hérode, et il se hâta de les rapporter à Tibère. L'empereur irrité fit mettre Hérode en prison, et comme il y était un jour, appuyé contre un arbre, un hibou vint voltiger au-dessus de sa tête, et l'un de ses compagnons de captivité, homme expert dans la science des augures, lui dit : « Ne crains rien, car tu seras bientôt délivré, et tu seras tellement élevé que tu provoqueras contre toi l'envie de tes amis, et tu mourras dans cette prospérité. Mais la prochaine fois que tu reverras sur toi pareil animal, tu sauras que tu n'as plus que cinq jours à vivre. » Quelque temps après, Tibère mourut et Caius fut élevé à l'empire, et il délivra Hérode de prison, et il lui conféra le royaume de Judée. Lorsqu'il fut arrivé, il persécuta les fidèles. Il fit mourir par le glaive Jacques, frère de Jean ; et voyant qu'il était agréable aux juifs en sévissant ainsi contre les chrétiens, il fit, aux jours des azymes, mettre Pierre en prison, ayant l'intention de le faire mourir après Pâques; mais un ange vint dans la nuit briser les chaînes de l'apôtre, et lui dit d'aller prêcher en liberté.

Et le Seigneur ne différa pas plus longtemps de tirer vengeance des crimes du roi ; car le lendemain il avait fait venir les gardiens de la prison de saint Pierre, et il comptait les punir très-rigoureusement. Il en fut empêché, car il ne fallait pas que personne eût à souffrir de la délivrance miraculeuse de saint Pierre. Car, appelé par une affaire pressante, il se rendit à Césarée, où un ange le frappa et il y mourut. Josèphe raconte dans le dix-neuvième livre de ses *Antiquités judaïques*, qu'Hérode vint à Césarée où s'étaient rendus tous les habitants de la province entière, et lui, vêtu d'un habillement magnifiquement tissu d'or et d'argent, se rendit dès le point du jour au théâtre. Et quand les premiers rayons du soleil frappèrent sur l'or de ses vêtements, il parut resplendissant d'une telle clarté et d'un éclat si vif qu'on n'en pouvait soutenir la vue, et la foule des assistants fut saisie de crainte, tandis que l'orgueil et l'arrogance du roi augmentaient. Et ses flatteurs se mirent à crier : « Jusqu'à présent nous avions regardé Hérode comme un homme, mais nous avouons à présent qu'il est au-dessus de la nature humaine. » Tandis qu'il se repaissait de ces adulations, et qu'il se plaisait à voir qu'on voulait lui rendre les honneurs divins, il leva la tête en l'air, et il vit au-dessus de lui un hibou et un ange qui planait sur sa tête, et Hérode voyant l'annonce de sa fin, se tourna vers le peuple, et il dit : « Voici que votre dieu va mourir. » Car, d'après les prédictions de l'ange, il savait qu'il n'avait plus que cinq jours à vivre. Et durant ces cinq jours, il fut continuellement dévoré des vers, et il expira ensuite. C'est ce que raconte Josèphe, et en mémoire de la merveilleuse délivrance du prince des apôtres et de la vengeance éclatante que Dieu infligea au tyran, l'Église célèbre la fête de saint Pierre aux liens. Le second motif de l'institution de cette fête est celui-ci : Le pape Alexandre, qui fut le sixième à la tête de l'Église après saint Pierre, et Hermès, gouverneur de la ville de Rome, qui avait été converti à la foi par les soins d'Alexandre, furent emprisonnés par l'ordre du tribun Quirin dans des endroits différents. Et le tribun dit à Hermès : « Je m'étonne qu'un homme prudent comme toi renonce à ses honneurs et ajoute foi aux contes qu'on nous débite au sujet d'une autre vie. » Hermès répondit : « Avant de connaître la vérité, je croyais que cette vie était la seule, et je tournais en dérision ce qu'on m'a annoncé de la vie éternelle. » Quirin lui dit : « Expose-moi et prouve-moi ce que tu sais touchant l'autre vie, et j'embrasserai ta foi, et tu m'auras pour disciple. » Hermès répliqua : « Saint Alexandre, que tu retiens en prison, t'enseignera cela mieux que moi. » Alors Quirin, maudissant Hermès, dit : « Je t'ai dit de me donner la preuve de ce que tu avançais, et voici que tu me renvoies à Alexandre, qui est en prison à cause de ses crimes ! Je doublerai les gardes qui veillent sur toi et sur lui, et si tu peux te trouver avec lui ou lui avec toi, je conviendrai que ta foi est la bonne et je croirai à tes discours. » Il fit comme il disait, et Hermès fit savoir cela à Alexandre, lequel se mit en prières, et un ange vint et le transporta dans le cachot où était Hermès. Quirin les trouvant réunis, fut frappé de stupeur. Et Hermès ayant raconté à Quirin qu'Alexandre avait ressuscité son fils qui était mort, Quirin dit à Alexandre : « J'ai une fille qui est tourmentée de la goutte ; elle se nomme Balbine : je promets de me convertir à ta foi, si tu peux obtenir la guérison de ma fille. » Alexandre lui répondit : « Va la chercher et amène-la-moi promptement dans mon cachot. » Et Quirin lui dit : « Comment te retrouverai-je dans ton cachot, puisque tu es dans un autre ? » Et Alexandre lui répliqua : « Va vite ; celui qui m'en a fait sortir m'y fera rentrer. » Quirin, ramenant sa fille, la mena au cachot d'Alexandre, où il le trouva, et il se prosterna aux pieds du saint. Et Balbine se mit à baiser avec dévotion les chaînes du saint, le conjurant de lui faire recouvrer la santé. Et Alexandre lui dit : « Ne baise pas ces chaînes, ma fille, mais recherche celles qui ont lié saint Pierre, et, en les baisant avec ferveur, tu seras guérie. » Quirin fit alors rechercher avec soin, dans la prison où avait été enfermé l'apôtre, les chaînes dont il avait été attaché, et il les donna à baiser à sa fille. Elle le fit, et elle fut aussitôt entièrement guérie. Alors Quirin, sollicitant son pardon, remit Alexandre en liberté, et il reçut le baptême ainsi que les personnes de sa maison et plusieurs autres. Et saint Alexandre fonda cette fête aux calendes d'août, et il fit construire une église où il déposa les chaînes de saint Pierre, et il l'appela l'église de Saint-Pierre-aux-Liens. Le jour de la fête, la foule accourt à cette église, et elle baise les chaînes de l'apôtre. — La troisième cause de l'institution de cette fête, au dire de Beleth, c'est qu'Octave et Antoine ayant fait alliance, se partagèrent entre eux tout l'empire du monde, de sorte qu'Octave régna sur l'Occident, la Gaule, l'Italie et l'Espagne, et qu'Antoine eut pour sa part l'Orient, l'Asie, le Pont et l'Afrique. Antoine, qui était débauché et lascif, avait épousé la sœur d'Octave, mais il la répudia et il prit pour épouse Cléopâtre, reine d'Égypte. Octave, irrité, marcha à la tête de ses armées contre Antoine et le vainquit. Antoine et Cléopâtre s'enfuirent et se donnèrent la mort à eux-mêmes; et Octave détruisit le royaume d'Égypte et en fit une province romaine. Il alla de là à Alexandrie, et il en rapporta tous les trésors à Rome, et l'on avait alors pour un denier ce qui auparavant en coûtait quatre. Et il répara beaucoup Rome, qui avait eu grandement à souffrir des guerres civiles, et il disait : « Je l'ai trouvée de briques, et je la laisserai de marbre. » Et il reçut le nom d'Auguste, nom que prirent ses successeurs à l'empire. Et le peuple appela d'après lui le mois d'août, qu'on appelait auparavant sextilis, parce que c'était le sixième mois après celui de mars. En mémoire de ses victoires, le premier jour de ce mois lui fut consacré, et le peuple romain observa cette fête jusqu'à Théodose, qui commença à régner en l'an du Seigneur quatre cent vingt-six.

Eudoxie, fille de cet empereur Théodose et femme de Valentinien, se rendit à Jérusalem pour accomplir un vœu qu'elle avait fait. Et là, un juif lui céda pour une très-forte somme deux des chaînes qui avaient attaché saint Pierre dans la prison où il avait été mis par ordre d'Hérode. Étant revenue à Rome lors des calendes d'août, Eudoxie vit les gentils célébrer la fête en l'honneur de l'empereur Auguste, et elle fut affligée de ce qu'on rendait ainsi des honneurs à un réprouvé; et considérant qu'il était malaisé de les faire renoncer à cette pratique et à cette habitude, elle eut l'idée d'y substituer pour le même jour la fête des chaînes de saint Pierre; et ayant conféré à ce sujet avec le saint pape Pélage, on obtint du peuple, par de douces sollicitations, qu'il abandonnât la fête du prince des païens, et qu'il embrassât celle du prince des apôtres. Tous y ayant consenti, les chaînes que la princesse avait rapportées de Jérusalem furent suspendues et montrées au peuple; et le pape apporta la chaîne avec laquelle le saint avait été attaché sous Néron. Et ces trois chaînes, se réunissant d'elles-mêmes, n'en formèrent miraculeusement qu'une seule. Et Eudoxie plaça elle-même cette chaîne dans l'église de Saint-Pierre-aux-Liens, qu'elle dota richement, et à laquelle elle fit accorder de grands priviléges. Et l'on vit bien, en l'an du Seigneur quatre cent soixante-quatre, quelle était la vertu de cette chaîne; car un certain comte, proche parent de l'empereur Othon, était, en présence de tout le peuple, si cruellement tourmenté du démon qui le possédait, qu'il se déchirait de ses propres dents. Alors, d'après l'ordre de l'empereur, il fut conduit au pape Jean, afin que la chaîne de saint Pierre fût mise sur son cou. On lui mit d'abord une autre chaîne que celle de l'apôtre, et elle ne produisit aucun bon effet; ensuite on lui mit au cou la véritable chaîne, et le diable ne put résister à la puissance de cette sainte relique, mais il s'enfuit en poussant de grands cris en présence de tout le peuple. Théodoric, évêque de Metz, se saisit de cette chaîne et déclara qu'il ne la lâcherait point, et qu'il se ferait plutôt couper la main. Il s'éleva à ce sujet entre cet évêque, le pape et les autres clercs, une grande querelle que l'empereur apaisa à la fin, et le pape accorda à l'évêque un anneau de cette chaîne. Milétius raconte dans sa *Chronique*, et de là il est passé dans l'*Histoire tripartite*, qu'à cette époque il apparut en Épire un énorme dragon que l'évêque Donat, homme d'une grande sainteté, fit périr en lui crachant dans la gueule après avoir fait le signe de la croix. Et huit paires de bœufs ne purent réussir à enlever le cadavre qui tombait en pourriture et qui infectait l'air. Et il est dit aussi dans cette *Histoire tripartite*, qu'en Crète un démon se montra sous la figure de Moïse. Et les juifs le suivirent en foule, et il les mena au bord de la mer. Là, leur faisant accroire qu'il allait les guider à la terre promise, et qu'ils n'avaient qu'à marcher après lui à pied sec sur les flots, il en fit périr une quantité innombrable. Et l'on dit que le diable, furieux de ce que des juifs avaient vendu à Eudoxie les chaînes de saint Pierre, se vengea d'eux de cette manière. Beaucoup de ceux qui avaient échappé à ce péril se convertirent et reçurent le baptême. Il y en eut qui arrivèrent quand cette catastrophe était consommée, et des pêcheurs les ayant instruits de ce qui s'était passé, ils se convertirent. La quatrième cause de l'institution de cette fête est que le Seigneur, qui délivra Pierre par miracle, lui avait donné le pouvoir de lier et de délier. Nous autres, nous sommes retenus dans les chaînes du péché, et nous honorons l'apôtre le jour de cette fête afin que, comme il recouvra la liberté, de même nous obtenions d'être délivrés des liens de la servitude de nos fautes. Et saint Pierre, qui reçut les clefs de l'Église, s'en sert aussi parfois pour venir en aide à ceux qui mériteraient d'être réprouvés, comme on le voit dans le livre des miracles de la Sainte Vierge. A Cologne, dans le monastère de Saint-Pierre, il y avait un moine sans gravité et de mœurs corrompues; il mourut subitement, et les démons l'accusaient. L'un disait : « Je suis la Cupidité, et tu as souvent eu convoitise, en dépit des préceptes de Dieu. » Un autre disait: « Je suis la Vaine-Gloire, et tu as follement prétendu t'élever au milieu des hommes. » Un autre disait : « Je suis le Mensonge, et tu as souvent parlé contre la vérité. » Et ainsi des autres. Par contre, les bonnes œuvres qu'il avait faites l'excusaient en disant : « Je suis l'Obéissance que tu as témoignée à tes supérieurs ecclésiastiques. Je suis le Chant des psaumes que tu as entonnés à la gloire de Dieu. » Saint Pierre, au couvent duquel ce moine était, pria Dieu pour lui. Et le Seigneur répondit : « N'ai-je pas inspiré le prophète lorsqu'il a dit : « Seigneur, qui « habitera dans vos tabernacles, etc.? Comment celui pour qui tu m'implores peut-il être sauvé, puisqu'il n'est point exempt de souillures, et qu'il n'a point été justifié? » La Sainte Vierge ayant joint ses prières à celles de Pierre, le Seigneur ordonna que l'âme du mort retournerait dans son corps, et qu'il ferait pénitence. Alors Pierre effraya le diable en le menaçant de la clef qu'il tenait à la main, et il lui fit prendre la fuite. Et il remit l'âme dans les mains d'un saint qui avait été moine dans le même monastère, afin qu'il la reconduisît dans le corps. Et il lui donna pour pénitence de réciter chaque jour le psaume *Miserere*. Et le moine, revenu à la vie, raconta tout ce qui lui était arrivé.

LÉGENDE

DE L'INVENTION DU CORPS DE SAINT ÉTIENNE,

PREMIER MARTYR.

Le corps de saint Étienne, premier martyr, fut retrouvé l'an du Seigneur quatre cent dix-sept, la septième année du règne d'Honorius, de la manière suivante. Un prêtre, nommé Lucien, au territoire de Jérusalem, étant une nuit dans son lit, tout éveillé, il lui apparut un vieillard de taille élevée, d'une figure majestueuse, ayant une longue barbe, vêtu d'un manteau blanc que retenaient des agrafes d'or, et sur lequel il y avait des croix. Il tenait à la main une baguette d'or dont il toucha Lucien, disant : « Ne perds pas de temps pour faire connaître nos tombeaux, car nous gisons sans honneur dans un endroit abject. Va donc et dis à Jean, évêque de Jérusalem, de nous placer dans un lieu honorable, afin que lorsque la tribulation aura désolé le monde, l'on puisse, par nos mérites, implorer la miséricorde de Dieu. » Et Lucien lui répondit : « Seigneur, qui êtes-vous ? — Je suis, répliqua-t-il, Gamaliel, celui qui a nourri l'apôtre saint Paul, et à mes pieds il a appris la loi. Celui qui gît avec moi est saint Étienne, que les Juifs lapidèrent et qu'ils jetèrent hors de la ville, afin qu'il fût dévoré des bêtes féroces et des animaux de proie. Mais Dieu, pour lequel il avait souffert, ne permit pas que son corps fût déchiré. Je le recueillis avec une extrême vénération, et je l'ensevelis moi-même dans un tombeau tout neuf que j'avais fait construire pour moi. Un autre qui gît avec nous, c'est Nicodème, mon neveu, qui alla, dans la nuit, trouver Jésus-Christ et qui reçut le baptême des mains de Pierre et de Jean. Les princes des prêtres, furieux contre lui, l'auraient tué, si ce n'eût été pour les égards qu'ils devaient à notre famille. Mais ils lui enlevèrent tous ses biens, le déposèrent de ses dignités, et, le frappant rudement, ils le laissèrent à demi mort. Je le menai dans ma maison où il vécut encore quelques jours, et lorsqu'il fut mort, je le fis ensevelir aux pieds de saint Étienne. Le troisième qui repose avec moi, c'est Abibas, mon fils, qui reçut avec moi le baptême à l'âge de vingt ans, et qui, gardant la virginité, étudia la loi avec Paul. Ma femme Ethea et mon fils Celemias, qui ne voulurent pas recevoir la foi, n'ont pas été dignes de partager notre sépulture; tu les trouveras ailleurs, et leurs tombeaux se montreront à toi vides et nus. » Ayant dit cela, Gamaliel disparut. Lucien pria alors le Seigneur que si cette vision disait la vérité, elle se montrât à lui une seconde fois et une troisième fois. A la fête suivante, Gamaliel lui apparut de nouveau et le reprit d'avoir négligé ce qu'il lui avait recommandé. « Je n'ai point mis de négligence, répondit Lucien ; mais j'ai prié le Seigneur que cette vision m'apparût une troisième fois, si elle venait de Dieu. » Gamaliel lui répondit : « Comme tu as pensé dans ton esprit que tu ne pourrais, parmi ces reliques, distinguer celles qui appartiennent aux différents saints, je vais te tirer d'embarras à cet égard. » Et il lui montra trois vases d'or et un vase d'argent. L'un des vases d'or était plein de roses rouges, et les deux autres de roses blanches. Et le vase d'argent était plein de safran. Et Gamaliel dit : « Ces vases sont nos tombeaux, et ces fleurs sont nos reliques. Les roses rouges désignent Étienne, le seul de nous qui ait mérité la couronne du martyre. Les deux vases pleins de roses blanches indiquent Nicodème et moi, comme ayant persévéré, dans la sincérité du cœur, dans le culte de Jésus-Christ. Le vase d'argent rempli de safran est le signe de mon fils Abibas, qui a gardé la pureté de virginité et qui est sorti du monde sans souillure. » Ayant dit cela, Gamaliel disparut de nouveau. Et à la fête de la semaine suivante, il se montra encore à Lucien et il lui fit de vifs reproches au sujet de sa négligence. Lucien se rendit promptement à Jérusalem, et il raconta à l'évêque Jean tout ce qui lui était arrivé. Et lorsque l'on commença à creuser la terre, l'on sentit une odeur très-suave. Et ce parfum embaumé guérit soixante et dix hommes affligés de diverses maladies. L'on porta avec une grande joie les reliques des saints dans cette église de Jérusalem où saint Étienne avait rempli les fonctions d'archidiacre, et on les y ensevelit avec les plus grands honneurs. Et, à cette même heure, il tomba une forte pluie.

Bède raconte ainsi dans sa *Chronique* la découverte de ces reliques. « Le corps de saint Étienne fut ainsi retrouvé le jour même où l'on célébrait la fête de son martyre. Mais l'Église changea le jour de cette fête pour deux raisons : la première, c'est qu'il convenait que la fête de celui qui avait le premier rendu, au prix de son sang, témoignage à Jésus-Christ, suivît la fête de la nativité du Sauveur ; la seconde, parce que la fête de l'invention du corps de saint Étienne se célébrait avec plus de solennité que la fête du martyre ; et Dieu fit de très-grands miracles au jour de cette fête. Et on la transporta à un autre jour, afin que, célébrée à part, elle obtînt toute la solennité qui lui était due. » La translation des reliques du saint eut lieu de la manière suivante, ainsi que le raconte saint Augustin. « Alexandre, sénateur de Constantinople, alla avec sa femme à Jérusalem, et il y fit construire un très-bel oratoire consacré à saint Étienne, et il ordonna qu'une fois mort il y fût enseveli près du corps du martyr. Sept ans après, sa femme Julienne, voulant retourner dans sa patrie, forma le dessein d'emporter le corps de son mari. L'ayant demandé à l'évêque avec beaucoup d'instances, il lui montra deux châsses d'argent, en disant : « Je ne sais pas dans laquelle de ces deux châsses est ton mari. » Elle répondit : « Je le sais. » Et se précipitant avec ardeur, elle embrassa le corps de saint Étienne. Croyant donc prendre le corps de son mari, elle emporta celui du premier martyr. Lorsqu'elle se fut embarquée avec le corps, l'on entendit les anges chanter des hymnes, et les démons, poussant de grands cris, suscitèrent une violente tempête, disant : « Malheur à nous, car Étienne, le premier martyr, passe en nous tourmentant d'un feu cruel. » Les matelots, redoutant de faire naufrage, invoquèrent saint Étienne, et aussitôt il leur apparut, disant : « C'est moi, ne craignez rien. » Et aussitôt il revint un grand calme. Alors on entendit les démons qui criaient : « Prince, monte sur ce navire ; car Étienne, notre adversaire, y est. » Alors le prince des démons envoya cinq démons pour mettre le feu au navire. Mais l'ange du Seigneur les précipita dans la mer. Et lorsque l'on arriva à Chalcédoine, les démons criaient : « Voici qu'il vient, le serviteur de Dieu qui a été lapidé par les méchants Juifs. » Le navire arriva en sûreté à Constantinople, et le corps de saint Étienne s'y conserva avec beaucoup de vénération dans une église. » Plus tard, le corps de saint Étienne fut réuni à celui de saint Laurent, de la façon suivante. Il advint qu'Eudoxie, fille de l'empereur Théodose, était cruellement tourmentée du démon ; et son père ayant consulté des hommes de Dieu, la fit venir à Constantinople pour toucher les reliques de saint Étienne. Et le démon qui était en elle criait : « Si Étienne ne va pas à Rome, je ne sortirai point ; car telle est la volonté des apôtres. » L'empereur ayant appris cela, obtint du clergé et du peuple de Constantinople qu'ils laisseraient venir à Rome le corps de saint Étienne et qu'ils recevraient le corps de saint Laurent. Et l'empereur écrivit à ce sujet au pape Pélage. Le pape, ayant pris l'avis des cardinaux, accéda au vœu de l'empereur. Il envoya à Constantinople des cardinaux qui rapportèrent à Rome le corps de saint Étienne, et l'on convint que le corps de saint Laurent serait remis aux Grecs. La tête et le corps de saint Étienne furent apportés à Rome, et son bras droit fut donné aux habitants de Capoue, qui le demandèrent avec instance, et qui construisirent en son honneur l'église qui leur sert de cathédrale. Lorsque l'on fut arrivé à Rome et que l'on voulut apporter les reliques de saint Étienne dans l'église de Saint-Pierre-aux-Liens, ceux qui les portaient se trouvèrent arrêtés et hors d'état d'avancer. Et le démon qui était dans le corps d'Eudoxie criait : « Vous faites de vains efforts ; ce n'est pas ici, c'est chez son frère Laurent qu'il a choisi son séjour. » L'on y porta donc le corps, et dès que la princesse l'eut touché, le démon prit la fuite. Laurent, comme se félicitant de l'arrivée de son frère et souriant, se poussa dans un coin de son tombeau, laissant un grand espace vide pour saint Étienne. Les Grecs ayant porté la main sur le corps de saint Laurent pour l'emporter, tombèrent par terre privés de sentiment. Mais le pape, le clergé et le peuple ayant prié pour eux, ils recouvrèrent, le soir, l'usage de leurs sens. Et ils moururent tous dans l'espace de dix jours. Les Latins qui les avaient aidés furent saisis d'une manie furieuse dont ils ne purent être guéris, et les corps des saints furent laissés dans le même tombeau. Alors on entendit une voix qui venait du ciel et qui disait : « O bienheureuse ville de Rome, qui possèdes dans un même mausolée les pré-

cieux restes de Laurent l'Espagnol et d'Étienne de Jérusalem ! »
Et cette réunion des deux corps saints arriva le neuf des calendes de mai, l'an du Seigneur quatre cent vingt-cinq. Saint Augustin raconte dans le vingt-deuxième livre de la *Cité de Dieu*, que six morts furent ressuscités par l'invocation de saint Étienne. Et cela se passa ainsi. Un homme était mort, et déjà on l'attachait pour le plier dans le linceul, lorsque l'on invoqua sur lui le nom de saint Étienne, et aussitôt il ressuscita. Un enfant avait été écrasé par une charrette, et sa mère l'ayant apporté à l'église de Saint-Étienne, le retrouva sain et sauf. Une religieuse, prête à rendre le dernier soupir, fut apportée à l'église de Saint-Étienne, et elle y expira ; mais, en présence de tout le peuple frappé de stupeur, elle ressuscita aussitôt. Une jeune fille étant morte, son père prit sa tunique et la porta à l'église de Saint-Étienne, puis il revint et il la posa sur le cadavre, et sa fille recouvra sur-le-champ la vie. Et saint Étienne ressuscita aussi un jeune homme d'Hippone qui était mort et dont le cadavre avait déjà été frotté d'huile. Un autre enfant ayant été porté sans vie à l'église de Saint-Étienne, fut aussi ressuscité lorsque l'on eut invoqué le saint. Saint Augustin dit de ce saint : « En Étienne brilla la beauté du corps, et la fleur de l'âge, et l'éloquence du discours, et la sagesse d'un esprit consommé. Lorsqu'il était diacre, il lisait ce même Évangile que nous lisons, et il y trouva écrit : Aime tes ennemis. Et il accomplit ce qu'il avait lu, et il le pratiqua en s'y conformant. »

LÉGENDE DE L'ASSOMPTION DE LA Ste VIERGE.

On trouve le récit de l'assomption de la Sainte Vierge dans un certain livre apocryphe qui est attribué à saint Jean l'évangéliste. L'apôtre parcourut les diverses régions de la terre pour y prêcher l'Évangile, et la Sainte Vierge resta dans sa maison près de la montagne de Sion. Et elle visita, tant qu'elle vécut, les différents endroits témoins du baptême, de la passion, de la résurrection et de l'ascension de son fils, se livrant au jeûne et à la prière. A ce que dit Épiphane, elle survécut de vingt-quatre ans à l'ascension de Jésus-Christ. Et il est dit que la Sainte Vierge, lorsqu'elle conçut Jésus-Christ, avait quatorze ans, et qu'elle accoucha dans sa quinzième année ; ils vécurent ensemble durant trente-trois ans, et, après la mort de son fils, elle vécut encore vingt-quatre ans. D'après cela, lorsqu'elle mourut elle avait soixante-douze ans. Il est plus probable, ainsi qu'on le lit ailleurs, qu'elle ne vécut que douze ans après la mort de Jésus-Christ, et qu'elle avait soixante ans lors de son assomption. Un jour, le cœur de la Vierge se prit d'un violent désir de revoir son fils, et elle se livra à sa douleur, et elle répandit une grande abondance de larmes. Et voici qu'un ange entouré d'une grande clarté lui apparut, et la saluant avec respect comme la mère du Seigneur : « Salut, dit-il, Marie, qui es bénite et qui as reçu la bénédiction de celui qui a donné le salut à Jacob. Je t'apporte une branche de palmier cueillie dans le paradis ; ordonne qu'on la porte devant ton cercueil le troisième jour après ta mort. Car ton fils t'attend. » Et Marie répondit : « Si j'ai trouvé grâce à tes yeux, je te prie de me faire savoir quel est ton nom. Mais je demande surtout que mes frères les apôtres se réunissent autour de moi, afin qu'avant de mourir je les voie des yeux du corps, et qu'ils accomplissent mes funérailles, et que je rende l'esprit en leur présence. Je demande aussi et j'implore que mon âme, en sortant de mon corps, ne voie nul esprit de ténèbres, et qu'aucune des puissances de Satan ne me rencontre. » Et l'ange répondit : « Pourquoi veux-tu savoir mon nom, qui est grand et admirable ? Tous les apôtres se réuniront autour de toi aujourd'hui, et ils te prépareront d'éclatantes funérailles, et en leur présence tu expireras. Car celui qui fit autrefois transporter par les cheveux le prophète du fond de la Judée à Babylone, peut, s'il le veut, en un moment, transporter ici les apôtres. Pourquoi crains-tu de voir ces esprits maudits dont tu as écrasé la tête, et que tu as dépouillés de leur empire ? Mais que ta volonté se fasse, et qu'ils ne se montrent pas à tes yeux. » Et ayant dit cela, l'ange remonta au ciel avec une grande clarté. La branche de palmier qu'il avait apportée jetait un éclat merveilleux, et resplendissait comme l'étoile du matin. Et il arriva que, Jean étant à prêcher à Éphèse, le ciel tonna tout d'un coup, et une nuée blanche enveloppa l'apôtre et le déposa devant la porte de Marie. Il frappa à la porte et il entra, et l'apôtre salua avec respect la Vierge. La bienheureuse Marie, en le voyant, fut saisie de surprise, et sa joie fut telle qu'elle ne put contenir ses larmes, et elle dit : « Mon fils Jean, souviens-toi des paroles de ton maître, qui t'a recommandé à moi comme étant mon fils, et qui m'a recommandée à toi comme étant ta mère; appelée par le Seigneur, j'accomplis l'obligation de la nature humaine, et je recommande mon corps à ta sollicitude. Car j'ai appris que des juifs s'étaient assemblés, et qu'ils avaient dit : « Attendons que celle qui a enfanté Jésus soit morte, et alors nous nous saisirons de son corps et nous le jetterons au feu. » Fais donc porter cette branche de palmier devant mon cercueil lorsque l'on me conduira au sépulcre. » Jean répondit : « Plût à Dieu que tous mes frères les apôtres fussent ici, afin que nous pussions te faire des funérailles convenables, et te rendre les honneurs qui te sont dus ! » Et, comme il disait cela, tous les apôtres furent enlevés sur des nuées des endroits où ils prêchaient, et ils furent déposés devant la porte de Marie. Et se voyant réunis, ils s'en étonnaient et ils disaient : « Pour quelle cause sommes-nous donc tous rassemblés ici ? » Saint Jean alla vers eux et leur dit que la Sainte Vierge était au moment de trépasser, et il ajouta : « Faites attention à ce que, lorsqu'elle sera morte, personne ne pleure, de peur que le peuple, voyant cela, ne s'émeuve et qu'il dise : « Ils craignent la mort, ceux qui ont prêché la résurrection. Denis, disciple de saint Paul, dit dans son livre *des Noms divins*, que les apôtres s'étant réunis lors du trépas de la Sainte Vierge, ils conférèrent ensemble, et chacun fit un discours en l'honneur de Jésus-Christ et de sa sainte Mère. Il s'exprime ainsi en parlant à Timothée : « Nous-même, comme tu sais, et beaucoup de saints qui sont nos frères, nous nous sommes réunis pour voir le corps de celle qui a enfanté le Sauveur. Jacques, le frère du Seigneur, et Pierre, et Paul, le plus éminent des théologiens, étaient là. » Lorsque la Sainte Vierge vit autour d'elle tous les apôtres, elle bénit le Seigneur et elle s'assit au milieu d'eux, des lampes ayant été allumées. Et, à la troisième heure de la nuit, Jésus vint accompagné d'une multitude d'anges, et de martyrs, et de patriarches, et de confesseurs, et de vierges ; et les chœurs des vierges se rangèrent devant le lit où gisait Marie, et se mirent à chanter des cantiques très-harmonieux. Et l'on voit dans le livre attribué à saint Jean ce qui se passa alors. Jésus parla le premier et il dit : « Viens, toi que j'ai élue, et je te placerai sur mon trône, car j'ai désiré ta beauté. » Et elle répondit : « Mon cœur est prêt, Seigneur, mon cœur est prêt. » Et tous ceux qui étaient venus avec Jésus se mirent à chanter : « C'est celle qui a vécu dans la pureté et loin des délices ; elle aura sa récompense dans la réunion des âmes saintes. » Et la Vierge chanta, en parlant d'elle-même : « Toutes les générations me diront bienheureuse ; car celui qui est puissant a fait sur moi de grandes choses, et son nom est saint. » Et alors Jésus répondit : « Viens du Liban, mon épouse ; viens recevoir la couronne. » Et elle dit : « Je viens, car il est écrit de moi que je ferai ta volonté, et mon esprit s'est réjoui en toi qui es mon Sauveur. » Et ainsi l'âme de Marie sortit de son corps, et elle s'envola dans les bras de son fils. Et elle fut aussi exempte de douleur corporelle que de corruption. Et le Seigneur dit aux apôtres : « Portez dans la vallée de Josaphat le corps de ma Mère, et posez-le dans un tombeau tout neuf que vous y trouverez, et attendez trois jours que je revienne à vous. » Et aussitôt elle fut entourée de fleurs, de roses et de lis des vallées, c'est-à-dire des chœurs des martyrs, des confesseurs, des anges et des vierges. Et les apôtres se mirent à crier : « Vierge très-prudente, où vas-tu ? Souviens-toi de nous. » Et tous les chœurs des bienheureux se mirent à la précéder. Et ils portèrent dans leurs bras l'âme de celle qui avait enfanté leur roi, en chantant : « Quelle est celle qui monte du désert ? Elle est belle au-dessus de toutes les filles de Jérusalem, pleine de charité et d'amour. » Et ils l'accompagnèrent ainsi, remplis de joie, dans le ciel, où elle s'assit sur le trône de gloire, à la droite de son fils. Et les apôtres virent que son âme était d'une telle blancheur qu'aucune expression au monde ne peut en donner l'idée. Trois vierges qui étaient là, ayant dépouillé, pour le laver, le corps de Marie, ce corps sacré resplendit d'une telle clarté qu'on le sentait encore en le touchant, mais que l'œil humain ne pouvait plus le contempler. Et cette clarté dura jusqu'à ce que le corps eût été lavé. Les apôtres le prirent avec respect et le posèrent sur le cercueil. Et Jean dit à Pierre : « Ce sera toi qui porteras devant le cercueil cette branche de palmier, car le Seigneur t'a choisi pour notre chef, et il t'a institué le pasteur de ses brebis. » Pierre répondit : « Il convient mieux que ce soit toi qui la portes, car tu as été appelé du Seigneur étant vierge, et c'est une personne vierge qui doit porter la palme de la Vierge. Tu as mérité de reposer sur la poitrine du Sauveur, et tu y as puisé des trésors de sagesse et de grâce au-dessus des autres. Quant à moi, je porterai le cercueil où sera le corps sacré ; et les autres apôtres, nos frères, entourant le cercueil, célébreront les louanges de Dieu. » Paul dit alors : « Et moi, qui suis le moindre de vous, je porterai le cercueil avec toi. » Pierre et Paul élevant donc le cercueil, Pierre commença à chanter : « Israël est sorti de l'Égypte. » Et les autres apôtres l'accompagnèrent dans son chant. Le Seigneur couvrit les apôtres et le cercueil d'une nuée, de sorte qu'ils restaient invisibles, mais l'on entendait leurs voix. Les anges suivirent les apôtres en chantant, et ils remplirent la terre entière de la douceur de leur harmonie.

Tout le peuple, entendant des accords si mélodieux, se hâta de sortir de la ville, demandant la cause de ces chants. Et quelqu'un dit : « C'est Marie qui est morte, et que les disciples de Jésus emportent, et c'est autour d'elle qu'ils font entendre ces chants. » Alors tous coururent aux armes, et ils s'encourageaient mutuellement, en disant : « Venez, tuons tous les disciples de Jésus, et livrons aux flammes le corps que ces imposteurs emportent. » Le prince des prêtres, voyant cela, fut saisi d'étonnement, et il dit avec grand courroux : « Voyez quels honneurs reçoit le tabernacle de celui qui a jeté le trouble parmi nous et notre nation. » Et disant cela, il porta la main sur le cercueil, voulant le saisir et le renverser. Mais ses deux mains restèrent attachées au cercueil, et elles furent comme embrasées d'un feu ardent, de sorte qu'il se mit à pousser des hurlements ; car il souffrait des douleurs atroces. Et le reste du peuple fut frappé d'aveuglement par les anges qui étaient dans les nuées. Et le prince des prêtres criait : « Saint Pierre, ne m'abandonne pas dans ma souffrance, mais implore pour moi la miséricorde du Seigneur. Tu dois te souvenir que je t'ai assisté, et qu'une servante t'accusant, j'ai empêché qu'on ne t'inquiétât. » Saint Pierre lui répondit : « Nous sommes occupés des funérailles de notre Souveraine, et nous ne pouvons écouter tes prières. Mais si tu crois en Jésus-Christ Notre-Seigneur et en celle qui l'a porté, j'espère que tu pourras être guéri. » Le prince des prêtres répondit : « Je crois que Jésus fut le vrai Fils de Dieu, et que Marie fut sa mère. » Et aussitôt ses mains redevinrent libres; mais ses bras demeuraient desséchés, et il y éprouvait toujours une douleur des plus aiguës. Et Pierre lui dit : « Baise le cercueil et dis : Je crois en Jésus-Christ, et en Marie qui l'a porté dans son sein et qui est demeurée vierge après l'avoir enfanté. » Il le fit, et aussitôt il recouvra la santé. Et Pierre lui dit : « Reçois cette palme des mains de notre frère Jean, et place-la sur ce peuple qui est frappé d'aveuglement; et tous ceux qui croiront recouvreront la vue, et ceux qui ne voudront pas croire resteront pour toujours aveugles. » Les apôtres portèrent ensuite Marie au monument, et l'y mirent comme le Seigneur l'avait ordonné. Jésus vint le troisième jour, accompagné d'une multitude d'anges, et il les salua, disant : « Que la paix soit avec vous. » Et ils répondirent : « Gloire à vous, Seigneur, qui seul faites de grandes merveilles. » Et le Seigneur dit aux apôtres : « Quel honneur et quelle gloire vous paraît-il que je doive conférer à celle qui m'a enfanté? » Et ils répondirent : « Il paraît juste à vos serviteurs, Seigneur, que vous qui avez triomphé de la mort dans tous les siècles, vous ressuscitiez le corps de votre Mère, et que vous le placiez à votre droite pour l'éternité. » Le Seigneur approuvant cela, l'archange Michel vint aussitôt, et il présenta au Seigneur l'âme de Marie. Et le Sauveur dit : « Lève-toi, ma colombe, tabernacle de gloire, vase de vie, temple céleste; de même qu'en concevant tu n'as point connu de souillure, ainsi, dans le sépulcre, ton corps ne connaîtra nulle corruption. » Et aussitôt l'âme de Marie rentra dans son corps, qui sortit glorieux du tombeau et qui s'éleva vers le ciel, suivi d'une multitude d'anges. Saint Thomas, qui était absent, étant arrivé et ne voulant pas croire, reçut aussitôt, comme venant d'en haut, la ceinture qui était attachée autour du corps de la Vierge. » Mais toutes ces choses sont dans un livre qui paraît apocryphe. On assure que les vêtements de la Vierge restèrent dans son tombeau pour servir à la consolation des fidèles. Et l'on raconte un miracle que fit une portion de ses vêtements. Un général des Romains assiégeant la ville de Chartres, l'évêque de cette ville attacha à une lance, en guise de drapeau, la tunique de la Sainte Vierge que l'on y gardait, et, suivi de tout le peuple, il marcha à l'ennemi. Aussitôt l'armée ennemie fut frappée de stupeur et d'aveuglement, et elle restait toute tremblante et dans la plus grande confusion. Voyant cela, les habitants de la ville se jetèrent sur eux avec impétuosité, et en firent un grand carnage : ce qui déplut fort à la Sainte Vierge, car aussitôt sa tunique disparut, et les ennemis recouvrèrent la vue. On lit dans les révélations de sainte Élisabeth, qu'étant un jour ravie en esprit, elle vit, en un lieu fort éloigné, un tombeau entouré d'une grande lumière ; et il y avait dedans la figure d'une femme, et il était environné d'une multitude d'anges, et la femme sortit ensuite du tombeau et elle fut élevée en l'air. Et un homme vint du haut des cieux, admirable et glorieux, à sa rencontre, et il portait en sa main droite l'étendard de la croix, et il était suivi d'une multitude infinie d'anges. Ils reçurent cette femme avec une extrême allégresse, et ils l'accompagnèrent au ciel en chantant. Peu de temps après, Élisabeth interrogea, au sujet de cette vision, un ange avec lequel elle s'entretenait fréquemment. Et il lui répondit : « Il t'a été montré dans cette vision que Marie, notre souveraine, a été ravie au ciel, tant en corps qu'en esprit. » Un clerc, qui avait beaucoup de dévotion pour la Sainte Vierge, l'honorait en disant chaque jour : « Salut, Mère de Dieu, vierge sans tache ; salut, toi qui as été comblée de la joie des anges ; salut, toi qui as engendré la clarté de la lumière éternelle ; salut, Mère de Dieu, que louent toutes les créatures ; sois notre protectrice éternelle. » Étant tombé très-gravement malade, et se trouvant près de mourir, il fut saisi d'une extrême crainte, et la Vierge lui apparut et lui dit : « Pourquoi, mon fils, as-tu tant d'effroi, toi qui m'as si souvent rendu hommage ? Réjouis-toi, car tu auras avec moi part à la joie du paradis. » Un guerrier avait été fort riche ; mais ayant dissipé tous ses biens en libéralités bien entendues, il se trouva réduit à une extrême pauvreté, et celui qui avait si généreusement donné, allait manquer de tout. Il avait une épouse très-chaste et ayant très-grande dévotion à la Sainte Vierge. A l'approche d'une grande fête, où il avait coutume de distribuer de grands présents, il fut saisi de douleur et de confusion de ne pouvoir continuer de suivre cet usage, et il se retira dans un lieu écarté pour y cacher sa peine. Et voici qu'un cheval d'un aspect terrible, que montait un homme d'un aspect encore plus formidable, passa par là, et le cavalier demanda au militaire pourquoi il paraissait si triste. Et celui-ci lui ayant raconté tout ce qui lui était arrivé, le cavalier lui dit : « Si tu veux m'obéir, je te rendrai bientôt plus riche et plus puissant que tu ne l'as jamais été. » Et il promit au prince des ténèbres de se conformer à ce qu'il lui commanderait. Et le diable lui dit : « Retourne dans ta maison, et tu y trouveras une très-grande quantité d'or et d'argent et de pierres précieuses. Mais, tel jour, ne manque pas d'amener ta femme ici. » Le militaire revint chez lui, et il trouva tous les trésors qui lui avaient été annoncés. Il acheta des palais, il se procura des esclaves, il devint propriétaire de terres ; il fit de grandes largesses. Le jour fixé approchant, il dit à sa femme : « Monte à cheval, car je désire que tu m'accompagnes. » Elle, toute tremblante, mais n'osant pas résister à son mari impie, se recommanda à la Sainte Vierge et le suivit. Quand ils eurent fait bien du chemin, ils trouvèrent une église, et elle y entra après être descendue de cheval, tandis que son mari attendait à la porte. Tandis qu'elle faisait sa prière à la bienheureuse Marie, elle s'endormit, et la Sainte Vierge vint, et elle avait les traits et l'apparence de cette femme, qui resta à l'église, et la Sainte Vierge monta à cheval. Le mari crut que c'était sa femme, et il se remit en route. Lorsqu'il fut arrivé à l'endroit convenu, il vit le prince des ténèbres qui accourait avec un extrême empressement. Mais s'étant approché, il s'arrêta tout tremblant, et il n'osa pas aller plus loin, et il dit au soldat : « Pourquoi m'as-tu trompé, malheureux que tu es, et pourquoi, après avoir profité de mes bienfaits, agis-tu ainsi ? Je t'avais dit de me conduire ton épouse, et tu m'amènes la Mère de Dieu. C'était ta femme que

LÉGENDE DE L'ASSOMPTION DE LA SAINTE VIERGE. 277

je voulais, et tu me présentes Marie. Ta femme m'ayant bien souvent fait outrage, je voulais tirer d'elle une vengeance éclatante; et tu m'as amené la Reine des cieux pour qu'elle me tourmente et me jette dans l'enfer. » Le militaire, entendant cela, était tout saisi d'effroi et de surprise, et il ne pouvait articuler un seul mot. Et la bienheureuse Marie dit : « Comment as-tu osé, esprit impur, vouloir faire du mal à celle qui a de la dévotion pour moi? Tu ne demeureras pas impuni. Je te condamne donc à redescendre dans les enfers, et ne t'avise jamais de rien machiner contre mes fidèles serviteurs. » Et le diable disparut en poussant de grands hurlements. Le mari, sautant à bas de son cheval, se prosterna aux pieds de Marie, qui le réprimanda et lui ordonna de jeter toutes les richesses du démon, et de retourner à l'église où sa femme était encore endormie. Il revint, réveilla sa femme, et lui raconta tout ce qui s'était passé. Ils retournèrent chez eux et jetèrent toutes les richesses du démon, et ils célébrèrent la gloire de Marie, et la Vierge leur fit avoir de grandes richesses.

Un homme, qui était chargé de péchés, fut ravi en vision au tribunal de Dieu. Et Satan vint et dit : « Vous ne trouverez rien dans cette âme qui vous appartienne; elle est à moi, elle est à moi ; j'ai un titre public de possession. » Et le Seigneur dit : « Où est ton titre? » Et le diable répondit : « J'ai pour titre ce que vous avez dicté de votre propre bouche, et que vous avez déclaré devoir durer à jamais. Vous avez dit : « A quelque heure que vous « mangiez, souvenez-vous de l'heure de votre mort. » Cet homme est de ceux qui se sont nourris de viandes défendues, et qui ont vécu dans l'iniquité; j'ai donc des titres pour le revendiquer. » Et le Seigneur dit à l'homme : « Il t'est permis de parler pour ta défense. » Et l'homme demeura muet. Le démon dit alors : « Il y a trente ans qu'il est à moi et qu'il m'a obéi comme un esclave. » Et l'homme se tut encore. Et le démon reprit : « Il est à moi, et s'il a fait quelques bonnes œuvres, elles le cèdent incomparablement à ses mauvaises actions. » Mais le Seigneur ne voulant pas de sitôt rendre arrêt de condamnation contre l'homme, lui accorda un délai de huit jours, lui enjoignant de reparaître ensuite devant lui et de rendre compte de sa conduite. L'homme s'en alla tout triste et tout désolé, et quelqu'un vint au-devant de lui et lui demanda la cause d'un chagrin aussi vif. Il raconta tout ce qui s'était passé, et l'autre lui dit : « Ne crains rien ; je te soutiendrai avec force. » Et l'homme lui ayant demandé son nom, il répondit : « Je me nomme Vérité. » Le pécheur trouva ensuite une seconde personne qui lui promit aussi de l'assister, et quand il lui eut demandé son nom, il lui fut répondu : « Je me nomme Justice. » Le huitième jour, il revint devant son juge, et le démon l'accusa. Et Vérité répondit : « Nous savons qu'il y a deux morts, celle du corps et celle de l'enfer. Ce titre que tu invoques, démon, ne parle pas de la mort de l'enfer, mais de celle du corps. » Le démon resta confondu ; mais il se retrancha sur la durée de sa possession. Et Justice répliqua : « Lorsque tu possédais cet esclave, la raison en lui se révoltait et s'indignait de servir un maître si cruel. » Le démon passa alors au troisième point de son discours, et personne ne se présenta pour venir à l'appui de l'accusé. Alors le Seigneur dit : « Que l'on apporte des balances, et que l'on pèse ses bonnes et ses mauvaises actions. » Alors Justice et Vérité dirent au pêcheur : « Recours de toute ton âme à la Mère de miséricorde, qui est assise à la droite du Seigneur, et supplie-la de venir à ton secours. » Il le fit, et la bienheureuse Marie vint le secourir, et elle posa la main sur le plateau de la balance où l'on avait mis une bien petite quantité de bonnes œuvres. Le diable s'efforçait de tirer de l'autre côté ; mais la Mère de miséricorde l'emporta et elle délivra le pécheur. Et, revenant à lui, il changea de vie et se conduisit d'une manière édifiante. — Dans la ville de Bourges, vers l'an du Seigneur cinq cent vingt-sept, lorsque les chrétiens célébraient la fête de Pâques, un enfant juif s'approcha avec les enfants des chrétiens, et il reçut le corps du Seigneur. Revenu chez lui, son père lui demanda où il était allé, et il répondit qu'allant aux écoles, il s'était joint aux enfants des chrétiens, et qu'il avait communié avec eux. Le père, rempli de fureur, se saisit de l'enfant et le jeta dans une fournaise ardente qui était près de là. Alors la Mère de Dieu vint le secourir sous les traits d'une image que l'enfant avait vue au-dessus de l'autel, et le préserva des flammes. Et la mère de l'enfant, poussant des cris aigus, fit réunir autour d'elle beaucoup de juifs et de chrétiens. Eux, voyant l'enfant qui était, sans éprouver aucun mal, au milieu de la fournaise, l'en retirèrent et lui demandèrent comment il avait pu subsister au milieu du feu. Et il répondit : « Cette dame qui était sur l'autel est venue à mon secours, et elle a éloigné de moi les flammes. » Les chrétiens, comprenant que c'était de la Sainte Vierge que parlait l'enfant, saisirent le père et le jetèrent dans la fournaise, où il fut aussitôt dévoré par les flammes. — Quelques moines étaient, avant le jour, auprès d'un fleuve, et ils s'entretenaient de fables et de vains propos. Et ils entendirent des rameurs qui avançaient avec beaucoup d'impétuosité. Les moines leur crièrent : « Qui êtes-vous ? » Et ils répondirent : « Nous sommes des démons ; nous portons en enfer l'âme d'Ébroïn, maire du palais du roi de France, qui a apostasié du monastère de Saint-Gall. » Les moines, entendant cela, eurent une grande peur, et ils se mirent à crier de toutes leurs forces : « Sainte Marie, secourez-nous. » Et les démons leur dirent : « Vous avez bien fait d'invoquer Marie, car nous voulions nous saisir de vous et vous noyer, parce que nous vous trouvions tenant des propos condamnables à une heure indue. » Alors les moines retournèrent à leur couvent, et les démons continuèrent leur route vers l'enfer. — Il y avait un moine de mœurs très-corrompues, mais qui avait une grande dévotion pour la Sainte Vierge. Une nuit qu'il sortait pour commettre son péché habituel, en passant devant l'autel de la Sainte Vierge, il la salua ; et, s'éloignant de l'église, il voulut traverser une rivière, et il tomba dans l'eau et il s'y noya ; au moment où les démons se saisissaient de son âme, il survint des anges qui voulurent la leur enlever. Les démons dirent : « Que venez-vous faire ? vous n'avez aucun droit sur cette âme. » Et soudain la Sainte Vierge arriva et reprit les démons de ce qu'ils avaient osé s'emparer de cette âme. Ils répondirent qu'il avait fini sa vie dans de mauvaises œuvres. Et Marie leur répliqua : « Ce que vous dites est faux ; car je sais que chaque fois qu'il sortait il me saluait, et il en faisait autant en rentrant. Si vous soutenez que l'on vous fait tort, rapportons-nous-en à la décision du Souverain Juge. » Et la chose fut portée devant le Seigneur, qui ordonna que l'âme reviendrait dans le corps du mort, et qu'il ferait pénitence de ses péchés. Les frères, voyant que le sacristain ne donnait pas le signal de matines, le cherchèrent ; et, allant jusqu'à la rivière, ils l'y trouvèrent noyé. Ils tirèrent le cadavre de l'eau, et, comme ils étaient dans l'étonnement de cet accident, le mort ressuscita soudain et il raconta ce qui s'était passé, et il acheva le reste de sa vie dans les bonnes œuvres. — Une femme était fort tourmentée par un démon qui lui apparaissait visiblement sous la figure d'un homme, et elle cherchait en vain à se débarrasser de lui en répandant de l'eau bénite. Un homme de grande sainteté lui conseilla, lorsqu'elle verrait le démon approcher d'elle, d'élever les mains au ciel, en disant : « Sainte Marie, protégez-moi. » Elle le fit, et le diable s'arrêta aussitôt comme frappé d'une pierre, et il dit : « Qu'un méchant diable entre dans la bouche de celui qui t'a donné ce conseil. » Et il disparut immédiatement, et jamais depuis il ne revint vers elle.

LÉGENDE

DE LA DÉCOLLATION DE SAINT JEAN-BAPTISTE.

La fête de la décapitation de saint Jean-Baptiste a été instituée en mémoire de quatre choses : premièrement, en mémoire de la décapitation du saint; secondement, en mémoire de la combustion et de la réunion de ses os ; troisièmement, à cause de la découverte de sa tête ; quatrièmement, à cause de la translation de son doigt et de la dédicace de son église. Et nous allons raconter successivement ces diverses choses. Hérode Antipas, fils du grand Hérode, enleva Hérodiade, femme de son frère Philippe, et voulut répudier sa propre femme qui était fille d'Arèthe, roi de Damas, et elle chercha asile auprès de son père. Jean reprit vivement Hérode de ce qu'il vivait avec la femme qu'il avait enlevée à son frère. Hérode, irrité des réprimandes de Jean, et voyant aussi que le peuple le suivait et se faisait baptiser par lui, le fit mettre en prison, et il avait le projet de le faire mourir, mais il craignait le peuple. Hérodiade voulant, ainsi qu'Hérode, la mort du saint, ils convinrent entre eux que le jour de l'anniversaire de sa naissance, Hérode donnerait une fête à tous les seigneurs de la Galilée, et qu'il ferait serment d'accorder à la fille d'Hérodiade, qui viendrait danser devant lui, ce qu'elle lui demanderait, et qu'elle demanderait la tête de saint Jean; alors qu'Hérode feindrait d'éprouver bien du regret, mais qu'il ne pourrait violer son serment. La chose se passa comme elle avait été convenue, et la fille, ayant dansé et charmé tous les assistants, demanda, d'après la recommandation de sa mère, la tête de saint Jean. Hérode fit semblant d'être fâché, mais s'il avait la tristesse sur la figure, il avait la joie dans le cœur. Le bourreau fut envoyé, il coupa la tête du saint; elle fut donnée à la fille qui l'offrit à sa mère adultère. Saint Augustin, dans un sermon qu'il a fait sur la décollation de saint Jean-Baptiste, rapporte cet exemple : « Il y eut un homme innocent et fidèle duquel j'ai appris ce que je raconte. Quelqu'un lui niant un jour d'avoir reçu une somme qui lui avait été prêtée, il l'assigna en serment, et son débiteur se parjura. La nuit suivante, cet homme fut ravi en esprit et porté au tribunal de Dieu. Le Seigneur lui demanda : « Pourquoi as-tu fait assigner ton débiteur, sachant bien qu'il ferait un faux serment? » Et l'homme répondit : « Il m'a fait perdre ce qui m'appartenait. » Et Dieu lui répliqua : « Ne valait-il pas mieux te résigner à perdre ton bien, plutôt que de causer la perte de l'âme de ton frère? » Et Dieu ordonna qu'on le battît de verges, et quand il s'éveilla il avait sur le dos la trace des coups qu'il avait reçus. — Le crime d'Hérode ne resta pas impuni. Son frère, Hérode Agrippa, avait été à Rome et il avait été très-bien accueilli par Caïus, qui lui conféra le titre de roi. Alors Hérodiade pressa vivement Hérode d'aller aussi à Rome et de solliciter aussi ce titre. Il refusa longtemps, car il avait de très-grandes richesses, et il préférait le repos à des honneurs féconds en soucis. Cédant toutefois aux instances réitérées d'Hérodiade, il partit. Agrippa le sachant, écrivit à l'empereur des lettres dans lesquelles il disait qu'Hérode entretenait des intelligences avec le roi des Parthes et qu'il voulait se révolter contre les Romains. Et, en preuve de cela, il disait qu'Hérode avait dans ses châteaux assez d'armes pour armer soixante-dix mille hommes. Caïus ayant lu les lettres d'Agrippa, fit à Hérode diverses questions sur sa puissance, et lui demanda s'il possédait dans ses domaines une telle quantité d'armes. Hérode en convint. Alors Caïus ajouta foi aux autres allégations d'Agrippa, et il exila Hérode ; mais il permit à sa femme, qui était sœur d'Agrippa, de retourner dans son pays. Elle s'y refusa, disant que, puisqu'elle avait partagé la bonne fortune de son mari, elle ne devait pas l'abandonner dans l'adversité. Et ils furent relégués à Lyon, où ils moururent misérablement. C'est ce qu'on lit dans l'*Histoire scolastique*. Et quant à la combustion et à la réunion des os du saint, les disciples de saint Jean ayant enseveli son corps à Sébaste, ville de Palestine, il se fit à son tombeau une foule de miracles. Les païens, au temps de Julien l'Apostat, dispersèrent ses os, et comme les miracles ne cessaient point, ils les brûlèrent, les réduisirent en cendres et en jetèrent la poudre au vent. Bède dit que ces ossements sacrés souffrirent ainsi un second martyre. Mais tandis qu'on les réunissait pour les brûler, des moines qui venaient de Jérusalem se mêlèrent aux païens, et ils dérobèrent en secret une partie des os de saint Jean. Ils les portèrent à Philippe, évêque de Jérusalem, qui les envoya ensuite à Athanase, évêque d'Alexandrie. Plus tard, Théophile, évêque de la même ville, les déposa dans le temple de Sérapis, qu'il avait purifié et qu'il consacra à l'honneur de saint Jean. Ils sont maintenant conservés à Gênes avec beaucoup de dévotion, ainsi qu'Alexandre III et Innocent IV en ont confirmé la vérité par leurs priviléges. Et ainsi que la justice divine avait frappé Hérode qui avait fait trancher la tête du saint, elle s'appesantit sur Julien qui fit brûler ses os. Quant à la découverte de la tête de saint Jean-Baptiste, le saint fut, à ce qu'on lit dans le onzième livre de l'*Histoire ecclésiastique*, enfermé et décapité dans un château en Arabie, qu'on appelle Macheronta. Hérodias fit apporter la tête à Jérusalem et la fit ensevelir dans un coin du palais d'Hérode, craignant que le saint ne ressuscitât si sa tête était ensevelie avec son corps. Au temps de l'empereur Marcien, qui commença à régner l'an du Seigneur trois cent cinquante-quatre, saint Jean révéla à deux moines, qui allaient à Jérusalem, où était sa tête, et ils se rendirent à l'endroit où s'était élevé le palais d'Hérode, et ils y trouvèrent la tête du saint enveloppée d'une étoffe de poil de chèvre, qui avait servi de vêtement à Jean dans le désert. Et ils s'en retournèrent avec la tête. Un habitant d'Émesse, qui avait quitté cette ville à cause de sa grande pauvreté, se joignit à eux sur la route. Il portait leur paquet qui lui avait été confié ainsi que la tête du saint. Et la nuit, saint Jean lui ayant apparu et le lui ayant recommandé, il quitta ces moines et il alla à Émesse où il apporta la tête. Il y vécut, l'ayant cachée dans une caverne, et, conservant toujours une grande vénération pour elle, il arriva à un haut degré de prospérité. Quand il mourut, il révéla à sa sœur, sous le sceau du secret, qu'il possédait la tête du saint, et elle transmit à son tour ce secret à ses descendants, et ils en firent autant de génération en génération. Bien longtemps saint Marcel, moine, se reposa dans cette même caverne, et il lui fut révélé où était la tête de saint Jean. Car il vit en songe une grande multitude qui chantait et qui disait : « Voici saint Jean qui vient. » Et il vit ensuite saint Jean lui-même qu'un ange accompagnait à sa droite et un autre à sa gauche. Et tous s'approchaient et recevaient sa bénédiction. Marcel s'approcha aussi et se prosterna aux pieds du saint, qui le releva et lui donna le baiser de paix. Et Marcel l'interrogea, lui disant : « Maître, d'où êtes-vous venu à nous ? » Et Jean répondit : « De Sébaste. »

Marcel fut très-étonné de cette vision ; et une autre nuit, comme il sommeillait, quelqu'un vint à lui et l'éveilla, et il vit, à la porte de sa cellule, une étoile resplendissante. S'étant levé et voulant la toucher, elle alla plus loin. Et Marcel suivit l'étoile, qui s'arrêta à l'endroit où était la tête de saint Jean-Baptiste, et en creusant, il la trouva. Marcel fit savoir cela à Julien, évêque d'Émesse, qui vint et qui fit porter la tête à travers la ville avec beaucoup d'honneurs. Et depuis ce temps, on commença dans cette ville à célébrer la fête de cette découverte. Plus tard, la tête fut portée à Constantinople. On lit dans l'*Histoire tripartite* que l'empereur Valens ayant ordonné que la tête de saint Jean fût mise sur un chariot et apportée à Constantinople, lorsqu'on fut arrivé près de Chalcédoine, rien ne put faire avancer le chariot,

quelle que fût l'insistance que l'on mit à presser les bœufs qui le
traînaient. Et l'on fut obligé de laisser la tête à Chalcédoine. Mais
plus tard, Théodose voulut la faire apporter à Constantinople, et
pria une vierge, aux soins de laquelle elle était confiée, de lui permettre de la faire prendre. Elle répondit qu'elle croyait qu'il en
était comme du temps de Valens, et qu'on ne pourrait l'enlever.
Alors l'empereur enveloppa pieusement la tête dans sa robe de
pourpre et il la porta à Constantinople, où il construisit, pour la
recevoir, une magnifique église. Elle fut ensuite, sous le règne de
Pépin, apportée dans les Gaules, où ses mérites ressuscitèrent
beaucoup de morts. Et, ainsi qu'Hérode qui avait fait mourir saint
Jean, et Julien qui avait brûlé ses os, avaient été punis, le châtiment de Dieu tomba aussi sur Hérodiade qui avait fait demander
la tête du saint par sa fille, et sur la fille qui l'avait demandée.
Quelques-uns disent qu'Hérodiade ne mourut point en exil ; mais
qu'ayant reçu la tête de saint Jean et la contemplant avec joie, la
tête, par un mouvement divin, lui souffla à la figure, et Hérodiade
expira sur-le-champ. Mais des saints racontent dans les chroniques qu'elle mourut en exil après avoir été misérablement bannie
avec Hérode, et cela paraît devoir être cru. Sa fille marchant un
jour sur la glace, la glace se brisa sous ses pieds, et elle disparut
dans l'eau et elle se noya. Dans une certaine chronique, il est dit
que la terre l'engloutit toute vive. Ce qui peut s'entendre comme
lorsqu'il est dit des Égyptiens engloutis dans la mer Rouge : « La
terre les a dévorés. » Et pour ce qui regarde la translation du
doigt de saint Jean et la dédicace de son église, l'on rapporte que
le doigt avec lequel il ondoya Notre-Seigneur ne put être consumé par le feu. Ce doigt fut recueilli par les moines dont nous
avons parlé ; et sainte Thècle, à ce que rapporte l'*Histoire scolastique*, l'apporta dans les Alpes et le plaça dans l'église de Saint-
Maxime. Jean Beleth rapporte aussi que sainte Thècle apporta,
des pays d'outre-mer en Normandie, ce doigt qui n'avait pu être
consumé et qu'elle y érigea une église consacrée à saint Jean, et
la dédicace de cette église se fit avec une grande solennité. Et le
pape ordonna qu'à pareil jour cette fête se célébrerait dans le
monde entier. Dans la ville de Maurienne, dans les Gaules, une
dame qui avait une très-grande dévotion pour saint Jean priait

Dieu avec instances de lui faire avoir quelque portion des reliques du saint. Enfin, inspirée de Dieu, elle fit le serment de ne rien manger qu'elle n'eût obtenu ce qu'elle souhaitait. Après avoir passé quelques jours dans l'abstinence, elle vit sur l'autel un pouce d'une blancheur éclatante, et elle reçut avec joie ce que Dieu lui donnait. Trois évêques qui vinrent là auraient bien voulu emporter quelque portion de ce pouce, et voici qu'il en sortit trois gouttes d'un sang vermeil qui furent recueillies sur des linges, et les évêques les emportèrent avec beaucoup de respect et de contentement. Théodoline, reine des Lombards, fonda, près de Milan, une très-belle église en l'honneur de saint Jean, et la dota richement. Plus tard, ainsi que le rapporte Paul dans l'*Histoire des Lombards*, l'empereur Constant, voulant reconquérir la Lombardie, demanda à un homme de grande sainteté, qui avait le don de prophétie, quelle serait l'issue de la guerre. Et il passa là nuit en prières, et le lendemain matin il répondit : « La reine a construit une église en l'honneur de saint Jean, et il intercède continuellement pour les Lombards ; ainsi ils ne peuvent être vaincus. Mais il viendra un temps où ce lieu saint sera mis en oubli, et alors l'on triomphera des Lombards. » Ce qui fut accompli au temps de Charles. Saint Grégoire raconte, dans ses *Dialogues*, qu'un homme de grande vertu et du nom de Sanctulus avait reçu chez lui un diacre pris par les Lombards, sous la condition que si le diacre s'enfuyait, il serait, lui, passible de la peine capitale. Et Sanctulus engagea le diacre à s'enfuir et à recouvrer sa liberté. Il fut mené au supplice, et l'on choisit pour lui un bourreau, homme très-robuste, qui devait, sans aucun doute, le décapiter d'un seul coup. Et Sanctulus étendant le cou, dit, au moment où le bourreau levait de toute sa force l'épée : « Saint Jean, assiste-moi. » Aussitôt le bras du bourreau fut paralysé, et son épée resta suspendue immobile dans l'air. Et lorsqu'il eut fait serment qu'à l'avenir il ne frapperait jamais un chrétien, l'homme de Dieu pria pour lui et obtint que son bras fût guéri.

LÉGENDE DE SAINT GERVAIS ET SAINT PROTAIS.

Gervais et Protais, frères jumeaux, furent fils de saint Vital et de la bienheureuse Valérie. Et, ayant donné tous leurs biens aux pauvres, ils vivaient avec saint Nazaire, qui construisait un oratoire, et un enfant, nommé Celse, portait les pierres. Tous furent conduits à l'empereur Néron, et Celse les suivait en poussant des cris de douleur. Un des soldats le frappa, et Nazaire en reprit ce soldat, et alors ses compagnons irrités battirent rudement Nazaire, le mirent en prison et le jetèrent ensuite dans la mer. Ils menèrent Gervais et Protais à Milan. Nazaire, qui avait été miraculeusement délivré, arriva aussi dans cette ville. Et le comte Artase, qui allait faire la guerre aux Marcomans, y arrivant aussi de son côté, les païens coururent au-devant de lui, prétendant que les dieux irrités refuseraient de lui répondre, à moins que Gervais et Protais ne fussent d'abord immolés. Et les saints furent conduits pour sacrifier aux idoles. Gervais dit que ce n'étaient que vains et insensibles simulacres, et que ce n'était qu'au vrai Dieu qu'il fallait rendre hommage; et le comte, irrité, ordonna de le frapper de fouets armés de boules de plomb jusqu'à ce qu'il eût rendu l'esprit. Il fit ensuite venir Protais, et il lui dit : « Malheureux, songe à conserver tes jours, et ne meurs pas misérablement comme ton frère. » Et Protais répondit : « Quel est le malheureux de nous deux? Est-ce moi, qui ne te crains pas, ou toi qui te repentiras, mais trop tard, de n'avoir pas craint mon Dieu? Tu peux ne pas craindre de me livrer à la torture, mais jamais tu ne me feras adorer les idoles. » Le comte ordonna alors qu'il fût attaché au chevalet. Et Protais lui dit : « Je ne t'en veux pas, car je prends pitié de ton aveuglement; tu ne sais ce que tu fais. Achève donc ce que tu as commencé, afin que la bonté du Sauveur puisse me récompenser ainsi que mon frère. » Le comte ordonna alors de lui trancher la tête. Un chrétien nommé Philippe, aidé de son fils, enleva les corps des martyrs et les ensevelit secrètement dans sa maison, dans un coffre de pierre, et il posa sous leur tête un écrit qui contenait l'histoire de leur vie et de leur pieuse fin. Ils souffrirent sous Néron, qui commença à régner vers l'an du Seigneur cinquante-sept. Leurs corps restèrent très-longtemps cachés, mais saint Ambroise les trouva de la manière suivante. Comme il était, une nuit, en oraison dans l'église des saints Nabor et Félix, et qu'il n'était ni tout à fait endormi ni complétement éveillé, deux jeunes gens de la plus grande beauté et couverts de vêtements blancs lui apparurent, et, les mains étendues, ils se mirent à prier avec lui. Ambroise demanda à Dieu que si c'était une illusion, elle cessât, et que si c'était une apparition véritable, elle se montrât de nouveau. Et les jeunes gens restèrent avec lui en prière jusqu'au chant du coq. La troisième nuit ensuite il les revit, et il y avait avec eux une autre personne qui était telle qu'on représente l'apôtre saint Paul. Et l'apôtre dit à Ambroise : « Voici ceux qui, méprisant la terre et tout ce qui lui appartient, se sont conformés à mes préceptes. Tu trouveras leurs corps à l'endroit où tu es, et sous leurs têtes un livre où est racontée toute leur histoire. » Ayant convoqué les évêques des villes voisines, Ambroise se mit le premier à creuser la terre, et il trouva toutes choses ainsi que l'apôtre saint Paul lui avait révélé. Et quoiqu'ils fussent là depuis plus de trois cents ans, les corps des martyrs étaient tout comme s'ils n'y avaient été déposés que depuis une heure, et ils répandaient une odeur extrêmement suave. Un aveugle ayant touché leur cercueil recouvra la vue, et beaucoup de malades furent guéris par leurs mérites. Saint Augustin dit, au vingtième livre de la *Cité de Dieu*, qu'en sa présence, et en celle de l'empereur, et d'une grande multitude, un aveugle recouvra la vue à leur tombeau. Mais on ne sait si c'est le même que celui dont nous venons de parler, ou si c'est un autre. Le même saint raconte qu'un jeune homme ayant mené un cheval boire dans une rivière près de la ville Victorienne, qui est à trente milles de Reggio, tout d'un coup il fut saisi du diable, qui le fit tomber dans l'eau comme mort. Et le soir, comme on chantait l'office dans l'église de Saint-Gervais et Saint-Protais, qui n'est pas éloignée de là, le jeune homme entra dans un état de grande agitation dans l'église, comme si ces chants l'avaient réveillé, et, embrassant l'autel, il fut impossible de l'en ôter, il y était comme lié. Et le démon s'efforçait de l'arracher, le menaçant de lui couper les membres, et les yeux du jeune homme lui sortaient de la tête. Mais peu de jours après, par les mérites de saint Gervais et de saint Protais, il fut entièrement guéri.

LÉGENDE DE SAINT JEAN ET DE SAINT PAUL.

Jean et Paul furent cousins germains de Constance, fille de l'empereur Constantin. En ce temps-là les Scythes étaient en possession de la Dacie et de la Thrace, et Galicanus, général de l'armée romaine, devait marcher contre eux, et il demandait comme récompense de ses bons services d'épouser Constance, fille de Constantin; ce que les grands de Rome appuyaient aussi de leurs sollicitations. Le père en était très-affligé, sachant que sa fille, qui avait été guérie par sainte Agnès, avait été vouée à l'état de virginité, et qu'elle aimerait mieux se faire tuer que donner son consentement. Et la vierge, ayant confiance en Dieu, conseilla à son père de la promettre pour épouse à celui qui reviendrait vainqueur. Galicanus laissa auprès d'elle deux filles qu'il avait eues d'une première femme qui était morte, afin de savoir ainsi ce que ferait et ce que résoudrait l'empereur, et Constance lui demanda de prendre avec lui ses deux cousins Jean et Paul, priant Dieu de le convertir ainsi que ses filles; et tout cela étant arrangé, Galicanus partit avec Jean et Paul et avec une nombreuse armée; mais ses troupes furent battues par les Scythes, et il fut assiégé dans la capitale de la Thrace. Alors Jean et Paul s'approchant de lui, lui dirent : « Fais un vœu au Dieu du ciel, et tu seras vainqueur. » Et aussitôt qu'il l'eut fait, un jeune homme, portant une croix sur son épaule, lui apparut, et lui dit: « Prends ton glaive, et suis-moi. » Et Galicanus s'étant armé, alla au milieu du camp des ennemis, et arrivant jusqu'à leur roi, il le tua; ce qui effraya tellement les Scythes qu'ils se laissèrent subjuguer, et qu'ils devinrent tributaires des Romains. Galicanus, converti à la foi, revint à Rome, et il y fut reçu avec les plus grands honneurs. Il pria l'empereur de permettre qu'il n'épousât point Constance, car il avait formé la résolution, en l'honneur de Jésus-Christ, de passer le reste de sa vie dans la continence : ce qui fit grand plaisir à l'empereur. Les deux filles de Galicanus avaient été converties, grâce aux soins de Constance, à la foi de Jésus-Christ, et leur père renonça à ses dignités, et, distribuant tous ses biens aux pauvres, il se consacra à la pauvreté avec d'autres serviteurs de Dieu. Il faisait beaucoup de miracles, et, à sa vue seule, les démons s'enfuyaient des corps des possédés. La renommée de sa sainteté se répandit dans toute la terre, et ceux qui venaient de l'Orient et de l'Occident voyaient un homme qui avait été patrice et consul, laver les pieds des pauvres, les servir à table, verser de l'eau sur leurs mains, donnant aux malades les soins les plus empressés et pratiquant toutes les vertus. Quand Constantin fut mort, son fils Constance, infecté de l'hérésie d'Arius, prit possession de l'empire. Constance, frère de Constantin, avait laissé deux fils, Gallus et Julien, et Constance, l'empereur, fit Gallus César, et l'envoya contre la Judée, qui était en révolte; et plus tard il le fit périr. Julien, craignant que l'empereur ne le fît mourir tout comme son frère, entra dans un monastère. Et, feignant une grande dévotion, il fut ordonné lecteur. Il fit consulter les démons par un magicien, et il lui fut répondu qu'il serait élevé à l'empire. Plus tard, les circonstances étant devenues impérieuses, Constance fit Julien César et l'envoya dans la Gaule, où il gouverna avec vigueur. Constance étant mort, Julien l'Apostat, qu'il avait élevé à l'empire, ordonna à Galicanus de sacrifier aux dieux ou de se retirer en un pays lointain; car il n'osait faire périr un personnage de si haut rang. Galicanus s'en alla à Alexandrie, où des païens lui percèrent le cœur, et il reçut la couronne du martyre. Et Julien, enflammé d'une cupidité sacrilège, colorait son avarice du témoignage de l'Évangile; car il enlevait aux chrétiens leurs biens, leur citant les paroles de l'Évangile, où il est dit : « Celui qui ne renonce pas à tout ne saurait être mon disciple. » Apprenant que Jean et Paul soutenaient les chrétiens dans l'indigence, y consacrant les biens que leur avait laissés la vierge Constance, il leur fit dire qu'ils devaient lui obéir tout comme à Constance. Et ils répondirent : « Lorsque les glorieux empereurs Constantin et son fils Constance se glorifiaient d'être serviteurs de Jésus-Christ, nous étions leurs sujets très-soumis. Mais toi, tu as abandonné la religion qui est sainte, aussi nous nous sommes éloignés de toi, et nous ne pouvons t'obéir. » Et Julien répliqua : « J'ai été ordonné clerc de l'Église, et, si j'avais voulu, je serais arrivé à la plus haute dignité de l'Église. Mais considérant la vanité de vos sectes, j'ai sacrifié aux dieux, et leur bon plaisir m'a fait obtenir l'empire. Vous qui avez été nourris à la cour, vous devez rester à mes côtés, et vous serez élevés aux premiers emplois dans mon palais. Mais si vous me désobéissez, il faudra que je sévisse contre vous, car je ne peux laisser mépriser mes commandements. » Et ils répliquèrent : « Nous ne te préférerons point à Dieu, et nous ne redouterons point tes menaces, car nous craignons d'encourir la colère du Dieu tout-puissant. » Julien répondit : « Si dans dix jours vous ne venez pas vous soumettre à moi, je vous ferai de force consentir à ce que vous refusez de faire de bonne volonté. » Les saints répondirent : « Tu peux déjà regarder les dix jours comme écoulés ; fais dès à présent ce que tu médites. » Julien dit alors : « Pensez-vous que les chrétiens vous regarderont comme martyrs ? Je vous ferai châtier, non comme chrétiens, mais comme ennemis de l'État. » Jean et Paul employèrent les dix jours à distribuer tous leurs biens aux pauvres. Et le dixième jour, Térencien fut envoyé vers eux, et leur dit : « Julien, notre maître, vous adresse une petite statue en or de Jupiter, afin que vous lui offriez de l'encens. » Et les saints répondirent : « Si c'est Julien qui est ton maître, tu partageras son sort ; nous n'avons, nous, d'autre maître que Jésus-Christ. » Alors l'empereur ordonna qu'on leur coupât la tête en secret, et qu'ils fussent ensevelis dans l'intérieur du palais, faisant courir le bruit qu'ils avaient été envoyés en exil. Ensuite le fils de Térencien fut possédé du démon, et il se mit à crier que le diable le brûlait. Voyant cela, Térencien confessa son crime et se convertit à la foi. Et il écrivit l'histoire de la passion des saints, et son fils fut guéri. Ils souffrirent l'an du Seigneur trois cent soixante-quatre. Saint Grégoire raconte dans son *Homélie sur l'Évangile* « Si quelqu'un veut venir après moi », qu'une dame qui visitait souvent l'église de ces saints martyrs rencontra, un jour qu'elle en revenait, deux moines sous un costume étranger, et croyant que c'était des pèlerins, elle ordonna de leur faire l'aumône ; et comme son intendant s'approchait pour les assister, ils dirent : « Tu viens à notre secours ; nous t'aiderons au jour du jugement, et nous serons tes protecteurs. » Et ayant dit cela, ils disparurent.

LÉGENDE DE SAINT LÉON, PAPE.

Le pape Léon, ainsi qu'on le lit dans le livre des miracles de la bienheureuse Vierge Marie, célébrait la messe le jour de Pâques dans l'église de Sainte-Marie-Majeure, et comme il donnait la communion aux fidèles les uns après les autres, une femme le baisa à la main, et il éprouva une violente tentation de la chair. Mais l'homme de Dieu, s'érigeant en sévère vengeur contre lui-même, se coupa en secret cette main qui l'avait scandalisé. Et il s'éleva des murmures parmi le peuple qui s'étonnait de ce que le saint ne célébrait plus l'office divin comme précédemment il en avait l'habitude. Alors Léon implora la sainte Vierge Marie, s'abandonnant entièrement à sa miséricorde. Et elle lui apparut, et elle lui rapporta la main qu'il avait tranchée, lui commandant de recommencer à offrir le saint sacrifice. Léon annonça à tout le peuple ce qui lui était arrivé, et il montra à tous la main qu'il avait si miraculeusement recouvrée. Il convoqua le concile de Chalcédoine, où il fut décrété que la Vierge Marie serait appelée la mère de Dieu. A cette époque Attila ravageait l'Italie, et saint Léon étant resté trois jours et trois nuits en oraison dans l'église des saints apôtres, dit aux siens : « Que celui qui voudra me suivre, me suive. » Et quand il s'approcha d'Attila, celui-ci, en le voyant, descendit de cheval, et se prosternant aux genoux du saint, il lui dit de demander ce qu'il voudrait. Léon lui demanda de se retirer de l'Italie et de rendre la liberté aux captifs. Et Attila, entendant les siens lui reprocher de ce que le vainqueur du monde était vaincu par un prêtre, répondit : « Ce que j'ai fait, je l'ai fait pour moi et pour vous. J'ai vu à la droite de Léon un guerrier debout et l'épée nue à la main qui m'a dit : « Si tu n'obéis pas à Léon, tu périras avec tous les tiens. » Le bienheureux Léon ayant écrit une lettre à Fabien, évêque de Constantinople, contre les erreurs de Nestorius et d'Eutychius, la posa sur le tombeau de saint Pierre, et s'étant livré au jeûne et à la prière, il dit : « Si je me suis trompé dans cette lettre, toi qui es chargé de la direction de l'Église, corrige et rectifie ce que j'ai écrit. » Et au bout de quarante jours, comme il était en oraison, saint Pierre lui apparut et lui dit : « J'ai lu, et j'ai corrigé. » Et Léon, reprenant sa lettre, vit que l'apôtre y avait fait des changements. Léon passa quarante jours en jeûnes et en prières auprès du tombeau de saint Pierre, le conjurant d'obtenir pour lui le pardon de ses péchés. Et Pierre lui apparut, et lui dit : « J'ai prié pour toi le Seigneur, et il t'a remis tes péchés. » Et Léon mourut l'an du Seigneur quatre cent soixante.

LÉGENDE DE SAINT PIERRE.

Saint Pierre, apôtre, donna, au-dessus des autres apôtres, l'exemple d'une grande ferveur ; car il voulut savoir le nom de celui qui devait trahir Notre-Seigneur, et, comme dit saint Augustin, il l'aurait mis en pièces avec les dents. Et Notre-Seigneur ne voulut pas nommer le perfide, parce que, ainsi que le remarque saint Chrysostôme, saint Pierre se serait aussitôt levé et aurait tué ce traître. Il marcha sur les eaux de la mer ; il trouva dans la bouche d'un poisson la pièce de monnaie demandée pour le tribut ; il reçut du Seigneur les clefs du royaume des cieux ; il convertit trois mille hommes par sa prédication, le jour de la Pentecôte ; il frappa de mort Ananie et Saphire ; il guérit le paralytique Énée ; il baptisa Corneille ; il ressuscita Tabithe ; il guérit les malades par l'ombre de son corps ; il fut incarcéré par ordre d'Hérode, mais un ange le délivra. Quant à ce que furent sa nourriture et ses vêtements, il nous l'apprend lui-même dans le livre de saint Clément : « Je ne me nourris, dit-il, que de pain avec des olives, et je fais rarement usage de légumes. Mon habillement est, ainsi que tu le vois, une tunique avec un manteau, et, ayant cela, je n'ai nul besoin d'aucune autre chose. » On dit qu'il portait toujours dans son sein un suaire pour essuyer les larmes qu'il versait en abondance, ne pouvant retenir ses pleurs au souvenir de la bonté du Seigneur toujours présente à son esprit. Et quand il pensait à la faute qu'il avait commise en reniant son maître, il ne pouvait non plus s'empêcher de pleurer, de sorte que son visage était comme tout brûlé de larmes, ainsi que le rapporte saint Clément. Et lorsqu'il entendait au matin le chant du coq, il s'empressait de se lever, et il pleurait amèrement. Saint Clément raconte aussi que lorsqu'on mena au martyre l'épouse de saint Pierre, l'apôtre témoigna une extrême joie, et il l'appela en criant à haute voix : « O mon épouse, souviens-toi du Seigneur ! » Une fois saint Pierre avait envoyé deux disciples pour prêcher, et lorsqu'ils se furent éloignés de vingt journées de marche, l'un d'eux mourut, et l'autre revint trouver saint Pierre, et lui raconta ce qui était arrivé. Et les uns dirent que c'était saint Martial, d'autres que c'était saint Fronton qui était mort ainsi, et que celui qui revint fut le prêtre George. Alors saint Pierre lui remit son bâton, lui disant d'aller retrouver son compagnon, et de lui poser dessus ce bâton. Cela fut fait, et le mort, qui gisait depuis quarante jours, se leva aussitôt et fut ressuscité. En ce temps-là, il y avait à Jérusalem un magicien nommé Simon qui prétendait avoir le plus grand pouvoir, et que ceux qui croyaient en lui devenaient immortels, et que rien ne lui était impossible. On lit, dans le livre de saint Clément, qu'il disait : « Je serai publiquement adoré comme un dieu, je jouirai des honneurs divins, et tout ce que je voudrai, je le ferai. Un jour que Rachel, ma mère, m'avait envoyé faire la moisson, voyant une faucille qui était par terre, je lui ordonnai de faucher d'elle-même, et elle fit dix fois plus de besogne que tous les moissonneurs. » Et il ajoutait, ainsi que le raconte saint Jérôme : « Je suis la parole de Dieu, je suis doué de beauté, je suis le Saint-Esprit, je suis l'âme de Dieu. » Il faisait se mouvoir des serpents d'airain ; il faisait rire des statues de bronze ou de marbre, et chanter des chiens.

Et comme il voulut disputer avec Pierre, et lui montrer qu'il était Dieu, au jour convenu, Pierre vint au lieu fixé pour la conférence, et il dit aux assistants : « La paix soit avec vous, mes frères, vous qui aimez la vérité. » Et Simon lui dit : « Nous n'avons pas besoin de la paix que tu nous offres ; car s'il faut la paix et la concorde pour arriver à la connaissance de la vérité, nous ne réussirons point. Les voleurs observent la paix entre eux, et je ne veux point invoquer la paix, mais la guerre ; car, entre deux adversaires, s'il y a la paix, l'un aura cédé à l'autre. » Et Pierre lui répondit : « Pourquoi redoutes-tu d'entendre parler de paix ? C'est du péché que vient la guerre, et là où il n'y a pas de péché, là est la paix. La vérité se démontre dans les disputes, et la justice dans les œuvres. » Simon répondit : « Je te montrerai la puissance de mon Dieu, afin que tu m'adores aussitôt. Je suis la vertu céleste, et je puis voler à travers les airs ; je puis faire surgir de terre de nouveaux arbres, changer les pierres en pain, rester dans le feu sans en ressentir aucun mal, et je puis faire tout ce que je veux. » Mais Pierre réfutait les discours de Simon, et il faisait voir tous ses maléfices. Alors Simon, voyant qu'il ne pouvait résister à Pierre, jeta dans la mer ses livres de magie, de peur que Pierre n'en fît usage, et se rendit à Rome, où il voulait se faire passer pour un dieu. Saint Pierre, ayant appris cela, le suivit à Rome. Il y arriva la quatrième année du règne de Claude, et il y resta vingt-cinq ans. Et il ordonna évêques, pour l'assister, Lin et Clet, l'un pour l'enceinte de la ville, et l'autre hors des murs, ainsi que le raconte Jean Beleth. Se livrant à la prédication, il convertissait beaucoup de monde, et il guérissait beaucoup de malades. Louant et recommandant toujours dans ses prédications la chasteté, il convertit quatre concubines du gouverneur Agrippa, qui refusèrent d'approcher davantage de lui, ce qui mit Agrippa dans une grande colère contre Pierre. Ensuite le Seigneur apparut à l'apôtre, et lui dit : « Simon et Néron ont de mauvais desseins contre toi, mais ne crains rien, car je suis avec toi, et je te délivrerai, et je te donnerai, pour te consoler, la visite de mon apôtre Paul, qui doit arriver demain à Rome. » Paul arriva, en effet, comme le Seigneur l'avait prédit ; et il se mit à prêcher avec Pierre. Simon était l'objet du plus grand attachement de la part de Néron, qui voyait en lui son appui et le gardien de toute la ville. Et un jour qu'il était près de Néron, ainsi que le raconte le pape Léon, sa figure changeait subitement d'aspect, de sorte qu'il avait l'air tantôt d'un vieillard, et tantôt d'un jeune homme. Ce que voyant, Néron croyait qu'il était le fils de Dieu. Et Simon dit à Néron : « Afin que tu saches, grand empereur, que je suis le fils de Dieu, fais-moi trancher la tête, et je ressusciterai le troisième jour. » Néron ordonna alors qu'on le décapitât, mais Simon substitua à sa place un bélier, et le bourreau, croyant couper la tête à Simon, coupa celle de ce bélier; et Simon, grâce à son art magique, n'eut aucun mal; et ramassant les membres du bélier, il les cacha; et il se tint, lui aussi, caché durant trois jours. Le sang du bélier restait où il s'était coagulé. Et, le troisième jour, Simon se présenta à Néron, disant : « Fais nettoyer mon sang, qui a été répandu; car, après avoir eu la tête tranchée, je suis ressuscité le troisième jour, ainsi que je l'avais promis. » Néron, voyant cela, fut saisi de surprise, et ne douta pas que Simon ne fût le fils de Dieu. Quelquefois, lorsqu'il était dans le cabinet de l'empereur, un démon, qui était revêtu de sa figure, haranguait le peuple au dehors. Et les Romains conçurent pour lui une telle vénération, qu'ils lui érigèrent une statue, et qu'ils mirent au bas cette inscription : « A Simon le dieu saint. » Mais Pierre et Paul allèrent à Néron, et dénoncèrent tous les sortiléges de Simon. Pierre ajouta : « Ainsi qu'il y a deux natures en Jésus-Christ, celle de Dieu et celle de l'homme, ainsi il y a deux natures en Simon, celle de l'homme et celle du diable. » Et Simon dit, à ce que racontent saint Marcel et saint Léon : « Je ne supporterai pas davantage les attaques de cet homme, qui est mon ennemi, et j'ordonnerai à mes anges d'en tirer vengeance. » Pierre répondit : « Je n'ai nulle crainte de tes anges : ce sont eux qui me redoutent. » Néron dit alors : « Est-ce que tu ne crains pas Simon, qui démontre sa divinité par les prodiges qu'il opère? » Pierre répliqua : « Si la divinité est en lui, qu'il me dise ce que je pense, et je vais confier à ton oreille la pensée que j'ai en mon esprit, et il ne pourra nous tromper. » Néron dit : « Approche-toi et dis-moi ce que tu penses. » Et Pierre, s'approchant, dit à l'empereur en secret : « Ordonne qu'on m'apporte un pain d'orge, et qu'on me le donne en cachette. » Quand Pierre eut reçu le pain, il le bénit, et il le mit sous sa tunique, et il dit : « Que Simon, qui prétend être dieu, dise ce que j'ai pensé, ce que j'ai dit et ce que j'ai fait. » Simon répondit : « Que ce soit Pierre qui dise ce que je pense. » Et Pierre répliqua : « Ce que Simon pense, je montrerai que je le sais, et ce qu'il a pensé, je le ferai. » Simon, plein de colère, s'écria : « Que les chiens viennent, et qu'ils le dévorent. » Et aussitôt des chiens énormes apparurent, et ils se jetèrent sur saint Pierre ; mais il leur présenta le pain qu'il avait bénit, et aussitôt il leur fit prendre la fuite. Et il dit à Néron : « Je t'ai montré que je savais ce que Simon pensait contre moi. Il avait promis d'envoyer contre moi des anges, et ce sont des chiens qu'il a fait venir ; montrant ainsi que ce n'est pas sur des anges, mais sur des chiens qu'il a pouvoir. » Simon, enflé d'orgueil, prétendit ensuite qu'il pouvait ressusciter les morts. Et un jeune homme étant mort, on fit venir Pierre et Simon, et il fut décrété que celui qui ne ressusciterait pas le mort serait lui-même puni de la peine capitale. Simon ayant fait ses enchantements sur le cadavre, les assistants virent la tête se remuer. Alors les assistants, poussant des cris, voulaient lapider Pierre ; mais l'apôtre, ayant réclamé un moment de silence, dit : « Si le mort est ressuscité, qu'il se lève, qu'il marche et qu'il parle ; autrement, sachez que ce n'est qu'un fantôme qui lui fait remuer la tête. » On éloigna Simon du lit, et le mort resta immobile. Mais Pierre, se tenant debout et ayant fait sa prière, dit : « Jeune homme, au nom de Jésus-Christ de Nazareth qui a été crucifié, lève-toi, et marche. » Et aussitôt le mort se leva, et il marcha. » Alors le peuple voulut lapider Simon ; mais Pierre dit : Il est assez puni en étant forcé de reconnaître qu'il est vaincu dans son art. Notre maître nous a appris qu'il fallait rendre le bien pour le mal. » Simon dit : « Sachez, Pierre et Paul, que vous n'obtiendrez pas ce à quoi vous aspirez, et que je n'aurai pas la complaisance de vous faire obtenir la couronne du martyre. » Et ils répondirent : « Qu'il nous advienne ce que nous désirons ; mais toi, tu n'en retireras aucun avantage, et, toutes les fois que tu parles, tu mens. » Alors Simon, à ce que dit saint Marcel, alla à la maison de Marcel, son disciple, et il attacha un très-gros chien à la porte, en disant : « Je verrai à présent si Pierre, qui a coutume de venir te voir, pourra entrer. » Un moment après, Pierre vint, et ayant fait le signe de la croix, il détacha le chien. Et le chien poursuivit Simon en manifestant une vive colère, et l'ayant saisi, il le jeta par terre, et il voulut l'étrangler. Pierre, accourant alors, cria au chien de ne faire aucun mal à l'enchanteur ; et le chien ne blessa point son corps, mais il mit ses vêtements en pièces, et il le laissa nu sur le sol. Le peuple, et les enfants surtout, coururent à la poursuite du chien et le firent sauver hors de la ville, comme si c'eût été un loup. Et Simon, ne pouvant supporter la honte de cet affront, resta un an sans reparaître. Et Marcel, ayant vu ces miracles, se mit à la suite de Pierre. Simon, revenant ensuite, rentra dans les bonnes grâces de Néron. Et, à ce que raconte le pape Léon, il convoqua le peuple, et il se plaignit de ce que les Galiléens l'offensaient très-gravement ; et il dit qu'il voulait déserter la ville qu'il avait l'habitude de protéger, et qu'il fixerait un moment où il monterait au ciel ; car la terre n'était plus digne de lui servir de séjour. Ce moment étant arrivé, il monta sur une tour élevée, ou, à ce que rapporte Lin, sur le Capitole, et, se précipitant en bas, couronné de lauriers, il se mit à voler. Néron dit alors à Pierre et à Paul : « Cet homme dit vrai ; vous, vous n'êtes que des imposteurs. » Pierre dit à Paul : « Lève la tête et vois. » Paul ayant levé la tête et voyant voler Simon, dit à Pierre : « Pourquoi l'arrêtes-tu ? achève ce que tu as commencé ; le Seigneur nous appelle. » Et Pierre dit : « Au nom de Notre-Seigneur Jésus-Christ, je vous commande, anges de Satan, vous qui portez Simon dans les airs, de ne pas le porter davantage, mais de le lâcher. » Et aussitôt Simon tomba, et, s'étant fracassé la tête, il expira. Néron, apprenant cela, fut très-affligé d'avoir perdu un tel homme, et il dit aux apôtres : « Vous avez agi ainsi par mauvaise intention contre moi, et je ferai de vous un exemple. » Et il les remit dans les mains de Paulin, homme du rang le plus distingué ; et Paulin les fit enfermer dans la prison Mamertine, sous la garde de deux soldats nommés Processus et Martinien ; mais Pierre convertit ces soldats à la foi, et ils ouvrirent la prison, et ils le laissèrent aller. Après le martyre des apôtres, Paulin fit saisir Processus et Martinien, et comme ils confessèrent qu'ils étaient chrétiens, ils eurent la tête tranchée d'après l'ordre de Néron. Les frères priaient Pierre de s'éloigner de Rome, et il s'y refusa longtemps; mais enfin il céda à leurs prières. Et quand il fut venu à la porte à l'endroit où est maintenant l'église de Sainte-Marie *ad passus*, il vit Jésus-Christ qui venait vers lui, et il lui dit : « Seigneur, où allez-vous? » Et le Sauveur répondit : « Je vais à Rome pour y être crucifié derechef. » Et Pierre répliqua : « Seigneur, est-ce que vous serez crucifié une seconde fois? » Et Jésus-Christ répondit : « Oui. » Et Pierre dit : « Seigneur, je reviendrai avec vous, afin d'être crucifié avec vous. » Et le Seigneur remonta alors au ciel, tandis que Pierre versait des larmes. Et comme il comprit que son martyre lui était ainsi prescrit, il rentra à Rome. Et après qu'il eut raconté cela aux frères, il fut saisi par les satellites de Néron, et envoyé au gouverneur Agrippa; et sa figure devint resplendissante comme le soleil, ainsi que l'atteste Lin. Et Agrippa lui dit : « N'es-tu pas cet homme qui soulève le peuple et qui tire vanité de ces misérables femmes que tu éloignes du lit de leurs maris? » L'apôtre le reprenant, répondit qu'il ne tirait vanité que de la croix de Notre-Seigneur. Et il fut crucifié, comme étant étranger, tandis que Paul, en sa qualité de citoyen romain, eut la tête tranchée. Denis, dans son *Épître à Timothée*, parle en ces termes de la mort de Paul : « O mon frère! si tu avais vu ces serviteurs de Dieu menés à la mort, ton âme aurait succombé de tristesse et de douleur. Qui est-ce qui ne pleurerait l'heure où fut rendu l'arrêt qui condamna Pierre à être crucifié et Paul à être décapité? Tu aurais vu les bandes de juifs et de païens les frappant et leur crachant à la figure; et au milieu des gémissements des fidèles, ces deux colonnes du monde furent séparées. Alors Paul dit à Pierre : « La paix soit avec toi, fondement des Églises et pasteur des brebis et des agneaux de Jésus-Christ. » Et Pierre lui répondit : « Va en paix, prédicateur de la vérité, médiateur et guide du salut des justes. » Lorsqu'ils les eurent séparés l'un de l'autre, je suivis mon maître; car on ne les mit pas à mort au même endroit. » Ainsi s'exprime Denis. Saint Pierre, selon le témoignage de Léon et de Marcel, lorsqu'il fut venu près de la croix, dit : « Il a été juste que mon Dieu qui est descendu du ciel sur la terre ait été élevé sur la croix ; mais moi, ma tête doit indiquer la terre et mes pieds montrer le ciel. Je ne suis point digne d'être sur la croix comme mon Sauveur ; retournez-la donc, et crucifiez-moi la tête en bas. » Les bourreaux firent alors ce qu'il demandait. Mais le peuple, rempli de fureur, voulait tuer Néron et le gouverneur, et délivrer l'apôtre. Et il pria que l'on ne mît point d'empêchement à son martyre. Le Seigneur, à ce que rapportent Hégésippe et Lin, ouvrit les yeux de ceux qui étaient là et qui pleuraient, et ils virent des anges qui tenaient des couronnes de roses et de lis, et qui entouraient Pierre suspendu sur la croix. Et Pierre dit alors : « J'ai voulu imiter le Seigneur, mais je n'ai pas dû être élevé comme lui sur la croix. Car il est toujours haut et élevé, et nous, nous sommes les fils du premier homme, et il a courbé sa tête vers la terre, et sa chute a abaissé la race humaine ; de sorte que nous sommes inclinés vers la terre. Vous êtes tout pour moi, Seigneur, et si ce n'est vous, tout ne m'est rien. Je vous rendrai grâce, tant que je vivrai, de toutes les facultés de mon âme. » Et Pierre ayant dit cela, et voyant que les fidèles avaient vu sa gloire, les recommanda au Seigneur, et il rendit l'esprit. Alors Marcel et Apulée, ses disciples, le descendirent de la croix, et embaumant son corps avec divers aromates, ils l'ensevelirent. Isidore, dans son *Livre de la naissance et de la mort des Saints*, s'exprime ainsi : « Pierre, après avoir fondé l'Église d'Antioche, vint à Rome sous le règne de l'empereur Claude, et il y prêcha l'Évangile, et il conserva pendant vingt-cinq ans le pontificat de cette ville. La trente-sixième année après la passion de Jésus-Christ, il fut condamné, sous Néron, à être crucifié, et il voulut l'être la tête en bas. » Le même jour, Pierre et Paul apparurent à Denis, ainsi qu'il le dit lui-même dans la *Lettre à Timothée* que nous avons citée : « Écoute le récit du miracle, apprends le prodige, mon frère, lors du sacrifice des serviteurs de Dieu ; car j'ai été présent au moment de leur séparation. Après leur mort, je les ai vus, se tenant par la main, entrer par la porte de la ville, et revêtus d'habillements éclatants, comme ornés de l'habit de lumière et des couronnes de la vérité et de la splendeur. — Néron ne demeura point impuni après avoir commis ce crime et bien d'autres ; car il se tua de sa propre main ; et nous donnerons ici en abrégé le récit de ses méfaits. Son précepteur Sénèque, ainsi qu'on le lit dans une certaine histoire apocryphe, attendant de lui la récompense des peines qu'il s'était données, Néron le laissa maître de choisir à quelle branche d'un arbre il choisissait d'être pendu, disant qu'il entendait ainsi le récompenser. Sénèque demandant en quoi il avait mérité ce supplice, Néron fit brandir sur sa tête une épée nue. Sénèque, rempli d'effroi, baissait la tête afin de se soustraire au péril, et Néron lui dit : » Mon maître, pourquoi baissez-vous ainsi la tête ? » Et Sénèque répondit : « C'est que j'ai peur de mourir et que je voudrais échapper à la mort. » Et Néron lui dit : « Tu me redoutes donc à présent, toi que j'ai redouté dans mon enfance ; tant que tu es en vie, je ne saurais vivre tranquille. » Sénèque répliqua : « Si tu exiges ma mort, accorde-moi du moins de choisir le genre de mon trépas. » Néron lui répondit : « Tu peux choisir ; mais dépêche-toi de mourir. » Alors Sénèque se fit mettre dans un bain et se fit ouvrir les veines des bras, et il perdit ainsi la vie avec son sang, et son nom de Sénèque se trouva ainsi justifier la signification dont il était le présage ; Sénèque, *se necans*, qui se tue soi-même. Et on lit que Sénèque eut deux frères : l'un fut Jules Gallio, orateur illustre, qui se tua de sa propre main ; l'autre, nommé Mela, fut le père du poëte Lucain. Et Lucain mourut aussi, s'étant fait ouvrir les veines, par ordre de Néron. Et Néron, rempli d'une fureur insensée, fit tuer sa mère et fit ouvrir son cadavre afin de repaître ses yeux de l'aspect des entrailles qui l'avaient porté. Et les médecins le reprenaient du meurtre de sa mère, disant : « La loi s'oppose et la nature défend qu'un homme fasse périr sa mère qui l'a enfanté avec tant de douleur, et qui l'a nourri avec tant de peine et d'inquiétude. » Et Néron leur dit : « Faites-moi concevoir un enfant et accoucher, afin que je sache quelle douleur a dû éprouver ma mère. » Et cette volonté d'accoucher était venue en lui, parce que, passant dans la ville, il avait entendu les cris d'une femme en couches. Et les médecins lui dirent : « Nous ne pouvons rien sur ce que la nature a empêché et sur ce qui viole toutes les règles de la raison. Et Néron leur répliqua : « Si vous ne me faites pas concevoir et enfanter, je vous ferai tous périr dans les tourments. » Alors ils lui donnèrent des potions et ils lui firent avaler une grenouille, et, par les ressources de leur art, ils la firent croître dans son ventre. Et son ventre, souffrant de cette chose contre nature, s'enfla ; de sorte que Néron crut avoir conçu un enfant. Et ses médecins lui faisaient observer le régime qu'ils savaient le plus favorable au développement de la grenouille, disant que c'était nécessaire après la conception. Enfin, comme il souffrait beaucoup, il perdit patience et il dit aux médecins : « Hâtez le moment de ma délivrance ; car je souffre tellement que j'ai à peine la force de respirer. » Alors ils lui donnèrent un breuvage pour le faire vomir, et il rendit une grenouille d'un aspect effrayant, toute couverte de sang et remplie d'humeurs putrides. Et quand Néron vit ce qu'il avait mis au monde, il en eut horreur et il s'étonnait d'avoir enfanté un monstre aussi hideux. Et les médecins lui dirent que si ce rejeton était si monstrueux et si difforme, c'est qu'il ne lui avait pas été donné le temps d'arriver à terme. Et Néron dit : « Étais-je ainsi quand je suis sorti des flancs de ma mère ? » Et il lui fut répondu que oui. Alors Néron ordonna que son rejeton fût nourri et gardé avec grand soin sous les voûtes du palais. Ces choses-là ne se lisent pas dans les chroniques ; elles sont apocryphes. Voulant ensuite se donner le spectacle de ce qu'avait été l'incendie de Troie, il fit livrer Rome aux flammes pendant sept jours et sept nuits. Et il regardait avec joie du haut d'une tour fort élevée les progrès du feu, et il chantait en s'accompagnant de la lyre ; il s'occupait beaucoup de musique et il prétendait l'emporter sur tous les chanteurs et les joueurs d'instrument. Il contracta mariage avec un homme, et il se fit épouser par un homme, ainsi que le rapporte Orose. Enfin, les Romains ne pouvant plus supporter son délire, se soulevèrent contre lui, et il fut chassé de la ville. Quand il vit qu'il ne pouvait se sauver, il coupa un bâton avec ses dents et il se perça avec, se l'enfonçant dans le milieu du ventre, et il périt ainsi. On lit dans d'autres auteurs qu'il fut dévoré des loups. Les Romains prirent la grenouille qu'on nourrissait sous les voûtes du palais, et la firent porter hors de la ville, où elle fut brûlée. Et la portion de la ville où elle avait été prit le nom de Latran, qui signifie grenouille cachée (*latens rana*). Du temps du saint pape Corneille, les corps des apôtres furent dérobés par des Grecs qui les emportèrent hors de Rome. Mais les démons qui habitaient dans les idoles, cédant à la force divine, s'écriaient : « Accourez, Romains, l'on emporte vos dieux. » Les fidèles comprirent qu'il s'agissait des apôtres, les païens crurent qu'il s'agissait de leurs dieux, et une foule immense accourut. Les Grecs eurent peur, et ils jetèrent les corps des apôtres dans un puits, mais les fidèles les en retirèrent. Saint Grégoire raconte que, lorsqu'on les retira, il se fit de grands éclats de tonnerre et des éclairs épouvantables ; et, comme l'on ne savait pas quels étaient les os de saint Pierre ou ceux de saint Paul, les fidèles se mirent en oraison et ils jeûnèrent, et il vint une voix du ciel qui dit : « Les os les plus grands sont ceux du prédicateur, et les plus petits ceux du pêcheur. » Et les os furent recueillis séparément et déposés dans des églises qu'on éleva pour les recevoir. D'autres disent que le pape Sylvestre, voulant consacrer les deux églises, mit, avec une grande vénération, les os petits ou grands dans les plateaux d'une balance, et qu'il en donna moitié à une église et moitié à l'autre. Saint Grégoire raconte, dans ses *Dialogues,* que dans l'église de Saint-Pierre, où se conserve son corps, il y avait un homme, nommé Agontius, d'une grande humilité et d'une sainteté remarquable. Et il y avait une femme paralytique qui s'était traînée sur les mains et sur les genoux dans l'église ; et, comme, prosternée contre terre, elle sollicitait sa guérison, saint Pierre lui apparut et lui dit : « Va trouver Agontius, et il te rendra la santé. » Elle se mit alors à se traîner deçà et de là dans l'église, s'informant qui était Agontius. Et l'ayant tout à coup rencontré, elle lui dit : « Saint Pierre m'envoie à toi pour que tu me guérisses. » Et il répondit : « Si c'est lui qui t'envoie, lève-toi. » Et il la prit par la main et elle se leva aussitôt, se trouvant complétement guérie. Saint Grégoire dit aussi, dans le même livre, que Galla, femme d'une des familles les plus distinguées de Rome, et fille de Symmaque qui avait été consul, ayant été mariée, se trouva veuve avant la fin de l'année. Sa position élevée et son âge étaient des motifs pour passer à de secondes noces ; mais elle préféra une union spirituelle avec le Sauveur qui mène à la vie éternelle, tandis que l'union charnelle commence souvent dans la joie pour finir dans la tristesse. Et comme elle était d'une disposition corporelle très-enflammée, les médecins dirent qu'à cause de son trop de feu, il lui pousserait de la barbe, à moins qu'elle n'eût commerce avec un homme ; et en effet elle devint barbue ; mais elle se soucia peu de la difformité extérieure, pourvu qu'elle conservât la beauté intérieure. Ayant quitté l'habit séculier, elle se consacra à la vie religieuse dans le monastère qui touche l'église Saint-Pierre, et elle y resta beaucoup d'années, honorant Dieu par ses oraisons, ses aumônes et sa piété. Elle fut enfin attaquée d'un cancer à la mamelle ; et comme deux flambeaux étaient toujours allumés auprès de son lit, car, en véritable amie de la lumière, elle haïssait non-seulement les ténèbres spirituelles, mais aussi les corporelles, elle vit l'apôtre saint Pierre qui se tenait debout près de son lit entre ces deux flambeaux. Et, prenant de l'audace dans son amour, elle se réjouit et elle dit : « Toi qui es mon seigneur, obtiens la rémission de mes péchés. » Et lui, ayant l'aspect le plus doux, inclina la tête et répondit : « Ils te sont remis ; viens. » Et elle dit : « Je demande que ma sœur Bénédicte vienne avec moi. » Et Pierre répondit : « Non ; mais elle te suivra bientôt. » Et Galla ayant désigné sa sœur pour abbesse, celle-ci mourut trois jours après. Saint Grégoire raconte, dans le même livre, qu'un prêtre d'une grande sainteté étant à l'agonie, se mit à crier en manifestant une joie extrême : « Mes maîtres viennent au-devant de moi, mes maîtres viennent au-devant de moi ! Comment avez-vous daigné venir au-devant d'un esclave comme moi ? Je viens, je viens ; je rends grâces, je rends grâces. » Et les assistants lui demandant l'explication de ce qu'il disait, il répondit : « Est-ce que vous n'avez pas vu les deux saints apôtres Pierre et Paul ? » Et comme il prononçait ces mots, il expira. Quelques auteurs ont douté si saint Pierre et saint Paul ont souffert le même jour. On a prétendu que c'était à un an d'intervalle. Mais saint Jérôme et presque tous les saints qui ont traité de cela pensent que c'est le même jour et la même année, ainsi qu'il résulte du témoignage de Lin et de la lettre de Denis dont nous avons parlé. Saint Léon dit qu'ils souffrirent dans le même endroit, ce qui doit s'entendre qu'ils furent tous deux martyrisés à Rome. Saint Grégoire ordonna que, bien qu'ils fussent morts le même jour, on célébrerait le jour de l'anniversaire la fête de saint Pierre, et le lendemain la solennité de saint Paul. Et en ce jour fut consacrée l'église de Saint-Pierre, qui est celle de toutes la plus élevée en dignité et qui a la primauté à Rome.

LÉGENDE DE SAINT PAUL.

Saint Paul, apôtre, après sa conversion, souffrit beaucoup de persécutions, que saint Hilaire énumère brièvement, disant : « L'apôtre saint Paul fut battu de verges dans la ville de Philippes, il fut mis en prison, il fut attaché par les pieds à une pièce de bois ; à Listres, il fut lapidé ; à Icone et à Thessalonique, il fut en butte à la colère de ses ennemis ; à Éphèse, il fut exposé aux bêtes ; à Damas, il fut descendu dans une corbeille du haut des murs ; à Jérusalem, il fut battu et lié ; à Césarée, il fut emprisonné. Venant à Rome, il fit naufrage ; il fut jugé sous Néron et mis à mort. A Listres, il ressuscita un jeune homme qui s'était tué en tombant d'une fenêtre, et il fit beaucoup d'autres miracles. Dans l'île de Malte, une vipère lui mordit la main ; mais elle ne lui fit aucun mal, et il la secoua et la fit tomber dans le feu. Et tous les descendants de l'homme qui donna à Malte l'hospitalité à saint Paul n'ont rien à craindre de la morsure des bêtes venimeuses. Quand un enfant naît dans cette famille, son père met des serpents dans son berceau, pour s'assurer s'il est bien le véritable père. » On lit dans quelques auteurs que Paul est moindre que Pierre, dans d'autres qu'il est plus grand, dans d'autres qu'il est son égal. Mais l'on peut dire qu'il fut moindre en dignité, plus grand en prédication et égal en sainteté. Haymon raconte que, depuis le chant du coq jusqu'à la cinquième heure, Paul se livrait au travail des mains ; il se consacrait ensuite à la prédication, et prolongeait souvent ses discours jusqu'à la nuit ; le reste du temps lui était nécessaire pour prendre ses repas, pour dormir et pour se livrer à l'oraison. Quand il vint à Rome, Néron n'était pas encore endurci dans l'impiété; et, quand il apprit qu'il y avait des disputes élevées entre Paul et les juifs au sujet de la foi des chrétiens et de la loi de Moïse, il ne s'en inquiéta pas beaucoup, et Paul put aller librement où il voulut, et prêcher la foi sans obstacles. Saint Jérôme, dans son livre des *Hommes illustres*, dit que la vingt-cinquième année après la passion du Seigneur, c'est-à-dire la seconde du règne de Néron, saint Paul fut amené lié à Rome, et que pendant deux ans il jouit d'une sorte de liberté, et disputa avec les juifs. Banni ensuite par Néron, il prêcha l'Évangile dans la région de l'Occident. Et la quatorzième année du règne de Néron, il fut décapité, le même jour que saint Pierre fut crucifié. La sagesse et la piété de saint Paul étaient en grande renommée, et provoquaient l'admiration universelle. Il se lia d'amitié avec beaucoup de personnes de la maison de l'empereur, et il les convertit à la foi. Quelques-uns de ses écrits furent récités devant l'empereur, et ils reçurent des éloges unanimes. Le sénat avait aussi de lui une haute opinion. Un jour, qu'aux approches du soir, Paul prêchait sur une place, un jeune homme, nommé Patrocle, échanson de Néron, et l'un de ses plus grands favoris, voulut entendre plus commodément l'apôtre, qu'entourait une grande multitude de peuple; il monta sur une fenêtre, et là, s'étant laissé aller au sommeil, il tomba et il se tua. Néron, instruit de cela, en montra un vif regret, et il nomma quelqu'un pour remplir l'emploi qu'avait Patrocle. Paul, connaissant ces choses par révélation, dit aux assistants d'aller et de lui rapporter le corps de Patrocle, et il le ressuscita et il le renvoya à l'empereur, qui était dans l'affliction, lorsqu'on vint lui dire que Patrocle était, plein de vie, devant les portes du palais. Néron, instruit que celui qu'il avait su mort était en vie, fut effrayé, et ne voulut pas le revoir. Mais enfin, cédant aux prières de ses amis, il lui permit d'entrer, et il dit : « Tu vis, Patrocle? » Et Patrocle répondit : « César, je suis en vie. » Et Néron dit alors : « Qui est-ce qui t'a rendu la vie? » Patrocle répliqua : « C'est le Seigneur Jésus-Christ, roi de tous les siècles. » Néron, irrité, répondit : « Est-ce qu'il régnera dans les siècles et qu'il détruira tous les empires du monde ? » Et Patrocle répondit : « Oui, César. » Néron lui donna un soufflet, en disant : « Tu es au service de ce roi ? » Et il répondit : « Je suis à son service, car il m'a ressuscité du milieu des morts. » Alors les ministres de l'empereur, qui étaient présents, dirent à Néron : « Pourquoi frappez-vous ce jeune homme, qui répond avec prudence et véracité? car nous servirions très-volontiers ce roi. » Néron, entendant cela, les fit mettre en prison, dans l'intention de les livrer à la torture, et il fit rechercher tous les chrétiens, et il les fit punir tous sans vouloir les interroger. Et Paul fut conduit, garrotté, avec les autres, devant Néron, qui lui dit : « Tu es le serviteur du grand roi, mais tu parais lié devant moi ; pourquoi séduis-tu mes soldats et les détournes-tu de m'obéir ? » Paul répondit : « Ce n'est pas seulement autour de toi que j'ai réuni des soldats pour mon maître, mais dans l'univers entier ; il ne repousse personne, et il comble de biens ceux qui viennent le servir. Celui qui se consacrera à lui sera sauvé, et telle est sa puissance, qu'il viendra un jour juger tous les hommes, et qu'il détruira le monde par le feu. » Néron, entendant cela, fut plein de courroux, et, frappé de ce que Paul lui avait dit, que le monde serait détruit par le feu, il ordonna de brûler tous les chrétiens, et il fit couper la tête à Paul, qui était citoyen romain, comme coupable de lèse-majesté. Et l'on mit à mort une telle multitude de chrétiens, que le peuple romain se souleva et qu'il entra de force dans le palais, criant : « Arrête-toi, César, suspends le carnage ; ceux que tu fais périr sont les soutiens de l'empire. » L'empereur, effrayé, rendit un édit portant que nul chrétien ne serait touché jusqu'à ce qu'il l'eût jugé en personne et avec soin. C'est pourquoi Paul fut ramené en présence de Néron. Quand l'empereur vit le saint, il se mit à crier avec violence, disant : « Emmenez cet enchanteur, coupez la tête à cet imposteur ; ne laissez pas vivre ce calomniateur ; exterminez celui qui fait perdre au peuple la raison, ôtez de dessus la surface de la terre ce novateur. » Paul répondit : « Je souffrirai dans le temps, mais je vivrai éternellement avec Jésus-Christ. » Néron répliqua : « Coupez-lui la tête, afin de lui montrer que je suis plus puissant que son roi ; et nous verrons s'il pourra échapper à la mort. » Paul répondit : « Afin que tu saches qu'après la mort corporelle je possède la vie éternelle, je t'apparaîtrai après avoir été décapité, et tu reconnaîtras alors que Jésus-Christ est le Dieu de la vie et non de la mort. » Ayant dit cela, il fut conduit au supplice. Et trois des soldats qui l'y menaient dirent : « Dis-nous, Paul; quel est ce roi que tu aimes tant, que pour lui tu préfères la mort à la vie, et quelle récompense auras-tu? » Et Paul leur prêcha sur le royaume de Dieu et les peines de l'enfer, et il les convertit à la foi. Ils lui dirent alors d'aller où il voudrait; mais il répondit : « Loin de moi, mes frères, l'idée de fuir; je ne suis point un lâche fuyard, mais un intrépide soldat de Jésus-Christ. Je sais que cette vie passagère me conduit à la vie éternelle, et, dès que j'aurai été décapité, des fidèles enlèveront mon corps. Faites attention à cet endroit, et, demain matin, venez-y. Vous trouverez près de mon sépulcre deux hommes en prières, Titus et Luc. Vous leur direz que c'est moi qui vous envoie à eux; ils vous baptiseront et vous rendront cohéritiers du royaume de Dieu. » Comme il avait dit cela, Néron envoya deux soldats pour voir si l'apôtre avait été mis à mort. Et Paul voulant les convertir, ils répondirent : « Lorsque tu seras mort et que tu seras ressuscité, nous croirons alors ce que tu nous enseignes. Maintenant, viens promptement, et reçois ce que tu as mérité. » Comme on le conduisait au supplice, il rencontra une dame, nommée Platille, qui avait été de ses disciples; et, selon Denis, elle se nommait Lemobie; elle fut au-devant de l'apôtre, et se recommanda, en pleurant, à ses prières. Et Paul lui dit : « Je te salue, Platille; prête-moi le voile qui couvre ta tête, afin que je bande mes yeux, et je te le rendrai ensuite. » Les bourreaux l'entendant se mirent à rire, et lui dirent : « Prête à cet imposteur et à ce magicien le voile qu'il te demande; il n'est pas assez précieux pour que tu regrettes de le perdre. » Quand Paul fut arrivé au lieu du supplice, il se tourna vers l'orient, et ayant étendu les mains au ciel, il pria longtemps et il rendit grâces. Ensuite, disant adieu aux frères, il s'attacha sur les yeux le voile de Platille, et, s'agenouillant, il tendit la tête et il fut décapité. Au moment où sa tête tomba, elle prononça le nom de Jésus-Christ, qu'il avait tant aimé et tant nommé dans sa vie. On dit que, dans les *Epîtres de saint Paul,* le nom de Jésus ou de Christ revient cinq cents fois. Il coula de sa blessure beaucoup de lait, qui se répandit sur les vêtements des soldats, et ensuite du sang ; une immense clarté se répandit dans l'air, et une odeur des plus suaves s'exhala de son corps. Denis, dans son *Epître à Timothée,* s'exprime ainsi au sujet de la mort de saint Paul : « Dans ce moment plein de tristesse, il m'appela son frère bien-aimé, et regardant le ciel, il munit sa poitrine et son front du signe de la croix, et il dit : « Seigneur Jésus, je remets mon esprit entre vos mains. » Et, sans y être forcé et sans montrer de peine, il tendit le cou et il reçut la couronne. Le bourreau ayant tranché la tête de Paul, essuya le sang avec le voile de Platille, et il plia la tête dedans. Et, Lemobie ayant trouvé le bourreau qui s'en retournait, lui dit : « Où as-tu mené mon maître Paul ? » Et le bourreau dit : « Il est là-bas dans la vallée avec son compagnon, et sa figure est couverte de ton voile. » Elle répondit : « Voici que Pierre et Paul viennent de venir, revêtus d'habits éclatants et la tête ceinte d'une lumière d'une splendeur incomparable, et ils m'ont rapporté un voile tout plein de sang » ; et elle fit voir ce voile. Et, à cause de ce miracle, beaucoup crurent au Seigneur et se firent chrétiens. » C'est ce que rapporte Denis. Néron, apprenant ce qui s'était passé, fut saisi de crainte, et il se mit à parler souvent de cela avec ses officiers et ses favoris. Et tandis qu'ils conversaient ensemble, Paul se montra au milieu d'eux, quoique les portes fussent restées fermées, et il dit à Néron : « César, je suis Paul, soldat du Roi éternel et invincible. Maintenant, tu peux croire que je ne suis pas mort, mais vivant. Mais toi, malheureux, tu es dévoué à la mort éternelle, parce que tu fais périr injustement les saints de Dieu. » Et, ayant dit cela, il disparut. Néron était tellement effrayé, qu'il avait comme perdu la raison et qu'il ne savait ce qu'il faisait, et, d'après le conseil de ses affidés, il remit en liberté Barnabé et Patrocle, et les laissa aller où ils voulurent. Et les deux militaires qui avaient accompagné Paul, et qui se nommaient Longin et Aceste, ayant été le matin au tombeau de Paul, virent Titus et Luc qui étaient en prières, et saint Paul qui se tenait au milieu d'eux. En les voyant, Titus et Luc furent épouvantés et ils prirent la fuite, et Paul disparut. Lo... et Aceste leur coururent après, criant : « Ce n'est pas pour vous persécuter que nous sommes venus, mais nous voulons être baptisés, car Paul nous a dit que nous vous trouverions ici en oraison. » Ce qu'entendant, les chrétiens revinrent et les baptisèrent avec beaucoup de joie. La tête de Paul fut jetée dans une vallée, et à cause de la multitude de gens qui avaient été suppliciés et qui avaient été jetés au même endroit, l'on ne pouvait la reconnaître. On lit dans cette même *Epître de Denis*, qu'un jour on vida cette fosse, et la tête de Paul fut jetée dans les champs avec d'autres débris. Un pasteur la ramassa et la posa dans l'étable où il enfermait ses brebis. Et, durant trois jours, il vit, ainsi que son maître, une lumière ineffable qui rayonnait autour de cette tête ; l'évêque et les fidèles, ayant appris cette circonstance, dirent : « Vraiment, c'est la tête de Paul. » Ils vinrent donc chercher cette tête, ils la posèrent sur une tablette d'or, et ils voulurent la rajuster au corps de l'apôtre. Et l'évêque dit : « Nous savons que beaucoup de fidèles ont été mis à mort, et leurs têtes sont dispersées, et nous ne pouvons assurer que celle-ci soit celle qu'il faille poser sur le corps de Paul. Mettons-la aux pieds du corps, et prions le Seigneur tout-puissant de faire que si cette tête est celle de Paul, le corps se retourne et se rejoigne à la tête. » Cet avis plut à tous, et la tête ayant été mise aux pieds du corps de saint Paul, le peuple étant en oraison, le corps se retourna de lui-même et vint se rejoindre à la tête. Et alors tous bénirent Dieu, et ils reconnurent que c'était vraiment la tête de saint Paul. Grégoire de Tours raconte que, du temps de Justin le jeune, un homme livré au désespoir et prêt à apprêter un lacet pour se pendre, se mit à invoquer saint Paul, en disant : « Saint Paul, venez à mon secours. » Et il lui apparut un homme d'une figure hideuse qui lui dit : « Continue, homme de bien ; qu'attends-tu ? persiste dans ton projet. » Et il apprêtait toujours le lacet, en disant : « Saint Paul, aidez-moi. » Et alors un autre homme se montra, qui dit à celui qui conseillait ce malheureux : « Sauve-toi, car voici Paul qu'il a invoqué. » Alors l'homme à l'aspect hideux disparut, et le pécheur, rentrant en lui-même et jetant le lacet, fit pénitence. Saint Grégoire dit que les chaînes de saint Paul font beaucoup de miracles ; et comme il y a une grande foule de gens qui en demandent des fragments, un prêtre en détache de petits morceaux avec une lime, et les donne à ceux qui en sollicitent. Mais à l'endroit d'où ont été détachées ces précieuses reliques, il ne se montre nulle diminution.

LÉGENDE DE SAINT AUGUSTIN.

Saint Augustin, docteur illustre, naquit en Afrique, dans la ville de Carthage, de parents d'un rang distingué ; son père se nommait Patrice et sa mère Monique ; il fut instruit dans les arts libéraux, et il acquit le renom d'un philosophe accompli et d'un rhéteur éminent. Il lut les ouvrages d'Aristote et tous les livres qu'il put se procurer au sujet des arts libéraux, et il les étudia avec zèle, ainsi qu'il le dit lui-même dans son livre des *Confessions*. Lorsqu'il eut l'âge de dix-neuf ans, comme il lisait un ouvrage de Cicéron, où il est montré comment l'homme doit mépriser le monde et s'attacher à la philosophie, il fut très-affligé de ne pouvoir trouver dans cet écrit, dont la doctrine lui plaisait fort, le nom de Jésus que sa mère lui avait enseigné. Sa mère versait beaucoup de larmes pour lui et cherchait à le ramener à la pureté de la foi ; une fois, comme on lit dans le troisième livre des *Confessions*, comme elle était pleine de douleur, un jeune homme lui apparut et lui demanda la cause d'un si vif chagrin, et elle répondit : « Je déplore la perte de mon fils. » Et il répliqua : « Sois tranquille ; où tu seras, il sera. » Et elle vit aussitôt son fils auprès d'elle. Quand elle eut rapporté cela à Augustin, il dit : « Tu te trompes, ma mère ; ce n'est pas ainsi qu'il t'a été dit. C'est toi qui seras où je serai. » Et elle répondit : « Non, mon fils, non ; il m'a été dit : « Où tu seras, il sera. » Monique priait avec instances continuelles un évêque d'intercéder pour son fils, et lui, comme vaincu par ses importunités, dit d'une voix prophétique : « Va en paix, il est impossible que le fils de tant de larmes périsse. » Après avoir pendant bien des années enseigné la rhétorique à Carthage, il vint secrètement à

Rome, à l'insu de sa mère, et il y réunit beaucoup de disciples. Sa mère l'avait suivi jusqu'au port pour le retenir ou pour aller avec lui, mais il la trompa et il partit dans la nuit. Elle, apprenant cela le matin, poussa de grands cris, et chaque jour, matin et soir, elle allait à l'église prier pour son fils. En ce temps, les habitants de Milan demandèrent à Symaque, gouverneur de Rome, de leur envoyer un docteur en rhétorique. Il leur envoya Augustin, et Ambroise, homme de Dieu, gouvernait alors l'Église de Milan. Sa mère, ne pouvant goûter nul repos, vint à lui avec beaucoup de difficulté, et le trouva qui n'était ni tout à fait manichéen, ni tout à fait catholique. Augustin se mit à s'attacher à Ambroise et à écouter souvent ses prédications. Un jour, Ambroise parla longtemps contre la doctrine des manichéens et la réfuta par de très-solides arguments, de sorte que cette erreur fut extirpée du cœur de saint Augustin. La doctrine de Jésus-Christ l'attirait, mais il craignait de marcher dans la voie étroite qu'a recommandée le Seigneur ; Dieu lui inspira d'aller consulter Simplicien, homme rempli de lumière divine, afin de lui exposer l'état de son cœur, et de conférer avec lui sur ce qu'il avait à faire. Simplicien l'exhorta, et Augustin se reprenait lui-même, disant : « Combien y a-t-il de jeunes gens et de jeunes filles qui servent le Seigneur dans l'église, et tu ne pourrais faire ce qu'ils font ? Jette-toi dans les bras de Dieu, il te recevra et te sauvera. » Sur ces entrefaites vint la conversion de Victorin. Il lui avait été élevé à Rome sur la place publique une statue, tant était grande sa sagesse, et il était encore attaché aux erreurs du paganisme ; mais comme il disait à Simplicien qu'il était chrétien, celui-ci répondit : « Je ne te croirai que lorsque je t'aurai vu à l'église. » Et Victorin répondit comme en plaisantant : « Est-ce que les murailles font un chrétien ? » Enfin, touché de l'esprit de Dieu, il vint à l'église et il y récita la profession de foi, à la grande joie des fidèles qui le saluèrent de leurs acclamations. Survint en même temps d'Afrique un ami d'Augustin, nommé Pontien, et il lui raconta la vie et les miracles du grand saint Antoine qui était mort en Égypte sous Constantin. Augustin, touché de ces exemples, s'enflamma vivement, et, tout troublé, il alla vers son compagnon Alippe, et il lui dit : « Comment souffrons-nous que des hommes ignorants s'élèvent et qu'ils nous enlèvent le ciel, tandis que nous, avec toute notre science, nous nous plongeons dans l'enfer? » Et, se rendant dans un jardin, il se jeta sous un figuier, ainsi qu'il le dit dans son livre des *Confessions*, et il se mit à pleurer très-amèrement, en disant : « Combien de temps, combien de temps? demain et demain, encore un peu de temps.. » Et il se désolait de ne pouvoir se résoudre ni à rester dans le monde, ni à se consacrer à Dieu. Et il lui prit une douleur de dents si violente, qu'il en perdit la parole et qu'il écrivit sur des tablettes de cire, demandant que l'on priât pour lui afin que cette douleur s'apaisât, et lorsqu'il fléchit les genoux avec les autres, il se sentit guéri. Il écrivit à saint Ambroise, le priant de lui indiquer lesquels des livres saints il devait s'attacher à lire, afin d'être plus disposé à la foi chrétienne. Et saint Ambroise lui envoya les *Prophéties d'Isaïe*, qui annonça l'Évangile et qui fut le précurseur de l'apôtre des nations. Augustin ne comprit pas d'abord les paroles du prophète, et Ambroise lui fit dire qu'il eût à le relire lorsqu'il serait plus versé dans les Écritures. Le jour de Pâques étant venu, Augustin reçut le baptême avec son ami Alippe, qui avait été converti aussi par les discours de saint Ambroise, et avec son fils Dieudonné, jeune homme très-digne de louange, qu'il avait engendré lorsqu'il était encore philosophe païen. Alors saint Ambroise, à ce qu'il rapporte lui-même, s'écria : « *Te Deum laudamus* », et Augustin répondit : « *Te Dominum confitemur* »; de sorte que, se répondant ainsi, ils composèrent cette hymne tout entière, ce que raconte aussi Honorius dans son livre intitulé : *Le Miroir de l'Église*. Augustin, merveilleusement confirmé alors dans la foi catholique, renonça à tous les avantages que lui offrait le monde, et s'éloigna des écoles qu'il avait dirigées. Et il raconte, dans ses *Confessions*, combien il était plein de la douceur de l'amour divin. Il lisait assidûment les saintes Écritures, les méditant sans relâche, et se vouant au jeûne, aux veilles, à l'oraison et à toutes bonnes œuvres. Il voulut ensuite retourner en Afrique voir sa mère ; mais elle mourut dans le Seigneur lorsqu'il était à Ostie. Et Augustin revint dans ses propriétés, où il persévérait dans la prière et la mortification, écrivant des livres et enseignant les ignorants. Sa renommée se répandait partout, et ses actions, ainsi que ses ouvrages, le recommandaient à l'admiration générale. Il y avait alors à Hippone un homme très-riche, qui fit dire à saint Augustin que s'il venait le trouver et l'exhorter, il serait disposé à renoncer au monde. Et Augustin se rendit près de lui. Valère, évêque d'Hippone, instruit de ses mérites, l'ordonna prêtre dans son église, malgré sa résistance. Et aussitôt il fonda un monastère de clercs, et il se mit à vivre selon la règle instituée par les saints apôtres. Et dix évêques furent choisis dans ce monastère. Et, comme l'évêque Valère était Grec et peu instruit dans la langue et dans les lettres latines, il permit à Augustin de prêcher devant lui dans l'église, ce qui était contraire à la coutume de l'Église orientale. Et beaucoup en blâmaient l'évêque; mais il ne se souciait pas de leurs critiques, content de voir faire par un autre ce que lui-même ne pouvait faire. En ce temps-là, le prêtre Fortunat combattit et réfuta un prêtre manichéen et d'autres hérétiques, surtout des donatistes rebaptiseurs. Et Valère commença à craindre qu'Augustin ne lui fût enlevé, et que quelque autre Église ne le voulût pour évêque. Il demanda donc à l'archevêque de Carthage d'agréer sa démission, et de nommer Augustin à sa place. Augustin s'y refusa formellement; mais enfin il fut obligé de céder, et il fut élevé à la dignité épiscopale. Mais plus tard il dit, et il écrivit qu'il n'aurait pas dû être ordonné évêque du vivant de son prédécesseur, ce qu'avait défendu un concile œcuménique, défense qu'il n'apprit qu'après avoir été ordonné. Et il ne voulut pas que l'on fît à d'autres ce qu'il eut grand regret d'avoir été fait pour lui. Sa table fut toujours frugale et simple; parmi les légumes destinés à son usage, il mettait des viandes pour les malades et pour les étrangers. A ses repas, il s'occupait plutôt de lectures et de pieuses conférences que de ce qu'il mangeait, et il a écrit en ces termes contre le vice de médisance : « Quiconque aime à déchirer la vie des absents, qu'il sache que cette table lui est interdite. » Une fois que quelques assistants se mirent à donner cours à leur langue, disant beaucoup de mal de certaines personnes, Augustin les reprit très-vivement, et leur dit que s'ils ne cessaient, il allait quitter la table. Un jour qu'il avait invité à dîner quelques personnes de sa connaissance, un des convives, plus curieux que les autres, entra dans la cuisine. Puis il vint, et il demanda à Augustin quels mets il avait ordonné d'apprêter; et l'évêque lui répondit : « Je ne m'occupe jamais de mes repas, et je ne sais ce qu'on va me servir. » Il disait avoir appris trois choses de saint Ambroise; la première, de ne jamais inviter la femme d'un autre; la seconde, d'exclure de sa table tout médisant et tout diseur de mauvais propos; la troisième, de ne pas aller aux repas où il était invité. Et tout cela, afin d'éviter le scandale, les méchancetés et la perte de temps. Telle fut sa pureté et son humilité, que même les péchés les plus petits, ceux qui, parmi nous, passent pour nuls ou tout à fait insignifiants, il en fait l'aveu dans son livre des *Confessions*, et il s'en accuse avec humilité devant Dieu; car il s'y accuse de ce qu'étant enfant, il jouait aux osselets à l'heure où il aurait dû aller à l'école. Il s'accuse aussi de ce qu'il ne voulait ni lire ni étudier, à moins qu'il n'y fût contraint par ses parents ou par son maître, et de ce qu'étant enfant il lisait avec grand plaisir les fables des poëtes, surtout les aventures d'Énée, et qu'il pleurait sur Didon, morte à cause de son amour. Il s'accuse aussi de ce qu'il dérobait quelque chose de la table ou du cellier de ses parents pour le donner aux enfants avec qui il jouait, et de ce que dans ses jeux avec ses petits camarades il obtenait la victoire par fraude, et de ce qu'il vola, à seize ans, des poires sur un poirier dans un jardin. Il s'accuse aussi d'avoir éprouvé de la délectation en mangeant. Il s'accuse encore d'avoir regardé avec plaisir un chien qui courait, et d'avoir, dans un champ, fixé ses regards sur des chasseurs qui passaient par là, et d'avoir tenu, avec trop d'attention, les yeux sur des araignées qui prenaient des mouches dans leurs toiles. Il se repend de toutes ces choses-là, parce qu'elles détournent l'esprit des pieuses méditations, et qu'elles interrompent la prière. Il s'accuse aussi de sa soif pour les louanges, et d'avoir aspiré à la vaine gloire. Il réfuta les hérétiques avec beaucoup d'énergie, et ils disaient entre eux que ce ne serait pas un péché de tuer Augustin, qu'ils regardaient comme un loup qu'il faut exterminer; et lorsqu'il était en voyage, ils lui tendirent souvent des embûches, mais la Providence divine fit qu'ils se trompaient de route et qu'ils ne le rencontraient point.

Il songeait constamment aux pauvres, et il leur faisait généreusement l'aumône de tout ce qu'il pouvait avoir. Il ordonna de fondre et de vendre les vases sacrés, afin d'en distribuer le montant aux indigents et aux captifs. Il ne voulut jamais acheter ni champs, ni maison à la ville ni à la campagne. Il refusa beaucoup de successions qui lui furent offertes, disant qu'il valait mieux qu'elles passassent aux enfants ou aux proches des défunts. Nuit et jour il se consacrait à l'étude des Écritures et des choses divines. Il ne se mêlait point aux événements du siècle, craignant, en s'y impliquant, de détourner son esprit, qu'il voulut toujours avoir libre de tracas corporel, afin de se vouer à la méditation. Il louait beaucoup ceux qui éprouvaient le désir de mourir, et il citait souvent, à cet égard, les exemples de trois évêques; car, saint Ambroise étant près de rendre le dernier soupir, on l'engagea à prier pour obtenir que sa vie fût prolongée, et il répondit : « Je n'ai pas vécu de manière à avoir honte de vivre parmi vous, et je ne redoute point la mort, car j'ai confiance dans les bontés du Seigneur. » Et Augustin admirait beaucoup cette réponse. Il ajoutait l'exemple d'un autre évêque qui, lorsqu'on lui dit qu'il était grandement nécessaire à l'Église, et qu'il devait prier Dieu de le délivrer, répondit : « Le Seigneur sait ce qu'il nous faut, et nous serons toujours bien là où il voudra. » Il rapportait aussi ce qui était arrivé à un autre évêque, qui, se trouvant atteint d'une grave maladie, pria Dieu de lui rendre la santé. Et un jeune homme d'une grande beauté lui apparut et le réprimanda, en lui disant : « Tu crains de souffrir, tu redoutes de mourir, que ferai-je pour toi ? »

Augustin ne souffrit jamais qu'aucune femme habitât avec lui, pas même sa sœur germaine, ni les filles de son frère, qui s'étaient aussi vouées au service de Dieu. Il disait qu'il ne pouvait y avoir aucun mauvais soupçon au sujet d'une sœur ou des nièces, mais qu'elles ne resteraient pas sans la société d'autres personnes de leur sexe; ce qui pourrait devenir une cause de tentation pour les faibles ou de mauvais propos pour les méchants. Il ne voulut jamais parler seul à une femme, à moins que ce ne fût pour des choses qui dussent rester très-secrètes. Une foule d'églises l'invitèrent à venir les visiter; et il allait y prêcher la parole du Seigneur, et il retirait de l'erreur beaucoup de monde. Il s'écartait souvent du sujet qu'il s'était proposé, en prêchant; et il disait qu'alors Dieu l'avait ordonné en vue du salut de quelqu'un, ainsi que cela se vit au sujet d'un manichéen qui fut converti par une digression que fit Augustin dans un de ses sermons, et dans laquelle il démontra la fausseté des doctrines de Manès. A l'époque où les Goths prirent Rome, les infidèles et les idolâtres insultaient beaucoup les chrétiens. Et alors Augustin écrivit son ouvrage de *la Cité de Dieu*, où il montre que les justes doivent être livrés à la douleur dans cette vie, et que les impies doivent y avoir prospérité. Il traite aussi, dans ce livre, des deux villes de Jérusalem et de Babylone, et de leurs rois, à savoir, Jésus-Christ, roi de Jérusalem, et le diable, roi de Babylone. Et de ces deux villes proviennent deux amours; de la ville du diable, l'amour de soi, qui arrive au mépris de Dieu; et de la ville de Jésus-Christ, l'amour de Dieu, qui arrive jusqu'au mépris de soi-même. A cette époque, vers l'an du Seigneur quatre cent quarante, les Vandales dévastèrent toute l'Afrique, n'épargnant rien, ni l'âge, ni le sexe, ni le rang, et se livrant aux plus grands ravages. Ils arrivèrent devant Hippone, et se mirent à l'assiéger vigoureusement. Et cette époque de tribulation fut pour Augustin, arrivé à la vieillesse, un moment qui remplit sa vie de deuil et d'amertume. Les larmes lui servirent de pain nuit et jour, lorsqu'il vit les uns égorgés, les autres forcés de fuir, les églises privées de pasteurs, les villes détruites. Ayant réuni les frères, il leur dit : « J'ai prié Dieu afin qu'il nous délivre de tant de périls, ou qu'il nous donne la patience de les supporter, ou qu'il m'ôte de cette vie, et que je ne sois plus forcé d'être le témoin de tant de calamités. » Il obtint la troisième chose qu'il avait demandée; car le treizième jour du siége, au mois de février, souffrant d'une grosse fièvre, il se mit au lit. Comprenant que sa fin était proche, il fit transcrire les sept psaumes de la pénitence, et les ayant fait placer sur la muraille, à côté de son lit, il les lisait et relisait en versant des larmes amères. Et afin de ne s'occuper que de Dieu et de n'éprouver nulle distraction, il défendit que, dans les dix jours qui précédèrent sa mort, nul n'entrât dans sa chambre, à moins que ce ne fût avec les médecins, ou pour lui apporter quelque remède. Un malade vint près de lui, lui demandant avec instances de lui imposer les mains et de le guérir. Et Augustin lui répondit : « Que dis-tu là, mon fils ? Penses-tu que s'il dépendait de moi de m'accorder ce que tu demandes, je ne me guérirais pas moi-même ? » Mais le malade insistait, disant qu'il lui avait été prescrit, en une vision, d'aller trouver Augustin, qui devait le guérir. Voyant sa foi, l'évêque pria pour lui, et le guérit. Il délivra beaucoup de possédés, et il fit d'autres miracles. Dans le vingt-deuxième livre de la *Cité de Dieu*, il raconte deux miracles qu'il avait faits comme s'ils avaient été l'œuvre d'un autre, disant qu'une vierge d'Hippone s'étant fardé le visage, le démon s'empara d'elle, mais qu'ayant imploré avec larmes un prêtre, elle fut guérie. Dans le même livre, il dit : « Je sais un évêque qui pria pour un jeune homme qu'il n'avait jamais vu, et qu'il délivra d'un démon impur. » Et il n'y a nul doute que ce ne soit de lui qu'il parle, mais par modestie il ne voulut pas se nommer. Il rendit son âme au Seigneur, en présence des frères qui priaient, à l'âge de soixante-dix-sept ans et la quarantième année de son épiscopat. Il ne fit point de testament, car, dans sa pauvreté évangélique, il n'avait rien dont il pût disposer. Comme longtemps après sa mort, les barbares occupaient le pays, et qu'ils profanaient les lieux saints, les fidèles prirent le corps de saint Augustin et le transportèrent en Sardaigne, ce qui arriva deux cent quatre-vingts ans après la mort du saint. En l'an du Seigneur sept cent dix-huit, Liprand, roi des Lombards, apprenant que les Sarrasins avaient dévasté la Sardaigne, y envoya des ambassadeurs pour faire transporter à Pavie les reliques du saint ; ils obtinrent le corps de saint Augustin, dont ils donnèrent un grand prix, et ils le portèrent à Gênes. Le roi, apprenant cela, se hâta de se rendre pieusement dans cette ville, et il reçut les saintes reliques avec autant de joie que de vénération. Le lendemain, lorsqu'on voulut emporter le corps, il fut impossible de le faire avancer, jusqu'à ce que le roi eût fait le vœu que, si Dieu permettait aux reliques de continuer leur route, il serait construit à ce même endroit une église consacrée à saint Augustin, et aussitôt l'on put enlever le corps sans difficulté.

Et le roi, fidèle à sa promesse, fonda en ce même lieu une très-belle basilique en l'honneur de saint Augustin. Le lendemain, pareil miracle se reproduisit dans une ville qu'on appelle Casal, et une église y fut aussi fondée en l'honneur du saint. Le roi, voyant que le saint se complaisait ainsi à ce qu'on lui consacrât des églises, et craignant qu'il ne voulût demeurer dans un autre lieu que celui où il avait l'intention de le mener, se hâta, en chaque endroit où il s'arrêtait pour passer la nuit dans les églises, d'y fonder une église sous l'invocation du saint docteur. Il arriva enfin à Pavie, et il plaça avec grand respect le corps dans l'église de Saint-Pierre. Un meunier qui avait une grande vénération pour saint Augustin, souffrait d'un mal dangereux à la jambe ; il implora avec ferveur l'assistance du saint, et, étant endormi, il vit saint Augustin qui lui toucha la jambe. Il se réveilla, se trouva complétement guéri, et il rendit grâces à Dieu et au saint. Un enfant avait la pierre et devait être taillé, d'après l'avis des médecins ; sa mère, craignant qu'il ne mourût, sollicita l'aide de saint Augustin. Et dès qu'elle eut fini sa prière, l'enfant rendit la pierre en urinant, et il recouvra une pleine santé. Un moine, étant à veiller, fut ravi en esprit, et il vit saint Augustin assis sur une nuée éclatante ; il était revêtu d'habits pontificaux ; ses yeux brillaient comme deux soleils et éclairaient toute l'église, et un parfum céleste l'environnait. Saint Bernard, assistant un jour à matines, s'endormit un peu comme on lisait un fragment d'un ouvrage de saint Augustin, et il vit un homme d'une merveilleuse beauté, de la bouche duquel il sortait un torrent impétueux qui inondait l'église entière. Et il ne douta pas que ce ne fût saint Augustin, qui avait répandu sa doctrine sur toute l'Église. Un homme, qui avait une grande dévotion pour le saint, donna au moine chargé de la garde des reliques une grosse somme, afin d'obtenir un doigt du saint docteur. Et le moine, ayant pris l'argent, remit, enveloppé dans de la soie, le doigt d'un mort, disant faussement que c'était un doigt de saint Augustin. L'homme l'emporta, et il l'adorait en grande dévotion, le pressant souvent sur sa bouche et sur ses yeux. Et Dieu, touché de sa foi, substitua miraculeusement à ce doigt un doigt véritable de saint Augustin. Et comme il fit beaucoup de miracles, la renommée en vint jusqu'à Pavie. Et, le moine assurant que ce n'était que le doigt d'un mort ordinaire, on ouvrit le tombeau du saint, et l'on vit qu'un des doigts manquait, et l'abbé chassa le moine de son emploi et le punit sévèrement. En Bourgogne, dans un monastère qu'on appelle Fontenoy, il y avait un moine nommé Hugues, qui avait pour saint Augustin une très-vive dévotion, qui étudiait sans cesse ses écrits, et qui le suppliait d'obtenir pour lui la grâce de mourir le jour de la fête d'un si grand saint. Quinze jours avant cette fête, il fut saisi de fortes fièvres, et la veille il fut couché par terre, étant presque mort. Et voici que plusieurs hommes éclatants et de belle figure, revêtus de costumes blancs, entrèrent processionnellement dans l'église de ce monastère; ils étaient suivis d'un vieillard vénérable, revêtu d'habits pontificaux. Un moine, qui les vit entrer dans l'église, fut saisi d'étonnement, et leur demanda qui ils étaient et où ils allaient. Et l'un d'eux répondit que c'était saint Augustin qui venait avec ses chanoines pour visiter au lit de mort le frère qui avait pour lui une grande dévotion, et pour conduire son âme au royaume de gloire. Ce cortége respectable se rendit alors à l'infirmerie, et quand il y fut resté quelque temps, l'âme du moine fut délivrée des liens de la chair, et son protecteur l'introduisit aux joies célestes. On lit que saint Augustin, étant encore en vie, vit un jour passer un démon qui portait un livre sur ses épaules; le saint lui demanda de voir ce qu'il y avait d'écrit dans ce volume. Et le diable répondit que c'étaient les péchés des hommes qu'il avait recueillis de partout, et qu'il avait enregistrés là. Saint Augustin lui ordonna alors de lui montrer si quelque péché commis par lui était inscrit. Et, le livre ayant été ouvert, saint Augustin ne trouva rien qui pût lui être imputé, si ce n'est qu'un jour il avait oublié de réciter les prières des complies; alors il ordonna au diable d'attendre son retour, et, entrant dans l'église, il récita les complies avec beaucoup de dévotion. Et lorsqu'il revint, il dit au diable de lui montrer derechef ce passage, afin de le relire. Et ils se mirent à feuilleter le livre, et ils trouvèrent ce passage effacé; et le diable dit au saint avec colère : « Tu m'as bien trompé : j'ai grand regret de t'avoir montré un péché que tu as effacé par les prières. »

Et il s'en fut tout confus. — Une femme avait à souffrir des machinations de quelques malveillants, et elle alla trouver saint Augustin pour lui demander conseil. Et l'ayant trouvé étudiant, et l'ayant salué, il ne la regarda point, et ne lui répondit pas. Elle pensa que peut-être il ne voulait pas, pour motif de sainteté, regarder le visage d'une femme ; elle s'approcha, et elle raconta son affaire ; mais il ne se retourna point vers elle, et ne lui adressa pas un mot ; de sorte qu'elle se retira toute pleine de tristesse. Le lendemain, comme saint Augustin célébrait la messe, et que cette femme y assistait, après l'élévation, elle fut ravie en esprit, et elle se vit placée près du tribunal de la très-sainte Trinité, et elle vit Augustin, la figure inclinée, discourant avec beaucoup de sublimité et d'application sur le mystère de la Trinité. Et elle entendit une voix qui lui disait : « Lorsque tu as été trouver Augustin, il méditait avec pareille attention sur le mystère de la sainte Trinité, et il ne t'a point vue ; mais retourne avec sécurité chez lui : tu le trouveras affable et bon et d'excellent conseil. » Elle le fit, et Augustin l'écouta avec grande bienveillance et lui donna de très-sages avis. On raconte aussi qu'un homme de grande piété ayant été ravi, et voyant tous les saints dans leur gloire, n'aperçut pas saint Augustin, et il demanda à l'un des saints où il était. Et le saint lui répondit : « Augustin est au plus haut des cieux, où il médite sur la gloire de la très-sainte Trinité. » Quelques habitants de Pavie étaient retenus en prison par le marquis de Malespina ; et il leur refusait toute boisson, afin d'extorquer d'eux une grosse somme d'argent. Les uns étaient déjà à l'agonie, d'autres buvaient leur urine. Et un jeune homme d'entre eux, qui avait une grande dévotion pour saint Augustin, implora son assistance. Et vers minuit, saint Augustin apparut à ce jeune homme, et, le prenant par la main droite, il le conduisit jusqu'au fleuve, et, avec des feuilles de vigne trempées dans l'eau, il lui rafraîchit la langue. — Le gardien d'une certaine église avait beaucoup de dévotion pour saint Augustin, et, depuis trois ans, il était tellement malade, qu'il lui était impossible de sortir de son lit. A l'approche de la solennité du saint, comme déjà on sonnait les vêpres de la vigile, il pria saint Augustin avec beaucoup de ferveur. Et le saint lui apparut vêtu de blanc, et lui dit : « Tu m'as appelé, me voici. Lève-toi, et célèbre en mon honneur l'office du soir. » Et le malade se leva guéri, et il se rendit dans l'église, à l'extrême surprise de tous les assistants. Un aveugle ayant aussi invoqué avec grande dévotion saint Augustin, le saint lui apparut, lui posa les mains sur les yeux, et lui rendit l'usage de la vue. — Vers l'an du Seigneur neuf cent douze, des hommes affligés de grandes maladies allaient à Rome d'Allemagne et de la Gaule, au nombre de plus de quarante, afin de visiter les tombeaux des saints apôtres : les uns se traînaient sur des béquilles, d'autres, tout paralysés, se faisaient porter, d'autres étaient aveugles et marchaient en tenant leurs compagnons qui leur servaient de guides. Passant les montagnes, ils arrivèrent à un endroit qui se nomme Cana, à trois milles de Pavie, et saint Augustin, revêtu de ses habits pontificaux, et sortant d'une église construite en l'honneur des saints martyrs Côme et Damien, leur apparut, et, les saluant, il leur demanda où ils allaient. Et lorsqu'ils lui eurent répondu qu'ils se rendaient à Rome, il leur dit : « Allez à Pavie, et informez-vous où est l'église de Saint-Pierre, et là, vous obtiendrez la grâce que vous implorez. » Et lorsqu'ils lui eurent demandé son nom, il dit : « Je suis saint Augustin, l'ancien évêque de la ville d'Hippone. » Et il disparut aussitôt de devant eux. Ils allèrent à Pavie, se rendirent à l'église de Saint-Pierre, et lorsqu'ils apprirent que l'on y conservait le corps de saint Augustin, ils se mirent tous à crier : « Augustin, secourez-nous ! » Les habitants de la ville, et les moines, attirés par ces clameurs, accouraient assister à un spectacle si remarquable. Et voici que, par suite de la tension des nerfs, une grande quantité de sang commença à couler, formant un ruisseau qui courut depuis l'entrée de l'église jusqu'à la tombe de saint Augustin. Et les malades s'étant approchés du tombeau du saint, ils furent tous guéris, et il ne resta parmi eux nulle trace de leurs infirmités. De sorte que la renommée du saint se propagea de plus en plus, et une foule de malades accoururent à son sépulcre ; et tous étaient guéris, et s'en retournaient, laissant des gages de leur reconnaissance. Et telle fut la quantité de ces gages, que l'oratoire de saint Augustin s'en trouva tout rempli, ainsi que les vestibule, de sorte qu'il était peu facile d'y entrer ou d'en sortir. Et les moines se virent forcés de les faire transporter ailleurs. Il faut remarquer qu'il y a trois choses que désirent surtout les hommes du monde, les richesses, les plaisirs et les honneurs : et telle fut la perfection du saint, qu'il méprisa les richesses, qu'il repoussa les honneurs, et qu'il eut horreur des plaisirs. Il témoigne lui-même qu'il méprisa les richesses dans son livre *des Soliloques*, où la Raison l'interroge en disant : « Ne désires-tu nulles richesses? » Et Augustin répond : « Étant arrivé à l'âge de trente ans, je puis dire qu'il y en a quatorze que j'ai renoncé à pareil désir, et que je n'aspire à rien de plus que ce qu'il faut pour soutenir la vie. Un livre de Cicéron m'a depuis longtemps convaincu que les richesses ne doivent nullement faire l'objet de nos désirs. Quant aux honneurs, j'avoue que ce n'est que depuis peu de temps que j'ai cessé de les ambitionner. » Et la Raison lui demanda : « N'aurais-tu pas plaisir à avoir une épouse belle et chaste, et riche, surtout si tu étais certain que d'elle ne t'adviendrait nulle molestation? » Et le saint répond : « De quelque manière que tu la peignes, et de quelques biens que tu la combles, j'ai résolu de renoncer par-dessus tout à tout commerce charnel. » Et la Raison lui dit alors : « Et pour la nourriture, que désires-tu? » Et Augustin répond : « Ne m'interroge point au sujet de la nourriture, de la boisson, des bains et des autres plaisirs du corps ; je ne leur demande que ce qu'il faut pour maintenir la santé corporelle. »

LÉGENDE DE SAINT CRISANT.

Crisant fut fils de Polémius, homme d'un rang très-élevé ; il fut instruit dans la foi de Jésus-Christ ; et comme son père ne pouvait le ramener au culte des idoles, il ordonna de l'enfermer dans une chambre et de lui envoyer cinq jeunes filles pour le séduire par leurs caresses. Il pria Dieu pour ne pas succomber aux tentations de la chair, et aussitôt ces filles se trouvèrent accablées de sommeil, et elles ne pouvaient plus ni boire ni manger.

Alors Darie, vierge très-prudente, consacrée à la déesse Vesta, demanda à être conduite à Crisant, afin de le ramener aux dieux et à son père. Quand elle fut venue, Crisant lui fit reproche de la pompe de ses vêtements, et elle répondit qu'elle s'était ainsi parée, non par orgueil, mais pour le ramener aux dieux et à son père. Crisant la réprimanda de ce qu'elle honorait comme étant des dieux des hommes souillés de toutes sortes de vices et des femmes impudiques. Darie répliqua que les philosophes avaient donné des noms d'hommes aux éléments. Et Crisant répondit : « Si un homme vénère la terre comme une déesse et si un autre la cultive comme un champ, c'est plutôt au cultivateur qu'à l'adorateur qu'il faut donner raison ; et il en est de même de la mer et des autres éléments. » Et Darie se convertit à la foi, et, unis par le lien du Saint-Esprit, et simulant un mariage charnel, ils convertissaient beaucoup de monde à Jésus-Christ. Et ils amenèrent à la foi chrétienne Claude le tribun, qui avait commencé par persécuter les fidèles, et son épouse, et ses fils et un grand nombre d'autres personnes. Et Crisant, d'après l'ordre de Numérien, fut renfermé dans une prison infecte, mais dont la puanteur se changea en une odeur très-suave. Darie fut envoyée dans une maison de prostitution ; mais un lion, s'enfuyant de l'amphithéâtre, prit place à la porte de cette maison. Quelqu'un vint pour faire violence à la vierge, mais le lion se saisit de lui et l'aurait tué si la sainte ne lui avait ordonné de ne point lui faire de mal. Une fois que le lion l'eut lâché, il courut dans toute la ville en criant que Darie était une déesse. On envoya des chasseurs pour tuer le lion ; mais il se saisit d'eux et il les déposa aux pieds de Darie, et elle les convertit. Alors le gouverneur ordonna de mettre le feu à la maison, afin que le lion fût brûlé avec la vierge. Le lion, voyant cela, eut peur et demanda en rugissant à Darie la permission de se retirer où il voudrait, sans faire de mal à personne. Le gouverneur fit infliger à Crisant et à Darie divers tourments, sans pouvoir leur faire aucun mal. Enfin ces deux chastes époux furent déposés dans une fosse où, couverts de pierres et de terre, ils reçurent la couronne du martyre. Et cela se passa l'an du Seigneur deux cent quatre-vingt-six.

LÉGENDE DES ONZE MILLE VIERGES.

Le martyre des onze mille vierges eut lieu de la manière suivante. Il y avait en Bretagne un roi fort religieux, nommé Nothus, et il eut une fille qui s'appelait Ursule. Elle était d'une sagesse irréprochable, d'une vertu exemplaire et d'une rare beauté, et sa renommée se répandait en tous lieux. Le roi d'Angleterre, dont la puissance était très-grande, et qui avait subjugué beaucoup de nations, entendit parler de ses mérites, et il pensa qu'il serait le plus heureux des hommes si elle était unie en mariage à son fils unique. Le jeune homme en ressentait aussi une extrême envie. Une ambassade solennelle fut donc envoyée aux parents d'Ursule, pour leur faire beaucoup de promesses et de caresses, et l'on y joignit de grandes menaces en cas que la mission demeurât sans succès. Le roi de Bretagne se trouva dans une extrême anxiété : il regardait comme un crime de donner sa fille, élevée dans la foi de Jésus-Christ, à un adorateur des idoles ; il savait aussi qu'elle n'y consentirait jamais, et il craignait beaucoup le courroux de l'autre roi. Ursule, inspirée de Dieu, conseilla à son père de donner une réponse favorable au roi, en y mettant la condition qu'on lui donnerait, à elle, dix vierges d'un haut rang pour la consoler, et qu'on remettrait, tant à elle qu'aux autres, mille vierges, et qu'on lui laisserait trois ans pour renoncer à sa virginité, et que le jeune homme se ferait baptiser et instruire dans la foi dans ce même espace de trois ans. Elle manifesta ainsi une sage résolution, comptant ou que ces difficultés le feraient renoncer à ce qu'il avait en vue, ou que cette occasion lui fournirait à elle le moyen de consacrer à Dieu toutes ces vierges. Mais le jeune homme, souscrivant avec joie à toutes ces conditions, reçut le baptême et commença à faire préparer tout ce qui lui avait été demandé. De tous côtés l'on accourut pour assister à un si grand spectacle ; beaucoup d'évêques vinrent pour accompagner Ursule et les vierges, et parmi eux était Partulus, évêque de Bâle, qui les accompagna jusqu'à Rome, et qui, revenant avec elles, sortit de Rome avec cette noble multitude de vierges. Il fut suivi par le prêtre Vincent, cardinal, et par Jacques, qui, venu de la Bretagne, sa patrie, à Antioche, y avait occupé sept ans le siége métropolitain. Il vint, à cette époque, visiter le pape, et ayant appris qu'il était parti de Rome avec ces vierges, il se hâta de le rejoindre, et il fut le compagnon de leurs travaux et de leur martyre. Maurice, évêque de Modène, oncle de Babile et de Julienne, et Solarius, évêque de Lucques, et Simplice, évêque de Ravenne, qui étaient alors à Rome, se joignirent à ces vierges. Éthérius, le fiancé de sainte Ursule, qui était resté en Bretagne, fut averti, par l'apparition d'un ange, d'exhorter sa mère à se faire chrétienne. Car son père était mort dans la première année qu'il avait embrassé le christianisme, et Éthérius avait pris, à sa place, le gouvernement du royaume. Lorsque ces pieuses vierges, avec ces évêques, revinrent de Rome, Éthérius reçut du Seigneur l'avertissement d'aller aussitôt les rejoindre à Cologne et de recevoir avec elles la palme du martyre. Obéissant à la recommandation divine, il fit baptiser sa mère, et partant avec elle, avec sa petite sœur Florentine, déjà chrétienne, et avec l'évêque Clément, il se rendit au-devant des vierges pour prendre part à leur martyre. Marcel, évêque grec, et Constance, fille de Dorothée, roi de Constantinople, qui avait été fiancée au fils d'un roi, mais, comme il était mort avant l'époque fixée pour les noces, qui avait consacré à Dieu sa virginité, vinrent à Rome, prévenus par une vision, et se joignirent auxdites vierges pour souffrir le martyre. Toutes ces vierges, avec les susdits évêques, retournèrent à Cologne et trouvèrent cette ville déjà assiégée par les Huns. Les barbares, les voyant, coururent sur elles en poussant de grands cris ; et, comme des loups qui égorgent des brebis, ils les massacrèrent toutes. Lorsqu'ayant tué les autres, ils vinrent à sainte Ursule, le prince des barbares s'arrêta, frappé de sa beauté, et, la consolant de la mort de ses compagnes, il lui promit de l'épouser. Mais comme elle s'y refusa absolument, furieux de se voir dédaigné, il la perça d'un coup de flèche, et elle reçut ainsi le martyre. Une des vierges, nommée Cordula, saisie de frayeur, se cacha cette nuit à bord d'un navire. Mais, le lendemain, elle se présenta de son gré aux barbares, et elle subit le martyre. Et comme sa fête ne se célébrait point, parce qu'elle n'avait point souffert avec les autres, elle apparut longtemps après à une certaine recluse, recommandant que l'on célébrât sa fête le lendemain de celle de ses compagnes. Elles souffrirent l'an du Seigneur deux cent trente-huit. Mais cette époque n'est pas certaine ; car ni la Sicile ni Constantinople n'étaient alors des royaumes. Il est plus vraisemblable qu'elles subirent le martyre après l'empereur Constantin, lorsque les Goths et les Huns ravageaient l'empire, et du temps de l'empereur Marcien, ainsi qu'on le lit dans certaines chroniques ; lequel empereur régna en l'an du Seigneur quatre cent cinquante-deux. Un abbé obtint de l'abbesse de Cologne le corps d'une des vierges, promettant qu'il le placerait dans son église, dans une châsse d'argent. Mais il le plaça sur l'autel de son monastère dans une châsse de bois ; et, après qu'il l'y eut gardé un an, une certaine nuit que cet abbé, avec son chapitre, chantait matines, cette vierge descendit corporellement de dessus l'autel, et s'inclinant devant, elle traversa le chœur sous les yeux de tous les moines stupéfaits, et elle se retira. L'abbé courut à la châsse, et, la trouvant vide, il se rendit à Cologne et raconta fidèlement cet événement à l'abbesse. Et se rendant à l'endroit où ils avaient pris le corps, ils l'y trouvèrent replacé. Et l'abbé sollicita son pardon, promettant de ne pas manquer cette fois de faire fabriquer une châsse du plus grand prix, et il demanda un autre corps, mais on ne lui en donna aucun. Un religieux, qui avait pour ces vierges une très-grande dévotion, étant un jour saisi d'une forte maladie, vit une vierge d'une merveilleuse beauté qui lui apparut et qui lui demanda s'il la connaissait. Et comme il s'étonnait de cette vision et qu'il avouait qu'il ne la connaissait point, elle dit : « Je suis une de ces vierges pour lesquelles tu as tant de dévotion. Et comme par amour pour nous et pour nous rendre honneur tu as récité onze mille fois l'Oraison dominicale, tu en recevras la récompense ; car, au lit de mort, tu nous auras pour te protéger et te consoler. » Aussitôt il fit venir l'abbé et il demanda l'extrême-onction. Et lorsqu'on la lui donnait, il cria tout d'un coup aux assistants de se retirer et de faire place aux vierges saintes qui venaient. L'abbé lui ayant demandé ce qu'il voulait dire, et le religieux lui ayant raconté ce qui lui était arrivé, les assistants se retirèrent, et, revenant un moment après, ils trouvèrent qu'il avait rendu son âme au Seigneur.

Sainte Girarsine, reine de Sicile, qui avait converti son mari, monarque très-cruel, et qui d'un loup furieux en avait fait un agneau, et qui était sœur de l'évêque Matrisius, et de Daric, mère de sainte Ursule, ayant reçu en secret diverses lettres du père d'Ursule, partit aussitôt, suivant l'inspiration de Dieu, avec ses quatre filles, Babile, Julienne, Victoire et Aurée, et avec son jeune fils Adrien, qui ne voulut quitter ses sœurs; et ayant laissé son royaume dans les mains de son fils unique, elle se rendit par mer jusque dans la Bretagne. Par ses conseils, des vierges de diverses nations furent réunies, et elle fut leur directrice. Et enfin elle souffrit le martyre avec elles. Et ayant rejoint les parents d'Ursule, elle en fut reçue avec honneur et il se donna de très-belles fêtes. Les grands et les princes accouraient à un si grand spectacle, et tous étaient pleins de joie et d'admiration. Enfin, lorsqu'Ursule eut converti toutes les vierges, elles arrivèrent en un seul jour, poussées par un vent favorable, au port de la Gaule qui s'appelle Tiel, et de là elles se rendirent à Cologne; là, l'ange du Seigneur apparut à Ursule et leur prédit qu'elles reviendraient toutes au complet de leur nombre, et qu'elles recevraient la couronne du martyre. Se rendant à Rome, d'après le conseil de l'ange, elles arrivèrent à la ville de Bâle, et là, ayant laissé leurs navires, elles allèrent à pied à Rome. Et le pape Cyriaque se réjouit beaucoup de leur arrivée, car il était, comme elles, originaire de la Bretagne, et il avait parmi elles beaucoup de parentes, et il leur fit, avec tout son clergé, le meilleur accueil. Et, durant cette nuit, le pape apprit par révélation divine qu'il devait recevoir avec ces vierges la palme du martyre. Et, gardant ce secret caché, il donna le baptême à un grand nombre d'entre elles qui ne l'avaient point encore reçu. Comme il jugea le moment opportun, et qu'il avait gouverné l'Église un an et onze semaines, ayant été le dix-neuvième pape après saint Pierre, il convoqua tout le peuple pour faire part de sa résolution et il se démit de sa dignité. Mais tous réclamèrent, et surtout les cardinaux, qui croyaient qu'il avait perdu la raison, puisque, renonçant à la gloire du souverain pontificat, il voulait aller après quelques femmelettes privées de sens. Mais Cyriaque, persistant dans sa résolution, choisit un homme saint, nommé Ametos, et l'ordonna à sa place. Et comme il avait quitté le siége pontifical malgré la volonté du clergé, son nom fut effacé de la liste des papes; et toute la faveur avec laquelle ce chœur sacré de vierges avait été accueilli à la cour de Rome cessa dès ce moment. Deux chefs des troupes romaines, hommes pervers, Maxime et Aphricanus, voyant cette grande multitude de vierges, et que beaucoup d'hommes et de femmes allaient les consulter, craignirent que la religion chrétienne ne fît de grands progrès. C'est pourquoi, s'informant de la route qu'elles suivaient, ils envoyèrent des députés à Jules, leur parent, prince des Gètes et des Huns, afin que marchant contre elles avec son armée, il les tuât lorsqu'elles seraient arrivées à Cologne.

LÉGENDE DE SAINT SIMON ET DE SAINT JUDE.

Simon le Chananéen et Jude furent frères de Jacques le Mineur et fils de Marie Cléophé, qui fut l'épouse d'Alphée. Thomas envoya Jude à Abagar, roi d'Édesse, après l'ascension du Seigneur. On lit dans l'*Histoire ecclésiastique* que cet Abagar écrivit à Notre-Seigneur Jésus-Christ une lettre ainsi conçue : « Abagar, roi, fils d'Eucharie, à Jésus, Sauveur, qui a apparu dans le pays de Jérusalem, salut. J'ai entendu parler de toi et des guérisons que tu opères; car, sans médicaments ni herbes, tu soulages les malades, faisant que les aveugles voient, que les boiteux marchent, et que les lépreux soient purifiés, et ressuscitant les morts; et ayant entendu toutes ces choses-là, je n'ai pu douter, ou que tu ne sois Dieu qui est descendu du ciel, ou que tu ne sois le fils de Dieu. Je t'écris donc pour te prier de venir jusqu'à moi, et de me guérir de mes souffrances dont je suis affligé depuis longtemps. Et je sais que les Juifs murmurent contre toi et veulent te tendre des piéges. Viens donc à moi; je possède une ville petite, mais convenable à suffire pour nous deux. » Le Seigneur Jésus lui répondit en ces termes : « Tu es heureux, parce que tu as cru en moi sans m'avoir vu. Car il a été écrit de moi : « Ceux qui ne me voient pas croient, et ceux « qui me voient ne croient pas. » Quant à ce que tu m'as écrit pour m'engager à venir à toi, il faut que j'accomplisse tout ce pour quoi j'ai été envoyé, et qu'ensuite je retourne à celui qui m'a envoyé. Lorsque je serai remonté au ciel, je t'enverrai un de mes disciples pour qu'il te guérisse et te vivifie. » Abagar, reconnaissant alors qu'il ne pouvait de ses propres yeux voir le Sauveur, envoya un peintre vers Jésus pour retracer la figure du Seigneur, afin d'avoir au moins l'image de celui qu'il lui était interdit de contempler. Mais quand le peintre fut venu vers Jésus, il ne put tenir les yeux sur lui, à cause de l'éclat merveilleux dont resplendissait la figure du Seigneur, et il lui fut impossible de faire le portrait qui lui avait été commandé. Le Seigneur voyant cela, prit le panneau de bois du peintre, et, y appliquant son visage, il y imprima son image, et il envoya au roi Abagar ce qu'il désirait ; et c'est ce que raconte un vieil historien, et Jean Damascène l'atteste. Et le Seigneur, à ce qu'on lit, avait les yeux grands, le visage long, les sourcils épais, et il était un peu courbé, ce qui est un signe de l'âge mûr. Et telle fut, dit-on, la vertu de cette épître, que, dans cette ville d'Édesse, nul hérétique ni païen ne pouvait vivre, ni aucun tyran ne pouvait y faire aucun mal. Car si des ennemis s'approchent en armes de cette ville, un enfant monte sur la porte et lit la lettre, et aussitôt les ennemis s'enfuient tout épouvantés ou entrent en arrangement pour la paix. Mais plus tard la ville perdit ce privilége à cause de la multitude de péchés dont tout l'Orient fut infecté, et elle tomba au pouvoir des Sarrasins. Après l'ascension du Seigneur, ainsi qu'on le lit dans l'*Histoire ecclésiastique*, Thomas envoya l'apôtre Thadée, qui est aussi appelé Jude, au roi Abagar, selon la promesse de Jésus-Christ. Et l'apôtre étant venu, et ayant dit qu'il était le disciple du Sauveur, Abagar vit sur sa figure un éclat d'une splendeur divine. Il fut tout étonné et effrayé, et il adora le Seigneur, en disant : « Tu es réellement le disciple de Jésus, le fils de Dieu, qui m'avait dit : « Je t'enverrai un de mes disciples qui « te guérira et qui te rendra la vie. » Et Jude lui répondit : « Si tu crois au Fils de Dieu, tu auras tout ce que ton cœur désire. » Et

Abagar lui répondit : « Je crois vraiment, et je tuerais volontiers les Juifs, qui ont crucifié Jésus-Christ, si j'en avais la possibilité, et si l'autorité des Romains ne m'en empêchait pas. » Et comme Abagar, ainsi qu'on le lit dans quelques livres, était lépreux, Jude prit la lettre du Seigneur et lui en frotta la figure, et aussitôt le roi recouvra une parfaite santé. Jude prêcha ensuite dans la Mésopotamie et dans le Pont, et Simon prêcha dans l'Égypte. Ils vinrent ensuite tous deux en Perse, et ils y trouvèrent deux magiciens, Zaroës et Arphaxat, que saint Matthieu avait chassés d'Éthiopie. Et Baradach, général du roi de Babylone, marchant à la tête de son armée contre les Indiens, ne pouvait obtenir aucune réponse de ses dieux. Se rendant au temple dans une ville voisine, il lui fut répondu que les dieux ne pouvaient répondre à cause des apôtres qui étaient arrivés. Alors le général s'informa d'eux, et les ayant trouvés, il leur demanda qui ils étaient, et pour quel motif ils étaient venus. Et ils répondirent : « Si tu nous demandes de quel pays nous sommes, nous sommes Hébreux ; si tu nous demandes notre profession, nous convenons que nous sommes serviteurs de Jésus-Christ ; si tu veux savoir pourquoi nous sommes venus, c'est afin de vous sauver. » Et le général répondit : « Lorsque je serai revenu triomphant, je vous écouterai. » Et les apôtres dirent : « Il est plus avantageux pour toi d'écouter la parole de celui par le secours duquel tu peux avoir la victoire. » Et le général dit : « Je vois que vous êtes plus puissants que nos dieux ; je vous prie de prédire l'issue de la guerre. » Et les apôtres dirent : « Afin que tu voies bien que tes dieux sont des imposteurs, nous leur ordonnons de répondre aux questions qui leur sont faites, afin qu'on s'assure qu'ils ont menti en tout point. » Alors les devins dirent qu'il y aurait dans l'avenir de grandes guerres, et que beaucoup de dangers menaçaient le peuple. Et les apôtres se mirent à rire. Le général leur dit : « L'effroi m'a saisi, et vous riez? » Et les apôtres répondirent : « Ne crains rien ; la paix est entrée ici avec nous, et demain, à la troisième heure, les envoyés des Indiens arriveront à toi et t'annonceront qu'ils sont prêts à se soumettre. » Alors les prêtres des idoles se mirent à rire et dirent au général : « Ils veulent t'inspirer une fausse sécurité, afin que lorsque tu ne seras pas sur tes gardes, tu sois surpris par les ennemis. » Les apôtres répondirent : « Nous ne t'avons pas dit d'attendre un mois, mais un seul jour, et demain tu jouiras en vainqueur de la paix. » Et le général les fit garder tous deux, afin que, s'ils avaient dit vrai, ils fussent honorés, et que, s'ils avaient menti, ils fussent châtiés. Le lendemain, ce qu'ils avaient annoncé se réalisa, et le général voulait faire brûler les prêtres des idoles ; mais les apôtres l'en détournèrent, disant qu'ils n'étaient pas venus pour occasionner la mort aux vivants, mais pour rendre la vie aux morts. Alors le général, frappé de surprise de ce qu'ils ne souffraient pas que l'on tuât les prêtres des idoles, et de ce qu'ils ne voulaient recevoir aucune portion de leurs biens, les conduisit au roi, disant : « Voici des dieux cachés sous des figures d'hommes. » Et lorsqu'il eut raconté tout ce qui s'était passé, les magiciens, remplis d'envie et de dépit, dirent que c'étaient des malintentionnés, et qu'ils avaient de mauvais desseins contre l'État. Et le général leur dit : « Si vous l'osez, combattez avec eux. » Et les magiciens répondirent : « Tu verras, si tu le veux, qu'en notre présence ils ne pourront parler ; qu'ils viennent, ces hommes si éloquents, et si, en notre présence, ils parlent, tu te seras assuré que nous ne sommes que gens inhabiles. » On amena divers orateurs qui devinrent aussitôt complétement muets en présence des magiciens, et qui ne pouvaient pas même indiquer par signes qu'ils étaient hors d'état d'articuler un mot. Et les magiciens dirent au roi : « Afin que tu voies que nous sommes des dieux, nous allons leur permettre de parler, mais ils ne pourront marcher. Puis nous leur rendrons la faculté de se mouvoir, mais nous les frapperons d'aveuglement. » Quand tout cela eut été fait, le général amena ces orateurs tout confus aux apôtres, et voyant les hommes de Dieu pauvrement vêtus, ils les méprisèrent dans leur âme. Et Simon leur dit : « Il arrive souvent que des coffrets d'or et ornés de pierres précieuses renferment des objets sans valeur, et que des boîtes de bois contiennent des pierreries inestimables. Celui qui désire être propriétaire d'un objet, ne s'occupe pas dans quoi il est contenu ; promettez donc que vous renoncerez au culte des idoles et que vous adorerez le seul Dieu invisible, et nous ferons le signe de la croix sur vos fronts, et vous confondrez les magiciens. » Lorsque les apôtres eurent fait le signe de la croix sur eux, ils les renvoyèrent au roi, et comme les magiciens ne purent plus rien sur eux, ils les insultèrent dans le fond de leur cœur, et les magiciens irrités firent venir une foule de serpents. Mais les apôtres venant aussitôt à l'invitation du roi, remplirent leurs manteaux de serpents et les jetèrent aux magiciens, disant : « Au nom du Seigneur, vous ne mourrez point; mais vous serez déchirés par les serpents, et vous souffrirez extrêmement. » Et comme les serpents leur dévoraient les chairs et qu'ils hurlaient comme des loups, le roi et les autres demandèrent aux apôtres de laisser les serpents tuer ces magiciens. Mais les apôtres répondirent : « Nous avons été envoyés pour rappeler de la mort à la vie, et non pour précipiter de la vie à la mort. » Et ils ordonnèrent aux serpents de retirer tout le poison qu'ils avaient répandu, et de s'éloigner ensuite dans des lieux solitaires. Et les magiciens souffrirent de plus vives douleurs lorsque les serpents retirèrent leur poison que lorsqu'ils avaient senti déchirer leurs chairs. Et les apôtres leur dirent : « Pendant trois jours vous éprouverez des douleurs, et vous serez ensuite guéris, si vous renoncez à votre malice. » Ils restèrent les trois jours privés de nourriture, de boisson et de sommeil, en proie à des souffrances excessives, et les apôtres, venant ensuite à eux, leur dirent : « Le Seigneur ne veut point d'hommages extorqués par force; soyez donc guéris, et allez avec la faculté de faire ce que vous voudrez. » Eux, persévérant dans leur malice, s'enfuirent et ameutèrent ensuite toute la ville de Babylone contre les apôtres. Ensuite la fille d'un seigneur, homme puissant, conçut par suite de fornication, et ayant enfanté un fils, elle accusa un saint diacre, disant qu'il lui avait fait violence et qu'elle avait conçu de lui. Comme les parents voulaient tuer le diacre, les apôtres vinrent, et demandèrent: « A quelle heure l'enfant est-il né? » Et ils répondirent : « Aujourd'hui, à la première heure du jour. » Et les apôtres dirent : « Apportez ici l'enfant, et amenez aussi le diacre que vous accusez. » Et quand cela fut fait, les apôtres dirent à l'enfant: « Dis, enfant, au nom du Seigneur, si ce diacre a approché de ta mère. » Et l'enfant répondit : « Ce diacre est chaste et saint, et il n'a jamais souillé son corps. » Et les parents insistant pour que les apôtres leur fissent connaître l'auteur de ce crime, ils répondirent : « Nous sommes faits pour absoudre les innocents, et non pour perdre les coupables. » Et à la même époque, il arriva que deux tigres très-féroces qui étaient renfermés dans des fosses s'enfuirent, et ils dévoraient tous ceux qu'ils rencontraient. Et les apôtres vinrent à eux, et au nom du Seigneur ils les rendirent doux comme des agneaux. Les apôtres voulant ensuite s'éloigner de Babylone, on les pria d'y rester encore, et ils y passèrent un an et trois mois. Et dans cet espace de temps ils baptisèrent le roi, les princes, et plus de soixante-dix mille personnes sans compter les petits enfants. Les magiciens dont nous avons parlé vinrent à une ville nommée Sannir où il y avait soixante-dix prêtres des idoles, et les animèrent contre les apôtres, afin de forcer les hommes de Dieu à sacrifier lorsqu'ils viendraient dans cette ville, et, s'ils ne voulaient pas, de les tuer. Lorsque les apôtres, ayant parcouru toute la province, vinrent à cette ville, voici que les prêtres des idoles, avec tout le peuple, se saisirent d'eux et les conduisirent au temple du Soleil. Et les démons se mirent à crier par la bouche des possédés : « Qu'y a-t-il entre vous et nous, apôtres du Dieu vivant ? votre arrivée nous fait ressentir des flammes brûlantes. » Alors un ange leur apparut et leur dit : « Choisissez une de ces deux choses, ou que ces gens meurent, ou que vous soyez martyrs. » Et les apôtres répondirent : « Nous adorons la miséricorde de Dieu ; qu'il les convertisse, et qu'il nous donne la palme du martyre. » Ayant fait faire silence, les apôtres dirent : « Savez-vous que ces idoles sont pleines de démons ? Nous leur ordonnons d'en sortir et de les briser. » Aussitôt deux Éthiopiens noirs et nus, au grand étonnement de tout le peuple, sortirent des idoles, et, les ayant brisées, s'en allèrent en poussant des cris rauques. Voyant cela, les prêtres se jetèrent sur les apôtres et les tuèrent. En ce même moment, le ciel étant complétement serein, il se fit entendre des coups de tonnerre terribles, la foudre tomba sur le temple, et frappa les deux magiciens, qui furent réduits en charbon. Le roi fit transporter dans sa ville les corps des apôtres, et érigea en leur honneur une église d'une magnificence admirable. On lit en divers endroits que le bienheureux Simon fut crucifié. C'est ce que rapportent Isidore, dans son livre du *Trépas des Apôtres*, Eusèbe, dans son *Histoire ecclésiastique*, Bède, *sur les Actes*, et maître Jean Beleth dans sa *Somme*. Après qu'il eut, à ce qu'ils disent, prêché en Égypte, il revint à Jérusalem, et après la mort de Jacques le Mineur, il fut élu d'une voix unanime par les apôtres pour évêque de cette ville, et, avant son décès, l'on dit qu'il ressuscita trente morts, ainsi que le porte l'hymne chantée en son honneur : « Il rendit à la vie trente personnes qui avaient péri dans les flots. » Après avoir, durant maintes années, dirigé l'Église de Jérusalem, étant âgé de cent vingt ans, au temps de l'empereur Trajan, Atticus, homme consulaire, étant venu à Jérusalem, le fit arrêter, et lui prodigua beaucoup d'outrages. Il ordonna ensuite qu'il fût mis en croix, au grand étonnement de tout le peuple et même du juge, de ce que pareil supplice était infligé à un vieillard de cent vingt ans. Quelques-uns disent, et c'est la vérité du fait, que ce ne fut pas l'apôtre Simon qui souffrit sur la croix et qui fut évêque de Jérusalem, mais que ce fut un autre Simon, fils de Cléophas, frère de Joseph ; ce qu'atteste Eusèbe de Césarée dans sa chronique.

LÉGENDE DE SAINT QUINTIN.

Quintin, de race noble et citoyen romain, vint à la ville d'Amiens, et il y fit beaucoup de miracles. Il fut pris sur l'ordre de Maximin, gouverneur de la ville, et battu de verges jusqu'à ce que les bourreaux restassent sans force. Il fut ensuite jeté en prison. Mais un ange le délivra, et il fut au milieu de la ville, et il prêcha. Pris de nouveau, lié sur le chevalet, et cruellement tourmenté, il supporta avec le plus grand courage les coups, la poix et l'huile bouillante. Et comme il raillait le juge, celui-ci, furieux, ordonna de lui verser dans la bouche de la chaux ardente. Mais comme il demeurait inébranlable, il fut conduit au camp de Vermandois, et après qu'on lui eut enfoncé des clous dans la tête, dans les jambes et sous les ongles, il fut décapité. Son corps, jeté dans le fleuve, y resta caché cinquante-cinq ans, et il fut ensuite trouvé de la manière qui suit par une pieuse dame romaine. Comme elle se livrait assidûment à l'oraison, elle fut, la nuit, avertie par un ange de se rendre en tel endroit, où elle trouverait le corps de saint Quintin entier et conservé. Elle s'y rendit, suivie de beaucoup de monde, et s'étant mise en oraison, le corps du martyr, intact, et répandant une odeur très-suave, flotta sur le fleuve. Elle l'ensevelit avec honneur, et construisit une église, et recouvra l'usage de la vue.

LÉGENDE DE SAINT EUSTACHE.

Eustache s'appela d'abord Placide. Il était commandant des gardes de l'empereur Trajan. Il était très-adonné aux œuvres de miséricorde, mais il adorait les idoles. Il avait une épouse qui était aussi païenne, et il eut deux fils qu'il fit élever avec grande magnificence et selon son rang. Un jour, étant à la chasse, il trouva un troupeau de cerfs, et l'un d'eux se distinguait des autres par sa taille et par sa beauté. Eustache, se séparant de ses compagnons, le poursuivit dans une vaste forêt. Les autres militaires étaient occupés après les autres cerfs, et Placide, s'efforçant d'atteindre celui-là, le poursuivait avec acharnement. Et le cerf monta sur un rocher élevé; et Placide, s'approchant, songeait aux moyens de le prendre; et, regardant le cerf avec attention, il vit, au milieu de ses deux cornes, l'image de la sainte croix qui brillait d'une splendeur supérieure à celle du soleil, et l'image de Jésus-Christ qui lui parla par la bouche du cerf, comme jadis l'ânesse de Balaam avait parlé, disant : « O Placide, pourquoi me poursuis-tu? C'est pour ton salut que je t'ai apparu sous la forme de cet animal. Je suis Jésus-Christ, que tu sers sans le connaître. Tes aumônes sont montées devant moi; et je suis venu pour te chasser moi-même, tandis que tu croyais chasser un cerf. » D'autres auteurs disent que ce fut l'image de

Jésus-Christ qui apparut au saint sur la tête du cerf et qui parla ainsi. Entendant cela, Placide fut saisi d'une extrême frayeur, et il tomba de cheval, et, revenant à lui au bout d'une heure, il se releva et il dit : « Révèle-moi qui tu es, afin que je croie en toi.. » Et Jésus-Christ lui répondit : « Je suis le Christ, qui a créé le ciel et la terre, qui a fait surgir la lumière et l'a séparée des ténèbres, qui a réglé les temps, les jours et les années, qui a formé l'homme du limon de la terre, qui a apparu en chair sur la terre pour le salut du genre humain, qui a été crucifié et enseveli, et qui est ressuscité le troisième jour. » Placide, entendant ces paroles, tomba de nouveau sur la terre, et dit : « Je crois, Seigneur, que vous êtes celui qui a fait toutes choses, et qui convertit ceux qui sont dans l'erreur. » Et le Seigneur lui répondit : « Si tu crois, va trouver l'évêque de la ville, et demande-lui le baptême. » Et Placide répondit : « Voulez-vous, Seigneur, que je fasse part de toutes ces choses à ma femme et à mes fils, afin qu'ils croient aussi en vous? » Et le Seigneur répondit : « Instruis-les, afin qu'ils soient aussi purifiés avec toi. Et reviens ici demain, afin que je me révèle de nouveau à toi, et que je t'annonce plus amplement les choses futures. » Lorsqu'il fut revenu chez lui, et qu'il eut fait part de toutes ces choses à son épouse, au lit, elle s'écria : « La nuit dernière, je l'ai vu aussi, et il m'a dit : « Demain, toi et ton mari, et tes fils, vous viendrez à « moi. » Et je reconnais à présent que c'est Jésus-Christ. » Ils se rendirent donc à minuit vers l'évêque de Rome, qui les reçut avec une grande joie, et qui leur donna le baptême, et qui changea le nom de Placide en celui d'Eustache; il donna à la femme le nom de Théospita, et aux fils ceux d'Agapet et de Théospite. Le lendemain matin, Eustache se rendit, comme il l'avait fait, à la chasse, et dispersant ses compagnons, comme pour mieux trouver du gibier, il se rendit à l'endroit où il avait eu la première apparition. Et elle se présenta derechef à ses yeux, et, tombant le visage contre terre, il dit : « Je vous supplie, Seigneur, de manifester à votre serviteur ce que vous lui avez promis. » Et le Seigneur lui répondit : « Tu es bienheureux, Eustache, puisque tu as été purifié par ma grâce, et tu as vaincu le diable ; ta foi se montrera bientôt; car le diable, que tu as déserté, s'arme et se prépare à t'attaquer vivement. Il faut donc que tu souffres beaucoup pour recevoir la couronne de la victoire ; il faut que, perdant les vains honneurs du siècle, tu sois humilié ici-bas, afin d'être élevé dans les honneurs spirituels. Ne te décourage pas ; ne reporte pas les regards vers tes dignités passées ; il faut que, supportant les tentations, tu te montres comme un autre Job ; mais lorsque tu auras été abaissé, je viendrai à toi, et je te rétablirai dans ta gloire primitive. Dis si tu veux souffrir bientôt les tribulations, ou à la fin de ta vie. » Eustache répondit : « Seigneur, faites, si vous le voulez, que nos épreuves soient prochaines ; mais donnez-nous la vertu de la patience. » Le Seigneur répondit : « Sois constant ; ma grâce gardera vos âmes. » Et le Seigneur remonta ensuite au ciel ; et Eustache, revenant chez lui, annonça cela à sa femme. Peu de jours après, une maladie contagieuse se déclara parmi ses esclaves et les fit périr tous. Bientôt après, ses brebis et tous ses troupeaux moururent subitement. Des voleurs pénétrèrent de nuit dans sa maison, et ils dérobèrent tout ce qu'il y avait d'or et d'argent, et d'objets précieux. Et lui, rendant grâce à Dieu, partit la nuit, nu et dépouillé de tout, avec sa femme et ses fils. Et ils se rendirent en Égypte. Toute leur fortune avait été enlevée par des méchants, et il ne leur restait rien. Mais l'empereur et tout le sénat s'affligeaient fort de la perte d'un militaire aussi distingué, et l'on ne pouvait avoir aucun indice de ce qu'il était devenu. Pendant ce temps, ils continuaient leur route, et ils arrivèrent à la mer, et, trouvant un navire, ils s'embarquèrent. Le capitaine du navire, voyant que la femme d'Eustache était fort belle, eut un violent désir de l'avoir. Lorsqu'ils eurent accompli leur traversée, il exigea d'eux le prix de leur passage ; et comme ils n'avaient pas de quoi payer, il ordonna que la femme d'Eustache serait retenue à bord, comptant ainsi l'avoir. Eustache n'y voulut point consentir ; et les mariniers conçurent le projet de le jeter à la mer. Eustache, informé de leur résolution, quitta tout désolé sa femme, et, prenant ses deux enfants, il s'en alla en gémissant et en disant : « Malheur à moi et à vous, car votre mère est livrée à un autre. » Étant arrivé aux bords d'une rivière, il n'osa pas, à cause de l'élévation des eaux, la traverser avec les deux enfants; mais en ayant laissé un sur la rive, il se mit à transporter l'autre, et lorsqu'il l'eut déposé sur le bord opposé, il revint chercher le second. Et lorsqu'il fut arrivé au milieu du fleuve, un loup accourut tout à coup, saisit dans sa gueule l'enfant qu'il venait de quitter, et l'emporta dans un bois. Eustache, désespéré, se hâta de se diriger vers son autre enfant; mais un lion survint et emporta de son côté le pauvre petit. Ne pouvant lui porter secours, puisqu'il était encore au milieu de la rivière, le malheureux père commença à se désoler et à s'arracher les cheveux, voulant se laisser périr dans les eaux; mais la providence divine le retint. Des pasteurs, voyant le lion emporter un enfant vivant, le poursuivirent avec leurs chiens. Et Dieu voulut que le lion se sauvât, abandonnant l'enfant sans lui avoir fait aucun mal. De leur côté, des laboureurs, poursuivant le loup de leurs clameurs, lui arrachèrent aussi l'autre enfant sain et sauf. Les pasteurs et les laboureurs étaient habitants du même village, et ils élevèrent les enfants ensemble. Mais c'est ce qu'Eustache ne savait pas; et il s'en allait triste et dolent, en disant : « Hélas! je fleurissais jadis comme un arbre, et maintenant je suis tout dépouillé. J'étais autrefois à la tête d'une multitude de soldats, aujourd'hui il ne me reste pas même mes enfants. Je me souviens, Seigneur, que vous m'avez dit qu'il fallait que je passasse par les mêmes épreuves que Job; mais je suis plus rudement traité que lui : il fut dépouillé de tous ses biens, mais il lui resta du moins un tas de fumier sur lequel il put se reposer; moi, il ne me reste absolument rien. Il trouva des amis qui compatirent à ses peines; moi, je n'ai trouvé que des animaux féroces qui m'ont enlevé mes fils. Sa femme lui resta; j'ai été séparé de la mienne. Mettez un terme, Seigneur, à mes tribulations; imposez la circonspection à ma bouche. Que mon cœur ne tombe pas dans des paroles de malice qui me feraient rejeter de devant votre face. » Disant cela, et versant des larmes, Eustache fut dans un village, et, durant l'espace de quinze ans, il cultiva les champs des habitants. Ses enfants étaient élevés dans un autre village, et ils ne se connaissaient pas pour frères. Le Seigneur étendit sa protection sur la femme d'Eustache, et l'étranger ne la connut point, mais, la renvoyant, il mourut. Sur ces entrefaites, l'empereur et le peuple romain étaient très-pressés par les ennemis ; et se souvenant de Placide, qui avait si souvent combattu avec courage et succès contre l'ennemi, l'on s'affligeait beaucoup de sa disparition, et l'empereur envoya des soldats pour le chercher dans les différentes régions de la terre, promettant, à qui le trouverait, de grandes richesses et des honneurs. Quelques-uns des soldats qui avaient servi sous Placide arrivèrent enfin dans le village où il vivait retiré. Placide, les voyant venir, les reconnut aussitôt. Et le souvenir de ses grandeurs passées lui revenant à l'esprit, il commença à se troubler et à dire : « Seigneur, puisque j'ai revu, contre tout espoir, ceux qui furent autrefois mes camarades, faites que je puisse revoir ma femme. Quant à mes enfants, je sais qu'ils ont été dévorés par les bêtes féroces. » Et il entendit une voix qui lui dit : « Prends courage, Eustache ; tu rentreras bientôt en possession de tes honneurs, et tu retrouveras ta femme et tes enfants. » Lorsqu'il eut été rencontré par les soldats, ceux-ci ne le reconnurent nullement. Et l'ayant salué, ils lui demandèrent s'il connaissait un étranger nommé Placide, avec son épouse et ses deux enfants. Il répondit qu'il ne savait de quoi il s'agissait. Mais il les pria de recevoir l'hospitalité chez lui, et il les soignait. Et, se souvenant de son ancienne dignité, il ne pouvait retenir ses larmes. Sortant un matin, il lava son visage, et, rentrant, il recommença à les servir. Eux, le regardant, se disaient entre eux : « Voyez comme notre hôte ressemble à celui que nous cherchons. » Et l'un d'eux dit : « Il a en effet avec notre ancien chef une ressemblance extraordinaire. Voyons s'il a à la tête la cicatrice d'une blessure qu'il a reçue à la guerre ; si nous l'y trouvons, nous serons sûrs que c'est lui. » Et ils regardèrent, et, voyant cette marque, ils reconnurent que c'était celui qu'ils cherchaient. Ils l'embrassèrent et l'interrogèrent au sujet de sa femme et de ses enfants. Il leur dit que ses fils étaient morts, et que sa femme était retenue captive. Les habitants des lieux voisins accoururent de tous côtés, tandis que les soldats vantaient le courage et l'ancienne gloire d'Eustache. Et les soldats lui montrèrent l'ordre de l'empereur, et le revêtirent de riches vêtements. Après un voyage de quinze jours, ils rejoignirent l'empereur. Informé de l'arrivée d'Eustache, il courut au-devant de lui, et il l'embrassa tendrement. Et le saint raconta en détail toutes ses aventures ; et il reprit le commandement des troupes, et il fut obligé d'exercer les fonctions qu'il avait remplies autrefois. Ayant compté ses soldats, et voyant qu'ils étaient en trop petit nombre contre tant d'ennemis, il ordonna de réunir des recrues dans tous les villages et toutes les villes. Et le village où avaient été élevés ses deux enfants ayant eu l'ordre de fournir deux recrues, les deux fils d'Eustache furent désignés comme les plus propres au service, et ils lui furent envoyés. Voyant deux jeunes gens de bonne mine et pleins de mérite, il s'y attacha, et il leur donna des emplois près de sa personne. Et, ayant vaincu l'ennemi, il fit reposer son armée trois jours dans un endroit où sa femme vivait dans une pauvre retraite. Et, par l'intervention de Dieu, les deux jeunes gens furent logés dans la maison où résidait leur mère qu'ils ne connaissaient pas. Et étant assis, dans la journée, et causant ensemble, ils s'entretenaient mutuellement de leur enfance. Et la mère, assise près de là, écoutait avec attention ce qu'ils disaient. L'aîné disait au plus jeune : « Je ne me rappelle rien de ce qui regarde mon enfance, si ce n'est que mon père était général, et que ma mère était d'une grande beauté. Elle eut deux fils, et c'était moi qui étais l'aîné. Elle nous prit une nuit, et nous sortîmes de notre maison, et nous nous embarquâmes sur un navire qui allait je ne sais où. Et quand nous sortîmes du navire, notre mère y resta, je ne sais pourquoi. Notre père continua sa route, nous portant tous deux et pleurant. Arrivé sur le bord d'un fleuve, il le passa avec mon frère le plus jeune, et me laissa sur la rive. Et lorsqu'il revint pour me prendre, un loup enleva l'enfant qu'il avait déposé sur l'autre rive, et, avant qu'il fût arrivé jusqu'à moi, un lion, sortant d'une forêt, m'emporta dans les bois. Des pasteurs m'arrachèrent de la gueule du lion, et j'ai été nourri dans le village que tu connais, et je n'ai jamais pu savoir ce qu'étaient devenus mon père et ma mère. » En entendant cela, le cadet commença à pleurer et à dire : « Vraiment, tu es mon frère, car ceux qui m'ont élevé m'ont dit qu'ils m'avaient arraché à un loup. » Et se jetant dans les bras l'un de l'autre, ils s'embrassèrent en pleurant. La mère, ayant entendu cela, et reconnaissant sa propre histoire, pensa dans son cœur que ce pouvaient bien être ses enfants. Elle alla donc trouver Eustache, et lui dit : « Je vous prie d'ordonner que l'on me reconduise dans ma patrie, car je suis Romaine et étrangère à ce pays-ci. » Et, disant cela, elle le reconnut pour son mari, et, ne pouvant se contenir, elle tomba à ses pieds, en disant : « Je vous prie, seigneur, de me raconter l'histoire de votre vie, car je pense que vous êtes Placide, le général d'armée, qui porte aussi le nom d'Eustache, que le Seigneur a converti, qui a subi telles et telles épreuves, et dont je suis l'épouse qui lui fut enlevée sur mer ; j'ai été préservée de toute corruption, et j'ai deux fils, Agapet et Théospite. » Eustache, entendant cela, et la regardant avec attention, reconnut sa femme, et il l'embrassa en versant des larmes de joie et en glorifiant Dieu, qui console les affligés. Et sa femme lui dit : « Où sont nos enfants ? » Et il dit : « Ils ont été enlevés par des bêtes féroces. » Et il lui raconta comment il les avait perdus. Elle répondit : « Rendons grâces à Dieu ; car je pense que, de même qu'il a bien voulu que nous nous retrouvions, il permettra aussi que nous retrouvions nos enfants. » Eustache répliqua : « Je te dis qu'ils ont été enlevés par des animaux féroces. » Elle dit : « Hier, étant assise dans le jardin, j'ai entendu deux jeunes gens raconter leur histoire de telle et telle manière, et je crois que ce sont nos fils. Interroge-les, et ils te diront ce qui en est. » Eustache les fit venir, et, les questionnant au sujet de leur enfance, il apprit d'eux qu'ils étaient ses fils. Et lui et leur mère les serrèrent longtemps dans leurs bras, les couvrant de baisers et de larmes. Toute l'armée était pleine de joie de ce qu'ils avaient été retrouvés, et de ce que les barbares avaient été vaincus. A son retour, Eustache trouva que Trajan était mort ; il avait pour successeur Adrien, qui était plus grand criminel. Le nouvel empereur reçut Eustache avec beaucoup de distinction, et lui donna un grand festin. Le lendemain, il fut au temple pour offrir un sacrifice en action de grâce pour la victoire remportée sur les barbares. Voyant qu'Eustache ne voulait pas sacrifier, Adrien l'y exhorta vivement. Eustache répondit : « Je n'adore que Jésus-Christ, et je ne sacrifierai à nul autre. » Alors l'empereur, rempli de colère, le fit exposer dans le cirque avec sa femme et ses enfants, et fit lâcher contre eux un lion furieux; mais il se coucha aux pieds des chrétiens, et se retira sans leur faire aucun mal. Alors l'empereur ordonna de chauffer un taureau d'airain, et de les y renfermer vivants. Les martyrs ayant fait leurs prières et s'étant recommandés à Dieu, entrèrent dans cette machine, et rendirent leur âme au Seigneur. Trois jours après, on les tira de là en présence de l'empereur, et ils furent retrouvés intacts; leurs cheveux n'étaient pas même brûlés. Les chrétiens enlevèrent leurs corps, et, les déposant dans un endroit très-vénéré, ils y construisirent un oratoire. Ils souffrirent aux calendes de novembre, ou, selon d'autres, le douze des calendes d'octobre, sous le règne d'Adrien, qui commença à régner l'an du Seigneur cent vingt.

LÉGENDE DES QUATRE COURONNÉS.

Les Quatre Couronnés furent Sivère, Sivérien, Corpophore et Victorien; ils furent, d'après l'ordre de Dioclétien, frappés jusqu'à leur mort de fouets armés de boules de plomb. L'on ignora longtemps leurs noms, qui furent révélés par le Seigneur, et il fut réglé que leur fête se ferait avec celle de cinq autres martyrs : Claude, Castor, Nicostrate, Symphorien et Simplice, qui souffrirent deux ans après le martyre des Quatre Couronnés. Ceux-ci exerçaient la profession de sculpteurs, et comme ils refusèrent de sculpter une idole qu'avait commandée Dioclétien, et de sacrifier aux faux dieux, ils furent, suivant le commandement de l'empereur, enfermés vivants dans des cercueils de plomb et précipités dans la mer, l'an du Seigneur deux cent quatre-vingt-sept. Ils furent honorés avec les quatre autres martyrs dont on ignorait les noms, et que le pape Melchiade ordonna de désigner sous l'indication des Quatre Couronnés, et lorsqu'on sut plus tard leurs noms, l'usage continua de leur donner cette dénomination.

LÉGENDE DE SAINT THÉODORE.

Saint Théodore souffrit le martyre dans la capitale de la Marmarique, sous le règne de Dioclétien et de Maximin. Le gouverneur lui disant de sacrifier aux dieux, et qu'il rentrerait en possession de son grade, Théodore répondit : « Je suis soldat de Dieu et de Jésus-Christ, son fils. » Le gouverneur lui répondit : « Ton Dieu a donc un fils? » Et Théodore répliqua : « Oui. » Et le gouverneur dit : « Pouvons-nous le connaître? » Et Théodore répondit : « Vous pouvez le connaître et arriver à lui. » Engagé de nouveau à sacrifier, Théodore entra la nuit dans le temple de Mars et y mit le feu. Dénoncé par quelqu'un qui l'avait vu, il fut mis en prison, afin d'y être renfermé jusqu'à ce qu'il fût mort de faim. Le Seigneur lui apparut, et lui dit : « Prends courage, mon serviteur Théodore, car je suis avec toi. » Alors une grande foule d'hommes vêtus de blanc entra dans son cachot, quoique la porte fût fermée, et se mit à chanter des psaumes avec lui. Voyant cela, les gardes épouvantés prirent la fuite. Retiré de prison, et pressé de sacrifier, il dit : « Vous pouvez livrer mes chairs aux flammes et me mettre à la torture, mais tant qu'il me restera un souffle de vie, je ne renierai point mon Dieu. » Alors le gouverneur ordonna de le hisser à un pieu, et l'on déchira son corps si cruellement avec des ongles de fer, que ses côtes apparaissaient à nu. Et le gouverneur lui dit : « Veux-tu, Théodore, être avec nous, ou avec ton Christ? » Et il répondit : « Je fus, je suis et je serai avec Jésus-Christ. » Alors on le jeta dans un grand feu où il rendit l'esprit, mais son corps resta entier. Ce qui se passa en l'an du Seigneur deux cent quatre-vingt-sept. Et tous les assistants sentirent une odeur très-suave, et ils entendirent une voix qui disait : « Viens, mon bien-aimé, entre dans la joie de ton Seigneur »; et beaucoup virent le ciel ouvert.

LÉGENDE DE SAINT MARTIN.

Martin fut originaire de Sabarie, ville de Pannonie; mais il fut élevé en Italie, à Pavie, et il accompagna à la guerre son père, tribun des soldats sous les empereurs Constantin et Julien. Cédant à l'inspiration divine, lorsqu'il avait l'âge de douze ans, il se réfugia, malgré la volonté de ses parents, dans l'église, et il demanda qu'on le fît catéchumène, et il aurait dès lors embrassé la vie d'ermite, si la faiblesse de sa santé ne l'en avait pas empêché. Les empereurs ayant ordonné que les fils des vétérans entrassent au service en remplacement de leurs pères, Martin, alors âgé de quinze ans, fut forcé de partir pour la guerre, se contentant d'un seul serviteur, qu'il servait lui-même le plus souvent et dont il nettoyait les chaussures. Un jour d'hiver, comme il sortait de la ville, il trouva un pauvre presque nu, et auquel personne n'avait fait l'aumône. Martin, partageant avec son épée le manteau dont il était couvert, en donna la moitié au pauvre et remit l'autre moitié sur ses épaules. La nuit suivante, il vit Jésus-Christ revêtu de la moitié du manteau donnée au pauvre et disant aux anges qui l'entouraient : « Martin, qui est encore catéchumène, m'a donné ce vêtement. » Le saint ne conçut point de vanité, mais, connaissant la bonté de Dieu, lorsqu'il eut l'âge de dix-huit ans, il se fit baptiser, et, le temps de son service étant expiré, il servit encore deux ans, cédant aux instances du tribun sous les ordres duquel il était. Les barbares ayant fait une invasion dans la Gaule, Julien, César, accorda des largesses aux soldats qui devaient les combattre. Mais Martin, résolu à ne plus servir, refusa cet argent, et il dit : « Je suis soldat de Jésus-Christ; il ne m'est plus permis de faire la guerre. » Julien, irrité, lui dit que ce n'était point par piété, mais par crainte du péril qu'il quittait le service. Martin lui répliqua courageusement : « Si c'est à la lâcheté et non à la foi qu'on attribue ma résolution, l'on me verra demain, devant le front de l'armée, sans bouclier ni casque, protégé seulement du signe de la croix, pénétrer dans les bataillons ennemis sans éprouver nulle crainte. »

Julien ordonna qu'on le gardât, afin de l'exposer le lendemain aux coups des ennemis. Mais, dès le matin, l'on vit arriver de leur part des envoyés qui annoncèrent qu'ils se rendaient à discrétion. Et il n'y a pas de doute que ce ne fût aux mérites du saint que l'on fut redevable d'avoir remporté une pareille victoire sans effusion de sang. S'étant donc retiré du service, Martin se rendit vers saint Hilaire, évêque de Poitiers, qui l'ordonna acolyte, et il lui fut ordonné en songe d'aller visiter ses parents qui étaient encore païens. Il partit en prédisant qu'il était destiné à souffrir beaucoup de maux. En passant les Alpes, il tomba au milieu d'une troupe de voleurs. L'un d'eux allait lui fendre la tête d'un coup de hache, lorsqu'un de ses camarades retint son bras. Après avoir lié à Martin les mains derrière le dos, il fut remis à l'un d'eux chargé de le garder. Il lui demanda s'il n'avait pas peur, et il répondit que jamais il n'avait été aussi tranquille, parce qu'il savait que la miséricorde de Dieu s'étendait sur lui aux heures du danger. Il prêcha ensuite le voleur et il le convertit à la foi de Jésus-Christ. Le voleur rendit au saint la liberté, et depuis il mena une vie édifiante. Lorsque Martin passa à Milan, le diable fut au-devant de lui sous une forme humaine, et lui demanda où il allait. Martin répondit qu'il allait là où le Seigneur voulait, et le diable lui dit : « Partout où tu iras, tu trouveras le diable pour ennemi. » Et le saint répondit : « Dieu est mon auxiliaire, et je ne crains rien de ce que peut entreprendre contre moi l'ennemi des hommes. » Et aussitôt le démon disparut. Il convertit ensuite sa mère, mais son père persista dans ses erreurs. L'hérésie arienne vint à prévaloir dans le monde entier, et comme Martin presque seul lui résistait, il fut battu publiquement et chassé de la ville; alors il revint à Milan, et il y fonda un monastère. Les hérétiques l'en expulsèrent encore, et il se retira dans l'île de Gallinarie avec un seul prêtre; il y mangea par mégarde, avec d'autres herbes, de l'ellébore; empoisonné, et au moment de mourir, il détruisit l'effet du poison par la force de ses prières, et il se trouva guéri. Apprenant que le bienheureux Hilaire était revenu de son exil, il alla le rejoindre, et il fonda un monastère près de Poitiers. Y étant avec un catéchumène, il s'éloigna pour un peu de temps, et, à son retour, il trouva que le catéchumène était mort sans baptême. Rapportant le cadavre dans sa cellule, et se prosternant sur lui, il le rappela à la vie par ses oraisons. Et le mort raconta que la sentence ayant été rendue contre lui, deux anges le conduisaient aux régions ténébreuses, lorsqu'il fut suggéré au souverain Juge que c'était pour lui que Martin priait, et alors les anges eurent l'ordre de le ramener, et il recouvra la vie. Martin ressuscita aussi un homme qui s'était pendu. La ville de Tours n'avait pas alors d'évêque, et le peuple demanda Martin, qui s'y refusait vivement. Quelques-uns s'opposaient à ce qu'il fût évêque, parce qu'il était difforme de figure et très-négligé dans ses vêtements. Et un nommé Defensor était le plus grand de ses adversaires. Et, comme il manqua à ce moment de lecteur à l'office divin, un assistant ayant pris un psautier, et l'ayant ouvert au hasard, lut le premier verset sur lequel il tomba, et ce fut : « Tu as fait venir la louange de la bouche des enfants à la mamelle, pour que tu détruises l'ennemi et le défenseur. » Et ce Defensor fut alors blâmé de tous. Ordonné évêque, Martin, qu'incommodait le bruit du peuple, fonda, à deux milles de la ville, un monastère, où il vécut avec quatre-vingts disciples dans une grande mortification, car personne n'y buvait de vin, à moins que la maladie n'en fît une nécessité. Tout relâchement était là considéré comme un crime, et un grand nombre de ces frères devinrent évêques. Un mort était honoré sous le titre de martyr, et Martin ne pouvait rien trouver au sujet de sa vie ou de ses mérites ; un jour il pria Dieu sur le tombeau de cet inconnu de lui faire savoir qui il était et quels étaient ses mérites. Et, se retournant, il vit à sa gauche un fantôme tout noir. Martin l'adjura de dire qui il était, et le fantôme dit qu'il avait été voleur et qu'il avait été supplicié à cause de ses crimes, et Martin ordonna de détruire aussitôt son autel. On lit aussi dans le *Dialogue* de Sévère et de Gallus, disciples de saint Martin, où sont racontés beaucoup de faits que Sévère n'avait point relatés dans la Vie du saint, on lit que Martin alla un jour solliciter quelque chose de l'empereur Valentinien. L'empereur, résolu à ne pas le lui accorder, fit fermer les portes du palais. Et Martin, repoussé plusieurs fois, se couvrit d'un cilice et de cendres, et passa une semaine entière dans l'abstinence, se privant de boire et de manger. Puis, averti par un ange, il vint au palais et il pénétra jusqu'à l'empereur, sans que personne l'en empêchât. L'empereur, l'apercevant, s'irrita de ce que l'on avait laissé entrer Martin, et ne voulut pas se lever devant lui ; mais le feu prit au cabinet impérial et gagna le siége de Valentinien. Alors il fut obligé de se lever, et il reconnut que saint Martin était protégé par un pouvoir divin, et, lui rendant de grands honneurs, il accorda tout ce que le saint demandait, et il lui offrit de riches présents ; mais Martin les refusa. On lit dans le même *Dialogue* qu'il ressuscita un troisième mort ; car un jeune homme ayant trépassé, et sa mère priant avec larmes saint Martin de le rendre à la vie, le saint se mit à genoux au milieu du champ où il se trouvait entouré d'une multitude innombrable de païens, et aussitôt, en présence de tous, le mort ressuscita. C'est pourquoi tous ces païens se convertirent à la foi. Les choses insensibles et privées de raison, les végétaux et les éléments, comme l'eau et le feu, obéissaient à Martin ; car le feu avait pris à une maison, et le vent poussait la flamme sur les maisons voisines ; Martin monta sur le toit d'une maison et se montra aux flammes qui s'avançaient, et elles rebroussèrent contre la force du vent, de sorte qu'il y avait comme un combat de deux éléments. On lit dans le même *Dialogue* qu'un navire étant en grand danger de faire naufrage, un marchand, qui n'était pas encore chrétien, s'écria : « Dieu de Martin, sauvez-nous », et aussitôt il revint un grand calme. Dans un certain endroit, Martin avait détruit un temple très-ancien, et il voulait faire arracher un pin consacré au diable : les paysans et les gentils s'y opposant, l'un d'eux vint à dire : « Si tu as confiance en ton Dieu, mets-toi sous cet arbre pendant que nous le couperons, et si ton Dieu est puissant, il te protégera. » Martin se mit contre l'arbre, et au moment où le pin se penchait et allait l'écraser, le saint fit le signe de la croix, et l'arbre, se redressant, tomba du côté opposé sur les gentils qui se croyaient en parfaite sûreté. Et, ayant vu ce miracle, ils se convertirent à la foi. On voit dans ce même dialogue que les animaux lui étaient soumis. Ayant vu des chiens qui poursuivaient un lièvre, il leur ordonna d'abandonner cette pauvre bête : aussitôt les chiens s'arrêtèrent et restèrent comme liés à leur place. Un serpent avait aussi une fois traversé un fleuve à la nage, et Martin lui dit : « Au nom du Seigneur, je t'ordonne de t'en retourner. » Et le serpent revint sur la rive d'où il était parti. Et le saint dit alors en gémissant : « Les serpents m'entendent, et les hommes ne m'entendent pas. » Un chien aboyait un jour contre un disciple de Martin, qui se tourna vers lui et lui dit : « Au nom de Martin, je t'ordonne de te taire » ; et le chien se tut aussitôt comme s'il avait eu la langue coupée. Le bienheureux Martin fut d'une extrême humilité; car, ayant rencontré un lépreux qui faisait horreur à tout le monde, il l'embrassa et le bénit, et le lépreux fut aussitôt guéri. Martin ne se servit jamais d'un siége pendant les offices, et personne ne le vit s'asseoir à l'église. On lit dans le dialogue que nous avons cité, que Martin étant un jour seul dans sa cellule, tandis que ses disciples Sévère et Gallus étaient en dehors à la porte, ils entendirent tout d'un coup, à leur grande frayeur, plusieurs voix qui parlaient dans la cellule. Et ayant ensuite questionné à cet égard Martin, il leur répondit : « Je vous le dirai, mais, je vous en prie, n'en parlez à personne. Agnès, Thècle et Marie sont venues vers moi, et ce n'est pas seulement cette fois ; souvent elles viennent me rendre visite. » Et les saints apôtres Pierre et Paul venaient souvent l'entrenir, mais il ne voulait pas qu'on le sût. Telle était sa patience, que, bien qu'il fût le chef des pasteurs, les clercs l'offensaient souvent impunément, sans qu'il cessât d'avoir autant de charité pour eux. On ne le vit jamais en colère, jamais triste, jamais riant; il n'avait jamais à la bouche que Jésus-Christ, et il n'avait dans le cœur que piété, paix et miséricorde. On lit dans le même dialogue, que Martin allant un jour sur un âne, couvert d'un vêtement grossier et d'un manteau noir, il effraya les chevaux de quelques soldats qui venaient à l'encontre de lui, et ceux-ci, sautant à terre, frappèrent rudement le saint. Il restait comme un muet et tendait le dos à ceux qui le maltraitaient. Et ils n'étaient que plus furieux de ce que le saint paraissait ne pas ressentir ces mauvais traitements. Mais leurs chevaux restèrent immobiles et comme cloués à la terre, sans que rien pût les faire avancer, jusqu'à ce que, revenant vers Martin, ils demandèrent grâce pour le péché qu'ils avaient commis en le maltraitant sans le connaître; le saint leur pardonna, et aussitôt les chevaux purent s'éloigner d'un pas rapide.

Il était très-assidu à la prière, et on lit dans sa légende qu'il ne resta jamais une seule heure sans en consacrer une portion à l'oraison et à la lecture. Soit qu'il lût, soit qu'il travaillât, son âme ne se détournait point de la prière. Et, quoi qu'il fît, il priait toujours. Son austérité envers lui-même était très-grande. Sévère raconte, dans une lettre à Eusèbe, que saint Martin étant venu dans une ville de son diocèse, les clercs lui avaient préparé un lit composé de plusieurs tapis mis les uns sur les autres, ce que Martin regarda comme une mollesse inaccoutumée, lui qui avait coutume de coucher sur la terre recouverte seulement d'un cilice. Il rejeta tous ces tapis et se coucha sur la terre nue. Au milieu de la nuit, le feu se déclara dans l'appartement où il était, et Martin, essayant de sortir, ne le put, et déjà les flammes gagnaient ses vêtements, lorsqu'ayant eu recours à son arme habituelle de la prière, et ayant fait le signe de la croix, il n'éprouva aucun mal, et il sentit comme une douce rosée les flammes qui l'entouraient. Les moines, réveillés, accoururent, et ils trouvèrent que Martin, qu'ils croyaient brûlé, n'avait nullement souffert. Il était plein de compassion pour les pécheurs, et il recevait dans son sein tous ceux qui voulaient se repentir. Le diable le reprit un jour de ce qu'il recevait trop tôt les déchus à la pénitence, et le saint lui répondit: « Si toi-même, misérable, tu cessais de poursuivre les hommes et si tu te repentais de tes péchés, je t'assurerais de la miséricorde du Seigneur Jésus-Christ. » Il fut plein de charité pour les pauvres. On lit dans ce même *Dialogue*, que Martin allant à l'église un jour de fête, un pauvre presque nu le suivit. Le saint ordonna à l'archidiacre d'habiller ce malheureux. Et celui-ci ne se pressant pas de le faire, Martin donna au pauvre sa propre tunique et lui dit de se retirer. Et lorsqu'il fut ensuite dire la messe, l'on vit un globe de feu apparaître sur sa tête. Il eut une grande puissance pour chasser les démons; il les força souvent à abandonner le corps des hommes. On lit qu'une vache était possédée du diable et qu'elle courait comme une furieuse, ayant tué beaucoup de monde, et elle s'élançait, pleine de rage, sur Martin et sur ses compagnons qu'elle rencontra sur son chemin, lorsque le saint, élevant la main, lui ordonna de s'arrêter. Elle resta aussitôt immobile, et Martin vit un démon qui était monté sur le dos de cette bête. Et il lui dit avec reproche : « Va-t'en, malheureux; descends, et cesse de tourmenter un paisible animal. » Il descendit aussitôt, et la vache se prosterna aux pieds de l'évêque et, d'après son ordre, rejoignit son troupeau en parfaite tranquillité. Il fut d'une extrême subtilité pour distinguer les démons, et, sous quelque forme qu'ils cherchassent à se dissimuler, il les reconnaissait aussitôt. Quelquefois des démons s'offraient à ses yeux sous la forme de Jupiter, ou de Mercure, ou de Vénus, ou de Minerve ; mais il les appelait aussitôt de leurs véritables noms, et il les chassait. Un jour, un démon lui apparut sous la forme d'un roi, couvert de pourpre, avec un diadème et des bottines dorées, l'air satisfait et serein. Et lorsqu'ils furent restés quelque temps en présence sans parler : « Reconnais, Martin, dit le démon, que je suis celui que tu adores, le Christ qui, descendant sur la terre, ai voulu me manifester à toi. » Martin le regardait avec surprise, sans rien répondre, et le diable reprit : « Martin, pourquoi hésites-tu de croire, puisque tu me vois? Je suis le Christ. » Alors l'évêque, inspiré de l'Esprit saint, dit : « Le Seigneur Jésus ne s'est point montré vêtu de pourpre et n'a point porté de diadème. Je ne crois pas que Jésus-Christ vienne jamais avec d'autres insignes que ceux de la Passion et sans avoir les stigmates de la croix. » A ces mots, le diable disparut, laissant la cellule de Martin pleine d'une odeur infecte.

Le saint connut longtemps d'avance le moment de sa mort, et il le révéla aux frères. Sur ces entrefaites, il voulut visiter le diocèse de Candé, qui était agité par des discordes. Sur sa route, il vit des pêcheurs qui jetaient des filets dans le fleuve pour prendre les poissons et qui en attrapaient quelques-uns. « Voici, dit-il, l'image des démons; ils tendent des pièges aux imprudents, ils prennent les ignorants, ils dévorent ce qu'ils ont pris, et rien de ce qu'ils dévorent ne les rassasie. » Étant resté quelque temps dans ce diocèse, il sentit que ses forces l'abandonnaient, et il dit aux frères que sa fin était proche. Et ils se mirent à pleurer et à dire : « Pourquoi nous abandonnez-vous, vous qui êtes notre père, et pourquoi nous laissez-vous dans la désolation? Des loups dévastateurs viendront ravager votre troupeau.» Et lui, les voyant pleurer, fit cette prière : « Seigneur, si je suis encore nécessaire à votre peuple, je ne refuse pas le travail; que votre volonté s'accomplisse. » Et il ne savait ce qu'il préférerait; car il ne voulait ni abandonner ses ouailles, ni rester plus longtemps séparé de Jésus-Christ. En proie à la fièvre, ses disciples le priaient de permettre que l'on mît un matelas à son lit où il était couché sur la cendre et sur un cilice, et il dit : « Un chrétien, mes enfants, ne doit mourir que sur le cilice et la cendre. Si je vous donnais un autre exemple, je commettrais un péché. » Les yeux et les mains constamment vers le ciel, il priait sans relâche. Et comme il était étendu sur le dos, les prêtres qui l'entouraient l'exhortèrent à se tourner sur le côté pour se soulager un peu. « Laissez-moi, mes frères, dit-il, laissez-moi regarder le ciel plutôt que la terre, afin que mon esprit se dirige vers le Seigneur.» En disant cela, il vit le diable qui s'approchait. « Que viens-tu faire ici, lui dit-il, bête cruelle! tu ne trouveras en moi rien de funeste; le sein d'Abraham va me recevoir. » Et, en prononçant ces mots, il rendit son esprit à Dieu, sous le règne d'Arcadius et d'Honorius, qui montèrent sur le trône l'an du Seigneur quatre cent quarante-huit, et il était âgé de quatre-vingt et un ans. Son visage brilla d'une clarté admirable, et beaucoup de gens entendirent les chants des anges autour de son corps. Les gens de Poitiers, comme ceux de Tours, accoururent à ses funérailles, et il s'y éleva une grande contestation. Ceux de Poitiers disaient : « Il a été moine chez nous, il doit nous revenir. » Et les autres répondaient : « Il vous a été ôté, Dieu nous l'a donné. » Au milieu de la nuit, tous les Poitevins s'endormirent, et les gens de Tours, ayant fait passer le corps par une fenêtre, le mirent dans une barque et l'apportèrent dans leur ville où il fut reçu avec la plus vive joie. Le bienheureux Séverin, évêque de Cologne, priant dans l'église au moment où saint Martin expira, entendit chanter les anges dans le ciel. Il appela l'archidiacre et lui demanda s'il entendait quelque chose; celui-ci répondit qu'il n'entendait rien. Et l'évêque lui ayant dit d'écouter avec plus d'attention, il se mit à allonger le cou, à tendre les oreilles ; et l'évêque priant pour lui, il dit qu'il entendait quelques voix dans le ciel. Et l'évêque lui dit : « C'est le bienheureux Martin qui est sorti de ce monde, et maintenant les anges le portent au ciel. Les démons sont accourus pour se saisir de lui, mais, ne trouvant rien en lui qu'ils pussent revendiquer, ils se sont retirés tout confus. » Et l'archidiacre ayant pris note du jour et de l'heure, trouva que c'était en effet le moment où était mort saint Martin. Le moine Sévère, qui a écrit sa vie, s'étant un peu endormi après les matines, vit, ainsi qu'il le témoigne dans une lettre, saint Martin vêtu de blanc et dont le visage brillait comme la flamme ; ses yeux étaient étincelants, et il tenait dans sa main droite le livre que Sévère avait écrit sur sa vie. Saint Martin le bénit et monta ensuite au ciel ; et Sévère, ayant voulu le suivre, s'éveilla. Et il apprit ensuite que saint Martin était mort cette même nuit. Le même jour, saint Ambroise, évêque de Milan, célébrant la messe, s'endormit entre la prophétie et l'épître. Personne n'osait le réveiller, et le sous-diacre n'osait, sans son concours, lire l'épître ; enfin, après que deux ou trois heures se furent écoulées, ils l'éveillèrent en disant : « Il s'est déjà passé beaucoup de temps, et le peuple se lasse d'attendre ; ordonnez, seigneur, que l'on lise l'épître. » Le saint leur répondit : « Ne vous troublez pas ; mon frère Martin a été rejoindre Dieu et j'ai assisté à ses funérailles ; mais je n'ai pu réciter la dernière oraison, parce que vous m'avez éveillé. » Et eux, notant le jour et l'heure, reconnurent que c'était le moment où l'âme de saint Martin s'était envolée vers le ciel. Les rois de France, ainsi que le rapporte maître Jean Beleth, prirent l'habitude de porter son manteau dans les combats. Soixante-quatre ans après sa mort, le bienheureux Perpétue, ayant magnifiquement agrandi son église, voulut y transporter le corps du saint ; mais quoiqu'ils se fussent, à plusieurs reprises, appliqués au jeûne et à la prière, ils ne purent faire mouvoir son sépulcre. Et, au moment où ils allaient renoncer à leur entreprise, un vieillard d'une très-grande beauté leur apparut et leur dit : « Qu'attendez-vous ? Ne voyez-vous pas saint Martin prêt à vous aider ? » Et il joignit ses mains aux leurs, et le sépulcre fut enlevé avec la plus grande facilité et placé dans l'endroit où on le vénère aujourd'hui. Et personne ne revit ce vieillard. Cette translation se célébra au mois de juillet. Oddon, abbé de Cluny, raconte que les cloches de toutes les églises sonnèrent alors sans que l'on y touchât, et que toutes les lampes s'allumèrent d'elles-mêmes. Il raconte aussi qu'il y avait deux pauvres qui vivaient ensemble : l'un était aveugle, l'autre paralytique ; l'aveugle portait le paralytique, et celui-ci lui indiquait le chemin qu'il devait suivre ; et, en mendiant ainsi, ils gagnaient beaucoup d'argent. Ils apprirent que lors de la translation du corps de saint Martin, lorsqu'on le portait processionnellement hors de l'église, tous les malades qui étaient sur son chemin étaient délivrés de leurs maux, ils craignirent que le corps du saint ne passât près d'eux et ne les guérît. Car ils ne voulaient point être guéris de leurs infirmités qui leur rapportaient beaucoup d'aumônes. Quittant donc la rue dans laquelle ils étaient, ils se transportèrent dans une autre dans laquelle ils pensaient que l'on ne conduirait pas le corps du saint. Et, tandis qu'ils fuyaient, ils se rencontrèrent tout d'un coup avec le corps du bienheureux Martin ; et, contre leur gré, ils furent guéris, quoiqu'ils s'en affligeassent beaucoup.

LÉGENDE DE SAINT BRICE.

Brice, diacre de saint Martin, éprouvait contre lui une vive jalousie, et il témoignait souvent un grand mépris pour le saint évêque. Un pauvre étant un jour venu demander Martin, Brice lui dit : « Si tu veux voir un fou, regarde cet homme, qui est toujours comme un insensé, à regarder le ciel. » Le pauvre, ayant reçu de Martin ce qu'il demandait, le saint appela Brice et lui dit : « Est-ce que je te parais un insensé, Brice ? » Et, comme il avait honte et qu'il niait l'avoir dit, Martin lui répondit : « Est-ce que mes oreilles n'étaient pas près de ta bouche lorsque tu t'exprimais ainsi ? Je te dis en vérité que j'ai obtenu du Seigneur que tu me succèdes dans l'épiscopat ; mais sache qu'une fois évêque, tu souffriras beaucoup d'adversités. » Brice, l'entendant, se moquait de lui, disant : « Est-ce que je n'ai pas eu raison de prétendre qu'il était privé de raison ? » Après la mort de Martin, Brice fut élu évêque, et il s'adonna constamment à la prière Et, quoiqu'il fût orgueilleux, il était chaste de corps. La trentième année de son épiscopat, une femme, qui portait l'habit religieux et qui blanchissait ses vêtements, conçut, et elle mit au monde un fils. Alors tout le peuple vint, armé de pierres, à la porte de l'évêque, disant : « Tu as longtemps caché ta luxure sous la piété de saint Martin, mais nous ne voulons plus baiser des mains souillées. » Et il nia vigoureusement, et il dit : « Apportez-moi cet enfant. » On le lui apporta, et l'enfant était âgé de trente jours, et Brice lui dit : « Je t'adjure, au nom du Dieu vivant, de déclarer, en présence de tous, si c'est moi qui t'ai engendré. » Et l'enfant répondit : « Ce n'est pas toi qui es mon père. » Mais le peuple, attribuant tout cela à des sortiléges, disait : « Tu ne nous tromperas plus sous les apparences d'un bon pasteur. » Alors, pour se justifier, Brice porta des charbons ardents jusqu'au tombeau de saint Martin en présence de tout le peuple. Et, les ayant jetés, il montra que ses vêtements n'avaient aucune brûlure, et il dit : « De même que mes vêtements n'ont en rien souffert du feu, de même mon corps est pur de tout attouchement féminin. » Mais le peuple ne crut pas encore à l'innocence de saint Brice, et ils l'accablèrent d'outrages et le chassèrent de sa place, afin que ce que lui avait prédit saint Martin s'accomplît. Alors Brice se rendit en pleurant près du pape, et il resta à Rome sept ans, faisant pénitence des fautes qu'il avait commises contre saint Martin ; et le peuple nomma Justinien évêque, et l'envoya à Rome pour exposer ses droits au siège qu'avait occupé Brice. Mais s'étant arrêté dans la ville de Verceil, il y mourut, et le peuple préféra à tout autre Arminius pour le remplacer. La septième année, Brice revint avec l'autorisation du pape, et à six milles de Tours, il reçut l'hospitalité, et Arminius rendit le dernier soupir cette même nuit. Et Brice, en étant prévenu par une révélation, dit à ses compagnons de se lever et de l'accompagner aux funérailles de l'évêque de Tours. Et lorsque Brice entra par une porte de la ville, le mort sortait par une autre. Arminius ayant été enseveli, saint Brice reprit possession de son siége, et il y resta six ans, menant la vie la plus édifiante, et il s'endormit en paix la quarante-septième année de son épiscopat.

LÉGENDE DE SAINTE ÉLISABETH.

Élisabeth fut l'illustre fille d'un puissant roi de Hongrie, mais elle se distingua encore plus par sa foi et sa dévotion ; elle ennoblit par ses exemples sa naissance déjà si noble ; elle l'illustra par ses miracles, elle la décora de la grâce de la sainteté. L'Auteur de la nature l'éleva au-dessus de la nature, et, encore toute jeune, nourrie dans les délices de la royauté, elle méprisa tout ce qui n'était que passager, et sa plus tendre enfance indiqua quelle serait sa ferveur et sa simplicité ; car dès lors elle commença à s'appliquer aux bonnes études, à mépriser les amusements, à faire sans cesse des progrès dans le respect dû à Dieu. Elle n'avait que cinq ans qu'elle priait dans l'église avec tant d'assiduité, que ses compagnes et ses servantes ne parvenaient qu'à grand' peine à la faire sortir du lieu saint. Et, toutes les fois qu'il s'agissait de jouer, elle cherchait toujours à se diriger vers la chapelle, afin d'avoir une occasion d'y entrer. Là, elle fléchissait les genoux ou elle se prosternait tout à fait sur le pavé. Et, quoiqu'elle ne connût pas encore les lettres, elle tenait souvent dans l'église un Psautier ouvert devant elle, comme faisant semblant de lire, afin que, la voyant occupée, personne ne vint l'interrompre. Sous prétexte de jouer avec d'autres petites filles, elle se couchait souvent par terre, afin d'avoir ainsi l'occasion de rendre hommage à Dieu. Dans les jeux d'osselets et autres, elle mettait toute son espérance en Dieu, et de ce qu'elle gagnait, encore toute petite, ou de ce qu'elle venait à posséder autrement, elle donnait la dîme à de pauvres petites filles, les exhortant à dire souvent l'oraison dominicale et la salutation angélique. A mesure qu'elle avançait en âge, l'ardeur de sa dévotion augmentait. Elle choisit la bienheureuse Vierge, mère de Dieu, pour sa patronne et avocate, et le bienheureux Jean l'Évangéliste pour le gardien de sa chasteté. Divers billets portant le nom des différents apôtres furent mis sur l'autel, et chacune des petites filles tira au sort le billet qui devait lui revenir, et trois fois le sort amena à Élisabeth le billet sur lequel était inscrit le nom de saint Jean. Elle avait une telle affection pour ce saint, qu'elle ne refusait jamais rien à ceux qui lui demandaient quelque chose en son nom. Elle s'imposait toujours des mortifications, se privant des choses qui lui étaient agréables. Appelée à danser avec ses petites compagnes, après avoir fait une ronde, elle disait : « Ceci doit nous suffire ; renonçons au reste pour plaire à Dieu. » Elle s'efforçait ainsi de tempérer l'amour du monde ; elle détesta toujours tout costume peu chaste, et elle régla toujours ses vêtements selon la plus grande honnêteté. Il est certain qu'elle s'était fixé chaque jour un certain nombre de prières, et si elle venait à être détournée, par quelque occupation, de l'accomplir, et que ses servantes la forçassent d'entrer au lit, elle accomplissait ce qu'elle s'était promis de faire, en veillant avec le céleste époux. Elle s'abstenait de porter nul ornement de toilette les jours de dimanches jusqu'à l'heure de midi, satisfaisant en cela sa dévotion particulière. Elle entendait l'office divin avec tant de dévotion, que lorsqu'on lisait les saints évangiles, ou lorsque l'on consacrait la sainte hostie, elle quittait ses colliers ou ses bijoux, et qu'elle ôtait les ornements qu'elle avait sur la tête. Ses parents ayant vivement insisté, quand elle eut grandi, pour qu'elle se mariât, elle y consentit quoiqu'à regret, et ce ne fut pas pour satisfaire ses sens, mais pour ne pas résister aux désirs de son père, et pour avoir des enfants qu'elle élèverait au service de Dieu. Quoiqu'elle fût soumise à la loi du lit conjugal, elle ne fut sujette à aucune volupté coupable. Elle fit le vœu qu'elle observerait une continence perpétuelle si elle venait à survivre à son mari. Elle fut donc mariée au landgrave de Thuringe, et elle employa la plus grande partie de sa magnificence royale aux choses de Dieu, faisant beaucoup de bonnes œuvres et instruisant des ignorants. Sa position changea sans rien changer à son cœur. Son austérité et son abstinence pour elle-même ne le cédaient point à son humilité et à sa dévotion pour Dieu, et à sa miséricorde et à sa charité pour les pauvres. Telle était sa ferveur pour l'oraison, que lorsqu'elle se rendait à l'église, elle y allait d'un pas rapide et qu'elle y devançait toute sa suite. Durant la nuit, elle se levait souvent pour prier, et son mari était forcé de la conjurer de s'épargner elle-même et de prendre un peu de repos. Elle ordonna à une de ses chambrières, avec qui elle était plus familière, de la réveiller en lui touchant les pieds, si elle venait parfois à ne pas se lever. Un jour, la chambrière voulut faire ce que sa maîtresse lui avait ordonné, et, par mégarde, elle toucha les pieds du mari de la sainte. Celui-ci se réveilla soudain, et il apprit le motif de cette action, et, la souffrant avec patience, il dissimula prudemment. Et, afin que ses prières fussent un sacrifice agréable à Dieu, elle les accompagnait toujours de larmes abondantes, qu'elle répandait d'ailleurs sans que sa figure en conservât des traces; car elle montrait toujours un air gai et joyeux. Elle recherchait et remplissait avec une extrême dévotion les emplois les plus vils, dans le but de plaire à Dieu. Elle laissa placer sur son sein un malade d'un aspect horrible et dont la tête répandait une puanteur affreuse, et elle lui lava ses cheveux si dégoûtants, tandis que ses servantes riaient. Elle suivait toujours, pieds nus, la procession des rogations; et, lorsqu'elle se rendait au sermon, elle se plaçait, par humilité, parmi les pauvres. Lors de la purification, après ses couches, elle ne s'ornait jamais, comme les autres, de pierres précieuses, ni elle ne se couvrait de vêtements dorés; mais, à l'exemple de la Vierge sans tache, portant son enfant dans ses bras, elle le présentait à l'autel avec un cierge et un agneau, montrant qu'elle ne faisait aucun cas de la pompe du monde. Revenant ensuite chez elle, elle donnait à quelque pauvre femme les vêtements avec lesquels elle avait été à l'église. Tout ce qu'ordonnait son mari, elle l'accomplissait avec respect et une vive joie, se conformant à l'exemple du Sauveur, qui a poussé l'obéissance jusqu'à la mort. Un jour qu'il l'avait fait appeler tandis qu'elle était au sermon et qu'elle ne revint pas assez vite, il fut courroucé de ce qu'il trouva de la désobéissance, et l'ayant fait dépouiller jusqu'à la chemise, il la fit rudement frapper, ainsi que plusieurs de ses servantes, qu'il regarda comme ayant pris part à cette faute. Elle mortifiait son corps sans relâche, le macérant par les veilles, la discipline et le jeûne. Souvent, quittant le lit de son mari, elle passait les nuits sans dormir, afin de se livrer à l'oraison et de prier en secret le Père céleste. Et lorsque le besoin du sommeil l'emportait, elle s'y livrait étendue sur un tapis. Quand son mari était absent, elle donnait toutes ses nuits à l'époux céleste. Souvent elle se faisait fouetter avec force par les mains de ses servantes, afin d'imiter ainsi Jésus qui a été flagellé, et afin d'éteindre les appétits désordonnés de la chair. Telle était sa tempérance dans le boire et le manger, qu'à la table de son mari, parmi les différents plats qui y étaient servis, elle se contentait d'un morceau de pain. Maître Conrad lui recommanda de ne manger d'aucun des mets servis à son mari, au sujet desquels elle aurait quelques scrupules. Ce qu'elle observa avec tant de zèle, qu'abandonnant aux autres les aliments délicats, elle ne faisait usage, avec ses servantes, que de la nourriture la plus grossière. Souvent elle s'asseyait à table et elle partageait les aliments, et elle les divisait devant elle, afin qu'elle parût en manger, et qu'elle évitât ainsi tout soupçon de superstition, tandis que son urbanité réjouissait tous les convives. Un jour, après une longue route, comme elle était accablée de fatigue, on lui servit, à elle et à son mari, divers aliments qu'elle ne crut pas avoir été acquis par un honnête travail; elle ne voulut pas y toucher, et elle mangea avec patience un morceau de pain noir et dur, trempé dans de l'eau chaude. Son mari voyait sans peine toutes ces mortifications, et il disait souvent qu'il en ferait autant, s'il ne craignait de jeter le trouble dans toute sa maison. Au milieu de sa dignité, elle s'était constitué un état de pauvreté, désirant imiter la pauvreté de Jésus-Christ, et faire que le monde ne trouvât en elle rien qui lui appartînt. Aussi, lorsqu'elle était seule avec ses servantes, elle se couvrait de vêtements grossiers, et adoptait extérieurement toute l'apparence de la pauvreté. Quoiqu'elle usât pour elle-même d'une rigoureuse économie, elle était d'une telle libéralité à l'égard des indigents, qu'aucun ne l'implora jamais en vain; aussi l'appelait-on la mère des pauvres. Elle vaquait avec assiduité aux sept œuvres de miséricorde; afin d'obtenir le royaume éternel et de recevoir la bénédiction du Seigneur, en étant placée à sa droite. Elle donnait des vêtements aux indigents qui étaient nus; elle faisait ensevelir les corps des pauvres et des étrangers et baptiser les enfants. Elle tenait souvent ces enfants sur les fonts sacrés, et elle les habillait, devenant ainsi leur mère spirituelle. Il arriva un jour qu'elle donna à une pauvre femme un assez bel habillement. Celle-ci, à l'aspect d'un cadeau si magnifique, éprouva une si grande joie, qu'elle tomba par terre comme si elle était morte. La bienheureuse Élisabeth regretta alors d'avoir donné à cette pauvre femme une chose de cette importance, craignant que ce ne fût pour elle une cause de mort. Mais elle pria pour elle, et la mendiante se releva guérie. Elle filait souvent de la laine avec ses servantes, et elle en faisait faire des vêtements, afin qu'elle reçût de ces bonnes œuvres un fruit glorieux, et de donner l'exemple de l'humilité en faisant l'aumône avec le produit de son travail manuel. Elle nourrissait les affamés; et son mari, le landgrave, ayant été à la cour de l'empereur Frédéric, qui était alors à Crémone, elle employa toutes les récoltes qui étaient dans ses greniers à nourrir chaque jour les pauvres qui accouraient de tous côtés, car il y avait alors une grande famine dans le pays. Souvent, lorsque l'argent lui manquait, elle vendait ses ornements pour faire l'aumône. Elle donnait à boire aux altérés. Un jour qu'elle avait distribué de la bière à un grand nombre de pauvres, il se trouva que dans le vaisseau qui contenait cette liqueur, il n'y avait nulle diminution; il était aussi plein qu'auparavant. Elle donnait l'hospitalité aux étrangers et aux pauvres. Elle fit construire au pied de son château, qui était situé sur un lieu très-élevé, une maison extrêmement vaste, où une multitude de malades étaient soignés; et, chaque jour, quelle que fût la fatigue de monter et de descendre, elle venait leur donner ses soins et les exhorter à la patience. Quoiqu'elle eût toujours eu peine à supporter un air corrompu, elle n'interrompait point son pieux ministère, même aux plus fortes chaleurs de l'été; mais elle portait elle-même les remèdes aux malades, et les servait de ses propres mains. Dans cette même maison, elle faisait élever les enfants des pauvres femmes; et elle se montrait si douce et si bonne pour eux, qu'ils l'appelaient tous leur mère, et que lorsqu'elle venait, tous accouraient au-devant d'elle et l'accompagnaient avec empressement. Elle fit un jour acheter des anneaux de verre et d'autres petits objets de verre, afin de les donner à ces enfants et de les amuser. Et comme elle portait ces choses fragiles, en descendant à cheval de son château, elle les laissa tomber sur les pierres, mais rien ne se brisa. Elle parcourait ses domaines, allant porter des secours aux infortunés, entrant dans leurs chaumières, et rien ne l'arrêtait, ni la longueur, ni la difficulté des chemins. Elle allait souvent assister aux funérailles des pauvres, et elle revêtait leurs corps d'habillements qu'elle avait faits elle-même ; et, un jour, elle déchira son propre voile et l'employa à envelopper le corps d'un pauvre. — Il faut louer la dévotion de son mari qui, occupé de beaucoup d'affaires, ne pouvait lui-même vaquer à toutes ces œuvres, mais qui accordait avec joie à sa femme la permission et les moyens de faire tout ce qui pouvait contribuer à l'honneur de Dieu et au salut de son âme. La bienheureuse Élisabeth, désirant que son mari employât la puissance de ses armes pour la défense de la foi, l'engagea, par ses exhortations salutaires, à aller visiter la Terre-Sainte. Et le landgrave étant en Terre-Sainte, prince fidèle, pieux, et de dévotion sincère et foi complète, rendit à Dieu son esprit et alla recevoir le fruit de ses bonnes œuvres. Elle embrassa avec dévotion l'état de veuve, afin de ne pas perdre le prix de la continence de veuve. Et lorsque l'on apprit dans la Thuringe la mort de son mari, elle fut chassée de ses domaines comme dissipatrice et prodigue par certains de ses vassaux, et privée de ses biens, afin que sa patience éclatât complètement et qu'elle se trouvât réduite à la pauvreté qu'elle avait longtemps ambitionnée. Elle fut donc forcée de se réfugier la nuit dans la maison d'un cabaretier et de chercher un asile dans un endroit où avaient été logés des pourceaux. Ce qu'elle fit en rendant grâce à Dieu. Et se rendant de bonne heure à la maison des frères prêcheurs, elle les pria de remercier Dieu des peines qu'elle souffrait et de chanter le *Te Deum laudamus*. Elle fut ensuite obligée d'aller habiter avec ses enfants chez un de ses ennemis, où elle fut logée très à l'étroit ; et plus tard, elle revint à l'endroit où elle avait d'abord été, et elle laissa ses enfants en divers lieux. Comme une fois elle passait dans un chemin étroit et rempli d'une boue profonde, marchant sur des pierres qui y étaient jetées, elle rencontra une vieille femme à laquelle elle avait autrefois fait beaucoup de bien, et cette vieille, refusant de céder le pas à la sainte, la fit tomber dans la boue, et Élisabeth s'en tira sans murmurer et essuya ses vêtements en riant. Ensuite, une abbesse, ayant compassion de sa pauvreté, la conduisit à l'évêque de Bamberg, son oncle. Il la reçut avec bonté et la garda chez lui, désirant qu'elle contractât de nouvelles noces. Ses servantes, qui s'étaient vouées avec elle à la continence, ayant appris cela et s'en affligeant, vinrent, en versant beaucoup de larmes, le dire à la bienheureuse Élisabeth. Elle les consola et dit : « Je me confie au Seigneur, pour l'amour duquel j'ai fait le vœu de continence perpétuelle, afin qu'il affermisse ma résolution et qu'il empêche toute violence, et qu'il détruise les projets des hommes. Et si mon oncle veut que je me remarie, je n'y consentirai point. Et si je ne voyais aucun autre remède, je me couperais le nez de mes propres mains, afin que ma difformité effrayât celui qui penserait à moi. » Elle fut ensuite, d'après l'ordre de cet évêque, conduite à un château, où elle devait rester jusqu'à ce qu'elle consentît à se remarier; et comme elle recommandait à Dieu sa chasteté en versant des larmes, voici que la Providence du Seigneur fit que l'on apportât des pays d'outre-mer les ossements de son mari. L'évêque ordonna de lui rendre la liberté, afin qu'elle fût au-devant de ces tristes restes. Et ils furent apportés processionnellement et avec beaucoup de respect. Sainte Élisabeth versant, tout ce temps-là, une grande abondance de larmes, et s'adressant à Dieu, elle dit : « Je vous rends grâce, Seigneur, de ce que vous avez daigné me consoler dans ma désolation lors de la réception des os de mon mari. Vous savez que, malgré mon extrême attachement pour lui, je me suis privée de sa présence pour l'amour de vous, et que je l'ai engagé à aller au secours de la Terre-Sainte Et quoique, pour le rappeler à la vie, je consentirais volontiers à aller avec lui à travers le monde en mendiant mon pain, cependant je ne voudrais pas, contre votre volonté, ravir un seul cheveu de sa tête, et je le recommande, ainsi que moi, à votre miséricorde infinie. » Elle ne porta plus que des vêtements pauvres et de couleur sombre, se vouant à la continence perpétuelle, embrassant la pauvreté volontaire et pratiquant une obéissance parfaite. Elle voulait aller en mendiant de porte en porte ; mais maître Conrad ne le permit pas. Telle fut la pauvreté de son costume, qu'elle portait un manteau gris rapiécé avec une étoffe d'une autre couleur, et les manches de sa tunique étaient déchirées et rapiécées de la même manière. Son père, le roi de Hongrie, apprenant qu'elle était réduite à un tel état de dénûment, lui envoya un certain comte qu'il chargea de la ramener chez lui, et lorsque celui-ci la vit ainsi manquer de tout et filant humblement, il s'écria, rempli de confusion et d'admiration : « On n'a jamais vu une fille des rois ainsi vêtue, ni occupée à filer de la laine. » Il la pressa beaucoup de retourner chez son père ; mais elle s'y refusa, aimant mieux vivre avec les pauvres qu'habiter dans l'opulence avec les riches. Afin que son âme entière se consacrât à Dieu et que sa dévotion n'éprouvât plus aucun empêchement, elle pria le Seigneur de lui inspirer le mépris du monde et d'ôter de son cœur l'amour de ses enfants, et de l'affermir contre tous les affronts. Et quand elle eut fait cette prière, elle entendit une voix qui disait : « Ce que tu as demandé t'est accordé. » Et elle dit à ses servantes : « Le Seigneur a écouté ma voix, et je regarde comme un vil fumier tous les biens temporels, et je ne m'inquiète pas plus de mes enfants que de mes autres parents ; je ne fais plus nulle attention au mépris ni aux opprobres, et je ne veux plus rien aimer que Dieu. » Maître Conrad lui imposait souvent des choses fâcheuses et pénibles, et il séparait d'elle les personnes qu'elle affectionnait le plus ; il exigea qu'elle renvoyât deux de ses servantes qui lui étaient très-attachées et qui avaient été nourries avec elle dès sa plus tendre enfance ; ce qui ne se fit pas sans verser beaucoup de larmes de part et d'autre. Le serviteur de Dieu agissait ainsi pour briser la volonté de la sainte, pour qu'elle reportât sur Dieu seul toutes ses affections, et pour qu'elle ne conservât plus de souvenir de son ancienne splendeur. En tout, elle se montrait prompte à obéir et patiente, et elle disait : « Si, à cause de Dieu, je crains un homme mortel, combien plus ne dois-je pas craindre le Juge céleste ! J'ai voulu obéir à Conrad, qui est pauvre et mendiant, et non à un puissant évêque, afin d'éloigner de moi toute occasion de consolation temporelle. » Un jour, des religieuses l'ayant priée d'entrer dans leur couvent, elle le fit sans en avoir la permission de son directeur, et il la fit si rudement frapper, que trois semaines après, les traces des coups étaient encore visibles. Telle était son humilité, qu'elle ne souffrit jamais que ses servantes l'appelassent maîtresse ; mais elle voulait qu'en lui parlant elles fissent usage du singulier, comme lorsqu'on adresse la parole à un inférieur. Elle lavait les écuelles et la vaisselle de cuisine ; et, afin que ses servantes ne l'en empêchassent pas, elle les envoyait alors en quelque autre endroit. Elle disait : « Si j'avais pu rendre ma vie plus abjecte, je l'aurais fait bien volontiers. » Elle vaquait assidûment au saint exercice de la contemplation, et elle y obtint les grâces spéciales de répandre des larmes, d'avoir fréquemment des visions célestes, d'enflammer les autres de l'amour divin. Un jour du saint temps de carême, elle resta longtemps en prières dans l'église, les yeux fixement attachés sur l'autel, comme si elle contemplait la présence de Dieu, et elle eut la consolation d'une vision divine. Revenue chez elle, elle était si faible qu'elle s'appuya sur les bras de ses servantes ; et, tenant à travers la croisée les yeux fixés vers le ciel, elle montra sur son visage riant les marques d'une allégresse indicible. Et elle se mit ensuite tout à coup à verser des larmes abondantes. Ensuite elle reprit son air de gaieté. Et étant restée longtemps sans prononcer un seul mot, elle dit tout à coup : « Oui, Seigneur, je veux être avec vous et vous voulez être avec moi, et je ne veux jamais me séparer de vous. » Ses servantes la suppliant de leur dire, pour l'honneur de Dieu et pour leur propre édification, ce qu'elle avait vu, elle céda enfin à leurs importunités, et elle dit : « J'ai vu le ciel ouvert et Jésus qui s'inclinait vers moi avec une extrême bonté, et qui me montrait un visage rempli de douceur. Et je ressentis de sa présence une joie ineffable ; puis, ne le voyant plus, je me suis livrée à ma douleur. Et alors il a daigné derechef se montrer à moi, et il m'a dit : « Si tu veux être avec moi, je serai avec toi. » Et je lui ai répondu ce que vous avez entendu. » On la pria aussi de dire la vision qu'elle avait eue étant devant l'autel, et elle répondit : « Ce que j'ai vu là, il ne convient pas de le répéter. J'ai ressenti une grande joie et j'ai vu les merveilles de Dieu. » Souvent, tandis qu'elle était en oraison, sa figure s'illuminait d'une splendeur merveilleuse et ses yeux brillaient comme le soleil. Telle était la ferveur de son oraison, qu'elle enflammait tous ceux qui en étaient témoins. Elle appela un jour un jeune homme adonné aux plaisirs du siècle et elle lui dit : « Tu parais vivre trop dans la licence, tandis que tu devrais servir ton Créateur. Ne voudrais-tu pas que je priasse Dieu pour toi ? » Et il dit : « Je le veux, et je vous en prie avec instance. » Elle se mit en oraison et elle dit au jeune homme de se prosterner aussi, et tout d'un coup il s'écria : « Cessez, cessez vos prières. » Comme elle continua de prier avec plus d'attention, il cria encore plus fort : « Cessez, je brûle, et mes forces m'abandonnent. » Il ressentait une telle chaleur qu'il était tout en sueur et qu'il s'agitait comme un frénétique ; on accourut, et l'on trouva ses habits tout mouillés de sueur, et l'on ne pouvait supporter la chaleur de ses mains, et il ne cessait de crier : « Je brûle, je suis consumé. » Mais quand sainte Élisabeth cessa de prier, il ne ressentit plus de chaleur, et revenant à lui-même, éclairé de la grâce divine, il entra dans l'ordre des Frères mineurs. Elle avait reçu pour sa dot deux mille marcs, et elle en distribua une portion aux pauvres, faisant, avec le surplus, construire un grand hôpital à Marbourg. Et on jugea qu'elle était dissipatrice et prodigue, et on l'appelait insensée. Mais elle supportait avec joie toutes ces insultes. Quand l'hôpital fut achevé, elle s'y consacra au service des pauvres, les assistant avec le plus grand zèle, les baignant et les servant dans leurs lits. Tel était son dévouement, qu'une nuit elle porta six fois dans ses bras aux lieux secrets un enfant qui était borgne et couvert de gale, et qu'elle lava avec empressement ses linges tout salis. Elle prodigua toute sorte d'assistance à une femme qui était atteinte d'une horrible lèpre ; elle la lavait, lui pansait ses ulcères, lui coupant les ongles et lui ôtant ou mettant ses souliers. Elle engageait des malades à se confesser et à communier, et elle frappa un jour une vieille femme qui refusait de faire pénitence, et elle l'y força. Lorsqu'elle n'était pas occupée de soigner les pauvres, elle filait de la laine qu'on lui envoyait d'un monastère, et elle distribuait aux pauvres le prix qu'elle en retirait. Il arriva un jour qu'une jeune fille, nommée Radegonde, qui avait des cheveux superbes, vint à l'hôpital que dirigeait la bienheureuse Élisabeth, afin d'y voir une sœur qu'elle avait et qui y était malade. La sainte, irritée de lui voir violer la loi, ordonna qu'on lui coupât sur-le-champ les cheveux, malgré ses pleurs et sa résistance. Et comme quelques-uns des assistants disaient que cette fille était innocente, Élisabeth dit : « Elle ne peut pas l'être lorsque, fière de sa chevelure, elle va aux danses et qu'elle s'y livre à sa vanité. » Et elle interrogea Radegonde pour savoir quel genre de vie elle s'était proposé d'embrasser, et celle-ci dit qu'elle aurait depuis longtemps pris l'habit religieux, si ce n'eût été l'attachement qu'elle avait pour ses cheveux. Et Élisabeth dit : « J'aime mieux que tu aies perdu tes cheveux, que si mon fils avait été élevé à l'empire. » Et Radegonde prit l'habit religieux, et restant dans l'hospice avec la sainte, elle y mena une vie édifiante. Une pauvre femme ayant eu une fille, la sainte tint cette enfant sur les fonts baptismaux et lui donna son nom, et elle défit les manches de sa robe pour l'envelopper, et elle fournit à la mère tout ce dont elle avait besoin, et elle lui donna ses souliers. Au bout de trois semaines, la femme s'enfuit en secret avec son mari, abandonnant sa fille. Élisabeth l'apprenant, pria Dieu qu'il leur fût impossible de marcher davantage; de sorte qu'ils furent obligés de revenir, et ils demandèrent leur pardon à la sainte. Et après les avoir réprimandés de leur ingratitude, elle vint encore à leur secours. Le temps approcha où le Seigneur voulut retirer sa bien-aimée de la prison du monde et donner le royaume des anges à celle qui avait méprisé un royaume périssable, et Jésus-Christ lui apparut, disant : « Viens, ma bien-aimée, dans les tabernacles éternels qui te sont préparés. » Tandis qu'elle gisait dans son lit, en proie à la fièvre et le visage tourné contre la muraille, les assistants l'entendirent chanter très-harmonieusement; et comme on lui en demanda le motif, elle dit : « Un oiseau qui s'est posé entre moi et la muraille, a fait des accords si doux, qu'il m'a engagée aussi à chanter. » Tout le temps de sa maladie, elle conserva sa gaieté et elle ne cessa de prier. La veille de sa mort, elle dit à ceux qui étaient près d'elle : « Que feriez-vous si le diable venait à vous? » Et un moment après, comme parlant au

diable, elle répéta par trois fois : « Va-t'en. » Elle dit ensuite :
« Voici qu'approche l'heure de minuit où Jésus a voulu naître, et
où il a reposé dans l'étable. » Le moment de son trépas approchant, elle dit : « Voici l'instant où le Seigneur, dans sa miséricorde, appelle aux noces célestes ceux qui ont été ses amis. » Et
elle mourut peu après, l'an du Seigneur douze cent vingt-six.
Durant quatre jours, son corps vénérable resta exposé sans donner nul signe de décomposition ; au contraire, il s'en exhalait une
odeur aromatique. Et l'on vit sur le faîte de l'église se rassembler
un grand nombre d'oiseaux tels qu'on n'en avait jamais aperçu,
et ils chantaient avec tant de perfection et de douceur, que tous
éprouvèrent une extrême admiration. A ses obsèques, grand fut
le deuil des pauvres, et grande la dévotion du peuple ; les uns
cherchaient à se procurer de ses cheveux, d'autres à couper
quelque parcelle de ses vêtements, et alors ils se regardaient
comme en possession de reliques d'un prix infini. On plaça son
corps dans un tombeau, d'où il s'écoula ensuite une grande quantité d'huile. Nous croyons que l'oiseau qui apparut entre elle et
la muraille, et qui chanta si harmonieusement, était son ange
gardien, envoyé pour lui annoncer la joie éternelle. Comme il est
parfois, pour leur plus grande confusion, révélé aux réprouvés,
avant qu'ils expirent, qu'ils sont damnés, de même les justes
sont prévenus, pour leur plus grande consolation, de leur bonheur. Le diable s'approche des mourants, pour voir s'il n'y a rien
chez eux qui lui revienne. Mais n'ayant nul droit sur sainte Élisabeth, il s'enfuit tout épouvanté. Et l'on voit quelle fut sa sainteté, puisqu'elle força le diable à se retirer précipitamment, et
qu'elle amena un ange pour lui annoncer son bonheur. L'odeur
qui s'exhala de son corps fut l'indice de la pureté et de la chasteté
dont sa vie avait brillé. Les chants des oiseaux qui se firent entendre après son décès manifestent quelle fut son excellence et
sa dignité. Nous croyons que ces oiseaux étaient des anges que le
Seigneur envoya pour porter au ciel l'âme de la sainte et pour rendre honneur à ses restes mortels. Il fut aussi démontré quelle était
sa piété et ses mérites auprès de Dieu, par la quantité de miracles
qui eurent lieu par son intercession, et dont nous raconterons quelques-uns, en taisant beaucoup d'autres pour ne pas être trop longs.

Dans le pays de Saxe, et dans un monastère de l'ordre de Citeaux, un moine, nommé Henri, était en proie à des douleurs excessives, qui le rendaient un objet de compassion pour tous. Une nuit, il lui apparut une femme d'un aspect vénérable, et couverte de vêtements blancs, qui lui dit, s'il voulait recouvrer la santé, de se vouer à sainte Élisabeth. Et elle lui apparut derechef la nuit suivante. Comme l'abbé et le prieur étaient absents, il consulta ses supérieurs et il fit un vœu. La troisième nuit, cette même femme se montra à lui, et elle fit sur lui le signe de la croix, et aussitôt il fut guéri. L'abbé et le prieur étant de retour, s'étonnèrent beaucoup de le voir rétabli, mais ils s'opposèrent à l'accomplissement du vœu, car il n'était permis à aucun moine de s'engager par un vœu. Et le prieur ajouta qu'il arrivait souvent que les moines étaient ainsi trompés par l'apparition des esprits. La nuit après, la même personne se montra encore à Henri, et lui dit : « Tu seras toujours malade jusqu'à ce que tu accomplisses ce que tu as promis. » Et aussitôt la même maladie le reprit, et il commença à souffrir cruellement. L'abbé, apprenant cela, l'autorisa alors à accomplir son vœu, et prescrivit qu'on lui donnât de la cire pour faire une image. Et le moine recouvra la santé, accomplit son vœu, et depuis il n'éprouva aucune douleur. — Une jeune fille nommée Bénigne, du diocèse de Mayence, ayant demandé à boire à sa servante, celle-ci lui répondit avec colère, en lui tendant la tasse : « Prenez et buvez le diable. » Et il sembla à la jeune fille qu'un tison ardent lui descendait dans le gosier, et elle se mit à crier. Aussitôt son ventre s'enfla comme une outre et un frisson convulsif agita tous ses membres ; se jetant par terre, en proférant paroles insensées et en faisant de grandes contorsions, elle passa pour possédée du diable, et elle resta deux ans en cet état. Conduite ensuite au tombeau de sainte Élisabeth, elle fut posée sur la tombe et y resta comme privée de sentiment ; mais après qu'on lui eut donné, sans qu'elle en descendît, un morceau de pain à manger et de l'eau bénite à boire, elle se leva guérie, à la grande surprise de tous les assistants. Un homme du diocèse d'Utrecht, nommé Gederic, avait perdu l'usage d'une main, et ayant visité deux fois, sans éprouver de soulagement, le tombeau de sainte Élisabeth, il y retourna une troisième fois, avec beaucoup de dévotion, accompagné de sa femme. Et lorsqu'ils étaient en route, ils rencontrèrent un vieillard d'un aspect vénérable qui venait au-devant d'eux. Ils le saluèrent, et ils lui demandèrent d'où il venait, et il répondit : « De Marbourg, où repose le corps de sainte Élisabeth, et où il se fait de très-grands miracles. » Gederic lui exposa son infirmité, et le vieillard, élevant la main, le bénit et lui dit : « Va, et sois sûr que tu seras guéri si tu mets ta main malade dans un trou qui est sous la pierre du tombeau, et plus tu l'enfonceras profondément, plus vite tu seras guéri. Souviens-toi de saint Nicolas, il est comme le compagnon de sainte Élisabeth et son coopérateur dans ses miracles. » Et il disparut aussitôt. Ils continuèrent leur route, pleins d'admiration, et Gederic, ayant fait ce que le vieillard lui avait recommandé, obtint aussitôt une entière guérison. — Un nommé Herman, du diocèse de Cologne, étant retenu en prison, se mit à invoquer sainte Élisabeth et maître Conrad, avec toute la ferveur dont il était capable. La nuit suivante, ils lui apparurent tous deux, entourés d'une grande lumière, et ils le consolèrent. Il fut ensuite condamné à être pendu, et attaché à la potence qui était à un mille de la prison. Le juge autorisa ses parents à prendre son corps et à l'ensevelir. Et la fosse où il devait être déposé étant prête, son père et ses proches se mirent à invoquer pour lui l'assistance de sainte Élisabeth. Et à la stupéfaction de tous les assistants, le mort se releva plein de vie. — Un écolier du diocèse de Mayence, nommé Vitard, se livrant un jour à la pêche sans précaution, tomba dans le fleuve. Longtemps après on retrouva son corps privé de mouvement, et tous le crurent mort. Mais l'on implora pour lui sainte Élisabeth, et il se montra dispos et bien portant. Un enfant, âgé de trois ans et demi, nommé Uzolin, ayant rendu le dernier soupir, dans ce même diocèse de Mayence, et ayant déjà été porté au cimetière à une distance de quatre milles, sa mère invoqua avec ferveur sainte Élisabeth, et l'enfant ressuscita. — Un autre enfant, âgé de quatre ans, était tombé dans un puits, et quelqu'un étant venu pour puiser de l'eau l'y trouva, et l'en retira avec difficulté, et l'enfant était mort. Mais l'on fit un vœu à sainte Élisabeth, et il fut rendu à la vie. La sainte ressuscita aussi une jeune fille qui s'était noyée dans une rivière. Un homme, nommé Frédéric, du diocèse de Mayence, et qui était fort habile nageur, étant un jour à se baigner dans une rivière, se moqua d'un pauvre qui implorait sainte Élisabeth, et lui jeta par dérision de l'eau à la figure, et le pauvre lui dit : « Cette sainte me vengera de toi, car tu ne sortiras d'ici que mort et noyé. » L'autre, faisant peu de cas de cette imprécation et continuant de s'agiter dans l'eau, ses forces l'abandonnèrent tout à coup, et ne pouvant plus se soutenir, il alla au fond comme une pierre. On le chercha longtemps et enfin on le retira de l'eau; et comme on le pleurait beaucoup, quelques-uns de ses parents se mirent à implorer pour lui sainte Élisabeth et à demander son intercession. Et le mort se releva aussitôt, plein de vie. — Un nommé Jean, du diocèse de Mayence, ayant été condamné à être pendu avec un voleur, quoiqu'il fût innocent, il pria tous les assistants d'implorer pour lui sainte Élisabeth, afin qu'elle l'aidât selon ses mérites. Et lorsqu'il fut attaché à la potence, il entendit une voix au-dessus de lui qui disait : « Aie confiance en sainte Élisabeth, et tu seras sauvé. » Aussitôt la corde cassa et il tomba d'un lieu fort élevé sans se faire de mal. Et il dit : « Sainte Élisabeth, vous m'avez délivré. » Quelqu'un ayant dit qu'il fallait le rattacher à la potence, le juge dit : « Celui que Dieu a délivré ne doit pas être rependu. » — Il y eut dans un monastère du diocèse de Mayence un frère convers, nommé Klemar, qui était d'une telle dévotion et qui se mortifiait si rigoureusement, qu'à l'âge de trente ans il portait une cuirasse sur la chair et qu'il couchait sur des pierres et sur des morceaux de bois. Étant dans un moulin, il approcha trop sa main de la meule et elle lui écrasa tout le bras, broyant ses chairs d'une manière horrible et fracassant ses nerfs et ses os comme s'ils eussent été pilés dans un mortier. Et souffrant une douleur extrême, il demandait qu'on lui coupât le bras. Et comme il invoquait le secours de sainte Élisabeth, pour laquelle il avait toujours eu beaucoup d'attachement, elle lui apparut dans la nuit, et lui dit : « Veux-tu être guéri ? » Et il répondit que ce serait de grand cœur; et la sainte, lui touchant la main, la rétablit dans un état parfait d'intégrité. Et tous s'étonnèrent de le voir si complétement guéri. — Un enfant, nommé Discret, au diocèse de Mayence, était né aveugle, et il avait une membrane étendue sur les yeux, qui lui ôtait absolument l'usage de la vue. Il avait l'âge de cinq ans, lorsque sa mère le conduisit au sépulcre de sainte Élisabeth, et, prenant de la terre autour du tombeau, lui en frotta les yeux en le recommandant aux mérites de sainte Élisabeth. Aussitôt la membrane se déchira, et ses yeux apparurent tout petits et pleins de sang, et il recouvra la vue. — Une femme de ce même diocèse, nommée Béatrix, fut, après de longues souffrances, atteinte d'une paralysie, qui faisait qu'elle ne pouvait se mouvoir, et que tout son corps restait courbé. Sa mère la porta dans une sorte de corbeille au tombeau de sainte Élisabeth, et elles y restèrent dix jours en prières sans éprouver aucun soulagement ; alors la mère murmura contre la sainte, disant : « Tu accordes tes bienfaits à tout le monde et tu me délaisses dans mon malheur. Je tâcherai de détourner de ton pèlerinage tous ceux que je pourrai. » Elles s'en retournèrent, et comme elles étaient à un mille et demi, la fille, qui était toujours en proie à de grandes souffrances, vit en dormant une femme très-belle et entourée d'une splendeur éclatante, qui lui frotta le dos et la poitrine, et qui lui dit : « Lève-toi, et marche. » La fille, se réveillant et se trouvant délivrée de tous ses maux, courut le dire à sa mère, et elles en ressentirent une joie extrême. Elles retournèrent au tombeau de sainte Élisabeth, et elles lui rendirent grâce, et elles y laissèrent la corbeille dans laquelle la fille avait été transportée. — Une femme du même diocèse, nommée Gertrude, était privée de l'usage de ses deux jambes, et on lui conseilla d'implorer l'assistance de saint Nicolas. Elle se fit porter à l'église de ce saint, et elle recouvra l'usage d'une jambe. Ensuite elle fut portée à l'église de sainte Élisabeth et mise sur son tombeau, et après avoir souffert de très-grandes douleurs, elle se releva, étant aussi guérie de l'autre jambe. — Une femme du même diocèse étant restée aveugle durant un an entier, recouvra aussi la vue par l'intercession de sainte Élisabeth. — Un homme, nommé Henri, de ce même diocèse, affligé d'un flux de sang tel qu'on le croyait près de mourir, ayant pris de la terre au pied du tombeau de la sainte, et l'ayant mêlée avec de l'eau, fut guéri aussitôt qu'il eut bu.

— Une jeune fille nommée Metilde, du diocèse de Trèves, avait perdu l'ouïe et la vue, et la faculté de parler et de marcher : son père et sa mère la vouèrent à sainte Élisabeth, et aussitôt elle fut guérie. — Une femme nommée Helibinge, du diocèse de Trèves, était restée aveugle durant toute une année : ayant invoqué les mérites de sainte Élisabeth, et ayant été à sa tombe, elle recouvra l'usage d'un œil ; et étant revenue chez elle, elle commença à éprouver de vives douleurs dans l'autre œil. Elle implora derechef l'assistance de sainte Élisabeth, qui lui apparut et lui dit : « Si tu veux être guérie, approche-toi de l'autel et fais frotter ton œil avec le linge qui sert au saint sacrifice. » La femme le fit, et elle fut guérie. — Un homme, nommé Théodoric, au diocèse de Mayence, atteint de graves infirmités aux jambes et aux genoux, et ne pouvant marcher, fit vœu qu'il se ferait porter au tombeau de sainte Élisabeth et qu'il y ferait des offrandes. Il en était éloigné de dix milles, et il fallut huit jours pour qu'il se fît porter l'étendue de cette distance. Après être resté quatre semaines près du tombeau, il n'avait éprouvé aucun soulagement, et il revint chez lui. Et la veille du jour où il devait arriver, comme il dormait, il vit quelqu'un qui s'approchait de lui et qui lui jetait de l'eau sur le corps. Il s'éveilla, et se fâchant contre celui qui était avec lui, il dit : « Pourquoi m'as-tu jeté de l'eau dessus ? » L'autre répondit : « Je n'en ai rien fait, mais je crois que ce que l'on t'a fait sera pour toi une cause de salut. » Et Théodoric, se levant, se trouva complétement guéri ; et il retourna au tombeau de sainte Élisabeth rendre grâce, et il revint ensuite plein de joie chez lui.

LÉGENDE DE SAINT GILLES.

Gilles naquit à Athènes, et il fut de race royale. Et, dès son enfance, il fut instruit dans les saintes lettres. Et comme il allait un jour à l'église, il trouva un malade qui gisait sur la place et qui demandait l'aumône et Gilles lui donna son manteau. Et

le malade, s'en étant revêtu, recouvra une entière santé. Et peu
après, ses parents moururent et reposèrent en Notre-Seigneur.
Et il fit Jésus-Christ son héritier. Une fois qu'il venait de l'é-
glise, un homme avait été mordu d'un serpent. Et saint Gilles
vint le trouver, et il fit son oraison, et chassa le venin. Un démoniaque était à l'église avec les autres, et il troublait les fidèles
par ses cris : Gilles chassa le diable de son corps, et le guérit.
Ensuite Gilles redouta les périls du siècle. Il s'en alla secrètement sur le rivage de la mer. Et il vit quelques mariniers qui
périssaient en la mer. Et alors il se mit en prière, et il apaisa
aussitôt la tempête. Et les mariniers vinrent à terre, et lui rendirent grâce. Et ils dirent qu'ils allaient à Rome, et qu'ils le por-
teraient volontiers sans vouloir de payement. Alors Gilles s'en
vint à Arles, et il demeura deux ans avec saint Césarien, évêque
de cette ville. Et là, il guérit un homme qui avait été furieux
durant trois ans. Il eut le désir d'aller au désert, et il partit en
cachette. Et il demeura avec un ermite qui était d'une grande
sainteté. Et là, par ses mérites, il obtint la cessation de très-
mauvaises récoltes. Et quand il eut fait ce miracle, il craignit le
péril des louanges des hommes, et, quittant ce pays, il entra
plus avant dans le désert. Et il trouva une caverne et une petite
fontaine, et une biche qui avait été sans doute destinée de Dieu
pour lui servir de nourrice, et qui lui donnait du lait à certaines
heures. Et comme les serviteurs du roi allaient chasser, ils virent la biche, et ils laissèrent toutes les autres bêtes, et ils la
suivirent avec leurs chiens. Et quand elle fut entourée de tous
côtés, elle s'enfuit aux pieds de celui qu'elle nourrissait ; et il
fut tout étonné de ce qu'elle se cachait plus qu'elle n'en avait
coutume. Et alors il sortit, et il entendit les veneurs, et il pria
Notre-Seigneur que, puisqu'il lui avait donné cette bête pour
nourrice, il ne la lui ôtât pas. Et alors aucun chien n'osa approcher de la distance d'un jet de pierre ; mais ils aboyaient ensemble et retournaient vers les chasseurs. Et la nuit vint, et les chasseurs revinrent au château. Et le jour suivant, ils retournèrent
au même endroit, et ils ne virent rien. Et quand le roi apprit
cela, il eut soupçon de ce qui en était, et il y alla avec l'évêque
et une grande multitude de chasseurs. Et les chiens n'osèrent

approcher, mais ils s'en retournèrent tous en aboyant, et ils environnaient le buisson, qui était si plein de ronces, que l'on n'y pouvait entrer. Et l'on lança follement une flèche pour faire sortir la biche, et ce trait fit une grande blessure à l'homme de Dieu qui priait pour la biche. Et alors les cavaliers se frayèrent un sentier avec leurs épées, et ils vinrent à la caverne. Et alors ils virent un vieillard vêtu d'un habit de moine et d'un aspect vénérable, et la biche couchée auprès de lui. Et alors l'évêque et le roi allèrent à pied tous deux vers lui, et lui demandèrent d'où il était, et pourquoi il avait choisi pour retraite un aussi sauvage désert, et comment il était blessé si grièvement. Et quand Gilles eut répondu à toutes ces choses, ils lui demandèrent pardon humblement, et lui envoyèrent des chirurgiens pour guérir sa plaie, et ils lui offrirent de grands dons; mais il ne voulut mettre aucun remède sur sa plaie, et il refusa les dons; et il pria Notre-Seigneur qu'il ne fût jamais guéri de sa vie; car il savait bien que l'infirmité rend la vertu plus parfaite. Et le roi le visitait souvent, et recevait de lui la nourriture du salut, et il lui présenta beaucoup de richesses : Gilles les refusait toutes; mais il conseilla au roi de fonder un monastère, où la discipline des moines serait en vigueur. Et quand le roi l'eut fait, Gilles refusa bien des fois d'en prendre la direction; et, à la fin, il fut vaincu par les prières du roi, et il la prit. Et alors le roi Charles apprit la renommée de Gilles, et il ordonna qu'il vînt le voir, et il le reçut très-honorablement, et il lui demanda de prier pour lui; car il avait fait un vilain péché, qu'il n'osait confesser à personne, ni à lui, ni à aucun autre. Et, le dimanche suivant, comme saint Gilles célébrait la messe, et qu'il priait pour le roi, l'ange de Notre-Seigneur lui apparut, et mit un billet sur l'autel, où le péché du roi était écrit tout au long; et il y avait au bas que ce péché était déjà pardonné par les prières de Gilles, si le roi s'en repentait, s'il s'en confessait, et s'il se gardait d'y retomber; et il y avait à la fin que quiconque implorerait saint Gilles pour quelque péché qu'il eût fait, s'il s'amendait, il obtiendrait son pardon. Et alors le billet fut présenté au roi, et il confessa son péché, et il en demanda pardon humblement. Et alors saint Gilles s'en retourna; et quand il fut en la ville de Nîmes, il ressuscita le fils du prince, qui était mort. Peu de temps après, il prophétisa que son monastère serait détruit par les ennemis de la foi. Et ensuite il s'en alla à Rome, et il obtint du pape des priviléges pour son église, ainsi que deux portes de cyprès, sur lesquelles étaient gravées les images de saint Pierre et de saint Paul, apôtres; il les fit jeter dans le Tibre, en les recommandant à Dieu. Et quand il revint à son monastère, il trouva qu'elles étaient miraculeusement venues aborder au port le plus voisin, et il rendit grâce à Dieu, qui les lui avait ainsi amenées, et il les mit à l'entrée de son église, afin de l'embellir et de conserver un gage de la munificence du saint-siége. Enfin Notre-Seigneur lui révéla l'heure de son trépas, et il le dit à ses frères; et leur ayant ordonné de prier pour lui, il s'endormit en Notre-Seigneur. Et bien des personnes attestèrent qu'elles avaient entendu les chœurs des anges qui portaient son âme au ciel. Et il vécut vers l'an de Notre-Seigneur sept cent.

LÉGENDE DE SAINT ADRIEN.

Adrien souffrit le martyre sous Maximien empereur. Ce Maximien était en la ville de Nicomédie, où il sacrifiait aux idoles, et, d'après ses commandements, tout le peuple dénonçait les chrétiens, les uns par peur, les autres par zèle pour les faux dieux, et les autres par promesse d'argent; tellement que le voisin menait son voisin au martyre, et le parent y conduisait son parent. Parmi ces victimes de la persécution, trente-quatre fidèles furent menés un jour devant l'empereur, et il leur dit : « N'avez-vous pas appris quelle est la peine prononcée contre les chrétiens? » Et ils dirent : « Nous avons entendu les ordres insensés que tu as donnés. » Et alors l'empereur fut furieux, et commanda qu'ils fussent battus de nerfs de bœuf, et que leurs bouches fussent frappées à coups de pierres, et que l'on perçât à chacun la langue d'un fer rouge, et qu'ils fussent liés et enfermés en prison. Et alors Adrien, qui occupait un grade militaire élevé, leur dit : « Je vous conjure au nom de votre Dieu, de me dire ce que vous attendez pour vous récompenser de ces tourments. » Et les saints lui dirent : « Aucun œil ne peut voir, ni aucune oreille entendre, ni le cœur de l'homme ne peut imaginer les choses que Notre-Seigneur a préparées pour ceux qui le redoutent et qui l'aiment parfaitement. » Et alors Adrien s'assit au milieu d'eux, et dit : « Comptez-moi parmi vous, car je suis chrétien. » Et quand l'empereur apprit qu'Adrien ne voulait pas sacrifier, il le fit lier et mettre en prison; et quand Natalie sa femme sut que son mari était en prison, elle déchira ses vêtements et elle pleurait amèrement; mais quand elle apprit qu'il était en prison pour la foi de Jésus-Christ, elle fut joyeuse, et elle courut à son cachot, et baisa les chaînes de son mari et des autres, car elle était chrétienne secrètement, mais elle n'avait pas voulu publier sa foi à cause de la persécution. Et elle dit à son mari : « Tu es bien heureux, mon Adrien, car tu as trouvé les richesses que tes parents ne te laissèrent pas, et qui manqueront à ceux qui possèdent beaucoup lorsqu'il ne sera plus temps d'amasser, et que l'on ne pourra plus recevoir lorsque nulle créature ne pourra en délivrer une autre de peine, ni le père son fils, ni la mère sa fille, ni le serviteur son maître, ni l'ami un autre ami ; alors les richesses de la terre ne serviront de rien à ceux qui les possèdent. » Et quand elle l'eut ainsi encouragé à mépriser toute gloire terrestre, amis, parents, et à élever toujours son cœur vers les choses célestes, Adrien lui dit : « Va, ma sœur ; hâte le temps de nos souffrances, afin que tu voies le temps de notre fin. » Et Natalie recommanda aux autres saints son mari pour qu'ils le consolassent, et elle retourna à sa maison. Ensuite Adrien apprit que le jour de son martyre était arrivé, et il fit des dons aux gardes de la prison, et leur donna les autres saints pour caution, et il s'en alla à sa maison appeler Natalie, comme il lui avait promis par serment qu'elle serait présente à leur martyre. Et un homme qui le vit courut devant lui et dit à Natalie : « Adrien est délivré; le voici qui vient. » Et quand elle entendit cela, elle ne le crut point, et elle dit : « Qui est-ce qui peut le délivrer de ses fers? Je ne désire pas qu'il soit séparé des saints. » Et comme elle disait cela, un enfant de ses valets vint et dit : « Certainement mon maître est remis en liberté. » Et Natalie pensant qu'il fuyait le martyre, se prit à pleurer amèrement. Et quand elle le vit venir, elle s'empressa de fermer sa porte et dit : « Qu'il s'éloigne de moi celui qui craint de souffrir pour son Dieu, et qu'il ne m'advienne pas de parler à celui qui a renié le Seigneur. » Et alors elle se tourna vers lui et lui dit : « O malheureux ! qui t'a contraint d'entreprendre ce que tu ne peux pas faire? qui t'a ôté d'avec les saints, ou qui t'a trompé pour t'amener à les quitter? Dis-moi pourquoi tu t'es enfui avant que le combat fût livré ; avant que tu aies assisté à la bataille, et avant que la flèche ait été lancée, comment t'es-tu trouvé blessé? J'aurais en effet droit de m'étonner qu'un membre de la famille des impies fût offert à Dieu. Hélas! malheureuse que je suis! que ferai-je, moi qui suis unie à un homme de la race des perfides ? il ne m'a pas été donné de pouvoir, pendant l'espace d'une heure seulement, être appelée la femme d'un martyr ; mais je serai surnommée la femme du renégat. Ma joie, certes, a peu duré, et elle me sera reprochée dans tous les temps. » Entendant ces paroles, le bienheux Adrien se réjouissait sincèrement, et il admirait que Natalie sa femme, jeune, belle et noble, et mariée depuis quatorze mois seulement, pût s'exprimer ainsi, et cela lui faisait désirer avec plus d'ardeur le martyre, et il écoutait volontiers ses paroles. Mais quand il la vit si tourmentée, il lui dit : « Ouvre-moi la porte, Natalie, ma chère, car je n'ai pas fui le martyre comme tu le crois ; mais je suis venu t'appeler comme je te l'ai promis. » Et elle ne le crut pas ; mais elle dit : « Voyez comment ce perfide renégat veut me tromper ; il ment comme le traître Judas. Fuis loin de moi, malheureux !» Et comme elle refusait d'ouvrir, il dit : « Ouvre bien vite, car je m'en vais, et tu ne me verras plus, et tu pleureras si tu ne me vois avant ma mort. J'ai donné pour caution les saints martyrs; et si les persécuteurs me cherchent et qu'ils ne me trouvent pas, les saints seront punis pour moi. » Quand Natalie entendit cela, elle lui ouvrit la porte, et alors ils s'embrassèrent, et ils allèrent ensemble à la prison. Et là Natalie pansa durant sept jours les plaies des saints avec des étoffes précieuses. Et alors l'empereur commanda qu'on les lui amenât, et ils étaient tout brisés par les tourments qu'ils avaient soufferts, et ils ne pouvaient marcher, mais ils étaient portés comme des animaux. Et Adrien avait les mains liées derrière le dos, et il parlait à Natalie. Et il fut attaché sur le chevalet, et il fut conduit devant l'empereur. Et Natalie se joignit à lui, et elle disait : « Garde-toi de trembler d'aucune manière quand tu verras les tourments. Tu ne souffriras ici qu'un petit instant, mais tu seras bientôt exaucé avec les anges. » Et Adrien ne voulut pas sacrifier, et il fut battu très-cruellement. Et Natalie courut trouver les saints qui étaient en la prison, et elle dit : « Mon époux a commencé son martyre. » Et quand l'empereur exhortait Adrien à ne pas blasphémer les dieux, il dit : « Si je suis ainsi tourmenté pour blasphémer les faux dieux, combien ne le seras-tu pas davantage, toi qui blasphèmes le vrai Dieu ! » Et l'empereur lui répondit : « Les autres traîtres t'ont appris ces paroles. » Adrien répliqua : « Pourquoi appelles-tu traîtres ceux qui sont docteurs et qui enseignent la vie éternelle ? » Et Natalie courait et rapportait aux autres avec grande joie les paroles de son mari. Et alors l'empereur le fit très-rudement battre par quatre hommes très-vigoureux. Et Natalie racontait aux autres martyrs qui étaient en la prison toutes les souffrances, et les réponses, et les peines de son mari ; et il fut tellement battu que les entrailles lui sortaient du corps ; et alors il fut chargé de fers et remis en prison. Et Adrien était un jeune homme d'une grande beauté et âgé de vingt-huit ans. Et quand Natalie vit son mari gisant par terre tout brisé, elle posa ses mains sur la tête d'Adrien, et le consola en disant : « Tu es bien heureux, car tu es digne d'être au nombre des saints. Tu es ma lumière quand tu souffres pour celui qui souffrit la mort pour toi. Va donc, mon bien-aimé, va posséder la gloire de celui pour qui tu as souffert. » Et quand l'empereur apprit que beaucoup de dames venaient assister les saints dans la prison, il commanda qu'on ne les y laissât plus entrer. Et quand Natalie connut cet ordre, elle se coupa les cheveux et elle prit un habit d'homme, et elle alla sous ce déguisement porter secours aux saints dans la prison, et son exemple amena d'autres dames à en faire autant. Et elle pria son mari que quand il serait dans la gloire, il fît cette prière pour elle au Seigneur, qu'elle pût se préserver de toute souillure, et qu'elle fût bientôt ôtée de ce siècle. Et quand l'empereur apprit ce que les dames avaient fait, il commanda d'apporter une enclume afin que les saints eussent dessus les cuisses brisées et qu'ils mourussent plus tôt. Et alors Natalie craignit que son mari ne fût épouvanté à la vue des tourments des autres, et elle pria les bourreaux de commencer par lui. Et alors les pieds et les cuisses lui furent coupés. Et Natalie le pria de se laisser couper la main, afin qu'il fût pareil aux autres saints, qui avaient souffert plus que lui. Et quand on les lui eut coupés, il rendit l'esprit à Dieu. Les autres saints étendirent les pieds de leur gré, et trépassèrent en Notre-Seigneur. Et l'empereur commanda que les corps fussent brûlés. Et Natalie mit dans son sein une main d'Adrien. Et quand les corps furent jetés au feu, Natalie voulut se jeter dedans ; mais soudainement une très-forte pluie vint et éteignit le feu, de sorte que les corps n'eurent aucun mal. Et alors les chrétiens tinrent conseil ensemble, et ils firent porter les corps des saints à Constantinople jusqu'à ce que la paix fût rendue à l'Église. Ils souffrirent la mort l'an de Notre-Seigneur deux cent soixante-cinq. Natalie alors demeura en sa maison, et elle garda la main de saint Adrien, et pour en avoir consolation en sa vie, elle la tenait toujours au chevet de son lit. Et après cela un tribun vit Natalie, qui était très-belle, très-riche et très-noble ; et, avec l'autorisation de l'empereur, il lui envoya des dames afin qu'elle consentît à devenir sa femme ; et Natalie répondit : « Qui est celui qui ne me conseillerait pas d'accepter un tel époux ? mais je demande trois jours afin que je puisse faire mes préparatifs. » Et elle disait cela afin qu'elle pût s'enfuir. Et alors elle pria Notre-Seigneur qu'il la préservât de l'approche de tout homme, et elle s'endormit soudainement. Et l'un des martyrs lui apparut, et la consola avec douceur, et lui commanda de venir au lieu où les corps des martyrs étaient déposés. Et quand elle se réveilla, elle prit la main d'Adrien tout seulement, et entra en un navire avec beaucoup de chrétiens. Et quand le tribun apprit cela, il la poursuivit sur un autre navire avec un grand nombre de soldats ; mais ils essuyèrent une tempête qui fit périr une grande portion d'entre eux, et qui contraignit les autres à s'en retourner. Et alors, à minuit, le diable apparut aux compagnons de Natalie, sous la forme d'un marin, sur un vaisseau fantôme; et il leur dit : « D'où venez-vous? » Et les chrétiens dirent : « Nous venons de Nicomédie, et nous allons à Constantinople. » Et il leur dit : « Vous faites fausse route; allez à gauche, et vous naviguerez plus directement. » Et il disait cela pour les noyer en la mer. Et comme ils changeaient la direction de leurs voiles, Adrien leur apparut, et il était dans une nacelle, et il leur dit qu'ils eussent à naviguer comme précédemment, et que c'était le diable qui leur avait parlé. Et alors il se mit devant eux et il leur montrait la voie. Et quand Natalie le vit aller au-devant d'eux, elle ressentit une extrême joie. Et ainsi, avant qu'il fût jour, ils vinrent à Constantinople. Et quand Natalie entra dans la maison où les martyrs étaient, elle mit la main d'Adrien avec le corps. Et quand elle eut fait son oraison elle s'endormit. Et Adrien lui apparut, et la salua, et lui commanda de venir avec lui dans la paix éternelle. Et quand elle fut éveillée, elle raconta à ceux qui étaient là sa vision, les salua et rendit l'esprit. Et les pieux chrétiens prirent son corps et le mirent avec les corps des martyrs.

LÉGENDE

DE SAINT GORGONIEN ET SAINT DOROTHÉE.

Gorgonien et Dorothée, de Nicomédie, étaient revêtus des premiers emplois à la cour de Dioclétien, et ils renoncèrent à leurs dignités pour servir plus librement leur Roi, et ils confessèrent à haute voix qu'ils étaient chrétiens. Et quand l'empereur l'apprit, il fut très-courroucé, et il regretta beaucoup de perdre de tels hommes, qui avaient été nourris dans son palais, et qui étaient aussi recommandables par leurs belles qualités que par leur naissance. Et quand il vit qu'ils ne pouvaient être ébranlés ni par ses menaces ni par ses paroles flatteuses, il les fit étendre sur le chevalet et les fit tous briser et flageller et déchirer avec des ongles de fer, et puis jeter sur leurs plaies du sel et du vinaigre, qui leur entraient jusque dans les entrailles. Et, après qu'ils eurent joyeusement souffert ces choses, il les fit rôtir sur un gril, où ils paraissaient comme étendus sur un lit de fleurs et n'éprouvant aucun mal. Et puis il les fit pendre à une corde, et ils rendirent leur âme à Dieu. Et leurs corps furent jetés aux loups et aux chiens; mais les animaux n'y touchèrent point, et les restes des martyrs furent bientôt recueillis par les chrétiens. Ils souffrirent la mort l'an de Notre-Seigneur deux cent quatre-vingt; et, plusieurs années après, le corps de saint Gorgonien fut transporté à Rome. Et, en l'an de Notre-Seigneur sept cent soixante-trois, l'évêque de Metz, neveu du roi Pépin, transporta ce corps en France, et le déposa au monastère de Gorgonien avec beaucoup d'honneurs.

LÉGENDE

DE St PROTHE, St JACINTE ET Ste EUGÉNIE.

Prothe et Jacinte furent enfants d'une noble famille, et ils furent camarades dans l'étude de la philosophie. Eugénie fut fille d'une autre noble famille, de Philippe, qui était d'une race romaine très-distinguée. Et ce Philippe avait reçu des sénateurs de Rome le gouvernement d'Alexandrie, et il avait amené avec lui Claudienne sa femme, et ses fils Avitus et Sergius, et Eugénie sa fille. Et sa fille Eugénie était parfaitement instruite en tous les sept arts libéraux et dans les lettres. Prothe et Jacinte avaient étudié avec elle, et ils étaient en complète possession de toutes sciences. Et Eugénie ayant atteint l'âge de quinze ans, fut demandée en mariage par le fils du consul Aquilin. Et elle répondit qu'elle choisirait son mari pour ses belles qualités et non pour sa haute naissance. Et alors la doctrine de saint Paul lui parvint, et elle embrassa la foi chrétienne. Et, en ce temps-là, les chrétiens étaient admis à demeurer dans la ville d'Alexandrie. Et comme elle allait se promenant de par la ville, elle entendit les chrétiens qui chantaient : « Tous les dieux des gentils sont des démons ; c'est Notre-Seigneur qui a fait les cieux. » Alors elle dit à Prothe et à Jacinte, qui avaient étudié avec elle : « Nous avons approfondi les syllogismes des philosophes, nous nous sommes livrés à l'étude des arguments d'Aristote, des idées de Platon, des enseignements de Socrate ; mais ce que nous venons d'entendre surpasse tout ce qu'ont dit les poëtes et les orateurs et tout ce que croit le peuple ; soyons donc frères, et suivons Jésus-Christ. » Et cette résolution leur plut. Et alors elle prit un habit d'homme, et elle s'en vint au monastère, où Elenus était abbé, qui ne permettait à aucune femme de venir à lui. Et cet Elenus avait une fois disputé avec un hérétique ; et quand il vit qu'il ne pouvait démontrer aux assistants la fausseté des arguments spécieux de son adversaire, il fit allumer un grand feu pour servir d'épreuve, et il proposa que celui qui ne serait pas brûlé en entrant dans le feu serait reconnu comme prêchant la bonne doctrine. Et quand le feu fut allumé, il entra le premier dedans, et il en sortit sans brûlure. Et l'hérétique ne voulut point entrer dans le feu. Et alors fut-il chassé, confus et repoussé de tous. Et quand Eugénie fut allée à Elenus et qu'elle lui dit qu'elle était un homme, il lui répondit : « Tu as raison de dire que tu es un homme, car tu agis en homme, quoique tu sois une femme » ; car le sexe d'Eugénie lui avait déjà été révélé de Dieu, et elle reçut l'habit de ses mains avec Prothe et Jacinte, et elle se fit appeler frère Eugène. Et quand son père et sa mère virent le char d'Eugénie revenir tout vide, ils firent chercher leur fille de tous côtés, mais elle ne put être retrouvée. Et alors ils allèrent vers un devin, et demandèrent ce que leur fille était devenue. Et le devin répondit qu'elle était allée se placer au rang des dieux, parmi les étoiles. Et le père fit une image de sa fille, et commanda qu'elle fût adorée de tous. Et pendant ce temps, Eugénie demeurait avec ses compagnons, servant et craignant Dieu. Et quand le prévôt de l'Église fut mort, elle fut nommée pour remplir sa place. Et alors il y avait une dame à Alexandrie, riche et noble, qui se nommait Mélancie, et Eugénie la frotta avec de l'huile et la guérit, au nom de Jésus-Christ, d'une fièvre quarte. Et Mélancie lui envoya beaucoup de dons, qu'elle refusa d'accepter. Et cette dame croyait qu'Eugénie était un homme, de sorte qu'elle le visitait souvent et qu'elle regardait sa beauté, et elle conçut pour lui un vif amour, et elle se tourmentait fort des moyens d'amener ce frère à avoir commerce avec elle. Et alors elle feignit d'être malade, et elle envoya chercher ce frère pour avoir pitié d'elle; et quand il fut venu, elle lui dit de quelle manière elle s'était éprise d'amour pour lui, et comment elle brûlait pour lui, et elle lui demanda d'avoir ensemble commerce charnel; et aussitôt, se saisissant de lui, elle se mit à l'embrasser et à le caresser, et à vouloir l'amener à pécher. Et alors Eugène en eut horreur et lui dit : « Tu es appelée avec raison Mélancie, c'est le nom d'un diable rempli de trahison. Ton nom signifie que tu es une noire et obscure fille des ténèbres, amie du diable, instigatrice de pollution, sœur de luxure, fille de la mort éternelle. » Et alors Mélancie se vit déjouée, et elle redouta qu'Eugène ne fît savoir sa honte; et elle cria et dit qu'Eugène voulait la violer. Et alors elle s'en alla trouver le gouverneur Philippe, et elle porta plainte, disant : « Un jeune homme, faux chrétien, est venu vers moi comme étant médecin, et il s'est jeté sur moi, et il a voulu me faire violence, et j'ai été délivrée par le secours d'une servante qui était en ma chambre; autrement, il eût réussi dans ses infâmes projets. » Et quand le gouverneur entendit cela, il fut saisi de colère, et il envoya grande multitude d'appariteurs, et il fit amener Eugène et les autres serviteurs de Jésus-Christ chargés de chaînes, et il fixa un jour auquel ils devaient tous être livrés aux bêtes pour en être dévorés; et les ayant fait venir devant lui, il dit à Eugène : « Dis-nous, misérable, si votre Dieu Jésus-Christ vous enseigne à vous livrer à pareils attentats, et à vouloir faire violence à de chastes matrones. » Et Eugénie, tenant la tête penchée, afin de ne pas être reconnue, répondit : « Notre-Seigneur nous enseigne la chasteté la plus pure, et il promet à ceux qui la gardent la vie éternelle. Et nous pouvons bien démontrer que cette Mélancie est une calomniatrice et qu'elle ment; mais il vaut mieux que nous souffrions plutôt que si elle était convaincue de fausseté et punie, et que nous perdissions le fruit de notre patience. Et, toutefois, que l'on amène la chambrière que Mélancie dit avoir été témoin de notre crime, afin que ses mensonges puissent être déconcertés. » Et quand cette servante fut venue, comme elle avait reçu les instructions de sa maîtresse, elle soutint avec force que le frère avait voulu faire violence à Mélancie. Et tous les autres de la maison de la dame témoignèrent qu'il en était ainsi. Et Eugène dit : « Le temps de se taire est passé, et il est temps de parler. Je ne veux plus que cette femme sans pudeur jette du blâme sur les serviteurs de Jésus-Christ, ni qu'elle se glorifie de sa mauvaise foi. Et afin que la vérité triomphe de son mensonge, et que la sagesse l'emporte sur sa malice, je ferai connaître la vérité, non pas par vanité, mais pour la gloire de Dieu. » Et alors elle prit sa tunique et la déchira jusqu'à la ceinture, et elle dit qu'elle était une femme, comme chacun le vit, et elle dit au gouverneur : « Tu es mon père, et Claudienne est ma mère; et ces deux jeunes gens qui sont avec toi, Avitus et Sergius, sont mes frères, et je suis Eugénie, ta fille; et voici Prothe et Jacinte. » Et quand le père entendit cela, il reconnut sa fille. Et alors, lui et la mère allèrent l'embrasser, et ils pleurèrent beaucoup. Et alors Eugénie fut vêtue d'habillements dorés, et elle fut tenue en grand honneur. Et voici qu'un feu vint soudainement du ciel et il consuma Mélancie et ses faux témoins. Et alors Eugénie convertit à la foi son père, sa mère, ses frères et tous les gens de la maison. Ensuite le gouverneur renonça à ses dignités, et il fut ordonné évêque des chrétiens. Un jour, tandis qu'il était en oraison, il fut tué par des méchants. Et alors Claudienne, avec ses fils et Eugénie, retournèrent à Rome, et là ils convertirent beaucoup de gens à Jésus-Christ. Et ensuite Eugénie eut, d'après le commandement de l'empereur, une grosse pierre attachée au cou, et elle fut jetée dans le Tibre, et la pierre rompit, et la sainte s'en allait dessus l'eau sans aucun mal. Et puis elle fut jetée en une fournaise ardente; mais la fournaise s'éteignit et devint froide. Et elle fut mise en un cachot obscur; mais une lumière resplendissante éclairait sa prison. Et quand elle eut passé dix jours sans manger, Jésus-Christ lui apparut, et lui apporta un pain très-blanc, et il lui dit : « Reçois ta nourriture de ma main ; je suis ton Sauveur que tu as aimé de toute ton âme. Et à pareil jour que je suis descendu sur la terre je te recevrai. » Et, en effet, le jour de la nativité de Notre-Seigneur, le bourreau fut envoyé, et il trancha la tête à Eugénie, et ensuite elle apparut à sa mère, et lui dit qu'elle la suivrait le dimanche après. Et quand le dimanche vint, Claudienne s'étant mise en oraison, rendit l'esprit à Dieu. Et alors Prothe et Jacinte furent traînés au temple pour sacrifier ; et ils firent tomber les idoles par leurs oraisons. Et comme ils ne voulurent pas sacrifier, ils eurent la tête coupée. Et ils souffrirent sous Valérien et Galien, l'an de Notre-Seigneur deux cent cinquante-six.

LÉGENDE

DE LA COMMÉMORATION DES FIDÈLES DÉFUNTS.

La commémoration des fidèles défunts a été instituée par l'Église pour assister avec les secours généraux ceux pour lesquels il n'y en a pas de particuliers, ainsi que le montre la révélation suivante : Pierre Damien raconte que saint Odilon, abbé de Cluny, apprenant que, près des volcans de la Sicile, on entendait souvent les cris et les hurlements des démons qui se plaignaient de ce que par l'aumône et la prière on leur arrachait des mains les âmes des trépassés, il ordonna que dans tous ses monastères l'on ferait, après la fête de tous les saints, la commémoration des morts, ce qui fut approuvé dans l'Église entière. Et les âmes de ceux qui n'ont pas satisfait à la justice de Dieu, souffrent pour un temps dans un endroit qui se nomme purgatoire, et qui est à côté de l'enfer, selon l'avis de plusieurs hommes doctes ; d'autres disent qu'il est dans l'air ou dans la zone torride. Mais la justice divine a assigné divers lieux aux âmes qui sont ainsi châtiées, et cela, pour diverses raisons, soit pour la gradation des peines, soit pour l'approche de leur délivrance, soit pour notre instruction. Et quant à l'allégissement des peines, il est dit dans saint Grégoire qu'il y a des âmes qui sont punies en étant enfermées dans des endroits ténébreux. Quant à leur délivrance plus prompte, c'est pour qu'elles puissent instruire les vivants de leur infortune et leur demander des prières, et abréger ainsi leurs épreuves. On lit que, dans un automne, des pêcheurs prirent dans leurs filets un gros morceau de glace, et ils le portèrent à Théobald, et cet évêque souffrait d'une vive douleur aux pieds, et la glace ayant été appliquée sur ses pieds, lui procurait un grand soulagement. Mais voici que tout d'un coup l'on entendit sortir de ce bloc de glace la voix d'un homme, et l'évêque l'adjura de dire qui il était, et il dit : « Je suis une âme qui expie mes péchés, renfermée dans cette prison glaciale, et je puis être délivré si tu dis, à mon intention, trente messes durant trente jours consécutifs sans interruption. » L'évêque ayant dit la moitié de ces messes et se préparant à en dire une autre, les habitants de la ville, cédant aux suggestions du diable, se mirent à se battre entre eux. Et l'évêque, appelé afin de rétablir la paix, déposa ses ornements pontificaux et resta ce jour-là sans dire la messe. Et quand il recommença et qu'il eut dit les deux tiers du nombre des messes, une nombreuse armée ennemie vint mettre le siége devant la ville, et il interrompit encore son pieux ministère. Et l'ayant repris derechef, ayant dit toutes les messes, excepté une, lorsqu'il voulut commencer la dernière, toute la ville et la maison de l'évêque parurent environnées de flammes. Et les serviteurs de l'évêque lui conseillant d'interrompre la messe, il répondit que, toute la ville dût-elle brûler, il n'interromprait point le saint sacrifice. Quand il eut fini la messe, le bloc de glace se brisa, et le feu, que l'on croyait tout ravager, disparut comme un fantôme, et l'on vit qu'il n'y avait eu aucun mal, et l'on reconnut la malice du démon. Enfin c'est pour notre instruction que les âmes des défunts peuvent revenir sur la terre, afin de faire connaître les peines qui attendent les pécheurs, ainsi que le montre un trait qui est arrivé à Paris. Un certain Silon, qui était chantre à Paris, pria avec instance un de ses écoliers qui était malade de venir le trouver après sa mort et de lui dire en quelle situation il serait. Et quelques jours après sa mort, l'écolier apparut au chantre, ayant sur les épaules un manteau de parchemin sur lequel étaient inscrits une foule d'arguments, et qui, dans l'intérieur, était comme doublé de flamme. Et le chantre lui ayant demandé qui il était, il répondit : « Je suis celui qui t'ai fait la promesse de revenir à toi. » Interrogé sur l'état dans lequel il se trouvait, il dit : « Ce manteau me pèse et m'écrase plus que si j'avais une tour sur mon corps, et j'ai à le supporter à cause de la vaine gloire que j'ai mise dans mes argumentations. La flamme qui sert de doublure à ce manteau, et qui me brûle, est à cause des pelleteries délicates et variées que je portais. » Silon regardant cette peine comme légère, le mort lui dit de tendre la main et qu'il en jugerait, et, sur cette main, il laissa tomber une goutte de sa sueur, et le chantre ressentit comme une flèche qui lui perçait la main et il éprouva une douleur horrible. Et, épouvanté de la rigueur des châtiments qui attendent les pécheurs qui ne sont pas purifiés, il abandonna le monde et embrassa la vie religieuse.

Saint Augustin dit que les âmes sont punies aux lieux où elles ont péché, et saint Grégoire en rapporte un exemple dans son *quatrième Dialogue*. Un prêtre qui fréquentait les bains y trouvait un homme qui lui était inconnu, empressé à le servir, et qui lui rendait toujours toutes sortes de soins. Un jour, pour le rémunérer de ses peines, le prêtre lui offrit un pain bénit, et l'homme répondit en montrant beaucoup d'affliction : « Pourquoi voulez-vous me donner cela, mon père? Ce pain est sacré; je ne puis le manger. J'ai été autrefois le maître de ce lieu; mais, après ma mort, j'y ai été renvoyé, à cause de mes fautes, pour remplir le service. Je vous prie d'offrir à Dieu tout-puissant ce pain pour mes péchés. Vous reconnaîtrez qu'il vous a exaucé, si, revenant ici, vous ne m'y trouvez plus. » Le prêtre, pendant une semaine, offrit pour lui l'hostie salutaire. Et, quand il revint, il ne trouva plus celui qui lui avait ainsi parlé.

Les prières de leurs amis profitent aux défunts, ainsi que le manifeste l'exemple de Paschaise. Saint Grégoire raconte, dans ses *Dialogues*, que lorsque cet homme, d'une sainteté et d'une vertu admirables, vivait, deux souverains pontifes furent élus à la fois. Et après que l'Église eut donné son assentiment à l'un, Paschaise, comme étant dans l'erreur, resta partisan de l'autre, et il persévéra dans cette opinion jusqu'à sa mort. Après son décès, un possédé ayant touché la dalmatique placée sur son cercueil, fut guéri. Longtemps après, Germain, évêque de Capoue, étant allé à des bains pour sa santé, y vit Paschaise occupé à servir les baigneurs. Il éprouva un vif effroi et lui demanda ce que faisait là un homme tel que lui. Et Paschaise dit qu'il avait été condamné à faire ainsi pénitence, parce qu'il avait embrassé avec trop de zèle une cause injuste. Et il ajouta : « Je te conjure de prier pour moi le Seigneur. Et tu reconnaîtras que tu as été exaucé, si, en revenant ici, tu ne m'y retrouves pas. » Germain pria pour Paschaise, et, revenant au bout de quelques jours, il ne le revit plus.

Pierre de Cluny dit qu'un prêtre célébrait chaque jour la messe pour les morts, et qu'on en fit le sujet d'une accusation auprès de l'évêque ; il fut suspendu. Mais l'évêque ayant été au cimetière lors d'une grande fête, à l'heure de matines, les morts se levèrent en disant : « Cet évêque ne dit pour nous aucune messe ; et, de plus, il nous a privés de notre prêtre. Mais certainement, s'il ne s'amende, il mourra. » Et l'évêque rendit au prêtre ses pouvoirs, et il s'empressa lui-même à l'avenir d'officier pour les morts. On peut voir aussi combien les prières des vivants sont agréables aux morts, par l'exemple que l'on rapporte d'un chantre de Paris, qui, lorsqu'il traversait un cimetière, récitait toujours le psaume *De profundis*, à l'intention des défunts. Un jour, des ennemis le poursuivaient et il chercha asile dans un cimetière ; et aussitôt les morts se levèrent, et chacun tenait dans ses mains les instruments de la profession qu'il avait exercée, et ils défendirent vigoureusement le chantre, forçant les ennemis à prendre la fuite.

Un autre exemple que rapporte saint Grégoire, dans ses *Dialogues*, montre combien l'aumône est avantageuse aux morts. Un soldat étant mort, resta sans mouvement ; puis, revenant bientôt à la vie, il raconta ce qui lui était arrivé. Il dit qu'il y avait un pont sous lequel coulait un fleuve noir, bourbeux et puant. Et qu'après ce pont, il y avait des prairies remplies de fleurs odoriférantes, et là étaient réunis des hommes vêtus de blanc que rassasiaient les diverses et admirables bonnes odeurs des fleurs.

Mais le passage du pont servait d'épreuve; les injustes qui essayaient d'y passer tombaient dans le fleuve, tandis que les justes le passaient d'un pas assuré et arrivaient dans ces endroits enchanteurs. Et il dit qu'il avait vu un nommé Pierre qui était couché sur le dos, gémissant sous le poids d'une lourde masse de fer, et lui ayant demandé pourquoi il était ainsi puni, Pierre lui répondit que c'est parce qu'il avait été bourreau, et quand il avait eu à battre un coupable, il l'avait fait avec acharnement, agissant ainsi par cruauté plus que par un sentiment d'obéissance. Un nommé Étienne ayant voulu passer le pont, son pied glissa et il resta suspendu la moitié du corps en l'air. Quelques hommes tout noirs sortant du fleuve vinrent le tirer par les jambes, et d'autres hommes vêtus de blanc et d'une merveilleuse beauté, le prirent par les bras et le retinrent. Mais tandis que le soldat contemplait cette lutte, il revint à lui et il n'en put savoir la fin. Ce qui nous donne à entendre que les mauvais penchants de la chair combattaient chez cet Étienne avec les aumônes qu'il avait faites.

Une foule d'exemples prouvent aussi combien l'offrande du saint sacrifice de la messe est agréable aux morts. Saint Grégoire raconte, dans le quatrième livre de ses *Dialogues*, qu'un de ses moines, nommé Juste, étant arrivé au dernier moment, avoua qu'il possédait trois pièces d'or qu'il avait cachées; et quand il fut mort, Grégoire ordonna aux frères de l'ensevelir avec cet or dans du fumier, en disant : « Que ton argent soit avec toi livré à la perdition. » Puis Grégoire ordonna à l'un des frères de célébrer chaque jour le saint sacrifice pour le défunt durant trente jours. Quand cela eut été accompli, au bout de trente jours, le défunt apparut à l'un des frères, qui lui demanda : « Comment es-tu? » Et il répondit : « Jusqu'à présent, j'ai beaucoup souffert; mais maintenant je suis dans la joie, car aujourd'hui j'ai reçu la sainte communion. »

Quelques hommes étant occupés à creuser dans un rocher pour en tirer de l'argent, le rocher s'éboula et les écrasa. L'un d'eux échappa à la mort, mais il resta enfermé sous les roches, et il ne put en sortir. Sa femme, le croyant mort, faisait chaque jour célébrer pour lui la messe, et elle offrait un pain et un vase de vin avec un cierge. Et le diable lui apparut trois jours de suite sous une forme humaine et lui demanda où elle allait. Comme elle lui exposait le motif de sa démarche, il lui dit : « Ne prends pas une peine inutile, la messe est déjà dite. » Et ainsi, durant trois jours, il l'empêcha d'aller à la messe et de faire dire la messe pour son mari. Ensuite, quelqu'un qui creusait dans ces mêmes rochers entendit une voix qui lui criait : « Travaille avec précaution, car une grosse pierre menace ma tête. » Et il eut peur et il appela ses compagnons, et l'on creusa la terre, et l'on trouva sain et sauf celui que l'on croyait mort. Interrogé comment il avait pu vivre si longtemps, il dit que chaque jour il lui était apporté un pain, une mesure de vin et un cierge, mais que durant trois jours de suite tout cela lui avait manqué. Et sa femme reconnut alors qu'il avait eu pour nourriture ce qu'elle offrait chaque jour, et que le diable l'avait trompée. Cet événement s'est passé, ainsi que l'assure Pierre de Cluny, dans une ville nommée Ferrare, au diocèse de Grenoble. Saint Grégoire raconte qu'un marinier, ayant fait naufrage, sortit plein de vie de la mer, un prêtre ayant offert pour lui le saint sacrifice. Lorsqu'on lui demanda comment il s'était sauvé, il dit que, se trouvant au milieu de la mer, et ses forces l'abandonnant, il vit venir à lui quelqu'un qui lui offrit un pain. Il en mangea et reprit aussitôt sa vigueur, et il fut recueilli à bord d'un navire qui passait par là. Et il se trouva que ce fut précisément à la même heure où le prêtre consacra l'hostie qu'il reçut ce pain.

L'observation du jeûne profite aussi aux défunts, ainsi que le dit saint Grégoire en ces termes : « Les âmes des morts sont délivrées de quatre manières : par les offrandes des prêtres, par les prières des saints, par les aumônes des gens charitables, par les jeûnes de leurs parents. » Un docteur très-éclairé raconte qu'une femme, ayant perdu son mari, se livrait au désespoir de se trouver réduite à la misère. Et le diable lui apparut, lui disant qu'il l'enrichirait si elle voulait se conformer à sa volonté. Elle le promit, et il lui recommanda d'abord d'induire à fornication les ecclésiastiques qu'elle logerait chez elle. En second lieu, de recevoir les pauvres dans le jour et, la nuit, de les chasser sans les avoir assistés. En troisième lieu, de troubler par son babil les

33.

prières à l'église. En quatrième lieu, qu'elle ne se confesserait jamais. Cette femme, approchant enfin du moment de la mort, et son fils lui conseillant de se confesser, elle lui avoua ce qui s'était passé, et lui dit qu'elle ne le pouvait pas et qu'aucune confession ne pourrait lui être utile. Mais le fils, insistant avec larmes et promettant qu'il lui ferait obtenir son pardon, elle fut touchée de repentir et l'envoya chercher un prêtre. Mais avant que le prêtre arrivât, des démons accoururent et se jetèrent sur elle, et elle mourut d'horreur et d'effroi à leur aspect. Son fils confessa pour elle son péché et fit de grandes aumônes, et il vit ensuite sa mère qui lui annonça qu'elle était délivrée et qui lui rendit grâce.

Les indulgences de l'Église profitent aussi aux morts. Un légat du siége apostolique pressait un militaire distingué de servir l'Église dans le pays albigeois; et ayant fait une indulgence pour son père, qui était mort, il y resta quarante jours. Ensuite son père lui apparut tout brillant de clarté et lui rendit grâce de sa délivrance. Les morts ne peuvent être soulagés que par les prières ou les bonnes œuvres de ceux qui sont dans la charité, car l'intercession des méchants ne peut rien pour eux. On lit qu'un certain chevalier, étant au lit avec sa femme, regardait par la croisée la lune qui jetait une grande lumière, et il s'étonnait de ce que l'homme, créature raisonnable, n'obéissait pas à son Créateur, tandis que les objets créés et privés de raison obéissaient à Dieu. Et comme il pensait mal d'un de ses compagnons qui était mort, tout à coup ce mort entra dans le lit et il dit : « Mon ami, ne forme pas au sujet du prochain des soupçons fâcheux, et excuse-moi si j'ai, en quelque chose, péché contre toi. » Et étant interrogé sur l'état dans lequel il se trouvait, il dit : « Je suis affligé de diverses peines, surtout parce que j'ai violé un cimetière, et que là, blessant quelqu'un, je l'ai dépouillé de son manteau. Maintenant ce manteau pèse sur moi plus qu'une montagne. » Et il pria son compagnon de faire prier pour lui. Et l'autre lui demandant s'il voulait que ces prières fussent faites par tel ou tel prêtre, lui, ne répondant rien, faisait de la tête signe que non. Son compagnon lui demanda alors s'il voulait qu'un certain ermite priât pour lui, et il répondit : « Plût à Dieu qu'il priât pour moi ! » Et lorsqu'il eut reçu la promesse que cela se ferait, il dit : « Je t'annonce que tu mourras à pareil jour dans deux ans. » Il disparut aussitôt, et le chevalier amenda sa vie, et il s'endormit dans le Seigneur.

Ce que nous disons que les prières faites par les méchants ne profitent point aux défunts, ne doit point s'entendre du saint sacrifice de la messe, qu'un mauvais ministre ne peut infirmer. Mais si le défunt ou l'un de ses amis a laissé à des méchants des obligations à remplir, des aumônes à distribuer ou des prières à faire, ceux-ci doivent s'en acquitter tout de suite, de peur qu'il ne leur arrive ce qu'on dit être arrivé une fois. Un chevalier qui servait, ainsi que le raconte Turpin dans les *Guerres de Charlemagne avec les Maures*, pria un de ses parents, s'il venait à mourir pendant la guerre, de vendre son cheval et d'en donner le prix aux pauvres. Il mourut, et le parent garda le cheval, qu'il trouva à son gré. Et peu de temps après, le mort lui apparut, entouré de la splendeur du soleil, et lui dit : « Tu m'as fait, pendant huit jours, souffrir les peines du purgatoire, en ne vendant pas ce cheval dont je t'avais dit de distribuer le prix aux pauvres ; mais tu ne resteras pas sans châtiment. Aujourd'hui, les diables emporteront ton âme en enfer, et moi je m'en irai, purifié, au royaume des cieux. » Et l'on entendit aussitôt dans l'air comme des hurlements de lions, d'ours et de loups, et le pécheur fut emporté par les diables.

FIN DU TOME PREMIER.

TABLE DES MATIÈRES

CONTENUES DANS LE TOME PREMIER.

	Pages.
Notice préliminaire...	5
Légende de saint André...	15
Légende de saint Nicolas...	25
Légende de sainte Luce...	33
Légende de saint Thomas...	36
Légende de sainte Anastasie...	43
Légende de saint Étienne...	45
Légende de saint Jean l'Évangéliste...	50
Légende des Innocents...	56
Légende de saint Thomas de Cantorbéry...	60
Légende de saint Silvestre...	63
Légende de saint Paul ermite...	74
Légende de saint Remy...	76
Légende de saint Hilaire...	78
Légende de saint Macaire...	80
Légende de saint Félix...	82
Légende de saint Marcel...	83
Légende de saint Antoine...	84
Légende de saint Fabien...	88
Légende de saint Sébastien...	Ibid.
Légende de sainte Agnès...	94
Légende de saint Vincent...	98
Légende de saint Basile...	102
Légende de saint Jean l'Aumônier...	108
Légende de sainte Paule...	116
Légende de saint Julien...	123
Légende de saint Ignace...	129
Légende de saint Blaise...	132
Légende de sainte Agathe...	135
Légende de saint Urbain...	140
Légende de sainte Pétronille...	141
Légendes de saint Pierre l'Exorciste et de saint Marcelin...	142
Légende de saint Prime et saint Félicien...	143
Légende de saint Barnabé...	144
Légende de saint Vitus et de saint Modeste...	146
Légendes de saint Quirique et de sainte Julite...	147

TABLE DES MATIÈRES.

	Pages.
Légende de sainte Marine	149
Légende de sainte Théodore	150
Légende de sainte Marguerite	153
Légende de saint Alexis	156
Légende des Sept Frères	159
Légende de sainte Marie Madeleine	160
Légende de sainte Praxède	167
Légende de saint Apollinaire	168
Légende de sainte Christine	169
Légende de saint Jacques le Majeur, apôtre	172
Légende de saint Christophe	179
Légende des Sept Dormants	184
Légende de saint Nazaire et de saint Celse	188
Légende de saint Félix	190
Légende de saint Simplice et saint Faustin	191
Légende de sainte Marthe	*Ibid.*
Légende de saint Abdon et saint Sennès	194
Légende de saint Germain	195
Légende de saint Étienne, pape	199
Légende de saint Eusèbe	200
Légende de saint Sixte	202
Légende de saint Dominique	203
Légende de saint Donat	217
Légende de saint Cyriaque	219
Légende de saint Laurent	221
Légende de saint Hipolythe	228
Légende de saint Bernard	231
Légende de saint Timothée	243
Légende de saint Symphorien	*Ibid.*
Légende de saint Félix et saint Adauctus	244
Légende de saint Sabinien et sainte Sabine	245
Légende de saint Barthélemy	248
Légende de saint Loup	255
Légende de saint Mamertin	257
Légende de saint Pierre aux liens	259
Légende de l'Invention du corps de saint Étienne, premier martyr	265
Légende de l'Assomption de la Sainte Vierge	269
Légende de la Décollation de saint Jean-Baptiste	280
Légende de saint Gervais et saint Protais	286
Légende de saint Jean et de saint Paul	288
Légende de saint Léon, pape	291
Légende de saint Pierre	292
Légende de saint Paul	301
Légende de saint Augustin	310
Légende de saint Crisant	322

TABLE DES MATIÈRES.

	Pages
Légende des onze mille Vierges................................	324
Légende de saint Simon et de saint Jude......................	328
Légende de saint Quintin.....................................	334
Légende de saint Eustache....................................	335
Légende des Quatre Couronnées................................	342
Légende de saint Théodore....................................	343
Légende de saint Martin......................................	344
Légende de saint Brice.......................................	353
Légende de sainte Élisabeth..................................	355
Légende de saint Gilles......................................	371
Légende de saint Adrien......................................	374
Légende de saint Gorgonien et saint Dorothée.................	379
Légende de saint Prothe, saint Jacinte et sainte Eugénie.....	380
Légende de la Commémoration des Fidèles défunts..............	384

FIN DE LA TABLE DU TOME PREMIER.

www.ingramcontent.com/pod-product-compliance
Lightning Source LLC
Chambersburg PA
CBHW050421170426
43201CB00008B/492